한반도
대부흥

한반도
대부흥

THE FIRST GREAT REVIVALS

A PICTORIAL HISTORY OF KOREAN PROTESTANT CHRISTIANITY, 1900–1910

by Sung-deuk Oak

글쓴이 옥성득
펴낸이 정애주
펴낸날 2009. 1. 16. 초판 1쇄 인쇄
       2009. 1. 29. 초판 1쇄 발행
펴낸곳 주식회사 홍성사
1977. 8. 1. 등록/제 1-499호
121-883 서울시 마포구 합정동 196-I TEL. 02) 333-5161 FAX. 02) 333-5165
http://www.hsbooks.com E-mail: hsbooks@hsbooks.com
인쇄 (주)태신인팩 www.inpack.co.kr

ⓒ 옥성득, 2009

ISBN 978 89 365 0794 7
값 30,000원

한반도
대부흥

韓半島 大復興

사 진 으 로 보 는 한 국 교 회 , 1 9 0 0 - 1 9 1 0

옥성득 지음

홍성사.

일러두기

1. 사진 설명은 한글과 영어를 병기했다. 영어 설명은 원 사료에 있는 것을 그대로 옮긴 것도 있고 필자가 임의로 작성한 것도 있다.

2. 원 사료를 그대로 인용하거나 번역 인용한 부분은 글씨를 다른 색깔로 구분하여 편집하였다.

3. 신문과 잡지에서 원문을 인용하거나 출전을 밝힐 경우, 독자의 이해를 돕기 위해 대부분 현행 맞춤법에 따라 고쳤고,
   일부 풀어 쓴 곳도 있다. 국한문 혼용 자료는 한글로 옮겼으며, 필요한 경우 한자를 병기했다.

4. 인용문 중 [ ] 안의 내용은 필자가 보충한 것이다.

5. 성경을 인용할 경우 가급적 '개역개정판'을 사용했다.

6. 한글 고유명사의 영어 표기는 영어권에서 통용되는 매큔 라이샤워 표기법 McCune-Reischauer System에 따랐다.

   (예, 평양 P'yŏngyang, 선천 Sŏnch'ŏn, 함흥 Hamhŭng)

그러므로 이렇게 구름 떼와 같이 수많은 증인이 우리를 둘러싸고 있으니,

우리도 갖가지 무거운 짐과 얽매는 죄를 벗어 버리고,

우리 앞에 놓인 달음질을 참으면서, 달려갑시다.

히브리서 12:1, 표준새번역

이제 한국인들은 [선교사들에게] 이렇게 말한다.

"여러분 가운데 일부는 신앙의 근원을 찾기 위해 존 칼빈에게,

일부는 존 웨슬리에게로 돌아가겠지만, 우리는 주 예수 그리스도를

처음 진실로 알게 된 1907년 이전으로 돌아갈 수 없습니다."

Willing and Jones, *The Lure of Korea*, 1913, p.21.

20세기에 들어서서 한국이 새로운 국내외 환경에 직면할 무렵, 한국 교회는 그때까지 경험하지 못했던 영적 각성운동을 맞게 된다. 이름하여 '대부흥운동'. 이는 1903년 원산감리교회 하디 선교사의 회개운동으로 시작되어 1907년 초에는 평양 장대현교회에서 절정을 이루었고, 1909년 백만인구령운동으로 연결되었다.

이 운동은 20세기를 전후하여 웨일스·인도 등 세계 여러 지역에서 일어난 영적 각성운동과 상통하는 것이면서, 한국 교회사에서는 죄에 대한 철저한 회개와 성결 생활의 체험, 교단의 조직과 한국 교회 지도자의 출현 및 연합 운동의 실천 등을 가져온 계기가 되었다. 죄의 회개에서 시작된 신앙운동은 게으름과 거짓, 주색잡기 등의 그릇된 습성을 버리고 축첩과 반상班常 차별 등의 악습을 철폐하며 노비를 해방하는 등 기독교 윤리의 실천을 자극했고, 이를 통해 한국의 봉건사회를 개혁하는 큰 동력이 되었다.

21세기에 들어서서 한국 교회의 뜻있는 분들은 100년 전에 일어났던 대부흥운동에 깊은 관심을 가지고 이를 되살리며 당면한 그리스도교의 영적 위기를 극복하고자 했다. 이미 많은 학자들이 대부흥운동에 대한 논문과 저서를 발표했고, 많은 교회와 기독교 기관들이 이를 기념하는 행사를 계획, 진행하였다.

이 책의 저자 옥성득 교수도 앞장서서 대부흥운동의 역사를 밝히고 그 현대적 의의를 천착해 왔다. 한국 교회사를 전공한 그는 선교사들이 남겨 놓은 한국 교회사 관련 자료를 가장 많이 섭렵한 학자다. 오래전부터 대부흥운동 자료를 찾기 위해 많은 도서관과 고문서실을 뒤졌고, 관련 학술회의를 벌써 몇 차례나 주재했으며, 논문집과 자료집도 간행했다. 또 그동안 축적한 자료를 정리하면서 한국 교회사와 민족사에 강력한 영향을 미친 이 대부흥운동의 역사와 정신을 효과적으로 대중화하는 문제를 고민해 왔다. 학술적인 논문과 책자는 아무래도 대중화에 한계가 있기 때문에 그는 그 방법의 하나로 시각적인 효과를 곁들여서 사진으로 보는 대부흥 역사를 구상하고 이를 펴내게 되었다.

한 장의 사진이 때로는 몇 권의 책을 대신할 정도로 역사를 설명하고 실체를 증명한다. 순간을 포착한 것이지만 그 속에는 오랜 역사가 농축되어 있기도 하다. 이 책에 실린 사진은 사진기가 흔하지 않던 시기에 촬영된 것이어서, 그야말로 중요한 순간이 아니면 포착되지 않았을 작품이다. 그런 점에서 이 책은 한국 교회사의 매우 중요한 순간들을 실물로 포착해 낸 것이며, 필설로 다할 수 없는 내용을 담고 있다.

한국 개신교 100주년을 기념하던 1984년, 나는 개척 선교사들의 자료집만이라도 출판하여 선교사들에 대한 체계적인 학문 연구의 바탕을 마련하는 것이 한국 교회에 대한 최소한의 도리라고 믿고, 우선 형편이 허락하는 대로 아펜젤러와 언더우드에 대한 전기와 자료집을 출판하려고 했다. 마침 당시 대학생이던 저자를 만났고, 그는 마이크로필름에 담긴 아펜젤러의 일기와 편지를 읽고 한글로 번역하면서 내한來韓 선교사들의 삶과 초기 문서들을 접하던 중 나의 권유로 한국 교회사 연구를 평생의 과제로 삼았다. 9년간 나와 동역한 후 1993년 유학차 도미한 이래 지금까지 한국 교회사 연구를 위해 자료를 찾고 체계적으로 정리해 왔다. 이 책에 소개하는 사진도 20여 년 이상 수집한 결과이며, 해설 또한 그의 건실한 학문적 토대에서 나온 것이다. 그가 신학을 공부하기 전에 영문학과 한국사 및 한문을 공부한 것은 이 책을 더욱 풍요롭게 하고 가치를 돋보이게 한다.

독자들은 이 책을 읽으면서 저자의 깊은 통찰력과 문학적인 상상력 그리고 풍부한 식견을 대하게 될 것이다. 역사적 인물과 사실에 대한 해설을 통해 이 땅에 임재하신 하나님의 섭리를 발견하는 좋은 신앙적 안내도 받게 될 것이다. 행간 하나하나에 묻어나는 저자의 인품과 식견은 지적 고민과 신앙적 명상 없이는 불가능하다. 대부흥운동의 역사뿐만 아니라 현재와 미래에 대한 한국 교회의 바른 방향도 내다볼 수 있는 귀한 책이기에 일독을 권하는 바다.

2009년 1월
이만열

지난 몇 년간 한국 교회 대부흥운동의 역사를 연구하면서 틈틈이 수집하고 정리한 사진들에 간단한 설명과 묵상을 덧붙여 책으로 묶었다. 사진들로 당시 사건을 재구성하면 부흥의 역사를 좀더 생생하고 쉽게 이해할 수 있으리라는 생각에서였다. 이 책에는 그동안 방문한 도서관과 고문서실에서 발굴한 사진과 글, 특히 고서와 잡지에서 수집한 사진이 수록되어 있다. 1910년 이전에 발간된 잡지와 책에 실린 한국과 한국 교회와 관련된 사진은 거의 모두 수집한 후 선별했다.

책은 한국 교회 첫 부흥이 일어난 1903-1907년과 전후 기간을 중심으로 부흥의 배경, 시작, 확산, 절정, 결과, 초월순으로 구성했고, '부흥의 계절'이란 장에 사경회에 대한 내용을 삽입했다. 부흥의 역사적 배경을 상세하게 다룬 것은 교회와 부흥의 역사성을 강조하기 위함이다. 사진에 대한 묵상은 될 수 있는 대로 일차 자료에 근거하면서 관련된 성경구절에 의지했다. 부흥은 말씀의 부흥이므로 당시 부흥운동을 경험한 신앙의 조상들이 묵상했던 성경말씀을 소개했다. 필요한 경우 성경구절과 설익은 묵상을 덧붙였는데, 100년 전과 오늘의 현실을 잇는 다리가 되기를 기대한다.

한 장의 좋은 사진은 천 마디 말보다 더 웅변적이다. 카메라가 귀했던 100년 전에 촬영한 사진들은 역사에 남길 만한 의미 있는 장면, 혹은 선교 사업을 핵심적으로 보여 주는 장면을 선택해서 찍은 것이므로 한 장 한 장이 소중하다. 더욱이 대부흥운동 기간에 찍은 사진은 부흥의 현장을 보여 주는 영감의 자료이다. 사진은 과거의 한 순간을 포착한 사료로 머물러 있지 않고 우리에게 늘 새로운 메시지를 전해 주는 전령의 역할을 한다. 이 사진들이 우리의 눈을 열어 과거에 하나님께서 행하신 사역을 보게 하고, 현재 우리의 모습을 일깨워 동일한 부흥의 역사가 오늘 우리에게도 일어날 수 있다는 확신을 주기를 소망한다.

교회사는 거룩한 교회인 성도 간의 교제, 곧 이미 '승리한 교회'와 현재 '전투하는 교회' 간의 교제이다. 이미 달려갈 길을 다 달리고 하나님 나라에 들어가 안식하는 성도와, 이 땅에 하나님 나라가 임하도록 부르심을 받고 충성하는 그리스도의 병사들 간의 사귐을 돕는 것이 교회사가의 일이다. 곧 하나님께서 세상을 뒤집기 위해, 역사의 풍향을 바꾸기 위해 사용하신 '구름같이 둘러싼 허다한 믿음의 증인들'(히 12:1)을 불러내어 그들의 목소리를 재생하고 그들의 땀과

피의 증거를 제시하는 '증인'이 되는 것이 교회사가의 일이다.

한편 사실을 영상에 담은 이미지image를 무비판적으로 받아들이면 이미지 숭배, 곧 우상숭배가 된다. 마찬가지로 문서가 말하는 정신을 발견하지 못하고 문자에 얽매이면 문자숭배가 된다. 역사가는 이 두 가지 사료—이차원상의 그림과 선상線上의 문자—에 숨어 있는 암호와 메시지를 해독하는 암호해독자로서 우상 파괴자의 역할을 하면서, 독자에게 이미지와 문자를 넘어서는 능력인 거룩한 상상력imagination을 기르게 도와주는 몽학蒙學교사이다. 따라서 사진 역사 에세이를 쓰고 읽는 작업은 선지자의 일이다. 이 책을 읽는 독자들이 한국 교회에 역사의 잔재로 남아 있는 우상을 파괴하는 개혁자의 용기를 가지면서 부흥을 꿈꾸는 상상력의 예언자들이 되기를 소원한다.

책이 나오도록 도와주신 많은 분들께 감사드린다. 먼저 20년 넘게 한국 교회사 연구를 지도, 격려해 주시고 추천글을 써 주신 덕암 이만열 선생님께 깊이 감사드린다. 특히 세계에서 처음으로 캘리포니아주립대학교 로스앤젤레스 캠퍼스 University of California, Los Angeles에 한국 기독교 석좌교수직을 마련해 주신 나성영락교회의 임동순 장로님과 임미자 권사님의 사랑에 넘치는 기부와 림형천 목사님의 도움에 감사드린다. 원고를 완성하도록 격려하고 책으로 만들어 주신 홍성사의 노고에도 감사드린다.

이 책이 정의와 사랑의 하나님 나라를 건설하기 위해 애쓰는 성도들의 손에 들려서 그들의 영적 상상력을 자극하고 기도를 도와주며 설교자의 참고 서적이 되기를, 또 한국 교회 부흥의 불씨를 살리는 불쏘시개가 되기를 간절히 바란다. 바람이 임의로 불되 어디서 불어 와서 어디로 갈지 알 수 없듯이, 한국 교회 성령의 부흥은 어디서 시작될지 알 수 없다. 아니, 어쩌면 이미 어딘가에서 시작되었는지도 모른다. 언덕 너머로 비가 뿌리더니 신선한 바람이 불어오고 있다.

2009년 1월
평양 대부흥 102주년을 맞이하며, UCLA에서
옥성득

차 례

추 천 글 6

머 리 말 8

프 롤 로 그 12

1. 부흥의 배경   국가 위기와 세계 부흥(1900-1910)   1 7

2. 부흥의 시작   하디 부흥(1903-1904)   9 1

3. 부흥의 확산   감리교회의 부흥(1904-1905)   1 4 9

4. 부흥의 계절   사경회와 부흥(1905-1906)   1 7 7

5. 부흥의 절정   평양 부흥과 그 확산(1907)   2 2 5

6. 부흥의 결과   토착적인 한국 교회의 형성(1907–1908)   3 1 7

7. 부흥의 초월   백만인구령운동(1909–1910)   3 5 9

에필로그 395

부록: 통계와 지도 397

사진출처 413

참고문헌 422

찾아보기 426

과거-현재-미래로 나아가는 직선적인 구원사의 중심에는 2,000년 전의 유일회적인 예수 그리스도의 사건이 놓여 있다. 동시에 그 사건은 성령 안에서 종말론적으로 우리에게 다가와 현재적 사건으로 반복된다. 마찬가지로 한국 교회 대부흥운동은 1세기 전의 사건이지만 오늘 우리에게 새롭게 재현되는 성령 사건이 될 수 있다. 그러므로 과거의 부흥과 각성과 갱신을 기억하는 한편 그 사건을 현재화할 책임이 우리에게 있다.

부흥은 하나님의 영(성령)이 하나님의 말씀(성경)을 통해 하나님의 사람들(교회)의 삶 속에서 일하시는 것이다. 따라서 부흥은 '다시 삶re-vival'이다. 개인과 교회가 거듭나는 '다시 태어남born-again'이다. '다시'에는 세 가지 의미가 있다. 첫째, '다시'는 돌아감back이다. "다시!"라는 구호가 떨어지면 지금까지 했던 모든 일을 청산하고 원점으로 돌아가 새로 시작하듯이, 부흥은 교회가 태어났던 사도행전에 그려진 초대교회의 그리스도에 대한 순수한 첫사랑, 그 초심으로 돌아가는 철저한 회개와 회복 운동이다. 둘째, '다시'는 한 번 더again, 두 번째, 거듭 등의 뜻으로, 부흥은 오순절과 1903-1907년에 있었던 대부흥의 재현 운동이다. 셋째, '다시'는 '하늘로부터beyond'의 뜻이 있다. 부흥은 하늘에서 내려오는 성령으로 거듭 태어나 이 땅에서 하늘의 능력으로 살면서 현실의 불의와 부조리와 부패를 극복하고 하나님 나라를 이루기 위해 희생의 삶을 사는 거룩한 초월 운동이다.

부흥은 부활이요 잠에서 깨는 각성이다. 한국 교회의 첫 대부흥은 에스겔이 본 골짜기에 널려 있던 마른 뼈처럼 활기를 잃은 전통 종교와 부패한 관리와 열강의 연자 맷돌 틈에 짓눌려 죽어 가던 한국인의 영혼이 그리스도의 말씀으로 다시 일어나고 성령의 생기로 살아난 재생운동이고, 교회가 다시 깨어나 한국을 복음화하려고 했던 각성운동이다. 남편 다섯 둔 사마리아 여인에게 진정한 남편이 없었듯이, 유교·불교·선교·무교·동학을 거쳤지만 영적으로 목말랐던 한국인의 영혼에 하나님의 생수의 영이 부어진 사건이다. 한국 교회의 성장 동력은 부흥이었고, 부흥으로 들어가는 패스워드는 성경공부와 회개와 기도였다.

이 책에서는 '신앙 각성religious awakening'과 '부흥revival'이라는 용어를 함께 썼지만 '부흥'과 '부흥회'를 좀더 많이 사용했다. 당시 한국 교회가 체험한 현상을 '부흥'으로 규정하고 사용했기 때문이다.

"부흥회라 하는 뜻은 다시 일어난다 함이라. 이 회가 예수교에 대단히 유익한 연고가 두 가지 있으니, 첫째는 하나님을 믿는 사람이 성신의 힘을 얻어 각 교우의 식은 마음을 열심 되게 하여서 교회가 다시 더욱 흥왕하게 함이요, 둘째는 [예수]교를 믿지 않던 사람도 회당에 인도하여 예수의 좋은 말씀으로 간절히 권면하매 그 사람의 마음이 감동하여 예수교를 믿기로 작정함이라." ("부흥회", 〈신학월보〉 1904년 6월.)

부흥은 기존 교인의 영적 각성과 교회의 흥왕과 불신자의 개종을 포괄하는 용어였다. 부흥은 하나님과 화해하고 세상을 개혁하고 이웃을 사랑하는 천지인 天地人의 바른 관계 회복운동이었다. 부흥운동은 인격을 변화시키는 '성령의 감화'를 받아 죄를 낱낱이 자복하고 사유赦宥함을 얻은 자, 새 마음을 얻어 거듭난 자, 성령충만함을 받은 자들이 진실히 하나님을 믿고 '하나님 앞에 거룩하고 온전한 사람'이 되기로 작정한 운동이었다.

1903년 여름 화이트 양의 기도와 원산감리교회 하디 목사의 회개로 시작된 부흥운동은, 1907년 1월 평양 장대현장로교회에서 열린 겨울 사경회와 이어진 여러 부흥회에서 성령의 폭발적인 회개운동으로 절정에 이르렀다. 한국인들은 부흥 기간에 복음주의가 강조하는 회개와 중생을 체험하고 하나님과 이웃과 화해하며 그리스도의 복음과 사랑을 전하고 실천하는 운동을 전개했다. 교회 내적으로는 새벽기도, 금식 산山기도, 통성기도 등 토착적인 기도 영성을 구현해 나갔고, 날연보와 성미誠米를 통해 자원 전도운동을 전개했다. 부흥은 기독교 윤리운동으로도 발전되었다. 주색잡기와 축첩의 악습을 버리고 반상의 차별을 허물며 노비를 해방시키고 남녀평등을 위한 여자 교육운동을 일으켰다.

한국 교회의 대부흥운동은 세계 교회사적으로는 20세기 초에 진행된 세계 부흥운동과 맥을 같이하는 성령운동이었고, 한국사적으로는 일제의 침략에 대항한 애국계몽운동과 함께 진행된 신종교운동이었다. 한국 기독교사의 입장에서 볼 때 대부흥운동은 한국 교회에 복음주의를 정착시키고 토착화된 의례와 영성을 구현했으며, 한국인 목회자와 지도자를 만들어 내어 교회를 조직할 수 있었던 교회 조직 사건이었고, 선교사를 파송하기 시작한 선교운동의 출발이었다. 하나의 '대한예수교회'를 세우고자 하는 교회연합운동이 1905년에 정점에 이르렀는데, 부흥운동은 교회 연합의 기초가 되었다. 부흥운동의 결과 자립·자전自傳·

자치하는 토착적 한국 교회가 자리 잡아, 1907년 최초의 장로교 목사 7인이 안수받았으며, 1907년 장로교 독노회獨老會, 1908년 감리교 연회, 1912년 장로회 총회가 조직되기에 이르렀다. 교회의 정화와 성장과 조직은 일제 강점기 핍박의 시대를 위한 준비였다.

부흥운동은 전통 종교에 뿌리 내린 한국인의 영성을 새롭게 변혁했다. 심령의 정화와 성령충만을 경험하게 한 부흥의 불은 한국인에게 죄와 의에 대한 인식을 일깨웠고, 거룩한 삶을 살 수 있는 도덕적 용기를 주었다. 부흥운동이 진행되는 동안 새로운 형태의 기도인 통성기도와 산기도가 발전되었다. 1899년에 시작된 새벽기도회는 1904년부터 평양 사경회의 정규 프로그램이 되어 다른 지역으로 확산되었으며, 1907년 강계교회에서는 6개월간 매일 새벽기도회로 모였다. 또 다른 토착적 형태의 경건은 '날연보'였는데, 이는 1904년 11월 선천 사경회에서 처음 시행되어 전국 교회로 확산, 사경회와 부흥회가 전도운동으로 이어지는 데 기여했다.

부흥운동은 한국인의 영성에 대한 선교사들의 이해를 변화시켰다. 이 운동은 한 선교사가 자신의 영적 무능을 회개하면서 시작되었고, 그 최종 열매는 선교사들의 영적 각성이었다. 선교사들은 한국인의 실제 삶의 어두운 측면뿐만 아니라 한국인의 '가장 좋은 성품'과 '내면의 삶'도 목격했다. 한 선교사는 "동양은 동양이고 서양은 서양이기에 둘 사이에는 실제적인 유사성이나 공통 기반이 있을 수 없다는 혐오스런 생각"에서 해방되었다고 고백했다. 그들은 한국인의 처참한 도덕적 상태에 대해 들었을 뿐만 아니라, 한국인에게서 좀더 숭고한 가능성들을 더 많이 보게 되었다. 한때 그들은 한국인을 기독교인의 삶이라는 '더 높은 곳'으로 인도하는 것이 불가능하다고 생각했다. 하지만 이제 그들은 "우리는 한국인이 아래로는 깊은 수렁으로 위로는 고지로 나아가도록 기도할 수 있다는 것을 깨닫고 알게 되었다"고 고백했다.

선교사들은 일본 식민 통치하에 있는 한국 교회를 향한 비전을 발견했고, 한국 교회를 "동양 세계를 밝힐 그리스도의 등불"이라고 칭송했다. 그들은 일본인에 의해 만들어진 한국이 절망적인 나라이며 한국인은 게으른 민족이라는 관념을 거부했다. 그들은 휴가를 받아 고국에 돌아갔을 때, 한국은 부패한 관리와 무능한 지도자와 무식한 백성들 때문에 망할 수밖에 없고 다른 나라의 지배를 받아야 한다고 주장하는 친일 논설들을 발견하고 이에 항의했다. 평양의 노블은 평양 지역의 자치·자전, 문명화의 징표인 자선 활동을 돕기 위한 헌금을 와이오밍 연회의 활동과 비교하면서 평양의 성과를 자랑했다. 그는 "이러한 몇 가지 사실들은 인내, 자기 부정, 지적인 활동, 기독교적인 열심에서 한국인이 어느 민족에게도 뒤지지 않는다는 것을 증명했다"고 결론 내렸다.

무엇보다 선교사들은 한국인 지도자들의 영성을 높이 평가했다. 그들은 길선주 장로의 강력한 설교와 깊은 영적 체험에 감탄했으며, 길 장로의 영성이 자신들의 영성보다 더 깊다고 고백하기도 했다. 길 장로가 "하나님 현존의 내실"로 들어갔을 때, 그의 설교에는 "심령을 감동시키고 사람들에게 영향을 주기 위해 하나님께서 사용하시는 미묘한 그 무엇"이 있었다. 1909년 게일은 외면적인 종교성의 부족은 한국인의 내적 종교성과 상응하지 않는다고 주장했다. 선교사들은 한국인의 심성 안에 있는 내면적 영적 세계를 볼 수 있었고, 한국인의 영성의 본질인 관상觀想이나 묵상의 영으로 영원을 추구하는 것을 이해하게 되었다. "외형 중심의 시끄럽고 피곤한" 현재의 한국 개신교가 귀담아 들어야 할 대목이다.

부흥운동의 영향은 교회의 영적인 삶을 넘어 사회, 정치, 문화 영역으로 확대되었다. 한국 기독교인은 군국주의 일본의 '한국 식민지화'에 대응하는 '한국의 기독교화'에 대한 비전을 형성했다. 복음적인 기독교 민족주의가 부흥운동 기간에 태동했다. 한국을 복음화하려는 비전은 한국의 기독교화 비전과 분리되지 않았다. 곧 부흥운동과 함께 '예수의 나라'를 만들자는 운동이 요원의 불길처럼 타올랐다.

부흥의 배경

국가 위기와 세계 부흥, 1900-1910

19세기 말 청일전쟁을 겪은 한국은 20세기 벽두에 다시 국제전의 전장이 되었다.
21세기 초 다시 전쟁의 위협이 고조되는 현실 앞에서 한반도의 평화를 이루는 것은
한국 기독교인 모두의 과제이다.

북경교당에서 벌어진 의화단의 천주교인 살해, 1900년
Boxers' Killing of the Roman Catholics at the Beijing Cathedral

의화단사건은 20세기 초에 일어난 아시아 민족주의의 첫 운동으로 반외세(반제국주의), 반기독교(반천주교)적이었다. 1898년 산동 반도에서 독일의 점령에 반발하여 시작된 의화단의 활동은 1900년 북경을 점령하고 외국인 230명과 중국인 천주교 신자 수천 명을 살해하는 봉기로 발전했다. 만주 장로교회도 의화단의 심한 박해를 받았다. 중국 교회의 수난과 순교는 한국에 있던 선교사들에게 충격을 주어, 쉽게 성장한다 하여 한국 선교에 태만했던 태도와 인종주의, 서구문화 우월주의를 회개하고 각성하는 계기가 되었다.

영일동맹에 대한 일본 신문의 만화, 1902년

A Japanese Cartoon of the Anglo-Japanese Alliance

GUARDING CHILDISH FEET.

[Cartoon by the *Jiji*, the leading Japanese newspaper, on the Anglo-Japanese Alliance. The 'children' are China and Korea. The principal declared object of the Alliance is to guard Chinese and Korean integrity.]

일영日英 동맹

(부르타뉴와 야마토히메)

"아이들의 걸음마 보호: '아이들'은 중국과 한국이다. 동맹의 주요 목적은 중국과 한국의 주권을 보호하는 것이다."

부동항不凍港 확보를 위해 한반도로 진출하는 러시아를 막기 위해 영국과 일본이 손을 잡았다. 또한 러시아의 남진정책과 프랑스의 세력 확대를 막기 위해 영국, 미국, 일본이 동맹을 맺었다. 일본은 영일동맹이 중국과 한국의 주권 보호가 목적이라고 선언했으나 사실은 한국의 식민지화가 1차 목적이었다.

서울의 외국인 군대, 1903년
Parade of Foreign Soldiers of the Legations in Seoul

러시아, 영국, 프랑스 군대들이 차례로 행진
하고 있다. 열강의 각축장이 된 한반도를 상
징적으로 보여 준다. 멀리 광화문이 보인다.

러일전쟁에서 일본을 지원하는
영국과 미국, 1904년
Anglo-American Support of Japan against Russia

톨스토이
Lev Nikolayevich Tolstoi

러시아의 대문호 톨스토이(1828-1910)는 고희를 넘긴 1899년, 다가오는 세계 열강의 제국주의 시대를 바라보면서 마지막 대작인 《부활》 연재에 들어갔다. 1895년 카프카즈 지방에 '두호보르' 박해 사건이 일어나 1,000여 명의 교도教徒가 살해되었다. 두호보르는 18세기 중엽 러시아에서 발생한 종파로서 원시 기독교의 교의를 엄수하고, 철저한 무저항주의와 사해동포주의四海同胞主義를 실행하는 한편, 신의 왕국만을 인정하며 국가, 법률, 병역 의무 등 지상의 온갖 권위와 법규를 부정하는 종교 집단이었다. 그들의 신념은 톨스토이의 사상—비폭력, 반국가, 반제도 평화주의—과 일치했다. 박해에도 불구하고 신앙이 변하지 않자 정부는 국외 추방을 명했으나 그들에게는 캐나다까지 갈 여비가 없었다.

톨스토이는 이들을 도와주기 위해 《부활》 연재를 시작했다. 《부활》은 네흘류도프 공작과 창녀 카튜샤를 통해 부패한 제정 러시아를 비판하는 한편, 당대 세계 문명과 제도와 권위에 대한 준엄한 비판서요, 기독교 정신을 떠나 위선과 부정과 불평등을 조장하는 정교회에 대한 파문서이며, 인간 생활의 죄악에 대한 무서운 사형 선고서였다. 특히 평화주의자 톨스토이는 '문명의 보급'이라는 미명하에 행해진 일본의 러일전쟁과 한국 강탈 행위는 도덕적 정당성이 없다고 단언하고, 이토 히로부미를 '타락한 무도無道의 인간'이라고 비판했다.

중국의 대학자이자 정치가인 양계초(량치차오, 1873-1929)는 톨스토이와 달리 한국에 적자생존, 약육강식, 우승열패의 제국주의 이데올로기인 '사회진화론'을 소개했다. 그는 1898년부터 일본에 머물면서 후쿠자와 유키치福澤諭吉의 《문명논지개략文明論之槪略》 등 일본 지식인들의 저작에 깊은 영향을 받았는데, 이들 서적에 대한 양계초의 독서요약집이라고 할 수 있는 《음빙실문집飮氷室文集》이 1903년 한국에 소개되었다. 일본어를 읽을 수 없었던 구한말 지식인들은 양계초의 한문 서적을 통해 일본-중국을 거쳐 번역·번안된 서구의 '문명'과 '자유' 사상을 간접적으로 접하게 되었다. 1895년에 출판된 유길준의 《서유견문西遊見聞》처럼 양계초는 사회진화론적 관점에서 일본 학자들이 제시한 문명 삼구분법, 곧 인간 사회를 미개未開, 반개화半開化, 개화開化라는 3단계 발전론으로 압축하는 문명관을 수용했다. 양계초가 중국이 반개화 난세임을 인정하는 파격을 보인 것은 그만큼 청일전쟁 패견 후 중국에 대한 개혁과 혁명 의식이 강했기 때문이다.

열강의 침략을 목격하고 국가 멸망의 위기를 느끼던 신채호, 장지연을 비롯한 개신 유학파 지식인들은 양계초의 진보적인 사회진화론과 변법자강론을 대안적 정치사상으로 수용하고, 〈황성신문皇城新聞〉을 통해 이를 전파했다. 이들은 생존경쟁이 자연계나 인간 사회를 움직이는 기본 원리이며, 경쟁이 사회 진보의 원동력이라고 믿었다. 그러나 사회진화론은 사회유기체론과 결합하면서 개인이 사회 전체에 봉사해야 한다는 국권론과 국가주의 논리로 발전했다. 인민은 교화의 객체가 되었고, 애국심이 강조되었으며, 인민에 대한 계몽과 교육을 기반으로 한 자강개혁을 지향했다. 또 구한말의 사회진화론은 강자로 떠오른 일본이 약소국인 한국을 침탈하고 식민지화·문명화시키는 것을 정당화하는 논리로 변질되면서 대다수 지식인들이 친일파로 전향하는 이론적 근거를 제공했다.

"나무에서 내려와! 그 사과는 내 것이야!"

Farmer Japan, 1904

FARMER JAPAN--"COME DOWN OUT OF THAT TREE! THOSE APPLES BELONG TO ME!"

Drawn by R. D. Handy, of the Duluth News-Tribune.

Russia's astonishment is not feigned, for he was not really aware (with Manchuria in one hand
and his grasp upon Korea) that he was in a forbidden tree until
Japan actually went gunning after him.

만주라는 사과를 딴 후 한국이라는 사과도 따려고 하는 러시아를 향해 나무에서 내려올 것을 요구하는 동아시아 과수원의 새 주인 일본을 그리고 있다. 20세기의 막이 오를 때 제국주의(식민주의)와 영성주의(부흥운동)가 세계를 휩쓸었다. 대륙 세력인 러시아는 베트남을 식민지화한 프랑스와 손잡고 부동항을 얻기 위한 남하정책을 추진하면서 시베리아에 이어 만주를 점령한 뒤 한국을 호시탐탐 노리고 있었고, 이에 대항하는 해양 세력인 영국과 미국은 일본을 후원하여 러시아의 남진을 막으려고 했다. 결국 1904년 2월 8일 러일전쟁이 발발했다. 한반도는 청일전쟁에 이어 10년 만에 다시 국제전의 전장戰場이 되었고 결국 일본의 식민지로 전락했다. 한편 영국 웨일스, 인도 카시아, 미국 로스앤젤레스, 한국, 중국 등 세계 도처에서 부흥운동이 일어나 '세계 기독교의 세기', '성령운동의 세기'인 20세기가 힘차게 출발했다.

1900년대 초 한국은 러시아의 식민지가 되느냐 일본의 식민지가 되느냐의 기로에 서 있었다. 적자생존의 사회진화론과 약육강식의 제국주의가 판을 치는 국제정치 현실에 제대로 대처하지 못한 한국은 두 개의 맷돌인 러시아와 일본 제국주의 사이에 끼인 신세였다. 경의선 철도 공사를 놓고 러일 양국이 한반도에서 첨예하게 대립했다.

일본은 19세기가 서구의 아시아 침략기였다면 20세기에는 아시아가 일본을 중심으로 단결하여 서양 제국을 축출해야 한다는 아시아주의를 제창했다. 그 명분은 아시아 민족주의였지만 실은 일본 제국주의의 대동아공영권의 시작이었다. 많은 한국인은 일본의 동아주의東亞主義에 현혹되어 백인종 러시아에 대한 황인종 일본의 승리를 바랐고, 러일전쟁에서 일본이 승리하면 한국의 독립이 보장되리라고 믿었다.

당시 한국 정부는 무능했고 관리들은 부패했으며 국가 재정은 고갈되었다. 외제품이 범람하면서 국내 산업이 파산하고 통화通貨가 극도로 불안해진 가운데 백성들은 극심한 가난에 허덕였다. 1901-1902년의 대흉년은 대한제국을 멸망의 위기로 몰아넣었고, 흉흉한 민심 속에 1903년 하와이 이민 붐과 1905년 멕시코 이민 붐이 일어났다.

미국 선교사들은 개신교의 혁명성과 개혁성을 인정하면서도, 유아기의 한국 교회가 민족주의자들에 의해 정치적 도구가 되어 반정부·반외세 투쟁에 나서는 것은 자살 행위라고 단정하고 엄격한 정교분리를 요구했다. 감리교는 1898년 11월 크랜스튼 감독과 스크랜튼 감리사가 불법 정치 행동을 금하는 목회서신을 발표했고, 장로교는 1901년 "교회와 정부 사이의 교제할 몇 가지 조건"이라는 목회서신을 채택함으로써 개인의 정치 참여는 허락하나 교회의 정치 참여는 금했다.

1902년 영일동맹과 러일전쟁 말기의 미일간의 카쓰라-태프트 밀약은 한국에 대한 일본의 권리를 인정했다. 루즈벨트 정권의 친일 외교 노선을 지지한 뉴욕 선교본부의 지도에 따라 대부분의 주한 미국 선교사들은 정책적으로는 일본 통감부의 정치를 환영했다. 일부 선교사는 일본의 정치가 한국의 근대화와 복음화에 도움이 될 것이라고 믿고 일본의 한국 식민지화를 적극 지지했다. 헐버트를 비롯한 소수의 선교사들은 한국의 독립을 보장하겠다는 약속을 깬 일본을 비판하고 나섰다. 한편 한국 교인들도 세상과 교회를 분리하고 개인 구원에 매달리는 영성파, 나라의 독립을 지키기 위해 의병의 무장 투쟁에 가담하는 극소수의 혁명파, 교육과 산업을 통해 나라 독립의 힘을 기르자는 애국계몽운동에 참여하는 개혁파 등으로 나뉘었다. 이로써 한국 교회사에서 교회와 정치의 관계가 복잡하게 얽히기 시작했다.

교회는 천하대세를 읽고 국가 전략을 파악하며 백성이 나아갈 길을 제시해야 한다. 선한 의미의 정교분리는 교회가 피 흘려 쟁취한 소중한 유산이요 권리다. 교회가 정치에 관여해서 영향력을 행사하고 종교적 이슈를 전면에 내세우면 당장은 이익일 수 있지만 길게 보면 교회가 정치에 이용되거나 정권의 운명과 함께 소멸될 수 있다. 기독교인은 정치에 참여할 수 있고 해야 하지만, 교회 조직을 정치에 이용하면 결국 정치가 교회에 간섭하게 된다. 비둘기처럼 순결하고 뱀처럼 지혜로워야 할 교회는 기득권을 유지하거나 확장하기 위한 마키아벨리 방식의 정권욕을 멀리해야 한다.

광무光武 황제 고종

The Emperor of Korea, Kojong, in military uniform

고종은 열강의 침략에 맞서 한국을 근대 국가로 만들기 위해 노력했다. 그는 영국식 입헌 군주제보다 러시아의 차르 체제를 선호했다. 약육강식의 사회진화론에 바탕을 둔 제국주의가 지배하는 국제 정세 속에서 부국강병을 통한 '제국' 수립의 야망이 있었으나 근대 독립 '국가' 수립에도 실패했다. 1907년 일본 통감부에 의해 강제 퇴위 당하고 순종에게 양위했으며 1919년 사망했는데, 그의 장례식을 기해 3·1운동이 일어났다.

서울 주재 각국 외교관들, 1903년
Foreign diplomats in Seoul

알렌Horace N. Allen 공사가 정동 미국 공사관에 각국 공사들을 초청했을 때 촬영했다. 오른쪽 두 번째부터 잘데른(독일), 플랑시(프랑스), 알렌(미국), 허태신(중국), 조던(영국), 방카르트(오스트리아), 두 사람 건너 라벤 공사(러시아), 샌즈 총영사(미국).

유럽 신문사 특파원들의 고종 황제와 왕세자 알현, 1904년
European newspaper correspondents being presented to Emperor Kojong

소래교회를 방문한 언더우드 부부, 1898년
Underwood family's visit to the Sorae Church, Hwanghae

소래교회는 1894년 말 동학 2차 봉기 직전에 맥켄지William J. McKenzie 목사가 한국인의 연보와 노동으로 세운 교회로, 1895년 언더우드Horace G. Underwood 목사가 봉헌했다. 마을의 당집을 헐고 세웠지만 당집의 신목은 그대로 두었다. 마을의 거룩한 장소에 예배당이 들어섰음을 마당 앞에 십자기 깃대를 세워 표시하고(96쪽 사진 참조) 지붕 위 중앙에 작은 십자가를 세워 상징했다. 서상륜徐相崙(오른쪽 마루에 앉은 이), 서경조徐景祚(왼쪽 마루에 선 이), 둘 사이에 언더우드 부부, 왼쪽 마루에 남자 교인들, 가마를 타고 있는 전도부인, 자전거를 잡은 남자 선교사(헌트로 추정), 가마 앞에 서 있는 소년 언더우드(원한경, 1890년 출생) 등이 보인다. 교회 입구에는 막 심은 포도나무가 있다.

언더우드 옆의 교회 중앙에 걸린 글씨는 요한복음 3장 16절의 첫 부분으로 "上帝愛世授獨子상제애세수독자", 서상륜 옆의 글씨는 "萬榮光歸天主만영광귀천주"이다. 이때까지 '상제'와 '천주' 등을 사용하던 언더우드의 영향을 엿볼 수 있다. 목회 선교사들은 봄가을에 2-3개월씩 전도여행을 나가 40개 정도의 교회를 한 곳씩 순회하며 세례·학습을 주고 성찬식을 거행하며 교회를 돌보는 것이 주 임무였다.

다음은 언더우드가 편집한 〈그리스도신문〉 1898년 5월 26일자에 실린 "성령강림론"이다. 초기 한국 교회의 성령강림에 대한 이해를 보여 주는 귀중한 글이다.

> "양력 오월 이십구일 주일은 성령강림 주일이니, 이날은 특히 유명한 주일인 고로 여러 형제에게 성령의 공용共用하시는 큰 공로를 표창하노라. 대저 사람이 세상에 처하매 물욕物慾이 교폐矯弊하여 거룩하신 상주上主의 은총을 잃어버리고 죽을 형벌을 지고 있더니, 다행히 무한하신 은덕을 베푸사 독생자 예수 그리스도를 보내사 중생하는 길을 열어 주시고, 구주께서 상주의 명령대로 맡으신 직분을 다 마치신 후에 승천하실 때에 문도門徒에게 성령을 보내마 하시고 승천하신 지 오일 되던 주일에 성령이 불꽃과 같이 내려 각 사람 위에 그쳤으니 곧 이 주일이라. 그때에 예수께서 말씀하시기를 너희가 한곳에 모여 성령강림하시기를 간구하라 하시매 많은 사람들이 한곳에 모여 일심으로 간구한 후에야 성령이 강림하셨나니, 우리가 이를 볼지라도 성령강림하시기를 극진히 간구하여야 성령감화함을 얻을지라.
>
> 성령의 큰 유익을 말로 다 할 수 없나니, 성령의 감화하심을 받아야 우리가 상주께로 갈 수가 있고, 우리의 악한 마음이 변하여 새 마음도 얻으며, 진리의 깊은 뜻도 깨닫고, 임금께 충의와 부모에게 효행과 붕우에게 신信이 있는 모든 여러 가지 선행을 행할 힘도 얻고, 모든 악행을 능히 버릴 수도 있는지라. 이 여러 가지 긴요한 일은 다만 성령감화함을 얻고 못 얻음에 있나니, 우리가 생각할 것은 제일 성령감화하심을 받는 것이라."

성령의 강림은 성령의 감화感化로 이어진다. 성령의 감화감동이란 물욕을 버리고 예수의 영으로 새사람이 되는 인격의 변화—성령의 아홉 가지 열매 맺기—와 그리스도인으로서 행동할 능력을 얻는 것, 곧 여러 가지 선행을 행할 힘을 얻고 모든 악행을 버리고 악한 세력에 대항할 힘을 얻는 것을 포함하는 말이다. 그러나 언제부터인지 한국 교회는 성령의 '감화'를 이른바 '은혜' 받는 것으로 잘못 알게 되었다. 당시에도 성령은 "상주의 보내신 기운이 되어 사람의 영혼을 밝히고 감동시키는 것"으로 아는 자들이 많아서, "우리가 상주를 성부와 성자와 성령 삼위일체로 아노니 성령을 기운으로 알 것이 아니"라고 경계하기도 했다. ("기도회", 〈그리스도신문〉 1898년 7월 7일.)

> "다시 죄를 짓지 아니할 힘과 악을 고쳐 선을 행할 힘은 성령감화함을 얻는 것 외에는 없나니 우리가 어찌 일심으로 간구하지 아니하리오. 우리 주 예수 그리스도를 믿는 형제들은 성부 성자 성령 삼위께서 다 각각 공용하시는 은택을 깊이 생각하여 오늘부터 경향 간에 희당마다 일심으로 성령강림하시기를 간구할 것이라." ("성령강림론", 〈그리스도신문〉 1898년 5월 26일.)

1907년 성령강림과 부흥은 10년 이상 열심히 기도하고 간구한 결과였다. 대부흥 100주년 전후 몇 년간 부흥을 위해 기도하고 행사를 치른 뒤에 부흥이 오지 않는다고 하는 것은 단견이다. 10년 이상 간구하면 부흥이 올 것이다.

소래교회 서경조 가족, 1898년

Family of Sŏ Kyŏng-jo of the Sorae Church, Hwanghae

황해도 지역 개척 전도자 서경조(徐景祚, 1852-1938)는 1887년 1월 언더우드에게 세례를 받고 1900년 한국 교회 첫 장로로 장립將立 되었으며, 1907년 9월 첫 목사로 안수받았다. 1909년부터 5년간 서울 염정동교회와 제중원교회, 경기 황해 지역 6개 군의 전도목 사로 시무했다. 1913년 은퇴목사로 소래에 내려갔다가, 1916년 65세 때에 서울 안국동교회에서 임시목사로 1년간 시무했다. 황해 도 장연군 보구면 송천(소래)은 서상륜, 서경조 형제를 통해 복음이 들어가 마을이 복음화되고 모범적인 교회로 성장해 '한국 개신 교의 요람'이 되었다. 서경조는 1895년 맥켄지가 사망했을 때 캐나다에 선교사 요청 서한을 보내 캐나다 장로회의 한국 선교를 시 작하도록 했고, 캐나다에서 온 펜윅Malcolm C. Fenwick과 게일James S. Gale에게 숙식을 제공하며 한국 문화와 한국어를 가르쳤다. 또한 대구 등지에 가 조사助事로서 지방 선교 개척 활동도 도왔으며, 1902년 황해도에서 발생한 해서교안海西教案으로 많은 개신교 인들이 핍박받았을 때 교인들을 바른 교리로 지도하고 돌보았다.

"성령의 권능

요한 14장 16절, 15장 26절, 사도 13장 2절

'대저 성령의 권능은 비할 데 없고 측량할 수 없나니, 그러므로 성령이 감화된 자는 또한 능치 못한 것이 없느니라. 우리가 항상 무엇을 하든지 성령감화하심을 간구하여 그 힘을 의지하는 자는 큰일을 능히 이루거니와, 자기의 지식과 힘만 가지고 일을 하려 하면 항상 낭패되는 일이 많은 것이니, 성경에 말하시기를 사람은 능히 못할 것을 상주께는 능치 못한 것이 없다 하셨으니, 우리가 우리 힘으로는 주의 명하신 도리대로 하나라도 할 수 없고 하는 일이 다 진리에 합당치 못한 일을 행하게 되는 것이니, 주께서 명하신 말씀을 순종하며 그 뜻을 이루려 하면 마음을 조찰케 하고 행위를 단정히 하며 거룩한 몸이 되어서 우리 속에 성령이 거처하시게 하고 그 인도하심을 받아 행하여야 가히 옳음을 행하며 아무리 큰일이라도 능히 이루나니, 성령으로 난 새사람이 되고 그 권능을 받은 자라야 완전케 될 수 있느니라.'" ("기도회", 〈그리스도신문〉 1901년 3월 28일.)

"내가 아버지께 구하겠으니 그가 또 다른 보혜사를 너희에게 주사 영원토록 너희와 함께 있게 하리니."(요 14:16) "내가 아버지께로부터 너희에게 보낼 보혜사 곧 아버지께로부터 나오시는 진리의 성령이 오실 때에 그가 나를 증언하실 것이요."(요 15:26) "주를 섬겨 금식할 때에 성령이 이르시되 내가 불러 시키는 일을 위하여 바나바와 사울을 따로 세우라 하시니 이에 금식하며 기도하고 두 사람에게 안수하여 보내니라."(행 13:2-3)

보혜사 진리의 성령으로 금식하고 기도하고 안수하고 파송하고 증언하는 일이 부흥이다. 예수 그리스도의 삶을 따라 금식, 명상, 기도, 세례, 선포, 교육, 신유, 파송, 핍박, 죽음, 부활하는 것이 부흥이다.

예수는 우리 삶의 영원한 이상이요, 우리 신앙의 신비요, 한국 교회 부흥의 최대 상상력이다. 부흥은 예수처럼 되고 사는 것이다. 죄인을 사랑하신 거룩하신 주님을 본받아 '땅 끝'까지 가는 것이다. '거룩한 바보'의 나라, 하나님 나라를 이루는 삶이 부흥의 삶이다.

"지혜 있는 자가 어디 있느냐? 선비가 어디 있느냐? 이 세대에 변론가가 어디 있느냐? 하나님께서 이 세상의 지혜를 미련하게 하신 것이 아니냐?"(고전 1:20) "아무도 자신을 속이지 말라. 너희 중에 누구든지 이 세상에서 지혜 있는 줄로 생각하거든 어리석은 자가 되라. 그리하여야 지혜로운 자가 되리라."(고전 3:18)

서울 구리개 제중원에서 열린 장로회공의회, 1901년
The Presbyterian Council

(왼쪽부터)

1열: 전킨, 푸트, 애덤슨, 밀러, 게일, 샤프, 바레트(Junkin, Foote, Adamson, E. H. Miller, Gale, Sharp, Barrett)

2열: 로스, 사이드보텀, 롭, 번하이슬, 밀러, 블레어(Ross, Sidebotham, Robb, Bernheisel, F. S. Miller, W. N. Blair)

3열: 마페트, 맥래, 빈튼, 불, 브루엔, 헌트, 베어드(Moffett, McRae, Vinton, Bull, Bruen, Hunt, Baird)

4열: 테이트, 애덤스, 해리슨, 휘트모어, 웰번, 스왈른, 엥겔(Tate, Adams, Harrison, Whittemore, Welbon, Swallen, Engel)

미국 북장로회, 미국 남장로회, 캐나다 장로회, 호주 장로회 등 한국 선교회들이 연합하여 하나의 한국 장로교회를 세우기 위해 먼저 노회를 대신할 선교회공의회를 조직해서 한국 교회 정치를 담당했다. 1904년 9월 장로회공의회는 한국 교회가 왕성한 것은 하나님의 은혜이므로 감사일을 제정하자는 서경조의 연설을 듣고 11월 10일을 추수감사일로 정했다. 또한 "흉년을 인하여 유리流離하게 된 김포, 통진, 황해도 백천·연안 등지에 있는 교회를 위하여 전국 각 교회가 연보 구제하기로 결정" 했다.

"**원컨대** 우리 교회에서 감리교, 장로교라는 이름이 어서 바삐 없어지고 둘이 합하여 하나만 되기를 원하고 원합시다." (S. F. 무어, "평양래신平壤來信", 〈그리스도신문〉 1906년 6월 14일.)

한국에 온 복음주의 선교사들 사이에는 일치와 조화의 정신이 선교 개시 초기부터 뚜렷했다. 선교사들은 "분쟁은 물론 돈, 시간, 힘을 낭비하는 주요 원인인 중복을 최대한 피하기 위해 항상 노력했다." 이러한 협력 뒤에는 19세기 말 북미 복음주의의 초교파 정신이 있었다.

장로회에서는 1889년 미국 북장로회 선교회와 호주 빅토리아장로교회 선교회가 연합장로교선교공의회를 결성했고, 미국 남장로회 선교사들이 도착하면서 1893년 1월 재조직되었다. 이 공의회는 "조선 땅에 개신교 신경과 장로교 정치를 사용하는 하나의 연합 교회를 설립"하는 것을 목적으로 삼았다. 이후 진출한 캐나다 장로회와 호주 장로회는 이 공의회에 가입했다. 이 회는 정치적 권한은 없었고 선교에 관한 사항을 논의하는 협의체였다. 그러나 1901년 한국인 조사들이 동참하면서 한국 전체 장로교회의 임명과 치리를 담당하기 시작했고, 1907년 독노회가 설립될 때까지 한국 장로교회를 실질적으로 통치하는 정치 기구 역할을 했다. 노회 조직 후에는 4개 선교회에 대한 자문기구로서 존재했고, 남자 선교사만 공의회 회원이 될 수 있었다.

1905년 6월 서울에서 열린 북감리교연회 교육사업회의에 다른 교단들이 초대되었고, 이어 26일 장감(장로교와 감리교) 연합사업위원회가 벙커Dalziel A. Bunker 목사 집에서 열렸다. 결론은 장감 연합으로 하나의 기독교회를 설립하자는 것이었다. 1905년 9월 11일 이화학당 예배실에서 감리교와 장로교 선교사 125명이 모여 하나의 '대한예수교회'를 조직하기 위해 복음주의선교회연합공의회를 창설했다. 이때 '복음주의'란 '개신교'의 의미였는데, 이를 분명하게 하기 위해 이듬해 2차 공의회에서는 '개신교'를 앞에 붙여 '개신교복음주의선교회연합공의회'로 명칭을 고쳤다. 공의회의 주된 목적은 여러 연합 사업을 거쳐 한국에 단 하나의 개신교 기독교회를 세우는 것이었고, 그 이름은 '대한예수교회大韓耶蘇敎會'로 채택했다. 회장에 언더우드, 부회장에 스크랜튼William B. Scranton, 서기 겸 회계에 벙커, 통계 담당에 밀러Hugh Miller가 임명되었다. 공의회는 단일 교회 설립으로 가는 중간 단계였고, 그 모델은 일본 기독교회였다. 한국에 온 선교사들은 분리적 교파주의자나 전투적 근본주의자가 아니라 교회 연합 정신의 소유자들이었다.

부흥은 교회 연합과 함께 간다.

서울의 한 양반 가정, 1899년
A yangban family in Seoul

초헌軺軒을 탄 장군, 1899년
A high military officer on a palanquin

아펜젤러 가족, 1900년
Appenzeller Family

안식년 때 미국에서 촬영한
듯하다. 아펜젤러Henry G.
Appenzeller는 1902년 군산 앞
바다에서 순직했다.
왼쪽부터 아펜젤러 옆에 둘째
딸 메어리, 첫째 딸 앨리스
(1885년생, 이화학교 교장[1920-
1940] 역임), 아들 헨리(1889년생,
배재학교 교장[1920-1940] 역임),
아내 엘라, 막내딸이다.

프랑스 공사관, 1904년
French Legation

1896년 플랑시 공사에 의해 정동에 준공된 바
로크 양식의 건물로, 화강석 기둥에 아연판 지
붕으로 되어 있다. 프랑스 공사관은 1910년 한
일합방 후 현 프랑스 대사관 자리로 옮겨졌으
며, 이 건물은 총독부에서 인수하여 1919년 서
대문소학교가 들어선 뒤 1935년 철거되었다.
현재 창덕여자중학교 화단에 'RF 1896'이라고
새긴 머릿돌이 남아 있다.

대안문 앞 프랑스 호텔, 1901년
French Hotel in Seoul

1896년 정동 덕수궁 앞 공사관 거리 맞은편에 세워진 법국(法國, 프랑스)여관이다. 프렌치호텔, 센트럴호텔, 팰리스호텔 등으로 불렸다.

명동성당이 바라보이는 남대문로, 1902년
The South Gate Road to the Myŏngdong Catholic Cathedral

전차가 다니는 철로를 따라 전신주가 늘어서 있지만, 길에는 도시 노동자들인 지게꾼, 물장수, 나무장수, 마부들이 많이 보인다. 멀리 언덕 위에 위풍당당한 명동성당이 있다.

프랑스는 러시아와 손잡고 한국에서 이권 확대를 노렸다. 프랑스 공사관은 천주교 선교사들과 천주교인들의 이권 보호에 적극 개입했고, 천주교 선교회도 지방 관청의 정치에 대해 '적극적 개입active engagement' 정책을 택했다. 개신교는 이와 달리 정교분리 원칙에서 교인들의 소송(주로 묘지에 관한 산송山訟, 세금 문제, 이권 분쟁)에 관여하지 않았고, 관리의 탐학貪虐에 대해서도 '소극적 저항passive resistance'에 머물렀다. 1905년 일본이 한반도를 차지하면서 프랑스 세력이 약화되자, 천주교는 친일적인 정책을 유지하면서 교세를 확장하려고 노력했다.

1900년을 전후로 천주교는 지방에서 세금과 소송 문제로 정부와 대결하거나 비신자에게 피해를 주는 '교폐敎弊' 사건을 많이 일으켰다. 제주교안(1900)은 세금 문제로 지방민과 충돌한 대표적 사건으로, 700여 명의 주민과 천주교인이 살해되었다. 해서교안(1902)은 황해도에서 천주교회당 설립을 위해 마을 사당의 수백 년 된 소나무를 벌목한 문제, 감영에서 파견한 경찰을 구금하고 구타한 문제, 개신교인에게 성당 건축비를 징수한 문제 등으로 충돌한 사건이다. 급성장한 개신교와 천주교는 종교 시장을 놓고 경쟁했는데, 1905년을 기점으로 개신교인의 수가 더 많아졌다.

1905-1910년 사이에 천주교와 개신교는 서로 정통성과 우월성을 논증하는 변증서를 출판하고 상대의 약점을 공격하는 문서 전쟁을 펼쳤다. 천주교는 개신교를 정통교회에서 분열한 '열교裂敎'로 비판했다. 개신교는 천주교를 우상과 성인을 섬기는 우상숭배, 신부와 신도의 서열화, 미사와 고해성사 등의 의식주의, 연옥과 마리아 숭배 등의 미신적 교리를 가진 전근대적 종교로 비판했다. 특히 개신교를 믿는 앵글로 색슨 국가들이 프랑스 등 천주교 국가들에 비해 부국인 것을 개신교의 우월성을 증명하는 열매로 제시했다.

그러나 두 교회가 구제나 의료 사업에서 협력하고, 타 종교와 맞서거나 정부의 보호가 필요한 경우에는 손잡는 일도 있었다. 〈그리스도신문〉은 사설에서 교직주의와 교파주의를 비판하고 교회보다는 하나님 나라 설립을 우선해야 하며, 나아가 천주교에도 하나님 나라의 백성이 있다고 주장했다.

> "또 한 가지 잘못 생각하는 것은 우리 마음이 좁으므로 흔히 생각하기를 내가 다니는 장로, 미이미[북감리회], 감리회[남감리회]는 예수교회라, 하나님의 나라라 하되, 도무지 그렇지 아니한 것이오. 비유컨대 우리 각각 다니는 교회는 하늘에 떠다니는 조그마한 구름 한 덩어리와 같은데, 예수교회는 온 세상을 덮은 하늘과 같으니라. 로마교[천주교] 가운데도 주를 믿고 의를 사모하는 자는 하나님 나라 사람이 되었으며 또한 후패한 희랍교[러시아 정교] 가운데라도 참된 교인도 있을지라." ("사설", 〈그리스도신문〉 1906년 9월 20일.)

서대문 앞 전차와 여자들, 1899년
Women on the West Gate Street

전통과 근대가 공존하며 갈등하는 서울의 모습이다.

브라운 총무 부부를 떠나보내는 한국 교인들, 1901년
Koreans Christians gathered to bid farewell to Dr. & Mrs. Brown

1901년 한국을 방문한 미국 북장로회 해외선교회 총무 브라운 목사는 유아기의 한국 선교회에 정교 분리를 지시했다.

근대화의 상징인 전차 철로와 전기선, 전봇대, 석탄 연기를 내뿜는 한성전기회사 발전소의 굴뚝과, 전통을 상징하는 황소 등에 장작을 싣고 가는 땔감 장수들의 행렬이 대비된다.

한성감옥, 1903년
Syngman Rhee's comrades in the Hansŏng (Seoul) Prison

왼쪽에 죄수복을 입고 삿갓을 들고 있는 이승만, 앞줄 왼쪽부터 강원달, 홍재기, 유성준, 이상재, 김정식. 뒷줄 왼쪽부터 안명선(안경수의 아들), 김인, 유동근, 이승인(이상재의 아들). 이름을 알 수 없는 한 소년은 부친 대신 옥살이를 하고 있다.

배재학당 출신인 이승만(李承晩, 1875-1965)은 고종 황제의 폐위를 꾀했다는 대역죄로 투옥되었다가 탈옥 미수를 범한 중죄인으로 종신형을 선고받고 한성감옥에서 만 23-29세에 이르는 1899년 1월부터 1904년 8월까지 5년 7개월간 복역했다. 첫해 감옥 생활은 생지옥이었다. 좁은 방에 수십 명을 수감해서 겨우 앉을 수 있을 정도였고, 감방 안의 공기는 후덥지근한 데다 땀 냄새와 대소변의 악취마저 심하여 숨쉬기조차 힘들었으며 빈대와 이 등 온갖 해충이 들끓었다.

그러나 1900년 2월 개명開明 관료인 김영선金英善이 감옥서장으로 부임하면서 교도행정 전반이 개선되었고, 이승만은 논설 집필과 저술은 물론 선교사들의 도움을 받아 옥중학당과 도서실을 개설하고 운영할 수 있었다. 이승만의《옥중잡기》를 보면 그는 감옥에서 엄청난 양의 독서를 했고 10여 권의 책을 번역하거나 저술하고 80여 편의 신문·잡지 논설을 집필, 기고했다. 이승만에게 한성감옥은 유익한 대학이었다. 이승만은 독서를 통해 멸청滅淸, 공로恐露, 반일反日, 친미親美 사상을 확고히 했다.

숭례문(남대문) 앞 언더우드 사택, 1904년

The Underwood House near the South Gate, Seoul

숭례문 뒤로 경운궁과 언덕 위의 러시아 공사관 등 각국 공사관 건물이 보이고, 숭례문 앞에 땅을 돋우어 지은 독특한 양식의 언더 우드 사택(사진 중앙)이 보인다. 아내가 관절염으로 겨울이면 심하게 고생했기 때문에 언더우드는 뉴욕의 백만장자인 형의 도움을 받아 스팀 난방 시설을 갖추었다. 펜윅 등은 언더우드를 호화 저택에 사는 '백만장자 선교사'로 비판했다. 언더우드의 사택은 1907 년 전후 많은 외국인 기독교 지도자들이 한국을 방문했을 때 숙소로 제공되었다.

하와이 시찰 중에 한인학교를 방문한 윤치호 외무협판, 1905년

Yun Ch'i-ho visiting a Korean Methodist school in Honolulu

윤치호는 1905년 9월
부터 10월 초까지 32
개 농장을 방문하여
41회 연설을 했으며
5,000여 명의 한인을
만났다.

하와이 호놀룰루감리교회를 방문한 존스, 1906년

Rev. G. Heber Jones visited his parishioners in Honolulu, Hawaii

앞줄 왼쪽에서 두 번
째가 민찬호, 그 뒤에
흰 양복을 입은 이는
현순이다.

1902년 말부터 1905년 초까지 하와이 이민 붐이 불어 3년간 약 7,300명이 하와이로 떠났는데, 이민자의 30퍼센트 정도가 개신교인이었다. 일본인이 한국으로 몰려올 때, 한국인 디아스포라가 시작되었다. 1901년의 대흉년으로 마을들은 황폐해지고 화전민이 늘었다. 인심이 흉흉했고 활빈당이 도처에 출몰했다. 이민 모집 광고는 사람들의 마음에 이상향을 꿈꾸게 했고 하와이 열풍이 불었다.

1902년 12월 한국을 떠난 첫 이민자들은 1903년 1월 13일 하와이에 도착했다. 이들 102명 가운데 58명이 개신교인이며, 그 가운데 상당수가 제물포 내리(감리)교회 교인이었다. 그것은 미국인 사업가 데쉴러D. W. Deshler의 동서개발회사가 첫 이민자 모집에 많은 어려움을 겪자 친구인 내리교회의 존스 선교사가 하와이 노동자로 가면 좋은 날씨, 높은 임금, 무료 주택, 의료, 교육 기회, 주일 성수 등이 보장된다고 설득했기 때문이다. 교인 가운데는 권사 안정수, 정신수, 김이재 등이 있었다. 1903년 3월 2일 도착한 두 번째 이민단 64명 가운데는 동서개발회사가 고용한 통역사인 내리교회의 현순이 있었다.

한국인 노동자들은 농장에서 일하면서 19개의 교회와 여러 전도처를 세워 신앙과 노동 공동체를 형성했다. 1905년 12월 첫 하와이 감리회선교회 연회가 열렸을 때 미국인 교회 1개, 일본인 교회 11개, 한국인 교회 19개가 보고되었고, 호놀룰루감리교회 민찬호를 비롯해 김이재, 김영식, 임정수, 홍치범, 현순, 이경직, 신반석, 최진태가 전도사로 임명되었다.

하와이 이민자들은 신앙심과 애국심을 결합했다. 그들은 조국이 예수교로 문명 개화하고 자주 독립할 수 있다고 믿고 조국을 위해 기도하며 물질로 돕고 언론을 통해 독립 의식을 고취했다. 그러나 1905년 9월 윤치호 외무협판이 하와이를 방문했을 때, 그는 한인들이 인종차별, 이민 회사의 농간, 한인 간의 분쟁, 저축하지 않고 일본인 술집과 창녀에게 돈 날리기, 일본인들의 한인 사기 등 다섯 가지 문제로 고생하는 모습을 목격했다. 특히 호놀룰루 한인 사회는 여러 개의 조직으로 분열되어 다투고 있었는데, 감투에 관심을 갖고 다른 사람을 모함하여 역적으로 몰고 싸우다가 감옥에 가는 자들로 시끄러웠다.

우리의 시민권은 하늘에 있다. 우리는 이 땅에서 영주권자가 아닌 임시 거주자로서 곧 돌아갈 본향이 있는 순례자들이다. 동시에 천국 시민권자로서 우리는 이 땅에 천국을 만들고 그 나라로 이민 올 자들을 모집할 사명도 있다.

제물포에 상륙하는 일본군, 1904년 5월
Japanese army landing at Chemulpo

제물포에 상륙한 일본군의 하역 작업에 동원된 한국인 인부들, 1904년 2월
Korean workers at the first Japanese cavalry landing at Chemulpo

러일전쟁은 1904년 2월 8일, 일본이 러시아 군함 두 척을 기습 격파함으로써 시작되었다.

경인선 열차로 남대문역에 도착한 일본군, 1904년
Arrival of Japanese Troops at the South Gate Station from Chemulpo

남대문로를 지나가는 일본군, 1904년 2월
Koreans watching the Japanese occupation of Seoul

서울을 점령한 일본은 군사령부를 설치하고 고종 황제 내각과 한일의정서를 강제 체결함으로써 한반도에 대한 군정軍政을 실시했다. 이것은 한국이 일본의 식민지가 되는 시작이었다.

평양을 점령하기 위해 대동강을 건너려고 준비하는 일본군, 1904년 3월
Japanese army preparing to cross the Taedong River to P'yŏngyang

휴식을 취하는 일본군이 세워 둔 소총들이 질서정연하다. 오른쪽 줄 끝에 한국인들이 무엇인가를 나누어 주고 있고, 길 좌우와 강에 한국인 인부들이 부교浮橋(뜬다리)를 설치하는 일에 동원되어 있다. 강 건너 중앙에 대동문이, 오른쪽에 웅장한 장대현교회가 보인다.

일본군 공병대의 군용 철도 부설敷設, 1904년 5월
A detachment of Japanese engineers laying a military railroad

평북 순안에서 일본군의 군수품을 지고 가는 한국인들, 1904년 6월
Korean coolies carrying Japanese military supplies near Sunan

철도를 훼손한 한국인을 전시법戰時法에 따라
공개 처형하는 일본 헌병들, 1904년 9월

Execution of three Koreans who destroyed the railroad

일본은 경부선과 경의선을 개설하면서 토지를 몰수하고 한국인을 철도공사에 강제로 동원해 반발을 일으켰다. 위 사진은 헐버트가 쓴 《대한제국멸망사The Passing of Korea》(1906)에 실려 있다. 1904년 9월 21일 오전 10시 일본군은 강제 동원된 주민들이 지켜보는 가운데 한국인 세 명(김성삼, 이춘근, 안순서)을 철도 파괴 음모라는 누명을 씌워 용산과 마포를 잇는 도로변 철도 건널목 부근(지금의 마포구 도화동 야산 기슭)에서 공개 처형했다.

헐버트는 이 책 외에도 잡지 기고문을 통해 일본 제국주의 침투가 한국인에게 미치는 피해와 만행을 고발했다. 그는 1907년 한국에서 추방당한 후 미국으로 돌아가 일평생 한국의 독립을 위한 문필 활동을 했다. 1948년 이승만 대통령의 초청으로 평생 소원했던 독립된 한국을 보기 위해 87세의 노령에도 불구하고 입국했으나 곧 사망했다. 그는 한국에 뼈를 묻을 생각을 하고 미국을 떠나면서 이런 말을 남겼다. "나는 웨스트민스터 사원보다 한국 땅에 묻히기를 바란다."

승동교회 담임목사 무어 가족, 1902년
Rev. Samuel F. Moore Family

아내 엘리가 폐결핵 진단을 받았을 때 찍어 무어 선교사의 표정이 어둡다.

무어(Samuel Forest Moore, 牟三悅, 1860-1906) 목사는 곤당골교회(승동교회) 창설자로 백정 전도, 한강변의 노동자 계층 전도, 경기 북부 지역 전도에 헌신하다가 46세 때인 1906년 12월 장티푸스로 갑자기 사망했다. 유복녀 엘리자베스를 낳은 아내 엘리는 세 아들 존, 디포이스트, 에드워드와 미국으로 돌아갔고, 뉴욕 북부에 있는 한 폐결핵 요양소에서 1925년 사망했다. 무어는 한국에 온 선교사들 가운데 민중의 언어를 가장 잘 구사했다. 처음부터 순회전도를 통해 수많은 한국인을 만나 대화했기 때문이다. 무어는 안으로 믿음과 사랑이 가득하고 밖으로 반상과 귀천을 막론하고 평등하게 대하는 서민적인 태도를 지녀서 믿는 자나 믿지 않는 자나 모두 인목仁牧으로 불렀고, 그가 담당한 승동교회와 예수교학당은 인의예지가仁義禮智家로 불렸다.

그가 사망했을 때 선교사들은 "무어가 한국에 남긴 가장 큰 유산은 온유하고 사랑이 넘치는 아름다운 인격"이라고 추도했다. 백정에서 왕까지 모든 사람을 사랑했으며 그래서 모든 사람에게 사랑받았다. 서울 선교지부 추도문은 "무어는 강한 믿음, 뜨거운 사랑, 감복시키는 인격, 남의 허물에 관대한 사람이어서, 동료 선교사들의 사랑뿐만 아니라 어느 선교사보다 한국인의 참된 애정을 듬뿍 받았다"고 칭송했다.

또 무어는 1905년 황해도 지역 철도 부설 강제 노동에 항의하는 주민들의 서한을 일본 영사와 일본군 사령관에게 전달하고 한국인의 고통을 덜어 주기 위해 노력했다. 백정, 마포 강변의 새우젓 장수 등 밑바닥에서 고생하는 민중의 심정을 잘 이해한 선교사였으므로 한국인은 어려운 일이 생기면 무어를 찾았다.

압록강전투, 1904년 5월 1일
Koreans and Japanese overlooking the Yalu Battle

의주 언덕에 올라가 압록강 너머에서 벌어지는 포격전을 구경하는 한국인과 일본군인. 강에 설치한 부교가 보인다. 한국인은 구경꾼에 불과했고, 전투 후에는 부상병을 나르는 데 동원되었다.

압록강전투 후 일본군 부상병을 나르는 한국인, 1904년
Koreans carrying wounded Japanese soldiers after the Yalu battle

러일전쟁이 발발하자 평양으로 피신한 장로교 선교사들, 1904년
Presbyterian missionaries fled to P'yŏngyang

러일전쟁의 발발로 선천, 강계 등 평안도 지역에서 활동하던 선교사 가족들은 일단 평양으로 피신했다. 평양에 있던 선교사들과 피신해 온 선교사 가족들이 함께 촬영했는데, 뒷줄 왼쪽 첫 번째에 리Graham Lee 목사가, 오른쪽 끝에 마페트Samuel A. Moffett 목사와 노블William A. Noble 목사가 서 있다.

"물론 귀하께서는 우리가 전쟁 중에 있다는 것을 알고 일본의 승전 소식을 읽고 계십니다. 이곳서울은 모든 것이 조용합니다. 선천 선교사들은 선천을 떠나라는 알렌 의사의 지시를 받았으나 아직 평양에 모두가 도착하지는 않았고, 샤록스Alfred M. Sharrocks 의사 가족은 아이 한 명이 아파서 그곳에 남아 있습니다. 평양 바로 외곽에서 전투가 있었기 때문에 우리는 선천 선교사들의 안위를 걱정했습니다. 그런데 어제 전보가 와서 그들이 평양에 무사히 도착했다는 소식을 듣고 무척 기뻤습니다. 서울 사역은 평소대로 진행되고 있습니다. 비록 일부 선교사들이 전쟁에 너무 신경을 쏟고 있어서 많은 경우 종교적인 일에 주의를 돌리기가 어렵지만, 전망은 이전보다 밝습니다. 저는 전쟁의 결과로 우리에게 문이 활짝 열릴 거라고 믿습니다. 다만 이곳에 사람이 충분치 않아서 문이 열렸을 때 바로 들어갈 수 없다는 사실이 유감천만입니다." (H. G. Underwood to A. J. Brown, Feb. 18, 1904.)

시베리아 횡단 철도를 따라 오가며 예배를 집전한 차량 교회, 1904년
A church car on the Trans-Siberian line

손에 성화를 들고 있는 러시아 황제와 기도하는 병사들, 1904년
Russian Emperor praying with soldiers

러시아 황제는 군대와 교회의 수장이었다. 러일전쟁은 백인 기독교 국가인 러시아와 황인 신도神道 국가인 일본의 대결이었다. 부패한 러시아 정부와 교회에 대한 반발로 결국 러시아는 1917년 혁명이 일어나 공산주의 국가가 되었다.

승리를 위한 일본군의 신도 의식, 1904년
Shinto ceremony for the victory, Manchuria

1904년 2월 의주전투 승리 후 만주 봉황성에서 있었던 신도 神道(일본의 민족 종교) 예배 장면이다. 일본군은 전투 전후에 신도 예배를 드렸고, 죽어서 일본을 지키는 신도의 신이 되도록 고무했다.

위의 예배를 인도한 신도 제사장
Shinto priests of the above ceremony

"사위호국死爲護國: 죽어서 나라를 지킨다"

Japanese ancestor spirit guarding the nation

신도로 무장한 일본군은 전쟁 영웅을 호국의 조상신으로 숭배했다. 그들은 신도 사제를 종군 사제로 동반하고 신도 예배를 봉행했으며, 전사자들을 위한 장례식도 신도 의식으로 거행했다. 또 사진처럼 대형 조상신 형상을 만들고 전장에서 장렬하게 전사하여 호국 영령이 되기를 권했다.

러일전쟁은 종교적으로 보면 일본 신도와 러시아 정교회의 대결이었다. 영국 성공회와 미국 개신교회는 프랑스 천주교회와 러시아 정교회가 한국을 차지하는 것에 반대하고 일본의 승리를 지지했다. 영미 선교사들은 만일 러시아가 한국을 차지하면 러시아 정교회와 프랑스 천주교회가 연대하여 미국 개신교를 몰아낼 것으로 보고 노불露佛 연합에 대항하는 영미일英美日 삼국 연합을 지지했다.

임진왜란 때 중국군의 도움으로 국가 위기를 넘긴 조선은 중국의 '관우'를 전쟁과 재물의 신으로 섬기기 위해 서울에 관묘關廟를 세웠다. 무기와 화약을 제조하는 관리들이나 서울 시내의 상인들, 그리고 한강변에서 어업과 상업에 종사하는 자들은 관제關帝(관우의 영)를 섬겼다. 그러나 청일전쟁과 러일전쟁에서 중국의 신은 아무 힘이 없었다. 일본의 신도와 서양 문명과 예수교가 더 강한 것을 목격한 한국인들은 일부는 친일파, 일부는 기독교인이 되어 문명 개화(근대화)에 앞장섰고, 다른 일부는 천도교와 같은 신흥 민족 종교에 가입해서 저항적 민족주의자가 되었다.

이승만과 한성감옥의 신자들, 1904년
Syngman Rhee's Evangelistic Work at the Seoul Prison

이승만과 선교사들의 노력으로 1904-1905년 한성감옥에서 전직 고위 양반들을 포함한 40여 명이 집단 개종했다.

한국 교회 역사에서 한성감옥은 매우 중요한 의미가 있다. 먼저 배재학당 출신 양반 이승만이 아펜젤러 등의 도움을 받으며 옥중에서 기독교인으로 개종했다. 회심 후 그가 드린 첫 기도는 "오, 하나님. 우리나라를 구원해 주시고 나의 영혼을 구원해 주시옵소서!" 였다. 나라 구원과 개인 구원의 결합이었다. 둘째, 벙커, 게일, 언더우드, 켄뮤어Alexander Kenmure 등 선교사들의 도움으로 이승만은 성경과 전도 문서를 비롯한 150여 권의 기독교 서적과 신문·잡지를 감옥 내 도서관에 비치하고 전직 고위 관료 출신 정치범들에게 전도함으로써 개신교 최초의 양반 '집단 개종' 사건이 일어났다. 이능화의 말대로 '관신사회신교지시官紳社會信教之始'였다. 이원긍, 이상재, 유성준, 김정식, 이승인, 홍재기, 안국선, 김린 등이 이를 계기로 옥중 개종했는데, 이들은 1904년 3월 석방 이후 연동교회와 YMCA를 중심으로 민족운동을 전개했다. 유성준은 1902년 12월경 한문성경을 읽고 기도하던 중 "돌연히 가슴이 터지는 것 같은 느낌 속에" 눈물을 비 오듯 흘리며 죄를 회개하고 예수를 영접했다. 그러자 그에게 원망과 복수심이 사라지고 평안이 찾아왔다. 김정식도 비슷한 시기에 무디의 설교집을 읽던 중 회심했다. "갑자기 내 마음에 기쁨이 차올랐다. 내 가슴은 노래를 부르고 내 눈에서는 감격의 눈물이 쏟아져 나왔다. 하나님께서는 나를 용서하시고 나를 용납하시어 내 영혼은 평안을 얻게 되었다"라고 증언했다. 그야말로 "지옥과 같이 비참했던 감옥이 천국으로 변했다." 그리스도를 만나 개인의 구원을 찾고 나라의 희망을 발견한 감옥이었다.

이상재는 1902년 6월 친러 내각이 조작한 역모 사건인 '개혁당 사건'으로 김정식, 이원긍, 유성준, 홍재기 등과 함께 한성감옥에 투옥되었다. 이상재는 이승만보다 25세나 연장자이지만 그의 전도를 받았다. 유성준과 김정식의 개종은 이상재에게 큰 영향을 주었다. 함께 성경을 읽고 토론하는 가운데 "기독교의 성경은 불교나 유교의 경전과는 달리 이 나라 국민에게 가장 명확하게 하나님의 섭리를 나타냈다는 사실을 확신하게 되었다." 이상재는 1903년 봄 신비스러운 체험을 하면서 기독교로 개종했다. YMCA의 브로크만 F. M. Brockman의 글이다.

"이상재는 당시 자신의 생애에 아주 낯선 체험을 했다고 기록한다. '위대한 왕의 사자'가 자신에게 말하기를 '나는 몇 년 전 네가 워싱턴에 갔을 때 성경을 주어 믿을 수 있는 기회를 주었지만 너는 거절했다. 이것이 첫 번째 죄이다. 또 나는 네가 독립협회에 있을 때에도 기회를 주었지만 너는 반항했을 뿐만 아니라 다른 사람들이 믿는 것도 방해했다. 이렇게 너는 민족의 진로를 막았으니 이것이 더욱 큰 죄이다. 나는 네 생명을 구하기 위해 감옥에 두었는데 너에게 신앙의 새 기회를 준 것이다. 만일 네가 지금도 회개하지 않으면 그 죄는 이전보다 더욱 클 것이다'라고 했다. 이후 그는 주님을 믿게 되었고 민족의 위대한 지도자가 되었다."

1904년 2월 러일전쟁이 발발하고 친러 내각이 축출되면서 이들은 3월에 석방되었다. 하지만 이상재는 이유 없이 재차 투옥되었고, 책을 소지할 수 없어 감방에서 그리스도의 신성에 대해 의문을 가지고 첫날을 보냈다. 그러던 중 감방 멍석 밑에 있던 한문으로 된 《요한복음》을 우연히 발견하고 그 자리에서 마지막 장인 21장까지 읽었다. 그는 다음 날에도 다시 읽으면서 하나님께 자기 눈을 열어 달라고 기도했다.

"믿을 수 있겠는가? 내가 책을 읽고 있는데 예수께서 내 앞에 서셨다. 거룩하고 위대한 구세주였다. 나는 지금까지 완전히 그를 잘못 알고 있었다. 그는 바로 하나님이셨다. 내가 요한복음을 30번 정도 통독한 어느 날 아침, 석방이라는 말을 들었다. '석방이오?' 하고 나는 간수에게 물었다. '왜 처음에 나를 투옥했고 지금은 왜 나를 석방하는 거요?' '이유는 모르지만 석방입니다'라고 그가 대답했다. 그래서 나는 감옥을 나와 집에 오는 길에 자문했다. '누가 나를 감옥에 가두었나?' 내 영혼이 대답했다. '하나님께서.' '왜 감금하셨나?' '하나님이신 예수님의 환상을 보게 하려고.' '누가 멍석 밑에 그 책을 두었나?' '보혜사 성령께서.' 선하신 하나님을 찬양하라!" (James S. Gale, "Yi Sang-Jai of Korea", *Missionary Review of the World*, 1928, p.735.)

이상재는 감옥에서 예수 그리스도를 만났다. 인생의 그림자처럼 따라다니는 고난은 우리를 강하게 한다. 그 고난을 통해 그리스도를 만나면 고난은 더욱 의미가 있다.

제물포에 설치된 일본군 적십자병원, 1904년
Japanese Red Cross Hospital in Chemulpo

일본이 러일전
쟁에서 승리할
수 있었던 것은
좋은 의료 체계
가 있었기 때문
이다.

에스더 쉴즈 간호사
Esther Shields, RN

세브란스병원에 간호학교를
운영하고 한국인 간호사를 양
성했다.

미 북장로회 한국 선교회 부산 전킨병원, 1904년
Junkin Memorial Hospital, Pusan

흰 간호사 모자를 쓴 한국인들
이 인상적이다.

평양의 웰즈 의사와 콜레라 방역단, 1905년
Dr. Wells and his cholera corps, P'yŏngyang

러일전쟁 후 콜레라가 유행하
자 개신교 의료진은 다시 한
번 방역에 나섰다. 웰즈James
H. Wells는 일본의 한국 통치
를 가장 환영한 선교사 가운데
한 명이다.

세브란스병원 직원, 1905년
Staff of Severance Hospital

세브란스병원과 에비슨 의사의 사택, 1905년
Severance Hospital and Dr. Avison's House

세브란스병원은 미국인 실업가이자 세계 선교 후원자인 루이스 세브란스Louis H. Severance의 기부금으로 1905년 남대문 밖 복숭아 골에 순수 선교 병원으로 건립되었는데, 당시 동아시아에서 최신 시설을 갖춘 우수한 병원이었다. 오른쪽은 에비슨 의사의 사택이다.

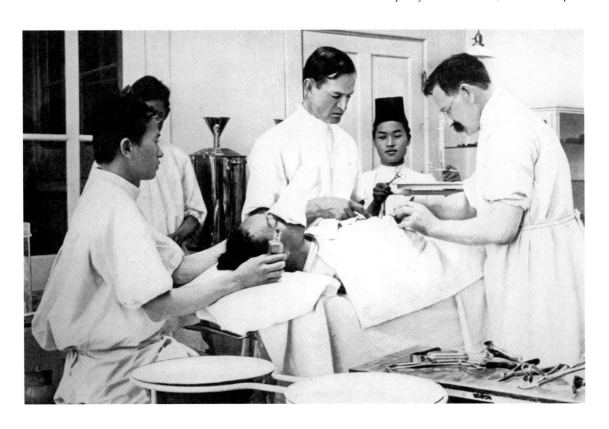

에비슨Oliver R. Avison(오른쪽) 의사와 허스트Jesse W. Hirst 의사를 돕는 한국인 조수(의학생)들과 간호원. 수술 환자를 마취하기 위해 마취용 고깔을 씌웠고, 한국인 학생들은 마취제를 들고 있다.

멕시코 에네켄 농장의 한국인 노동자, 1905년
Trabajadores Coreanos, Mexico

1905년 4월 4일 영국 상선 일호드호를 타고 인천항을 출발한 1,033명의 한국인 이민 노동자들이 5월 8일 멕시코 살리나크루스 항구에 입항했다. 그 후 그들은 기차로 멕시코를 횡단하여 메리다 지역의 24개 에네켄 농장으로 분산 수용되었는데, 이후 4년간 부채 노예로서 저임금 노동에 처해지고 말았다. 이 사건은 식민지 한국인이 감내해야 할 고난의 서막이었다.

안창호와 공립협회, 1905년 샌프란시스코
The Federation of Korean Association

1905년 미국 샌프란시스코에서 조직된 항일 독립운동단체인 공립협회는 을사조약으로 외교권을 박탈당한 미국 거주 한인들에게 민간 영사관 역할을 하면서, 1909년 조직되는 대한인 국민회를 준비했다. 안창호를 비롯한 기독교인을 중심으로 조직된 국민회는 해외 한인 독립운동의 구심체 역할을 하면서 1919년 상해 대한민국 임시정부로 발전했다. 앞줄 오른쪽은 안창호.

유카탄 반도에 한인들이 이민 왔다는 소식을 듣고 그곳까지 인삼을 팔러 간 샌프란시스코의 인삼 장수 박영순은 이들의 참상을 본국과 한인사회에 다음과 같이 전했다.

> "이곳에 이민 온 동포들은 낮이면 불같이 뜨거운 가시밭에서 채찍을 맞아 가며 일하고, 밤이면 토굴에 들어가 밤을 지새우며 매일 품삯으로 35전씩 받으니, 의복은 생각할 여지도 없고 겨우 죽이나 끓여서 연명할 뿐으로, 그 처지가 농장 주인의 개만도 못하다고 합니다."

사실 한인 노동자는 돼지보다 더 싸게 팔리고 있었다. 농장에서 일을 제대로 못 하면 무릎을 꿇리고 구타를 해 살가죽이 벗겨지고 피가 낭자한 경우가 많았고, 그렇게 맞아 죽거나 도망하다가 죽는 자들도 있었다.

멕시코 한인 1세대의 애환은 '애니깽(에네켄)'에 압축적으로 배어 있다. 20세기 초 멕시코 메리다 지역 경제의 중심을 차지했던 에네켄은 용설란龍舌蘭의 일종으로 한 나무에 50-100개의 잎이 뭉쳐 있다. 초록색 잎의 껍질을 벗겨 내면 강하고 탄력 있는 섬유질이 있는데, 이것은 선박용 로프와 그물침대인 '아마카'를 만드는 데 쓰인다. 멕시코 한인 이민 1세대들은 '어저귀'라고 부르는 이 에네켄 잎을 하루 5,000-6,000개씩 잘라 모아야 했고, 이 일을 새벽 5시부터 밤 10시까지 하루 12시간도 넘게 했다. 당시 임금은 남자 장정 35센트, 청소년 25센트, 어린이 12센트로, 노예나 다름없는 생활이었다. 에네켄 가시에 찔리며 고난의 눈물을 삼키다가 자살한 자들도 적지 않았다.

멕시코 이민의 참상이 전해지자 한국 교회는 구체적 행동에 나섰다. 1905년 8월 그 실상을 파악하기 위해 상동교회 청년회(회장 전덕기)는 조사단을 파견했다. 상동청년회는 버지니아 로노크대학에서 공부한 박장현과 워싱턴디시 하워드대학에서 유학한 이범수를 멕시코에 파송했다. 하지만 이범수는 상하이에서 병을 얻어 귀국했고, 박장현은 미국 샌프란시스코를 거쳐 1906년 1월 소년 유일한과 멕시코시티에 도착했으나 농장 현지에는 가지 못한 채 미국 네브라스카로 돌아갔다. 비록 구체적인 결실은 없었지만 해외 교포의 인권 유린에 대해 교회가 나서서 조사단을 파견하고 구호 활동을 벌였다는 점에서 인권운동사와 민간외교사에 의미 있는 활동이었다.

일부 선교사들은 기근과 국가 쇠망으로 교인들이 국내외로 흩어지자 디아스포라가 복음을 전파하는 수단이 될 것이라고 긍정적으로 해석하기도 했다. 그러나 언더우드 목사는 "무역 회사가 한국인들에게 멕시코 유카탄을 엘도라도로 제시하여 새문안교회에서 사람들이 우르르 빠져나갔는데, 전염병처럼 번져 나가 영적 성장을 적지 않게 방해했다"라고 비판했다. 이 무렵은 일본군과 일본 상인이 한국으로 몰려들고 한국군과 한국 농민은 이민으로 빠져나가는 국가 쇠망이었다. 이때 군인들이 개종하고 교회로 들어왔는데, 상당수의 군인들은 멕시코로 가는 길을 택했다. 언더우드는 이것을 일본의 한국 침략 때문으로 보았다.

멕시코 한인들 가운데는 군인 출신이 많다. 이들은 어려운 환경 속에서도 국민회와 교회를 통해 조국의 독립운동을 적극 도왔다.

루즈벨트 양의 한국 방문, 1905년

Miss Alice Roosevelt, whom the Koreans greeted as a princess, and her party

미국 공사관 직원들, 1905년

Willard Straight and the American Legation Staff, Seoul

일본은 거북으로, 거북의 머리는 이토 통감으로 그려져 있지만, 뒤에서는 한국인을 잡아먹는 독사로 묘사되어 있다. 한국을 식민지화하려는 통감 정치의 실상이 엿보인다.

Resident-General Administration.

〈대한매일신보〉 편집인들, 1905년
Editors of the Korean Daily News

논설로 나라를 구하기 위해 애국계몽운동을 전개했던 필진이다. 국가 존망의 위기 앞에 표정이 어둡다.

40년간의 식민 통치가 시작되던 1905년, 한국 언론과 사회는 새로운 사회 세력으로 급부상하던 예수교회에 지대한 관심과 기대를 보였다. 개신 유교 세력이 주도한 〈대한매일신보〉는 한국의 희망은 개신교에 있다고 사설로 논했다. 그들은 청년 유지와 열혈 재사 才士가 모여드는 예수교는 국민이 타고 있는 배의 돛과 돛대와 같아서 배를 전진시키는 힘이라고 보았다. 교회는 정치 현실인 바다 에 있기에 바람이 어디서 불어 어디로 가는지 알기 위해 늘 예민하게 깨어 있어야 한다.

〈대한매일신보〉는 기독교 입국론立國論을 주장했다. 예수교의 성장을 대세로 인정하고, 국가의 희망이 기독교에 있음을 천명한 것이다. "한국은 장차 예수교 신교로 일어날 것이다"라는 9월 29일자 기사는 조선에 유교가 성행했다가 쇠퇴하는 것은 "대도의 운행과 인사의 변천이 순환하여 쉬지 않는 까닭이며, 예수교회가 한국 땅에 유입된 이래로 유교 선비들이 극력 배척하고 공경 대인은 진토로 여겼지만 하늘이 장차 이를 흥하게 하므로 누가 이를 막을 수 있으리오. 지금 예수교가 점차 증진하는 모양이 실로 활발하고 크게 일어나는 기세"라고 하여 예수교의 흥왕은 하늘의 섭리이기에 막을 수 없다고 했다. 과거에는 관리의 탐학을 피해 교회로 왔으나, 이제는 일본의 학대를 피해 교회로 오는 자들이 많다. 예수교 입교자들은 청년 유지와 열혈 재사로 그들은 애국심, 동포애, 단결력, 자립심이 있었다. 이들은 독립을 위한 무형無形의 강력强力이다. 따라서 한국은 장차 예수교로 인하여 자립할 것이라고 주장했다.

〈대한매일신보〉가 대한의 희망이 예수교에 있다고 주장한 근거는 독립 국가 건설에 필요한 국민 교육에 근대 종교인 예수교가 적합하다고 인식했기 때문이다.

> "정치와 종교는 나뉘어 두 개이지만, 인민과 국가가 상이하면서 표리가 되어 화복과 존망이 균일하게 맞물려 있으므로, 국가에 정치가 없으면 인민이 편안하게 살 수 없고 인민에게 종교가 없으면 국가는 인민을 이끌어 갈 수 없다. 비유하자면 배가 물에 있는데, 물에 풍랑이 많으면 배는 나아갈 수 없고, 배가 돛과 돛대를 잃으면 물은 배를 띄울 수 없다. 그런즉 국가에 정치가 없는 것을 인민이 어찌 좌시할 수 있으며 인민이 종교가 없는 것을 국가가 어찌 침묵할 수 있는가?" ("변정교이동辯政敎異同", 〈대한매일신보〉 1905년 10월 4일.)

종교 개혁이 정치 개혁의 원인이라고 10월 11일자 신문은 주장했다.

> "구미 제국의 정치 개혁한 원인을 소급해서 찾아보면 그 종교 개혁으로 유래했으니 그런즉 세계 인심을 감화케 하는 효력이 종교보다 빠른 것이 없고 천지를 개벽하는 역량이 종교보다 더 큰 것이 없다. 야소교회가 생겨 평등과 자유의 주의를 창론創論하니 그 시초에 구교도의 학대를 견디다가 신교도의 견고한 불굴의 힘으로 점차 인심을 감화하여 자유로운 분위기를 양성하니 그 뜻이 한 번 바뀌어 영국이 개혁되고 두 번 바뀌어 미국이 독립을 이루고 세 번 바뀌어 독일이 혁신이 되었다."

한국이 유교에서 예수교로 개혁하면 정치도 개혁되고, 정치가 개혁되면 국가의 독립을 이룰 수 있다는 주장이다. 예수교를 국가의 희망이요 인민 계몽의 선도자로 지목하고 기대를 표한 것은 개신교회가 애국과 애민의 기치를 분명히 하고 행동에 나섰기 때문이다. "죄기 많아 주권을 상실했다"고 본 한 기고자는 "국가를 부하게 하고 민을 강하게 하는 그리스도교를 숭봉할지어다"라고 주장했다. ("경고한민警告韓民", 〈대한매일신보〉 1905년 12월 9일.)

경계 확장, 1905년
Enlarging the boundaries

ENLARGING THE BOUNDARIES
—Brooklyn *Eagle*

러일전쟁에서 승리한 일본은 우리나라 동해를 일본 '내지內地'의 호수로 만들고 만주까지 영향력을 넓혔다.
일본은 군사적 목적에서 1905년 독도를 일본 영토로 강제 편입했다.

"**대한 전국에** 기독교인의 경향京鄕에 있는 신도가 모두 10만에 달하였는데, 그 국가가 침륜 멸망하는 지경에 빠져들어 감을 슬퍼하고 애통하며 사회가 영락零落하고 스러지는 것을 근심하고 두려워하여 장로회와 침례회와 감리회에서 공동으로 연합회를 단결하여 영원한 생명의 하늘에 기도하자는 주지로 독일무이하시고 전지전능하옵신 조물주 대주재 상제 여호와께 위국 기도를 경건히 지성으로 매일 드린다 한다는데 그 매일 기도하는 전문이 다음과 같다.

위국 기도문: 지금 우리 대한이 고난 중에 있는 형편을 우리 동포가 다 아는 바이거니와 예수를 믿는 형제자매 중에도 혹은 자기가 잘못하여 이 지경에 이른 줄은 깨닫지 못하고 다른 사람만 원망하니 이는 덜 생각함이요, 혹은 말하기를 우리의 영적 나라가 하늘에 있은즉 육신의 나라는 별로 상관없다 하니 이도 덜 생각함이요, 혹은 말하기를 이런 고난을 당하여 어찌 가만히 앉아 있으리요 하고 혈기를 참지 못하여 급히 나아가자 하니 이도 덜 생각함인즉, 다 하나님의 뜻에 합당치 못한 것이라. 그런즉 이 고난에 든 허물이 어디 있다 하리오. 다른 데 있지 않고 다 하나님을 믿고 구하지 아니하는 데 있나니 대저 우리나라 사람이 사신邪神 우상을 숭봉하고 악독한 일만 행하며 하나님의 주신 바 기름진 땅과 광산과 일용 만물을 감사한 마음으로 받아 적당히 쓰지 아니하고 또 하나님 앞에 복을 구하지 아니한 까닭인즉, 주를 믿는 우리는 구약 때에 선지자 예레미야와 이사야와 다니엘의 기도로 이스라엘과 유태국이 구원 얻은 것같이 대한도 구원 얻기를 하나님 앞에 기도하옵세다. 기도 시간은 매일 신시[오후 2시부터 4시]요.

기도문이 다음과 같으니, '만왕의 왕이신 하나님이시여, 우리 한국이 죄악으로 침륜에 들었으매 오직 하나님밖에 빌 데 없사와 우리가 일시에 기도하오니 한국을 불쌍히 여기사 예레미야와 이사야와 다니엘이 자기 나라를 위하여 간구함을 들으심같이 한국을 구원하사 전국 인민으로 자기 죄를 회개하고 다 천국 백성이 되어 나라가 하나님의 영원한 보호를 받아 지구상에 독립국이 확실케 하여 주심을 예수의 이름으로 비옵나이다.'" (《대한매일신보》 1905년 11월 16일.)

기도문은 일제의 보호가 아닌 하나님의 영원한 보호만이 대한이 자주 독립국으로 확실하게 되는 길임을 천명했다. 또한 한국 교인들이 구약의 예언자들과 신약의 예수 공동체의 전통을 이어받아 나라가 망하고 식민지가 된 현실 앞에서, 이를 남의 탓으로 돌리는 원망자怨望者, 지상의 나라는 무시하고 하늘의 영적인 나라만 추구하는 도피자逃避者, 분을 참지 못하고 혈기로 나아가 "군사 지식 없이 단지 충천한 의분심만 가지고" 의병으로 싸우는 무력자武力者의 방법에 반대하고, 먼저 하나님 앞에 바로 서는 기도자祈禱者의 방법을 제시했다. 난국의 원인이 기독교인에게 있다고 보고, 과거 조상과 현재 국민과 기독교인 전체 공동체의 죄를 회개하는 '공동 기도' 운동으로 승화시킨 성숙한 예언자預言者 신앙이었다.

전덕기
Chŏn Tŏk-ki

이 준
Yi Chun

경희궁에서 활을 쏘는 양반들, 1905년
Archery at the Mulberry Palace

양반들 중에는 "국가의 독립과 인민의 생명이 인간사나 운수에 관계되므로 상제께 기도한다고 된다고 믿지 못한다"고 말하거나, "우리 대한 인민이 세계 인류 중 순량 모후한 자인데 무슨 죄로 나라를 잃는 경우를 당하는가?"라고 질문하는 자도 있었다. 혹은 "팔짱만 끼고 가만히 앉아서 골패나 화투만 하면서 나라 근심은 남의 일처럼 도무지 개의치 않는" 자들도 있었다.

상동교회의 스크랜튼 목사는 북감리교회의 일본 주재 감독 해리슨의 지시로 11월 1일 민족운동의 중심지였던 상동교회 청년회를 해산시켰다. 그러나 상동 회원들은 을사조약이 체결되자 상동교회에 모여 기도회를 열고 상소운동을 벌였다. 해주에 있던 김구金九는 진남포 엡워스청년회 대표로 서울에 와서 전덕기, 정순만, 이준, 이동녕, 이희간, 조성환 등 상동청년회 회원과 관서 지방 대표로 온 최재학, 계명륙, 김인즙, 옥관빈, 이승길, 차병수, 신상민, 김태연, 표영각, 서상팔, 이항직, 기산도, 전병헌, 유두환, 김기홍 등을 만났다. 이들은 "일회 이회로 사오 명씩 연명으로 상소하여 죽든지 잡혀 가든지 몇 번이고 반복하자"고 결의하고, 특별법원 검사로 있던 이준이 작성한 상소문을 들고 11월 27일 최재학, 김인즙, 신상민, 이시영, 전석준 등 5명이 대표가 되어 도끼를 메고 대안문에 나가 일차로 상소하는 한편, 각국 공사관에 조약의 부당성을 알리는 변명서를 발송했다. 상소문의 내용은 우리 각자가 제 할 일을 제대로 못해 이 지경에 이르게 되었다는 위국 기도문과 동일한 내용을 담았다. 이들은 곧 일본 순사에게 체포되어 경무대에 감금되었다.

김하원, 김홍식, 이기범, 차병수 등은 11월 30일 "경고아이천만동포지문警告我二千萬同胞之文"이라는 글을 종로에 뿌리고 '독립 국권 사수'를 주제로 가두연설을 했는데, 총을 쏘는 경찰과 투석하는 군중 사이에 접전이 벌어져 많은 사람이 부상당하고 헌병에 체포되었다. 다음 날 민영환 공이 순국 자결했다. 전덕기, 정순만은 평안도 기독 청년들과 함께 을사오적 암살 계획을 세웠다. 그러나 민중의 호응이 기대에 미치지 못하여 각자 고향에 내려가 애국 사상을 고취하고 신교육을 실시하는 것이 급선무라는 데 의견을 모으고 흩어졌다.

이 시기에 신교육론 곧 실력 양성론이 상소론과 의병론에 대한 대안으로 등장했다. 이는 종교를 통한 도덕적 감화와 독립 정신의 고취, 교육과 산업, 단체 생활의 진흥을 목적으로 했다. 민족적 차원에서 예언자적 자기비판은 유일신론 차원에서 우상숭배를 비판하고 도덕론 차원에서 갖은 부패와 악행을 비판했으며, 사회진화론 차원에서 근대 시민 육성, 실력 양성, 자원 계발, 산업 진흥 등을 대안으로 제시했다.

서울의 연동(장로)교회와 상동(감리)교회의 개혁과 청년들이 주도한 기도회와 상소운동은 독립 국가 형성이라는 당대의 정치 의제가 예언자적 신앙과 결합되면서 점화된 개신교 항일 민족운동의 첫 봉화였다. 그 불은 일제 강점기 40년, 해방 이후 60년 동안 꺼지지 않고 타올랐다. 한국 교회는 100년 전 부흥운동의 재현을 위해 기도할 뿐만 아니라, 위기를 맞은 조국의 평화와 통일을 위해서도 함께 기도해야 한다.

민영환, 1904년 2월

Min Yŏng-hwan

민영환은 기독교인은 아니지만 언더우드 부부와 가깝게 지내면서 개신교 선교 사역을 적극 후원하는 고관高官이었다. 1905년 11월 민영환이 을사조약에 대한 항의로 자결하자 언더우드 부인은 "국가의 정치적 존립과 안녕을 평생 동안 자신의 존재와 안녕과 일치시킨 한국의 한 양반이 국가가 망하면서 함께 사라졌다"는 말로 그를 추모하였다. 1905년 봄 민영환은 "한국의 총리직인 참정대신이라는 매우 어렵고 문제가 많은 책무를 다시 맡았다. 그러나 이 직위에 있는 동안 일본인들이 두 가지 제안을 했는데, 그는 이 제안에 서명하기를 끝까지 거부했다. 그 제안의 하나는 일본인에게 '연안 항해권沿岸航海權'을 부여하는 것으로, 이는 일본에게 한국의 수로水路에 대한 모든 권리를 주는 것이었다. 다른 제안은 모든 재외 한국 공사를 외국에서 철수시키고 한국의 외교 관계는 일본의 외무상이 수행하자는 것이었다. 이 조치들에 반대하는 그의 태도 때문에 그는 총리직을 사임해야 했으며, 비록 가을에 외부대신에 임명되었지만 그는 거절했다." 을사조약에 항의하기 위해 그는 황제에게 40회의 상소를 잇따라 올렸지만 아무 소용이 없었다. 을사조약에 항의하는 최후 수단으로 그는 자결을 택했다.

민영환은 자결하면서 명함 앞뒤에 이런 유언을 남겼다.

"嗚呼 國恥民辱 乃至於此 我人民 將且殄滅於生存競爭之中矣 夫要生者必死 期死者得生 諸公豈不諒 只泳煥徒以一死 仰報皇恩 以謝我二千萬同胞兄弟 泳煥死而不死 期助諸君於九天地下 幸我同胞兄弟 益加奮勵 堅乃志氣 勉其學問 決心戮力 復我自主獨立 則死者 當喜笑於冥冥之中矣 嗚呼 勿少失望 訣告我大韓帝國二千萬同胞." (오호라, 나라의 수치와 백성의 욕됨이 이 지경에 이르렀으니 우리 인민은 장차 생존경쟁 가운데 모두 멸망하리라. 대저 살기를 바라는 자는 반드시 죽고 죽기를 기약하는 자는 살 것이니 여러분은 어찌 이를 헤아리지 못하는가? 영환은 한 번 죽음으로써 우러러 황제의 은혜에 보답하고 우리 이천만 동포 형제에게 사죄하노라. 영환은 죽되 죽지 아니하고 구천에서도 여러분을 기필코 도울 것을 기약하노니, 바라건대 우리 동포 형제들은 더욱더 분발하여 힘쓰고 뜻과 기개를 굳건히 하여 학문에 근면하고 결심하고 힘을 다하여 우리의 자주 독립을 회복한다면 죽은 자는 저승에서도 기뻐하며 웃으리로다. 오호라, 조금도 실망하지 마소서. 우리 대한제국 이천만 동포에게 마지막으로 고하노라.)

언더우드 부인은 민영환의 죽음을 다음과 같이 애도했다.

"그는 자신보다 조국을 사랑했고, 그가 아는 자신의 의무를 이익이나 지위나 명성보다 사랑했다. [중략] 끊임없이 다가오는 시련 속에서 사적인 이익과 조국의 안녕 사이에서 선택해야 할 경우 그는 자신에게 초래될 결과에 아랑곳하지 않고 초지일관 후자 편에 섰다. 어떤 열강에 희망을 걸거나 믿지 않고 오직 타고난 그의 고결성과 정직성에만 기대면서, 자신의 이익을 위해서는 물불을 가리지 않고 달려드는 기회주의적이고 돈을 사랑하고 양심이 없는 관리 계층 가운데서, 그는 놀랍게도 정도를 고수했다. 백성에게 봉사하고 나라를 위해 사는 것이 그의 첫 번째 목적이었고, 그는 이를 위해 모든 것을 희생했다. [중략]

그가 죽음을 맞이할 때, 그는 살아야 할 많은 이유, 곧 막대한 부와 고관대작(만일 그가 평생 지켜 온 나라와 자신의 명예를 희생하려고만 했다면 바라는 어떤 관직도 얻을 수 있었을 것이다), 국내외 다양한 계층에서 그를 추종하는 수많은 친구와 숭배자들, 젊은 부인과 세 아들과 두 딸 그리고 아들을 자랑스럽게 여기는 노모가 있었다. 그러나 대부분의 사람들의 행동 동기가 그에게는 아무런 영향을 주지 않은 듯하다. 고귀하고 숭고한 애국심이 마지막 순간에 비록 슬프고 아깝게도 판단 착오로 이끌었지만 다른 모든 동기들을 압도했다. 그는 자신 앞에 고상한 목적을 두고 사는 자였으며, 죽을 때까지 그것을 추구하는 데 결코 흔들리지 않았다. 그는 자신의 생명을 귀한 것으로 여기지 않았다." (L. H. Underwood, "Min Yong Whan", *Korea Review*, Jan. 1906, pp.7~8.)

"사람이 친구를 위하여 자기 목숨을 버리면 이보다 더 큰 사랑이 없다."(요 15:13) 나라를 위한 순국이나 교회를 위한 순교는 모두 큰 사랑의 행동이다. 작은 사랑을 실천해 온 자만이 최후에 큰 사랑을 할 수 있다. 일관된 행동을 하는 삶이 성공적인 삶이다.

에반 로버츠
Evan Roberts

웨일스 부흥의 지도자 에반 로버츠(1878-1951)는 한국 교회 부흥운동에 영감을 주었다.

광부의 아들 로버츠는 열한 살 때부터 스물세 살까지 아버지를 따라 광산에서 일했다. 이후 루고르의 모리아 칼빈주의 감리교회 교인으로, 주일학교 교장으로 봉사하면서 당시 주요 신학 서적을 꼼꼼히 읽고 공부했다. 그는 십대에 중생을 체험한 이후 11년간 규칙적으로 웨일스의 부흥을 위해 기도했다. 25세 때인 1904년 9월 목회자가 되기로 결심하고 트레페카신학대학에서 공부하기 위해 뉴캐슬 엠린사범학교에 입학했다. 전도인 셋 조슈아의 집회에 참석하여 눈물을 흘리며 "오, 주여, 우리를 굴복시켜 주소서"라고 기도하면서 로마서 5장 8절 "우리가 아직 죄인 되었을 때에 그리스도께서 우리를 위하여 죽으심으로 하나님께서 우리에 대한 자기의 사랑을 확증하셨느니라"라는 구절을 읽고 하나님의 뜻에 자신을 굴복시킬 때 '성령 세례'를 체험했다. 1904년 10월부터 작은 모임에서 설교를 시작했고, 이것이 웨일스 부흥으로 발전했다.

웨일스 부흥이 시작된 모리아교회, 1905년
The Moria Church where the Wales Revival began

웨일스 남부 광산 도시 글린코르그에서 침례를 주는 로버츠, 1905년
Baptism by immersion in Cromcerddin Brook, Glyncorrwg, Glam

에반 로버츠와 여자 부흥사들, 1905년
Wales Revivalist Evan Roberts and Woman Preachers

웨일스 부흥의 특징 가운데 하나는 여자 부흥사들의 활동이다. 광부, 농부, 여자, 어린이 등 사회 소외층의 참여와 지도력 향상이 웨일스 부흥을 이끌어 갔다. '광부 전도사' 로버츠의 설교 요점은 다음과 같다. 1. 기억나는 모든 죄를 고백하라. 2. '의심스런' 모든 것을 생활에서 없애라. 3. 언제나 성령에 즉각 순종할 자세를 가져라. 4. 그리스도를 공개적으로 고백하라.

판디타 라마바이
Pandita Ramabai

웨일스 부흥의 영향으로 1905년 3월 인도의 미조람 카시아 고원Khassia Hills에 사는 천민 부족 미조Mizo족에 부흥이 일어나 공개적으로 죄를 자복하고 통성기도 하면서 집단 개종했다. 힌두교를 대신하는 기독교에서 이들은 신앙 정체성뿐만 아니라 주변 부족과 구별되는 독자적인 민족 정체성을 형성해 갔다. 카시아 부흥은 북인도 지방으로 확산되어 인도 부흥의 시발이 되었다.

정통 힌두교 가정에서 자랐으나 1883년 세례를 받은 라마바이는 1889년 묵티 선교회Mukti Mission를 조직하고 불우한 여성들을 돕는 사회사업가, 여성교육가, 여성해방가가 되었으며, 언어에 능해 마라티어로 성경을 번역했다. 영국의 케직 사경회의 영향을 받은 라마바이는 웨일스 부흥과 카시아 부흥 소식을 듣고 여성 기도대를 조직, 수백 명이 매일 기도한 결과 1905년 6월 부흥의 불과 은혜의 소나기가 묵티 선교회를 휩쓸고 지나갔다. 몇 달 안에 400명 가까운 여성이 성령을 받았다. 1907년 2월에 일어난 두 번째 부흥 기간 동안 이미 중생重生한 자들에게 방언의 은사가 주어졌고, 많은 신자들이 이 '불세례'를 받고 능력 있는 증인이 되었다.

묵티 부흥은 초기 인도 오순절운동의 출발점이었다. 인도 부흥 소식을 들은 한국 교회와 한국에 있던 선교사들은 하나님께 매달려 공평하신 하나님께서 한국에도 동일한 부흥을 허락해 주실 것을 믿고 기도했다.

헐버트
Homer B. Hulbert

스티븐스
W. D. Stevens

1907년 6월 헤이그 평화회담에서 대결한 두 미국인.

일본은 세상 물정과 국제법에 밝고 유능하며 노련한 외교관 스티븐스를 고종의 외교 고문으로 임명해 한국을 병합하려고 했고, 스티븐스는 외부대신의 도장을 훔쳐 을사조약 문서를 조작했다. 한편 헐버트는 러일전쟁 이후 영문 월간지 〈The Korea Review〉를 통해 일본의 한국 침략상을 폭로하고 한국의 독립을 보전하기 위해 혼신의 힘을 기울였다. 그 결과 헐버트는 한국의 독립을 위한 미국인 챔피언a Yankee champion of Korea이요 미국인 기사an American knight errant for Korea로 알려졌다.

고종과 한국인은 헐버트를 신뢰하여 을사조약에 항의하는 밀사로 미국과 영국 등에 파견했다. 결과적으로 1907년 헤이그 평화회담에서 두 맞수는 외교 전쟁의 경쟁자로 맞붙었다. 고종은 일본의 반대와 스티븐스의 방해 공작에도 불구하고 헐버트의 도움으로 밀사 이상설, 이준, 이휘종을 네덜란드에 보냈다. 그러나 스티븐스는 한국인 밀사들이 헤이그 평화회담에 참석하지 못하도록 방해했다. 세 밀사와 헐버트는 회담장 밖에서 일본의 정책에 항의하는 외교 활동을 펼침으로써 일본의 국제적 위신을 추락시켰다. 그러나 스티븐스와 일본은 헤이그 사건을 빌미로 고종을 퇴위시켰다.

네덜란드 반군국주의자들의 광고판
Dutch anti-militarists characterized the Hague Conference as "Peace Hypocrisy"

네덜란드의 반군국주의자들은 헤
이그 평화회담을 거짓 평화회담으
로 비판했다.

고종 황제가 헤이그 밀사
이상설, 이준, 이위종에게 준 위임장, 1907년
Emperor Kojong's credentials to the secret envoy to Hague

고종은 헤이그 사건으로
강제 퇴위되었다.

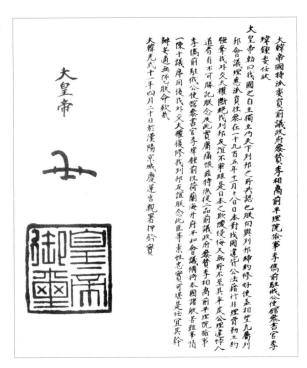

순종 황제 즉위식, 1907년

The Coronation Ceremony of Emperor Sunjong, the Last King of the Chosŏn Kingdom

조선의 마지막(27대) 임금인 순종은 대한제국의 융희 황제(재위 1907~1910)로 즉위했으나 실권은 없었다. 고종 11년(1874년) 명성황후 (민비)의 장자로 태어나 이듬해 세자로 책봉되었다. 1910년 한일합병 조약에 저항하고 끝까지 서명하지 않았다. 1926년 4월에 사망 했는데, 그의 장례식 때 6·10만세운동이 일어났다.

항일 의병 전쟁에 참전한 경기도의 한 소대, 1907년
A group of the Korean Righteous Army

항일 의병, 1907년
A group of the Korean Righteous Army

의병은 지형과 지리에 익숙해 게릴라전으로 일본군에게 큰 타격을 주었다. 1905년 을사조약 이후 전국의 유생과 농민이 봉기하여 독립전쟁을 전개했다. 평균 40명 정도로 편성된 소부대가 많았다. 1906년 5월 충남 홍주를 점령한 민종식 부대 1,000여 명은 여러 차례 일본군의 공격을 물리치고 6월 1일 서울에서 특파된 일본군과 맞서 분전했다. 1907년 군대 해산으로 대한제국 군인들이 가담한 제2차 의병 전쟁은 3년간 계속되었는데, 1908년 음력 정월 양주에 집결한 의병군은 1만 명에 달했다. 의병 투쟁은 주로 강원·경기 이남에서 전개되었다.

다음 표에 의하면 전체 전투의 75.7퍼센트(1908)와 88.6퍼센트(1909)가 2년간 발생했다. 북한 지역의 저항은 황해도를 제외하면 미미했다. 이는 평양을 중심으로 한 개신교가 의병 투쟁 노선에 반대한 것과 연관이 있다. 한국을 병합하기로 한 일제는 전쟁을 하루속히 끝내기 위해 1909년 9월 '남한 대토벌 작전'을 개시하여 1년간 수만 채의 집을 불사르고 수만 명을 살육하는 진압 작전을 벌인 후 1910년 8월 정복을 통한 한일합병을 선언했다. 이후 의병은 간도와 연해주로 이동하여 독립군이 되었다. (다음 총독부의 1908-1909년 의병 전투 통계는 축소한 수치이나 참고할 만하다.)

의병 전투 현황(1908-1909)

교전 지역	교전 횟수		교전 의병 수	
	1908년	1909년	1908년	1909년
경기	78	165	1,453	3,453
충북	113	66	6,815	832
충남	217	138	7,666	1,003
전북	219	273	9,996	5,576
전남	274	547	10,544	17,579
경북	158	161	5,702	3,667
경남	153	61	3,328	934
강원	273	124	18,599	2,468
황해	232	111	7,998	2,148
평북	41	17	2,590	123
평남	108	61	1,391	540
함북	11	0	283	0
함남	99	14	6,438	270
계	1,976회	1,738회	82,803명	38,593명

의병 진압에 출동하는 일본군, 1907년
A Japanese troop deployed to fight against the Righteous Army

삼엄한 호위 속에 순종 즉위식에 가는 이토 통감, 1907년
Ito goes to the Coronation of Emperor Sunjong

일본은 항일 의병 수만 명을 살해한 후에야 한국을 합병할 수 있었다.

서상륜
Sŏ Sang-nyun

최병헌
Ch'oe Pyŏng-hŏn

구연영
Ku Yŏn-yŏng

양주삼
Yang Chu-sam

의병은 중국과 일본에는 없는 한국 특유의 민간인 군대로, 국가 위기 때마다 자발적으로 조직된 민병대이다. 하지만 한국 교회는 의병의 무력 투쟁에 반대하고 애국계몽운동, 교육구국운동, 부흥운동을 전개했다. 고종은 의병 전쟁으로 많은 국민이 희생되자 이를 막기 위해 서상륜, 최병헌 등 개신교 설교자들을 선유사宣諭使, peace commissioner로 임명하여 충청도와 황해도에 파송했다. 그러나 이들의 선유 활동은 그리 성공적이지 못했다. 반면 구연영具然英 전도사는 의병운동에 참여하였다가 아들과 함께 체포, 처형되었다. 미국 샌프란시스코에 유학 중이던 양주삼梁柱三은 교회의 선유 활동에 반대했다.

미국 샌프란시스코에서 유학하며 샌프란시스코 한인교회 전도사로 있던 양주삼은 공립협회 토론회와 〈공립신보〉 기고문에서 의병을 반대하는 한국 교회 지도자들의 선유 활동을 경고했다.

"예수교는 이 세상에서도 잘되게 하고 영혼도 구원 얻게 하는 교라. 그 교가 왕성하는 곳마다 백성이 부하여지고 나라가 강하여지며 만사만물이 발달됨은 그 교가 이 세상에서 천당이 임하게 하고자 함이라. [중략]

그러나 근일에 본국으로부터 오는 신문을 본즉 우리나라 정부에서 예수교회에 유명한 모모 제씨를 택하여 각 지방 선유위원으로 파송하여 정부 명령을 거역하고 봉기하는 의병을 선유 해산케 한다니, 첫 번 듣기에는 평화의 근본 되는 예수교가 금일에 평화 수단을 나타내어 백성을 안돈安頓케 하며 그 도를 우리나라에 더욱 왕성케 할 기회가 성하나 보다 하였더니, 일분시가 지나가기 전에 다시 생각하여 본즉, 그 일이 만일 실행될 것 같으면, 우리나라의 구법求法되며 우리 한인의 유일무이한 희망이며 우리나라에서 그와 같이 크게 홍왕하는 예수교를 손해시키며 군축을 받게 하며, 나중에는 그것으로 말미암아 우리나라에 큰 재앙을 빚어낼 일이라 하리로다. [중략]

의병을 헤치려면 불가불 먼저 의병의 모인 연고를 없이 해야 의병이 해산될지라. [중략] 예수교가 의병 모인 근원이 아닌즉 예수교 목사 100명이 나가서 선유하더라도 그 의병에게는 낙상한 데 청심환 쓰는 것과 다름이 없을지라. 그런즉 예수교인이 나가서 선유하되 의병을 결단코 해산치 못할 것은 지혜 있는 자가 아니라도 알 것이요, 그 일로 말미암아 우리나라 백성들이 전날 청국 백성과 같이 예수교를 원수로 생각하게만 될지 다시 생각하여 보시오. [중략]

청국에서 의화단의 잔인한 마음으로 된 것이 아니요, 청국 교인들의 처사 잘못한 데서 말미암아 된 것이, 우리나라 의병이 청국에 의화단과 같이 [예수교를 미워하여 외국 선교사를 죽이며 교당을 불 놓으며 교인을 살육하면 장차 그 결과가 어떻게 되겠느뇨? 그 허물이 어디 있겠느뇨? 그 허물이 온전히 우리 예수교인에게 있다 함이로다." (양주삼, "경고 우리 한국 예수교회 형제자매", 〈공립신보〉 1908년 2월 26일.)

의병의 무력적인 방법에 동의하지는 않지만 봉기한 이유—정부의 부패와 일제의 침략으로 인한 국가 멸망의 위기—를 없애기 위해서 교회는 근대화운동과 항일운동에 나섰다. 기독교는 피안의 천당만을 바라는 불교와 현세의 대동 세계만을 꿈꾸는 유교와 달리 하늘에서 이루어질 천국을 바라보며 이 땅에 하나님 나라를 임하게 하는 종교이기 때문이다

물이 없으면 배가 떠 있을 수 없듯이 나라가 망하면 교회가 설 곳이 없고, 배의 키가 방향을 잘못 잡으면 암초에 좌초되듯이 민족의 고통을 외면하면 교회는 핍박받게 된다. 교회라는 배를 앞으로 나아가게 하는 바람은 성령이요, 바람을 받는 돛은 기도이다. 바람이 어디서 불어 와 어디로 가는지 알기 위해 교회는 늘 깨어 기도해야 한다.

최병헌의《성산명경聖山明鏡》표지, 1909년
Cover picture of Rev. Ch'oe Pyŏng-hŏn's novel, "The Bright Mirror in the Holy Mountain"

학을 탄 도인과 유학자에게 절하는 불승을 차례로 개종시키는 기독교인 청년(봇짐을 진 전도인)을 바라보는 낚시꾼(한국 민중)을 그렸다. 초판 서문에서 존스G. H. Jones는 기독교가 한 나라 인민의 사상과 정신을 완전히 소유한 증거는 그 지역 교인이 자기 방언으로 '종교적 비론Christian allegories' 서적을 저술함에 있다고 전제하고, 영어권에 최고 수작인 번연의《천로역정》이 있듯이 "한국 인사人士의 막대한 종교 발전은 한국 교회 중 선각자가 이와 같은 저술을 착수함에 관계된다"고 했다.

아울러 존스는 "목사 최병헌은 한국 교인 중 가장 뛰어난 지도자라. 오늘 이렇게 귀중하고 필요한 비유론으로 여러 사람에게 커다란 경계의 거울을 이루었으니, 이는 선생의 높은 안목으로 기독교 신앙력이 동양 여러 타종교보다 탁월함을 발표하였고, 자국민족이 모두 기독교인이 될 것을 예언하였으니, 이 책은 선생이 주 그리스도를 충심 신뢰하여 자신의 예언에 확실히 믿는 점이 있으므로 개인적인 명확한 증명이 자연 크게 드러나는 바로다"라 하여 기독교의 탁월함을 동양의 여러 타종교와 비교하여 결정적으로 보여 준 데에《성산명경》의 가치가 있다고 지적, 이 책이 한국의 완전한 기독교화를 예언한 점을 높이 평가했다.

탁사 최병헌 목사는 1906년 10월, 기울어 가는 국운을 바라보며 정치와 종교의 관계를 놓고 YMCA에서 강연했다. 그는 정교 관계를 체용론體用論, 본말론本末論, 표리론表裏論으로 풀이한다. 곧 상제로부터 나온 불변하는 도道인 종교가 본체·근본·근원이라면 정치는 응용·말단·결과로서, 뿌리인 종교가 쇠퇴하면 열매인 정치가 어지러워진다고 보았다. 한국 정치가 쇠망한 원인은, 그 도인 유학을 하는 지식인들이 언필칭 요순공맹을 논하지만 공맹의 본의는 실천하지 않고 탐관오리로 타락하였기 때문이라고 분석했다.

이는 당시 개신교 선교 변증론의 중요한 논리였던 근본론과 열매론을 기초로 한 강연이었다. 근본론은 부모에 대한 효의 근본은 경천敬天으로 상제上帝 신봉이 우선이며, 정치 경제의 근본은 종교이므로 문명화·서구화·근대화하려면 동도서기東道西器를 넘어 서도서기로 가야 한다는 것이다. 열매론은 그 열매를 보고 나무를 알듯이, 유교의 열매인 조선의 쇠락은 나무인 유교의 부족함을 증명하는 것이므로 유교를 대신하는 새 종교를 수용해야 한다는 논리였다.

최병헌은 정치를 유신하여 문명 진보하기 위해서는 먼저 그 근본인 종교를 쇄신해야 하는데, 국가의 혼란을 가져온 쇠퇴한 유교가 아닌, 당대 구미 열강의 문명화를 가져온 기독교를 수용해야 한다고 주장하였다. 본질인 서도西道(기독교)를 무시하고 말단에 불과한 서기西器(서구 과학기술)만으로는 문명화가 불가능하다고 보았다. 그는 결론적으로 지식인들이 종교(기독교)로 수신修身의 본本을 삼고 근대 서구의 정체로 치국治國의 용用을 삼기를 간절히 바라마지 않았다. (최병헌, "종교여정치지관계宗教與政治之關係", 〈황성신문〉 1906년 10월 4, 5, 6일.)

탁사 최병헌은 한국의 복음화를 위해 1907년 〈신학월보〉에 "성산유람기"를 연재하다가 1909년 이를 수정 보완하여 《성산명경》으로 출판했다. 이 책은 동양의 여러 타 종교를 능가하는 기독교의 탁월성을 비교 논증한 일종의 알레고리 소설로, 탁사의 기독교 성취론을 보여 주는 한국 교회의 대표적인 비교종교론이다. 최병헌이 유불선 종교를 연구하고 기독교와 비교한 목적은 이 전통 종교를 믿는 한국인들을 전도하여 예수의 제자로 삼고 한국을 기독교화하는 데 있었다. 특히 이 책에서 탁사는 유학자 진도眞道가 "서국의 문명함이 실로 예수교 덕화가 미친 바라"라고 용단하며 마침내 예수교 믿기를 작정한 것으로 서술해 서도서기론을 결론으로 제시했다. 목회자이자 선교학적 비교종교학자인 최병헌은 한국의 복음화를 위한 변증서요 전도 책자로서 이 책을 저술했고, 기독교가 한국인의 사상과 종교를 수용·토착화할 수 있는 가능성을 예언했다.

미국 신문에 실린 한일합병 풍자 삽화, 1910년
No more Corea

THERE AIN'T GOIN' TO BE NO CORE-A
—Newark *News*

근대화된 일본이 검으로 한국을 깎고 있는 모습을 바라보는 후진국 중국. 사과 껍질이 'Corea' 글자를 이루고 있다. 한국은 1910년 8월 29일 강제 병탄되었다.

부흥의
시작

하디 부흥, 1903–1904

하디 목사가 인도한 부흥은 다음과 같은 순서로 일어났다.

원산(1903. 8-10.) – 서울(1903. 11.) – 원산(1904. 1-2.) – 금화(1904. 2.) – 송도(1904. 3.) –

서울(1904. 4.) – 서울(1904. 9-10.) – 평양(1904. 10.) – 제물포(1904. 11.)

혼인한 하디 부부, 1886년
Mr. & Mrs. Hardie

하디 목사, 1909년

하디 선교사의 설교는 성경말씀에 근거하여 회개를 통한 중생을 강조했고, 성령의 교제 안에서 성결한 삶을 사는 것에 초점을 두었다.

하디(Robert A. Hardie, 河鯉泳, 1865–1949)는 스코틀랜드계로, 한국 선교에 관심이 많던 캐나다 토론토대학교 의과대학 출신이다. 토론토대학 YMCA 선교회의 평신도 선교사로 8년간 계약을 맺고 1890년 9월 30일 부인과 어린 딸을 데리고 25세에 부산에 도착했다. 같은 대학 출신인 게일과 함께 부산에서 일하다가 서울 제중원에서 근무했으며 1892년 11월 원산으로 가서 전도와 의료 활동을 시작했다. 그는 한국어를 잘하고 의료 기술도 뛰어나 한국인의 마음까지 얻게 되었다. 다만 딱딱하고 차가운 태도 때문에 한국인들이 쉽게 접근하지는 못했다. 그러나 첫 안식년 휴가 후 그의 태도가 점점 부드러워졌고, '연한 말씀'을 하게 되었다.
1898년 5월 YMCA와의 계약이 만료되자 그는 미국 남감리회 한국 선교회에 가입했다. 1901년부터 강원도 김화의 지경터교회 등에서 3년간 사역하였으나 열매를 거두지 못해 깊은 절망에 빠졌다가 1903년 8월 성령충만을 체험한 뒤 공개 회개를 함으로써 원산 부흥을 일으켰다. 하디는 갈릴리 호수에서 고기잡이할 때 거칠던 베드로가 말년에 서신서를 쓸 때 부드러워진 것과 같은 변화를 체험했다. 이후 전국을 다니며 부흥회를 인도하여 한국 교회 부흥운동을 이끈 지도자가 되었다. 1935년 은퇴할 때까지 45년간 물질주의 시대에 영성을 전하는 선교사로 헌신했다.

1903년 8월 원산에서 12명의 선교사가 연합 기도회로 모였다. 여름휴가로 원산에 온 중국 남감리회 소속의 화이트Mary Culter White 양과 1900년 의화단사건을 피해 원산에 왔다가 캐나다 장로회 한국 선교회에 남게 된 맥컬리Louise H. McCully 부인의 제안에 따라 남감리교의 하디 부부, 저다인Joseph L. Gerdine 부부, 로스Joel B. Ross 의사 부부, 캐롤Arrena Carrol 양, 놀스 양과 서울에서 온 하운셀 양은, 캐나다 장로회의 롭A. F. Robb과 함께 8월 24일부터 30일까지 캐롤과 놀스Mary Knowles 양의 집에서 1주일 동안 수양회로 모였다. 이때 화이트는 의화단사건 이후 재중在中 선교사들이 겪은 순교와 고난에 대해 말했다. 그의 간증은 한국 선교사들의 영적인 잠을 깨우는 자명종이었다.

선교사들은 하디에게 기도를 주제로 세 번 설교해 줄 것을 부탁했다. 그는 요한복음 14장 12-14절, 14장 15-17절, 16장 23-24절을 가지고 기도의 세 가지 본질인 그리스도 안에 거함, 그리스도를 믿음, 성령의 체험에 대해 설교하려고 준비했다. 그러나 공허한 자신의 영혼에서는 나올 말씀이 없었다.

그런데 하디의 마음판에 하나님의 손가락이 나타나 큰 글씨로 "메네 메네 데겔 우바르신"(단 5:25)을 새겼다. '메네'(계수하니 기한이 차다: 왕국의 종말 임박), '데겔'(저울에 달아 보니 무게가 모자랐다: 왕의 자격 미달), '우바르신'(조각나다: 분열 점령과 멸망). 하디는 자신의 근본 문제가 영성 부족 때문임을 깨닫고, 구하는 자에게 성령을 부어 주시리라는 약속(행 2:33)을 믿는 단순한 믿음으로 밤새워 기도했다. 이른 새벽에 성령이 임했다. 무릎을 펴고 일어났을 때 그는 성령충만한 사람이 되어 있었다.

성령이 임했을 때 하디는 동료 선교사들 앞에서 자신의 과거 사역이 실패했고 그 실패의 원인이 자기에게 성령의 능력이 없었기 때문이라고 인정했다. 괴롭고 창피한 경험이었지만, 하나님은 그것을 선하게 바꾸어 많은 백성의 생명을 구원하려고 하셨다.(창 50:20) 하디의 참회를 듣던 다른 선교사들에게도 회개의 영이 부어졌다.

성령충만을 경험한 하디는 8월 30일 주일예배 때 한국인 회중 앞에서 고개를 제대로 들지 못한 채 완악한 마음, 부족한 믿음, 영적 무능력, 서구 선교사로서의 인종적 교만 등을 솔직히 고백했다. 교인들은 진실한 회개가 무엇인지 눈으로 보았다. 그리고 자신들의 죄를 깨닫고 견딜 수 없는 고통 속에서 하나님께 용서를 구하는 기도를 드렸다. 그들은 성령의 능력에 감동되어 흉악한 죄까지 공개적으로 고백하지 않을 수 없었다. 회개, 고백, 보상이 뒤따랐으며 성령의 능력은 사방으로 전파되었다.

한국 교회의 부흥은 이처럼 한 청년 선교사의 회개에서 시작되었다. 우리의 거실 벽에 커다란 글씨로 '데겔'이 나타나는 현실이다. 성령의 능력과 성결한 삶에 함량 미달인 나 자신의 회개가 교회 개혁과 부흥의 첫걸음이다. 신발을 벗고 하나님의 저울 위에 내 삶의 체중을 달아 보자. 부흥은 인간적인 힘이나 말재주로 되지 아니하고 오직 하나님의 영으로 되기 때문이다.(슥 4:6)

덕원 감리 윤치호와 그의 가족, 1902년
Yun Ch'i-ho and his family in Wŏnsan

1899년에 이어 1901년 가을 덕원 감리(지금의 원산 시장)로 재부임한 첫 기독교인(남감리교인) 윤치호(尹致昊, 1865–1945)는 원산의 아름다운 풍치는 칭송했지만 한국인의 부패상은 신랄히 비판했다. 특히 관리와 향반은 부패했고, 정직한 자는 가난하며, 양반은 한국의 저주요 아전은 돈을 빨아먹는 거머리라고 비판했다. 1902년 4월 24일 그의 일기를 보면, 전보국에 너무 많은 관리들이 있는데 그중에 빈둥거리면서 봉급만 받는 "원숭이처럼 제멋대로이고 여우처럼 교활한" 주사 박용배는 비단옷만 입고 첩을 셋이나 거느리고 있었다. 또 공립학교 교사 이강호는 훌륭한 교육자이지만 사람들이 시기하고 미워해서 블라디보스토크로 떠나야 했다. 얼마 후 윤치호는 이강호를 통해 러시아인의 한국인 차별 대우 이야기를 듣고 비록 일본이 문제가 많지만 러시아보다는 낫다고 보고 다음과 같이 일기에 적었다. "가장 야비한 일본인도 보드카에 취한 정교회 교인 러시아인에 비하면 선비 학자다." 윤치호는 한중일 삼국이 협력하여 극동은 황인종이 지켜야 한다는 일본의 동아주의에 동의하고 있었다.

1901년부터 3년간 원산과 함흥에 기근이 심해 사람들은 감자로 끼니를 이었다. 1902년 가을 추수는 예년 수확량의 10퍼센트에 머물렀다. 갑신년(1884)에 이은 조선조 최대 기근은 대한 제국 멸망의 한 원인이 되었다. 정부는 예년보다 두 배나 높은 세금을 징수했지만, 부패한 관리들이 세금을 착복하면서 학교, 도로, 다리는 건설되지 않았고 주민들의 안전도 보호되지 않았다. 무장한 활빈당(화적)이 날뛰는 시대였다. 그때 부흥이 일어났다.

윤치호의 1902년 12월 4일 일기에는 원산 선교사들에 대한 비판적인 내용이 담겨 있다. 선교사들과 교회를 찾아 나오는 한국인들의 실상을 엿볼 수 있다.

> "매우 춥다. 오후 4시에 하디 부인을 방문했는데 저녁까지 먹게 되었다. 저녁 시간은 즐겁지 않았다. 한편으로는 내가 그녀의 친절을 되갚을 수 없기 때문에 그녀가 베푸는 식사에 자주 초대되는 것이 싫기 때문이고, 다른 한편으로는 새로 온 선교사 저다인의 태도를 좋아하지 않기 때문이다. 그가 나를 대하는 태도에는 사람을 깔보고 거만한 데가 있다. 그가 앞으로 또 한 명의 저드슨이나 네비어스가 될 수 있겠지만, 그러나 한국인을 대하는 태도는 엉망이다. 공손하고 예의 바른 태도가 반드시 좋은 선교사를 만드는 것은 아니지만, 좋은 선교사는 반드시 예의 바른 신사이다. 너무 과민한 것이 우리 극동 사람들의 잘못이고 불운이다. 그러나 경멸스럽게 무시하는 것은 선교사로서는 더 큰 불운이며 더 심한 잘못이다. [중략]
>
> 하디 의사의 베란다에서 자전거를 훔치다가 잡힌 청년이 며칠 전 나에게, 기독교를 배우러 갔으나 집에 아무도 없어서 자전거를 훔칠 마음이 들었다고 말했다. 거룩한 동기로 어떤 일을 시작했다가 나올 때는 다른 마음을 먹는 것이 그가 처음도 아니고 마지막도 아닐 것이다. 미국을 건국한 순례의 조상들이 미국에 간 동기 가운데 하나는 이교도의 개종이었지만, 결국 인디언의 집을 빼앗는 일에 몰두하지 않았던가? 하와이의 간추린 역사서도 백인이 저지른 동일한 이야기를 쓰고 있다."

백인 우월의식으로 한국인을 깔보고 거만하던 하디나 저다인이 1903년 여름, 성령을 체험하고 한국인 앞에 인종주의, 제국주의를 회개했을 때 부흥운동을 이끄는 지도자가 되었다. 로마인 백부장 고넬료를 통해 인종주의를 청산하고 이방인 전도를 시작한 베드로처럼, 하디와 저다인은 성령의 깨우침을 받아 한국인의 영성과 도덕성을 발견하고 한국인의 가능성을 칭송하면서 복음화된 한국을 통해 아시아를 복음화하려는 소망을 가졌다.

부흥은 한국, 한국인, 한국 교회에 대한 새로운 정체성과 미래에 대한 비전을 창출한다. 그 비전에는 해외 한인, 다인종, 다문화를 포용하는 우주적 공公교회성도 포함된다. 예루살렘에서 열린 첫 해외선교 공의회에서 베드로는 "또 마음을 아시는 하나님이 우리에게와 같이 그들에게도 성령을 주어 증언하시고 믿음으로 그들의 마음을 깨끗이 하사 그들이나 우리나 차별하지 아니하셨느니라"(행 15:8-9)라고 증언했다. '우리'와 '그들'을 차별하는 지역감정, 인종주의, 계층주의, 영적 제국주의의 담을 허무는 것이 선교의 첫걸음이다.

마을 신당 터에 세워진 소래교회와 십자기, 1898년
The Sorae Church with a flag-pole

동학혁명 이후 많은 교회가 흰 바탕에 붉은 십자가를 그린 성 조지St. George 십자기를 교회 마당에 게양했다. 황해도 장연군 소래
에서는 맥켄지 선교사가 '교회는 고난 중에도 인내하며 저항하지 않는다'는 뜻으로 십자기를 게양했다. 청일·러일전쟁 중에 십자
기는 민족을 구원하는 구원의 땅인 십승지지十勝之地를 상징했다. 그리고 청일전쟁 이후 독립협회 운동 기간에는 고종 황제의 탄신
일과 기원절을 기념하는 뜻으로 교회 깃대에 태극기를 게양함으로써 애국충군적인 교회의 성격을 나타냈다.

한편 1899년 보부상으로 구성된 황국협회에 의해 독립협회가 해산된 후, 각 지방에서는 보부상의 행패에 재산을 보호하기 위하여
교회를 조직하거나 교회에 가입하는 자들이 늘었다. 이들도 교회에 깃대를 세웠는데, 그것은 보부상이나 화적이나 부패 관리의 행
악과 공격에 대한 경고였다. 일부 주민은 교회를 조직하고 깃대를 세우고 치외법권을 가진 양대인洋大人 선교사의 힘에 의지하면서
주민들의 돈을 강탈하는 경우도 있었다. 즉 십자기는 점차 고난의 상징에서 힘의 상징으로 변했다. 특히 1901년 전후 가뭄으로 대
흉년이 닥치자 교폐敎幣 사건이 줄을 이었다. 따라서 선교사들은 교회를 정화하기 위해 정교분리 원칙을 천명하고 교회 깃대를 제
거하려고 했다.

하디가 선교에 실패했다고 고백한 1900-1903년 강원도 사역의 실태를 살펴보자. 하디는 원산을 중심으로 한 강원 동북부 구역Northeast Circuit을 맡았다. 4개 지방으로 이뤄졌는데, 1) 원산항과 주변 20마일 반경 지방, 2) 원산 북부와 함경남도 지방, 3) 영동 지방, 곧 강원도 해안가의 9개 군, 4) 원산-서울 간선도로 주변 100마일 이내의 마을로 함경남도 안변군과 강원도의 8개 군 등이었다.

강원도 북부의 김화와 철원은 네 지방 가운데 사역하기가 가장 힘든 지역이었지만, 신실한 권서(윤승근)의 활동에 힘입어 김화 철원 경계 지역(현 철원 갈말읍) 큰 주막거리인 지경터와 새술막(학사리)에 교회가 세워졌다. 1901년 3월 하디는 철원 갈말읍 지경터교회에서 2주일 동안 사경회를 하면서 성경공부를 하는 오후 시간을 제외한 나머지 예배 시간에는 전도 집회를 열었다.

> "나는 처음으로 한국인들이 죄를 고백하고 큰 소리로 우는 것을 보았다. 사경회가 마칠 때 22명이 세례를 신청했다. 3월 31일, 나는 15명에게 세례를 주고 강원도에서 첫 기독교인 회중을 조직했다. 사역은 계속 성장했고, 지난번 방문 때 12명이 추가로 세례를 받았다. 10리쯤 떨어진 새술막에 새 속회가 조직되었다. 이 두 속회에는 현재 22명의 세례교인과 63명의 학습교인이 있다."

하디는 1901년 여름부터 1년간 이 지역을 네 번이나 방문하고 많은 노력을 기울였다. 독립협회를 해산한 뒤 세력이 강해진 보부상(황국협회)들이 재물을 강탈하자 이곳 주민들은 그들로부터 보호받기 위해 교회에 들어왔다. 일부 주민들은 자체로 교회당을 세우고 치외법권 지역임을 알리는 십자기를 게양하며 양대인 선교사와의 관련성을 내세워 주민들의 돈을 강탈했으나 관리들은 이들을 두려워해 손을 대지 못했다. 하디는 이 사이비 신자들을 '도적의 소굴'로 보고, 이들을 해산하기 위해 노력했다. 그는 관리들에게 교회의 본질과 정교분리 정책을 알렸고, 초여름에는 모든 교회당의 십자기 깃대들을 없애도록 지시했다. 이를 반대한 속장 한 명은 교회에서 쫓겨났고 그가 관리하던 속회는 인정되지 않았다. 교회가 깃발을 내리자 관리들과 백성들은 진짜 교회와 가짜 교회를 구분하는 방법을 알게 되었으며, 보부상들의 약탈도 줄어들어 재산을 보호하려고 교회에 등록하는 문제도 점차 정리되었다.

하지만 지경터교회는 1902년 3월 대화재로 시련을 겪었다. 강풍을 타고 번진 불은 삽시간에 전체 마을 60호 중에서 예배처소를 포함해 49채를 태웠다. 화재로 집을 잃은 사람들의 상당수가 교인이었으므로 새로 시작된 신앙 공동체는 큰 타격을 받았다. 그러나 지경터교회의 화재 소식이 전해지자 서울, 원산, 송도에서 도움을 주었고, 이곳 교인들의 자립 의지도 강해 빠르게 복구되었다. 지경터교회는 1902년 말에 예배당을 새로 지었고, 새술막교회도 예배낭 건물을 구입했나. 이후 상황이 약간 호전되었음에도, 서울과 원산 중간에 위치한 이 두 지역의 교회는 시험이 들고 돌봄이 부족하여 몇 년간 크게 성장하지 못하다가 1904년 초 윤성근의 희생과 하디의 부흥회로 새롭게 된다.

1903년 원산을 방문한 부흥사 프란손 목사

Rev. F. Franson

하디에게 부흥 집회 인도 방법을 가르쳐 줌으로써 한국 부흥의 촉매제 역할을 했다.

세계적인 부흥사요 선교운동가였던 프란손(Fredrik Franson, 1852-1908)은 스웨덴에서 태어나 미국으로 이민 갔다. 1875년 네브라스카에서 침례교회에 다니며 설교와 전도를 시작했다. 시카고의 무디 목사의 영향을 받고 중북부 지역과 서부 지역의 스웨덴인 이민자들을 대상으로 전도에 나섰으며 무디의 부흥회 방식을 따랐다. 1881년 목사 안수를 받고 1890년까지 스칸디나비아와 독일에서 부흥회를 이끌었다. 1890년 스칸디나비아연맹선교회Scandinavian Alliance Mission를 창립하고 1896년부터 1908년까지 회장으로 봉사하며 세계 선교에 헌신했다. 1890년 뉴욕에서 중국 선교에 대한 큰 비전을 품고 스웨덴계 미국인 선교사를 모집해서 훈련시킨 뒤 1891년 50명을 파송했다. 선교회의 북미 지부는 1949년 시카고에 본부를 둔 복음연맹선교회The Evangelical Alliance Mission (TEAM)로 발전되었다. 그는 중국내지선교회 설립자인 허드슨 테일러와 기독교연합선교회를 설립한 심프슨A. B. Simpson과도 가까운 사이였다. 세계 선교 전략가 프란손의 표어는 "위로 올라갈 때까지 앞으로Forward Till Upward", 곧 하늘로 부름 받는 순간까지 선교를 향해 전진하는 개척 정신이었다.

1903년 프란손 목사는 상하이를 방문했을 때 영국성서공회 한국 지부에서 1년 넘게 임시총무로 사역한 미국인 선교사 버크월H. O. T. Burkwall을 만나 그의 주선으로 10월에 원산에 오게 되었다. 하디는 프란손 목사에게서 원산에서 연합 전도 집회를 열었으면 좋겠다는 편지를 받았다.

하디는 한국인 조사들과 지방 교회 지도자들을 원산으로 초대하고, 프란손 목사가 올 때까지 성경공부와 기도모임을 매일 갖도록 했다. 어느 날 성경공부 시간에 한 청년이 일어나 종이에 적은 죄의 목록을 읽었다. 하디는 며칠 동안 죄의식으로 고민하다가 더 이상 감출 수 없어서 참회했다.

로스 의사의 어학선생인 진천수도 주일예배 후에 일어나서 일주일간 죄로 인해 번민했으며 마음의 무거운 짐을 벗기 위해 참회한다고 말했다. 체면을 중시하는 명문가 양반이었지만 진심으로 죄를 고백한 것이다. 그가 열아홉 살 때 아내가 여러 달 아프다가 죽었는데, 한 번도 병문안을 가지 않고 술로 방탕하며 아내를 저주한 죄를 눈물 흘리며 고백했고, 이어서 다른 사람들을 증오하고 은밀하게 욕한 죄를 고백하고 용서를 구했다. 그리고 회중에게 겉으로만 믿는 죄를 회개하고 하나님께 돌아가라고 간청했다. 하디는 그때 성령께서 역사하심을 깨달았지만 어떻게 해야 할지 몰라 당황했다. 그런데 마침 주일 저녁에 프란손 목사가 예정보다 일찍 도착했다. 경험 많은 부흥사 프란손은 하디에게 부흥 사역의 방법을 가르쳐 주기 위해 파송된 주의 사자였다.

프란손의 원산 부흥 집회가 1주일간 원산장로교회(창전교회)에서 장로회, 감리회, 침례회 연합 모임으로 열렸다. 8월의 첫 하디 부흥이 선교사 연합 기도회에서 일어났듯이, 10월 말 프란손의 부흥회도 연합 집회로 열렸다. 통역은 하디가 맡았다. 프란손은 집회를 마칠 때마다 큰 소리로 "아버지여! 주께서는 그 일을 하실 수 있습니다. 그 일을 하실 것입니다. 그 일을 하셔야만 합니다"라고 기도했다. 이 기도에 압도된 회중은 성령의 강권함을 받아 회개하고 죄 용서의 은혜를 체험했다. 하디는 그 기도에 깊은 인상을 받았다.

"성령께 모든 것을 맡기고 성령의 인도하심에 순종하라." 이것이 프란손이 하디에게 가르쳐 준 부흥회 인도 방법이었다. 그것은 곧 무디의 방법이기도 했다. 탐조등이 어둠을 비추듯 성령이 교회를 비추자 교회는 정화되었다. 성령이 다스리는 곳에서는 죄가 결코 자리 잡을 수 없다. "하나님께로부터 난 자마다 죄를 짓지 아니하나니 이는 하나님의 씨가 그의 속에 거함이요 그도 범죄하지 못하는 것은 하나님께로부터 났음이라."(요일 3:9)

맥컬리 부인과 함흥 신창리교회 사경회 지도자들, 1905년

Leaders of a Bible class of the Hamhŭng Presbyterian Church

뒷줄 왼쪽 세 번째부터 함흥 영생학교 교사 석성문, 김창보 장로, 전도사 박 씨, 교사 박 씨. 가운데 줄 왼쪽부터 루이스 맥컬리, 맥래 부부, 캐더린 마리. 앞줄 왼쪽 두 번째부터 전도부인 최마리아, 오한나, 최마리아 남편.

맥컬리 부인(Louise H. McCully, 李溜義施, 1864–1945)은 1903년 여름에 원산 수양회를 조직한 캐나다 장로교 여자 선교사이다. 그는 원래 중국에 파송되었으나, 1900년 의화단사건이 발생하자 원산에 피난 왔다가 한국에 머물게 되었다. 1903년 8월 중국에서 온 화이트 양과 함께 원산 선교사 기도회를 열었고, 이어 함흥으로 파송받아 1903년 말부터 주간 성경공부반을 개설했다. 함흥 지역 여자 선교와 전도부인 교육에 헌신했으며, 한국 여전도회 초대 회장으로 봉사했다. 1934년 은퇴하고 캐나다로 돌아갔다.

프란손 집회 이후 하디에 의해 계속된 원산감리교회 부흥 집회에 대해 놀스Mary Knowles 양이 미국 남감리회 여자해외선교부 선교잡지에 기고한 글의 일부이다.

"프란손 목사가 떠난 뒤 하디 의사가 집회를 계속 인도했고, 이전에 가르친 교훈을 더 철저히 가르쳤다. 몇 가지 면에서 그것은 놀라운 시간이었다. 나는 많은 사람들에게 그렇게 강력한 참회의 능력이 임하는 것을 결코 본 적이 없다. 일부 구경꾼들은 감동을 받지 않았지만, 성령께서 탐조등으로 교회를 철저히 살피시고 '성전을 정화시키셨다.' 예배가 끝날 때마다 많은 사람들이 앞으로 나와서 한국인의 관습대로 무릎을 꿇고 바닥에 머리를 조아린 채 큰 소리로 죄를 고백하고 하나님께 용서를 구했다. 특별히 기억나는 장면은 주일 아침 시골에서 온 한 노인이 앞으로 나와 동일한 자세로 주님 앞에 엎드려 매우 비통한 목소리로 크게 울부짖은 일이다. 나는 그 고백의 대부분을 이해할 수 없었지만, 그가 어릴 때 무서운 악행으로 부모님을 돌아가시게 했다는 것을 나중에 알게 되었다. 우리는 그가 진실로 회개했으며 새 마음으로 집에 돌아갔다고 믿는다. 어느 날 밤, 작년 1월부터 믿은 한 여인이 앞으로 나와서 강대상 앞에 엎드려 얼굴을 바닥에 대고 큰 소리로 자기 죄를 고백했다. 그에게는 남편 셋이 있었는데 사마리아 여인처럼 그도 주님을 만나기 전까지는 과거의 생활이 얼마나 어두웠는지 깨닫지 못했다. 나는 그가 상한 심령으로 고백하는 동안 눈물을 참을 수 없었다. 주께서 그 울부짖음을 들으시고 모든 죄를 씻어 주셨다. 그는 설교 초반에 앞으로 나와 집회가 끝날 때까지 얼굴을 바닥에 댄 채 엎드려 있었다. 회중이 떠난 뒤 하디 의사가 다가가 믿음으로 하나님의 용서를 받아들이는 방법을 가르쳐 주었다. 그 여인은 그 진리를 붙잡았고, 하나님께서 자신의 죄를 용서한 것을 믿었다. 즉시 그의 얼굴에 새 기쁨이 넘쳤고 참으로 행복해했다. 그는 일어나 이 새로운 평안에 대해 말하면서 '아, 가슴이 정말 시원해요' 라고 했다. 즐겁고 평안하다는 뜻이다. 원래 이 말은 많은 뜻이 있는데, 나는 그 말을 들으면 늘 서늘하고 조용한 그늘이 있는 장소를 생각한다. 그날 밤과 이후에 구원받은 영혼들로 인해 우리가 함께 기뻐할 때, 나는 고국에서 경험한 비슷한 집회를 떠올리면서, 하나님의 구원이 세계 만방에 동일하며, 구원받은 자들의 외침이 미국만이 아니라 이 이방의 나라에서도 올리게 하신 하나님을 찬양했다." (Hary H. Knowles, "Wonsan, Korea", *Woman's Missionary Advocate*, Feb. 1904, p291.)

시원한 교회, 조용한 교회, 성령의 바람이 부는 시냇가 생명나무 아래 풀밭의 교회가 그립다. 그 옛날 에덴동산에서 범죄한 아담과 이브에게 서늘할 때 찾아오셔서 "네가 어디 있느냐?"라고 물으신 하나님(창 3:8-9)께서 사람 냄새와 욕망의 열기로 가득한 한국 교회에 시원한 바람, 참된 회개의 바람으로 찾아오시기를 기도한다.

정동감리교회 길을 함께 고르는 신자들, 1897년

Workmen draw together a roller for the preparation of the road to the First Methodist Church, Seoul

노동할 때 협동하는 것이 한국인의 특징이었다.

정동감리교회 예배 광경, 1898년

Partitions Devide the Seats between Men and Women, the First Methodist Church, Seoul

휘장으로 남녀 좌석을 분리해 오다가 병풍으로 분리했다. 칸막이, 병풍, 휘장은 1910년대에 가서야 사라지기 시작했으며, 많은 교회에는 1920년대까지 남아 있었다.

프란손은 원산 집회를 마친 후 서울로 와서 1903년 11월 2일과 3일에 상동교회와 남대문교회에서 연합 전도 집회를 열었다.

> "프란손 목사는 근본 스웨덴 사람으로 미국에 와서 사시는데 세계 각국에 두루 다니며 전도하기를 힘쓰는 사람이요 유명한 목사이라. 양력 11월 초이일 하오 일곱시에 특별히 광고하시고 경성 안에 있는 교우들을 무론 남녀노소아동하고 일제히 상동회당으로 모이게 한 후에 히브리 9장 27절의 말씀으로 문제를 삼아 여러 가지 좋은 비유로 전도하실새 장로교 목사 모삼률S. F. Moore 씨가 대한大韓 방언으로 번역하신지라. 회당에 가득히 모인 무리들이 크게 유익함을 받아 모두 기쁜 마음으로 아홉시 반에 폐회하였으며, 초삼일 하오 일곱시에 또한 여러 교우들이 제중원으로 가득히 모이고 프란손 씨가 전도하셨는데, 요한 2장 7절의 말씀으로 문제를 삼아 오묘한 이치를 강론하시니 새로 하나님의 은혜를 입은 이가 여럿이요 영광을 일제히 찬양하였더라." ((신학월보) 1903년 12월.)

"한 번 죽는 것은 사람에게 정해진 것이요 그 후에는 심판이 있으리니."(히 9:27)

"예수께서 그들에게 이르시되 항아리에 물을 채우라 하신즉 아귀까지 채우니."(요 2:7)

천국 혼인 잔치가 이미 시작되었다는 종말론적 기대감 속에 사는 신도가 소망의 물을 삶의 항아리 아귀까지 차고 넘치도록 부을 때 성령의 포도주가 넘치고, 이를 즐거이 마시고 흥겨워 춤추며 기쁜 마음으로 찬양하며 고난의 땅에서 기적을 체험하고 사랑을 베풀며 산다. 이것이 기독교의 복음이다.

> "너무나 많은 사람들이 슬프게도 '오랜 시간을 기다리다가 포기하지는 않았지만 아주 적은 것만을 기대하는 사람'처럼 되어 가고 있다. 그러한 마음의 상태로는 한국의 복음화를 성취할 수 없다. 우리는 위대한 일, 많은 결실을 기대하며 하나님께서 그러한 것들을 주시리라고 확신하는 믿음이 필요하다. 믿음은 보이지 않는 것들의 증거이며, 성령충만한 통찰은 생동하며 열정적인 믿음의 눈으로 아직 이루어지지 않았지만 위대한 결실들을 볼 수 있고, 낙담과 좌절의 감정을 이기며, 아주 적은 것만을 기대하는 마음가짐에 성공적으로 저항할 수 있다." (S. A. Moffett, "Policy and Methods for the Evangelization of Korea", 1904.)

하나님의 위대한 일을 기대하는 자가 한국 교회 부흥의 주역이다. 하나님은 믿음으로 자신과 한국 교회의 항아리에 물을 아귀까지 채우는 자를 찾으신다. "무릇 주는 위대하사 기이한 일들을 행하시오니 주만이 하나님이시니이다."(시 86:10)

서울 남자들, 1901년
Korean men in horse-hair hats, Seoul

한국은 상투와 탕건과 갓의 나라였다. 모자(탕건) 위에 모자(갓)를 쓰는 특이한 모자의 나라였다. 상투는 남자 어른, 갓은 예의와 체면의 상징이었다. 갓은 말총으로 만들어 가볍고 우아하며 검은색이라 안정감을 주었고, 바람이 통해 편안하면서, 끈으로 단단하게 매도록 해 행동거지에 절제를 주었다. 서구 예절과 달리 높은 사람 앞에서는 더욱 의관을 정제하는 것이 한국식 예절이라 예배 때도 갓을 쓰고 예배를 드렸다. 그러나 갓은 '감투'라는 말에서 보듯이 형식주의, 보수주의, 권위주의의 상징이기도 했다. 일본과 서양 문물과 기독교의 영향으로 1905년 이후 점차 상투는 사라졌다.

중앙과 오른쪽은 전통적인 한국인 마을이고, 잘 정돈된 왼쪽은 일제 자본이 침투해서 만든 신도시이다. 왼쪽 끝 부분은 중국인 거주지였다.

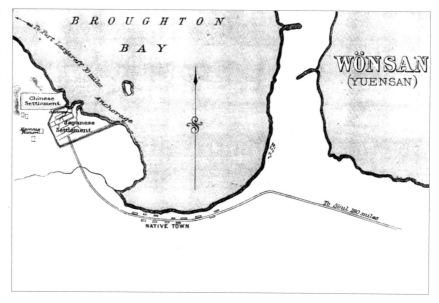

원산항, 1905년
Wŏnsan

원산항은 금모래 빛 명사십리에 흐드러진 해당화가 만발한 해수욕장과 우거진 소나무 숲으로 유명했다.

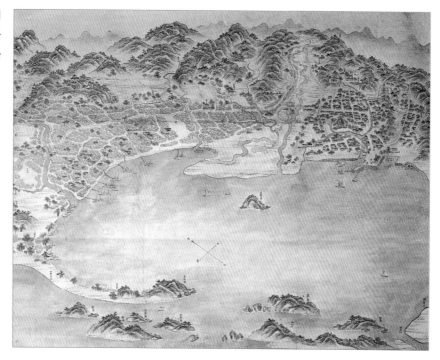

원산의 일본인 거주지, 1905년
Japanese settlement in Wŏnsan

원산의 일본인 거주지, 1907년
Japanese town in Wŏnsan

당시 초가집이 대부분이던 우
리나라 다른 마을과 구별된다.

1902년 11월 10일 일기에서 윤치호는 아편이 요원의 불길처럼 원산에 퍼지고 있다고 개탄했다. 16일 일기에는 원산 신도시에 거주하는 1,600명의 일본인은 중세 세계에 사는 한국인들에게 근대 문명을 소개하는 역할을 하고 있다고 적었다. 일본인 거주지에는 학교, 병원, 시청, 유럽식 호텔과 식당, 요릿집, 양복점 2곳, 이발소 5~6처, 양화점, 극장, 공원, 공동묘지, 은행 등이 있었다. 그러나 한국인 거주지에는 2,000호의 집과 16,000여 명의 인구가 있는데도 앞에서 말한 건물이나 상점이 하나도 없었다. 윤치호는 "한국인 목수는 일당 400~450냥을 받는데 중간에 담배 피우고 식사하고 술 마시고 쉬기 때문에 실제 하루에 3시간만 일하는 반면 일본인 목수는 1엔 40전(980냥)을 받지만 아침부터 저녁 늦게까지 일하며, 중국인은 일당 70전(490냥)에 속도는 느리지만 일은 확실하게 한다. 또 3년간 수시로 바뀌는 일본 군인들에 대한 비난을 들어본 적이 없다"고 했다.

남산의 일본 공사관, 1903년
Japanese Legation at Namsan, Seoul

경부선 공사에 동원된 한국인, 1903년
Koreans working at the Seoul-Pusan Railway Construction

기마 대장의 종로 행차, 1903년

False Peace: Emperor's Grand Mastsr of Horse Passing down the Main Street of Seoul

근대 도시로 변모해 가는 서울, 1903년

Modernizing Seoul: The City Gate of the Capital

덕수궁 주변의 모습
이다. 중앙 오른쪽
뒤로 1897년 고종
의 황제 즉위식이
거행된 원구단과 황
궁우(현제 소공동 웨스
틴조선호텔 자리)가 보
인다.

장충을 메고 서대문 앞을 순찰하는 한국군 소대, 1903년
Korean soldiers patroling in front of the West Gate, Seoul

서대문 아래로 지나가는 전차 궤도, 성벽 위의 전봇대, 활보하는 양반들과 신식 군인들의 모습에서 전통 문화와 근대 문화의 공존을 엿볼 수 있다.

전운이 감도는 제물포항을 바라보는 무기력한 한국인 양반의 방관자적 모습은 다가올 한국의 운명에 대한 상징이었다.

1904년 2월 8일 제물포 해전에서 침몰한 러시아 군함들
Destroyed Russian warships at the Chemulpo Battle

THE RUSSIAN CRUISER "VARIAG" BEFORE THE BATTLE OF CHEMULPO
An American-built ship of 6,500 tons, carrying thirty pieces of ordnance. Her heavy guns were not a match for those of the Japanese, and she was destroyed without firing an effective shot
"Korietz"   "Variag"

RUSSIAN WARSHIPS AT CHEMULPO THE DAY BEFORE THEY WERE SUNK BY THE JAPANESE

일본 군함 아사이호, 1904년
Japanese Warship "Asai"

1903년 12월 하디는 캐나다로 휴가를 떠나는 아내와 딸들을 배웅하기 위해 일본에 갔는데, 고베에 도착했을 때 아이들이 홍역에 걸렸다. 한 달 넘게 출발이 늦어지는 동안 딸 베시는 폐렴까지 겹쳤다. 하지만 하디는 어려운 상황 속에서도 평안을 주시는 하나님의 능력과 하나님의 선하신 인도를 믿게 되었으며, 구세주보다 더 귀한 선물이 없다는 사실에 기뻐했다.

1904년 1월 말 하디는 원산에 돌아와서 구정 사경회를 열었다. 캐롤 양과 놀스 양, 저다인이 도왔다. 낮에는 에베소서, 기도, 성령, 기독교인의 삶, 전도 방법 등의 주제를 다루었고, 저녁에는 전도 집회를 열었다. 사경회 마지막 날 주일 아침 예배는 성령의 은혜 속에 하루 종일 계속되었다. 집회는 1주일 연장되었고 참석자들은 "성경을 착실히 공부할 뿐만 아니라 각자 자기 죄과를 자복하여 뉘우쳐 고치고 또 성신의 능력으로 새 마음을 얻어 거듭난 사람이 되었으며, 진실히 믿는 형제 몇 사람은 성신이 마음에 충만함을 얻었다." 독립운동가 정춘수鄭春洙는 이때 회개하고 6월에 세례를 받았으며, 이듬해 9월 전도사로 임명받았다.

부흥의 결과는 자급Self-Support·자전Self-propagation·자치Self-government하는 토착 교회의 형성이었다. 하디는 감리교의 원래 체제에 따라 교회를 7개의 속회로 나누고 각 속회에 속장과 부속장을 임명했다. 속회 모임은 교인들의 각성과 영적 성장을 위한 은혜의 수단이었다. 또한 회개의 표시로 바친 보상금을 종자돈으로 하여 권서 한 명을 임명했다. 전도부인들의 사역이 효과를 발휘해 러일전쟁 초기에 여자 선교사들이 서울로 떠나갔지만 여자 교인들의 출석률은 줄지 않았다. 원산감리교회는 1904년 한 해 경상비를 자급했고, 처음으로 할당된 연회비도 상납했다.

1904년 2월 8일 사경회가 끝나자 제물포에서 러일전쟁이 시작되었다는 소식이 전해졌다. 한반도는 양대 왕국이 점령하기 위해 경쟁하는 모양새가 되었다. 근대 무기로 무장한 일본은 제물포에서 러시아 함대를 격파한 후 서울을 강점하고 군사 통치에 들어갔지만, 성령으로 무장한 교회는 원산에서 영적 전투의 봉홧불을 올렸다. 원산 부흥은 성령의 강력한 침투였고, 하나님의 왕국은 한반도에 과격한 모습을 드러내기 시작했다.

"우리의 씨름은 혈과 육을 상대하는 것이 아니요, 통치자들과 권세들과 이 어둠의 세상 주관자들과 하늘에 있는 악의 영들을 상대함이라. 그러므로 하나님의 전신 갑주를 취하라. 이는 악한 날에 너희가 능히 대적하고 모든 일을 행한 후에 서기 위함이라."(엡 6:12-13) 이 주적主敵에 대항하는 우리의 무기는 '성령의 검' 곧 '하나님의 말씀'이며, 비밀 병기는 '성령 안에서 하는 기도'다. 부흥은 말씀의 한 날로 내 자아를, 다른 한 날로 세상의 악을 쳐서 깨트리는 전투이다.

제물포항, 1904년

About two weeks after the Chemulpo Battle

러시아 군함들이 침몰한 지 2주밖에 지나지 않았지만, 전쟁과 상관없이 항구는 생존에 급급한 생선 장수와 짐꾼과 행상으로 붐빈다. 언덕 위에는 영국 공사관이 있고 오른쪽 옆은 외국 회사 창고들이다.

서울에 올라온 윤치호,
부친 윤웅렬 병조판서와 두 아이, 1904년
Yun Ch'i-ho, his father and children

존스와 감리회 신학반, 1900년
Theological class taught by G. H. Jones

본처本處 전도사들과 선교사, 1905년
Methodist local preachers and missionaries, Chemulpo

앞줄 왼쪽에 김기범 목사, 한 명 지나 케이블 목사, 존 무어 목사. 뒷줄 왼쪽 단발머리에 양복을 입은 홍승하는 1903년 하와이에 가서 전도사로 일했으나 건강 악화로 1905년 7월 제물포로 돌아왔다. 몇 명이 손에 신약성경을 들고 있는 것으로 보아 신학반을 마치고 촬영한 듯하다. 경기도에서 본처 전도사로 일하다가 원산으로 온 윤성근도 이 전도사들과 비슷한 복장을 했을 것이다.

윤성근(尹聖根, 1870-1904)은 남감리회 개척 선교사 리드가 훈련시킨 첫 교인 중 한 사람으로 1898년부터 경기도 일대를 순회하며 전도했다. 그는 영혼 구원에 불타 있어 신약을 거의 외우다시피 했고 장절까지 댈 수 있었다. 1901년 원산 본처 전도사로 임명되었는데, 원산에서 "죄가 무엇인지 바르게 아는 유일한 자"였으며, 1901년 "죄를 공개적으로 고백한 최초의 한국인"이었다. 1904년에는 강원도 지역을 담당하는 본처 전도사로 활동했는데, 사경회 때 다시 회개했다.

성령의 견책을 달게 받은 윤성근은 사경회 모임에서 몇 차례 죄를 고백했는데, 도무지 그가 지은 죄라고 생각할 수 없는 내용이었다. 어떤 죄는 너무나 수치스러워 상한 심령과 용기와 은혜가 없었더라면 고백할 수 없는 내용이었다. 한번은 권서로 일하면서 7달러를 빼돌렸다고 고백하고 성서공회에 돌려주었다. 그는 죽기 얼마 전 원산의 첫 부흥회를 마치고 집으로 돌아가는 길에 과거에 지은 모든 죄가 기억나서 회개할 수 있는 기회를 달라고 하나님께 기도했다. 그런데 약 20년 전 인천 주전소鑄錢所에서 일할 때 봉급을 4달러 더 받은 일이 생각났다. 그는 돈을 마련한 후 서울에 올라가 탁지부度支部에 돌려주었다. 담당 관리는 희한한 일이라며 영수증을 써 주었다. 한국 정부에 돌려준 최초의 양심전良心錢이었다.

이로써 양심전 운동이 회개 운동과 함께 전개되었다. 회개한 교인은 횡령하거나 훔친 돈을 돌려주는 되갚기 운동을 펼쳤고, 돌려줄 대상이 없어 갚을 수 없을 경우에는 교회에 헌금했다. 교인 가운데 돌려받은 자는 용서의 표시로 그 돈을 교회에 헌금했다. 연보할 때는 헌금 봉투에 '양심전'이라고 썼다. 양심전은 구체적 회개와 용서의 열매였다.

윤성근은 1904년 초 강원도 김화 땅 새술막(학사리)에서 전도하다가 폐결핵으로 사망했다. 몸을 아끼지 않고 강원도 산간지방을 돌며 전도에 헌신한 결과였다. 부흥운동의 제단에 바친 첫 희생이었다. 하디 선교사는 이렇게 고백했다.

> "그는 교회를 사랑했다. 교회 부흥에 온 정성을 기울였다. [중략] 실로 성령으로 충만한 삶을 살았다. 말년에는 너무 과로하여 극도로 몸이 쇠약했음에도 기쁨과 행복에 넘친 모습을 보여 주었다. 죽음 앞에서도 그는 두려워하지 않았다. [중략] 그를 통해 주님께서는 아무리 추악한 죄인이라도 교회로 부르시고 능력으로 채워 주시고 새사람으로 만드신다는 실례를 보여 주셨다." (*Minutes of the Eighth Annual Meeting of the Korea Mission of the Methodist Episcopal Church, South for 1904*, p.28.)

갈수록 그리운 사람 윤성근! 갈수록 희한한 헌금 양심전!

원산의 무당굿, 1896년
Shaman's Kut ceremony, Wŏnsan

항구에는 선박의 안전을 비는 무당굿이 성행했다. 선주, 어부, 선원은 무당의 물주物主요 고객이었다. 도교 계통의 남자 맹인 무당인 '박수'는 점술과 축귀 의식을 제공했다. 한국인은 모든 나쁜 일을 악귀 탓으로 돌렸고, 집을 지키는 구렁이나 마을을 지키는 용 등 수호 귀신을 섬겼으며, 희미하지만 이 모든 신들 위에 자비로운 '하ᄂ님'이 계신 것을 믿었다.

하디 목사는 한국에 유·불·선 삼교가 공존하지만, 모든 종교의 뿌리에는 귀신 숭배인 무교巫敎가 있으며, 제사도 조상 귀신을 섬기는 샤머니즘에서 유래했다고 보았다. 또 대부분의 선교사들처럼 무교를 '귀신 예배'나 '악마 숭배'로 규정했고, 특히 의사로서 치병굿을 비판했다. 그는 고린도 교회에 보낸 바울의 글로 자신의 입장을 대변했다. "그런즉 내가 무엇을 말하느냐. 우상의 제물은 무엇이며 우상은 무엇이냐. 무릇 이방인이 제사하는 것은 귀신에게 하는 것이요 하나님께 제사하는 것이 아니니, 나는 너희가 귀신과 교제하는 자가 되기를 원하지 아니하노라."(고전 10:19-20) (R. A. Hardie, "Religion in Korea", *Missionary Review of the World*, Dec. 1897, pp. 927-928.)

성령 세례를 받은 하디가 강원도 김화군 지경터와 새술막 사역의 실패로 슬퍼할 때, 주께서는 강원도 사역이 부흥하리라는 보증으로 다음 말씀을 주셨다. "하나님은 불의하지 아니하사 너희 행위와 그의 이름을 위하여 나타낸 사랑으로 이미 성도를 섬긴 것과 이제도 섬기고 있는 것을 잊어버리지 아니하시느니라." (히 6:10) 원산 구정 부흥회를 마친 하디는 1904년 2월 중순 다시 새술막으로 갔다.

산길을 통해 마을까지 걸어가는 닷새 동안 "네가 내 하나님 여호와께 충성하였은즉 네 발로 밟는 땅은 영원히 너와 네 자손의 기업이 되리라"(수 14:9)는 말씀이 큰 힘이 되었다. 하디는 이 말씀의 의미를 모두 깨닫지는 못했지만 이 약속을 받아들였고, 하나님의 은혜로 이 약속의 조건을 이루겠다고 결심했다.

새술막에 도착한 다음 날 일기에 하디는 "주께서 이곳 사역에 복을 주실 것이라고 믿는 믿음으로 일어났다"라고 적은 뒤 그 맞은편에 "구하라. 그리하면 받으리니 너희 기쁨이 충만하리라"(요 16:24)라고 적었다. 12일간의 새술막 사경회는 은혜의 도가니였다. 참석자들은 모두 새로운 감동에 휩싸였고 회심했다. 사경회 마지막 전날 저녁에 전쟁을 피해 서울에 갔던 원산의 동료들이 도착했다. 그들은 기도해 오던 성령의 임재를 눈으로 보고 큰 격려와 힘을 얻었다. 하디는 그날 집회, 특히 오후와 저녁 집회는 평생 잊지 못할 것이라고 썼다. 부흥회를 마친 하디는 서울에 가서 부흥 사경회를 하라는 주의 분명한 인도를 받았다. 하디는 3월과 4월에 걸쳐 서울과 송도에서 부흥회를 인도하면서 여호수아 14장 9절의 약속이 처음 예상했던 것보다 훨씬 크다는 것을 깨달았다.

지금 우리는 거룩한 순례의 땅에 서 있다. "내 이름으로 일컫는 내 백성이 그들의 악한 길에서 떠나 스스로 낮추고 기도하여 내 얼굴을 찾으면 내가 하늘에서 듣고 그들의 죄를 사하고 그들의 땅을 고칠지라." (대하 7:14) 이 약속 앞에는 조건이 있다. 고난의 땅 한반도의 역사를 책임지는 길은 여호수아처럼 하나님의 약속을 믿고 명하시는 곳으로 가는 충성스런 맨발 정신이다. "우리가 선을 행하되 낙심하지 말지니 포기하지 아니하면 때가 이르매 거두리라."(갈 6:9) 겸손히 신발을 벗고 영원한 기업을 바라보며 묵은 포도밭, 절망했던 땅, 실패했던 자리로 다시 내려가자.

부흥은 다시 가는 순례 영성의 회복이다. "한 사람이 포도원에 무화과나무를 심은 것이 있더니 와서 그 열매를 구하였으나 얻지 못한지라. 포도원지기에게 이르되 내가 삼 년을 와서 이 무화과나무에서 열매를 구하되 얻지 못하니 찍어 버리라. 어찌 땅만 버리게 하겠느냐. 대답하여 이르되 주인이여 금년에도 그대로 두소서. 내가 두루 파고 거름을 주리니, 이후에 만일 열매가 열면 좋거니와 그렇지 않으면 찍어 버리소서."(눅 13:6-9)

송도 남부감리교회, 1904년
South Ward Methodist Church, Songdo

송도(개성)는 남감리교 선교회가 일찍 개척했는데, 윤치호의 이모부인 이건혁이 처음부터 적극 협조했다. 1897년 리드Clarence F. Reid 선교사의 지도에 의해 9명의 학습교인으로 송도 북부교회가 시작되었다. 1898년 말 콜리어C. T. Collyer 선교사의 지도와 김홍수 권서의 전도로 문산포에 교회를 개척하면서 송도 구역에는 18명의 세례교인, 91명의 학습교인을 포함하여 총 114명의 교인이 있었다. 남부감리교회는 사람들이 많이 사는 성 바깥 지역에 있었는데, 1901년에 25명의 세례교인과 55명의 학습교인이 있었고 주일예배에는 평균 80–90명이 참석했다. 교회 건축을 위해 이들은 1901년에 헌신을 다해 118달러를 헌금했다. 1901년에는 북부교회가 구병원 건물로 분립되었다. 1902년 남부교회는 6개 속회로 재조직되었는데, 주일예배 평균 참석자는 312명이었다.

1904년 1월 말 하디, 저다인, 캐롤 양, 놀즈 양 등의 인도로 송도감리교회에서 지방 사경회가 열렸다. 참석자들은 원산 부흥회 때처럼 공개적으로 죄를 자백하고 성령을 체험했으며, 사경회는 2월 9일까지 1주일 더 연장되었다.

송도의 부흥 열기는 일본군이 송도를 점령했을 때인 1904년 2월 26일부터 10일간 송도 남부 감리교회에서 열린 연합 사경회에서 심화되었다. 남부교회와 북부교회를 비롯해 각 지역에서 온 참석자들이 150명이었다. 주 강사인 하디 목사를 크램Willard G. Cram 목사와 하운셸 양이 도왔다.

> "원산 계신 하 목사께서 성신 인도하심을 받아 성경말씀으로만 증거하여 밝히 가르치시니 모든 형제자매가 숨은 죄와 드러난 죄를 밝히 깨달으며 모두 슬픈 마음과 통곡함으로 죄를 자복하고 사함을 얻은 후에 성신충만함을 많이 받았다." (김순일, "송도 부흥회", 〈신학월보〉 1904년 7월.)

러일전쟁의 한복판에서 성령충만함을 받은 사역자들과 교인들은 나가서 복음을 전했다.

> "우리 한국인 조사들과 권서들은 이전에 경험하지 못한 복음의 능력, 죄의 의미, 중생의 경험, 성령의 충만함을 깨닫기 시작했다. 자신의 죄 때문에 애통하고, 과거에 범한 죄에 대해 배상하고, 숨겨진 죄를 고백했으며, 많은 사람들이 지금까지 시들지 않은 영적 생명을 소유하게 되었다. 그 부흥회 이후 권서들은 더 큰 용기와 희망을 가지고 사역지로 갔다. ……그들은 많은 복음서를 판매했으며 사람들이 복된 소식을 더욱더 듣기 원한다고 보고했다." (*Minutes of the Eighth Annual Meeting of the Korea Mission, Methodist Episcopal Church, South for 1904*, p.37.)

크램은 이 부흥회를 "진정한 감리교적 부흥회"라고 불렀다.

송도 상인 최대건崔大建이 이때 죄를 고백하고 예수를 그리스도로 영접했다. 그는 50달러를 토색하려는 부패 관리로부터 자신을 보호하기 위해 선교사의 힘에 의지하려고 교회에 왔다. 하지만 교회에 출석한 지 석 달쯤 지났을 때 성령께서 그의 죄를 깨닫게 하셨다. 그는 복음의 능력을 발견하기 시작했으며, 하디의 부흥회 때 중생을 체험하고 기쁨이 충만하게 되었다. 그는 돈을 빼앗기지 않으려고 교회에 왔지만 돈을 주고 살 수 없는 영생을 알게 된 것이 감사해서, 그 관리를 찾아가 스스로 50달러를 주었다.

> "예수를 모본하시는 형님들은 현금 우리나라 형편을 생각하시오. 상하를 물론하고 하나도 정당한 일을 행하는 자는 없소. 이때를 당하여 예수 믿는 자 어찌 행함이 없으리오. 반드시 자기 목적대로 진심갈력하여 나라를 돕고 백성을 구하는 것이 미땅하외나. 만일 우리 교인 중에 한 사람도 이 같은 일을 행하는 이가 없으면 우리가 어찌 교인이라 스스로 말할 수 있으며, 나라의 백성이라 말하며, 세상의 사람이라 말할 수 있으리오?" ("소금의 필요", 〈신학월보〉 1904년 7월.)

독립문을 지나 송도로 진군하는 일본군, 1904년 3월
Japanese Army passing through the Independence Gate towards Songdo

평양을 지나 압록강으로 가는 일본군 부교浮橋 장비, 1904년 4월
Japanese pontoon train moving toward the Yalu from P'yŏngyang

러일전쟁 전에 일본 정보부는 공병 기술자들을 상인으로 위장 파송해서 일본군 포병과 보병이 지나갈 모든 강과 시내의 지형과 규모들을 조사하고, 필요한 부교를 히로시마에서 미리 만들어 한국에 가져왔다.

1904년 2월 송도 부흥회에 대한 김순일의 보도는 하디의 부흥 설교 내용과 함께 한국인 전도인이 이해한 부흥의 성격을 엿볼 수 있는 중요한 글이다.

"1904년 2월 6일에 송도남부회당에서 부흥회를 열고 10일 동안을 하였는데, 남북부 교회 형제자매와 각 순환 형제 합 모인 수효는 150인가량이요, 매일 오전 오후 저녁 세 차례씩 10일을 원산 계신 하 목사께서 성신 인도하심을 받아 성경말씀으로 증거하며 밝히 가르치시니 모든 형제자매가 숨은 죄와 드러난 죄를 밝히 깨달아 모두 슬픈 마음과 통곡함으로 죄를 자복하고 사함을 얻은 후에 성신충만함을 많이 받았으니 이 영광을 하나님께 돌리오며, 전도 일기는 이루 다 기록할 수 없고 유익한 말씀 몇 가지 조목을 다음에 기재하옵나이다.

1. 예수 믿는 자 새 마음을 받으려면 회개함과 믿음과 구함이니 우리가 마땅히 무슨 뜻으로 새 마음을 받고자 하느뇨? 하나님을 섬기려 함인즉 하나님께서 주시기는 자기 있을 곳을 예비하심이라.

2. 믿음이 없으면 하나님의 기쁘심을 이루지 못함.(히 11:6) 믿지 않은 자는 유황불에 들어감.(계 21:8) 믿음에 행함이 없으면 죽음.(약 2:17) 그러므로 죽은 믿음은 생명이 없고 믿음이 죽은 후에는 고약한 냄새가 나고 냄새가 나면 사람이 오기 싫어할 것이니라.

3. 믿음에 착한 행실을 행하여 성신의 열매를 맺을 것.(갈 5:22 이하) 하나님의 믿음을 가짐.(막 11:22) 믿는 자는 세상을 이기느니라.(요일 5:4) 믿는 자에게 무소불능함.(마 17:20; 눅 17:5-6; 요 14:12) 대개 세상을 이기는 자라야 구원을 얻느니라.

4. 경건한 모양은 있으나 경건한 능을 버릴까 두려워하라.(딤후 3:5) 알고도 행치 않는 자에게 죄가 됨.(약 4:17) 다시 범죄하는 자는 예수 씨를 자기가 다시 십자가에 못박음.(히 6:6) 그러므로 깨끗하고 거룩할 것이라.(고후 6:17) 우리가 행함이 없고 주심만 기다리면 하나님을 입으로 섬기는 뜻이요 회개치 않고 바라는 것은 억지로 천국에 들어가려는 것이니라. 그러므로 믿는 자의 회개치 못한 지식 학문이 위태하오. 적은 죄를 고치지 아니하면 여러 죄가 합한 후에는 단단하여 회개하기 어려우니라.

5. 회개하고 바른 데로 돌아와 죄 없이 함을 받으라.(행 3:19) 죄를 깨달을 것.(롬 3:10) 죄를 고할 것.(약 5:16) 죄를 갚을 것.(마 5:24; 눅 19:8; 마 6:15) 사함을 얻음.(눅 18:14) 유다와 같이 죄를 아주 범한 후에는 회개하지 말 것.(마 27:3) 뉘게든지 죄 있는 것을 호리라도 갚지 않고는 사함을 얻지 못할 것이니라.

6. 다른 사람을 구원하면서도 자기 육신을 못 구함.(마 27:42) 몸을 이김으로 십기기를 질 것.(눅 9:23) 자기 목숨까지 미워함.(눅 14:26) 빌라도가 자기를 구하였소?(마 27:24) 우리가 영혼을 구원하려면 육신을 아끼지 못하리라.

7. 죄에 죽고 의에 살라.(롬 6:7) 죄를 자복하기 전에 죄 사함을 받았다 하면 미련함.(요일 1:9) 공로 하나도 있는 줄 알면 구원할 수 없도다. 계명을 깨달을 때에 죄가 큰 줄 알리로다. 하나님 말씀을 들을 때부터 죄와 악을 미워하되 항상 행함은 죄가 힘이 많아 죄의 종이 되고 죄가 마음속에 인이 박혀 거하면 어찌 구원하리요? 죄에 사로잡힌 바

되면 종당 자기 나라 지옥으로 끌어 갈 것이니 어찌 두렵지 아니하리오. 죄 뿌리는 교만이니 교만한 마음을 버릴지니라.

8. 거듭나야 천국에 들어감.(요 3:5) 새로 만든 사람이 되어 모든 일을 거듭날 것.(고후 5:17) 의 아닌 사람이 반드시 하나님 나라를 얻지 못함을 왜 알지 못하느뇨?(고전 6:9) 하나님께로 난 자마다 죄를 범치 아니하니 악한 자는 저를 만지지도 못함.(요일 5:18) 주여 주여 하기만 할 것이 아니요.(마 7:21) 마음 믿음으로 갚으심이 아니요 행함으로 갚으심.(롬 2:13) 외인은 능히 교회를 욕되게 할 수 없으나 우리가 깨끗지 못하면 비방을 받을 것.(롬 2:24) 예복을 입지 않고 들어갈 수 없음.(마 22:12) 외인의 백 죄보다 교인의 한 죄가 때림을 많이 받을 것.(눅 12:47) 새사람을 입으라.(엡 4:24) 우리가 거듭난 증거는 먼저 집안 사람과 이웃 사람에게 나타나는 표가 있느니라.

9. 기도함이니 기도 아니하여서는 할 수 없음.(막 9:29) 믿음은 기도함으로 쓰는 것이요 기도 없이 육신으로 힘을 써도 쓸 수 없느니라. 하나님 뜻과 사람의 믿음과 합하여야 기도대로 이룰 것이니 성경 뜻대로만 합당히 구할 것이니라. 스스로 높은 체 마라.(롬 12:3) 성경에 연설을 잘하라고 가르친 말씀 없소. 사랑이 충만함을 구할 것이니 내가 비록 천사의 말을 해도 사랑이 없으면 나팔소리와 방울소리 같다 하였으니(고전 13:1), 빈 소리는 다만 듣는 자의 귀만 아프게 함이니 어찌 사랑 없이 가르침만 주장하리오. 성경에 기도 뜻을 많이 가르쳤소.(마 7:7; 요 14:12-13; 15:7; 16:23; 약 1:5; 유 20) 두렵고 떨림으로 구원을 힘써 받으라.(빌 2:12)

10. 성신충만함을 받음.(엡 5:18) 피차 순복할 것.(엡 5:21-26; 6:1-9) 주신 성신을 받음.(행 2:2-8; 요 20:22) 허락하신 성신을 얻음.(갈 3:14) 성신충만하려면 항상 기도함과 성경 공부함과 죄를 범치 아니함과 열매를 맺을 것이니 우리가 혹 전도하여 믿는 사람이 있으면 그를 열매라 하나 성신의 열매는 갈라디아 5장 22절 이하에 있느니라.

11. 성신이 함께 증거함.(요 15:26-27; 행 5:3이하) 예수께서 성신으로 함께 있겠다고 하심.(마 28:20) 우리가 혼자 남더러 죄 있다 말하면 어찌 죄가 나타나리오. 성신이 함께 증거하여야 죄 있다 자복하고 회개할 것이라. 그러므로 우리가 할 본분은 회개함과 믿음과 행함과 구함과 온전할 것이요, 물과 성신과 불로 세례를 받을 것이요, 무엇이든지 네게 분부한 것을 다 지키게 가르치라 하신 말씀으로 가르침을 마치시고 개회 제10일 저녁에 헌신獻身회를 보고 성만찬 예를 베풀고 폐회하였습니다. 이번 부흥회로 말미암아 하나님 교회가 거룩하고 날로 흥왕할 줄 믿고 감사하옵나이다." (김순일, "송도 부흥회", 〈신학월보〉 1904년 7월.)

하디의 부흥 설교는 교회의 거룩성 회복에 초점을 두었다. 성령으로 회개하고 죄 사함 받고 거듭나서 행함이 따르는 믿음, 성령의 열매를 맺는 인격적 변화가 있어야 함을 강조했다. 새사람이 되는 길은 기도밖에 없으며, 믿음을 사용하는 방법이 기도다.

언 땅에 눈이 와 진흙 길이 딱딱해지면서 황소와 당나귀와 말로 끌고 가던 포병의 마차는 바퀴가 부러졌고, 행군 속도는 상당히 느려졌다. 일본군은 송도에서 한국인 지게꾼을 동원하여 한 명당 20-30킬로그램씩의 군수품을 지고 나르게 함으로써 평양을 향한 진군을 강행했다. 3월 말에 땅이 녹고 마르면서 평양부터 압록강까지는 속도를 낼 수 있었다.

1904년 2월 말 송도감리교회에서 있었던 부흥회는 일본군이 송도를 점령했을 때 열린 것으로, 러일전쟁 개전 초에 교인들은 절박한 심정에서 회개하고 신령한 복을 구했다. 하나님께서는 고난 중에 더 가까이 계신다. 고난은 생명을 낳고 우리를 각성시켜 복음을 알게 한다. 한민족 전체가 고난의 아수라장에 빠졌을 때, 그들과 하나 되기 위해 사랑의 복음을 들고 고난의 현장으로 간 전도자들이 있었기에 부흥은 지속되었다.

송도 북부감리교회, 1913년
North Ward Methodist Church, Songdo

송도 북부감리교회는 송도감리교회의 모교회이다. 1897년에 설립되었고, 1903년부터 크램W. G. Cram 목사와 하보 양Miss Harbaugh이 담당했다. 크램은 1903년 구정 때 부흥회를 열었는데 성령의 능력이 나타나 전형적인 감리교 부흥 집회가 되었으며, 30명 정도가 구도자로 등록했다고 보고했다. 1904년 3월에는 하디 목사의 인도로 진정한 감리교식 부흥회가 열렸다. 이때 송도 구역에는 남부감리교회와 북부감리교회 외에 15개의 교회가 있었고, 그 가운데 12개 교회가 자급으로 건축한 자체 예배당이 있었다. 사진의 예배당은 1913년 12월 21일 헌당되었다.

1904년 말 송도감리교회 김순일이 쓴 간증문이다.

> "우리가 복 받음을 감사함.
>
> 감사하고 감사하도다.
>
> 하나님 은혜 만만 감사하심이여, 나를 내시고 기르시도다.
>
> 하나님 사랑 지극히 크심이여, 나를 다시 살리셨도다.
>
> 일천구백사년 전에 우리 예수 탄생하시사
>
> 십자가 사랑으로 만민 구원하셨도다.
>
> 내가 예수 믿은 후에 영생 복락 한량없도다.
>
> 만 가지 복 감사하니 기쁜 마음으로 어떠하든지
>
> 주의 말씀 전파할 때에 팔은 절로 춤을 추며
>
> 하나님 은혜 생각할 때 낯은 절로 화하도다.
>
> 길 갈 때도 생각하니 혼자 웃고 좋아하며
>
> 잠 잘 때도 비몽사몽간에 좋다 소리 절로 나오네.
>
> 이 기쁜 것을 어찌 붓으로 다 기록할 수 있으며
>
> 입으로 다 말할 수 있으리오.
>
> 다만 뱃속에서 물이 강같이 흐르도다.
>
> 감사 감사 감사합니다.
>
> 우리들이여, 우리가 복 받음을
>
> 한마음으로 하나님께 감사하고
>
> 한 소리로 크게 전도합시다.
>
> 우리 대한 사람은 다 예수를 믿고
>
> 감사하는 사람이 다 되기를 내 소원이오."
>
> ("송도 사은 청년회", 〈신학월보〉 1904년 11월, 485쪽.)

김순일은 송도 부근 보산에 살았다. 1900년 아내가 집을 나가 무당이 되려고 무당 수업을 받아 관습대로 19세의 처녀를 후처로 얻었다. 그런데 집 나간 아내가 돌아와 본처의 권리를 주장하여 후처를 일단 본가로 보냈다. 1901년 11월 콜리어Charles T. Collyer가 방문했을 때 김순일은 이 문제로 오랫동안 기도하고 있었다. 그런데 후처의 아버지가 다른 동네로 이사 간다 하여 김순일은 "자신이 예수교인이기 때문에 두 아내를 둘 수 없다"고 설명하고 후처를 포기한다는 서약서를 써 주고 후처를 버릴 수 있게 되었다.

이 일이 있은 주일예배에서 김순일과 교인들은 눈물을 흘리며 회개하고 하나님의 선하신 은혜에 감사했다. 그는 감사의 표시로 자기가 살던 큰 집(75달러 상당)을 교회에 바치고 작은 집으로 이사했다. 그가 바친 집은 보산교회가 되었다. 그가 지어 발표한 간증문은 운문 형식의 찬송에 가깝다. 자나 깨나 배에서 생수가 흘러나오듯 늘 즐거이 부르던 것이었다.

배화학당과 자골교회 설립자
캠벨 부인
Mrs. Campbell

배화학당 교사 중국인 여선교사
도라 유余慈度
Miss Dora Yu

캠벨Josephine P. Campbell 부인은 1898년 5월 세 명의 소녀와 두 명의 소년을 데리고 매일학교(기숙사가 없는 주간 학교)를 처음 시작했다. 여름에는 경기도 고양에서 12명의 학생으로 매일학교를 개교했으며, 10월 12일 소녀만을 위한 배화학당을 시작했다. 캠벨은 1900년 배화학교 부속 교회 형식으로 자골교회(자교교회)를 설립했고, 이 교회에서 1910년 종교교회가 분리되었다. 중국 여선교사 도라 유余慈度는 캠벨 부인을 도와 배화학당 교사로, 환자를 진료하는 의사로, 자골교회 여자들을 가르치는 전도부인으로 일했다. 김영준金永準은 친러파 이용익과 고종의 신임으로 경무사(경찰청장) 등 고위직에 올랐지만 서자 출신이라 양반가의 딸을 아내로 맞이할 수 없어 윤치호처럼 교육받은 중국인 여자와 결혼하기 위해 도라 유에게 구애했다. 그러나 도라 유는 세속적인 권력가에게 전혀 관심이 없었다.

윤치호 등 친미 정동파 기독교인에게 반감을 갖게 된 김영준은 1900년 벌어진 중국 의화단사건의 영향을 받아 이용익과 함께 한국에 있는 모든 외국인 선교사와 기독교인을 살해하려는 음모를 꾸미고 고종 황제의 칙서를 날조해 지방 관청에 기독교인 살해 밀지를 내렸다. 그러나 해주를 방문 중이던 언더우드가 교인인 한 관리에게 이 사실을 들은 뒤 서울의 에비슨에게 라틴어로 전보를 쳐 이를 알리고, 알렌 미국 공사가 외부에 항의하면서 음모가 발각되어 사태를 방지할 수 있었다. 김영준은 1903년 인천 앞 영종도 매각 부패 사건과 이를 은폐하기 위해 각 공사관에 살해 협박문을 발송한 것이 발각되면서 체포되어 교수형에 처해졌다. 도라 유는 3년간 김영준의 구애 행각에 시달리면서 '광야 표류'의 기간을 보내다가 1903년 9월 중국으로 돌아가 1908년부터 중국 부흥운동의 주역이 되었다.

1904년 4월 하디 목사는 서울 자골교회에서 2주일간 부흥회를 인도했다.

"부흥회라 하는 뜻은 다시 일어난다 함이라. 이 회가 예수교에 대단히 유익한 연고가 두 가지 있으니, 첫째는 하나님을 믿는 사람이 성신의 힘을 얻어 각 교우의 식은 마음을 열심 되게 하여서 교회가 다시 더욱 흥왕하게 함이요, 둘째는 교를 믿지 않던 사람도 회당에 인도하여 예수의 좋은 말씀으로 간절히 권면하매 그 사람의 마음이 감동하여 예수교를 믿기로 작정함이라.

그러므로 예수를 믿는 모든 교회에서 이 부흥회를 설시設施하고 며칠 동안 날마다 하루 두세 번씩 교우들이 회당에 모여 성경을 독실히 공부하고, 하나님께 기도를 정성으로 드리며, 전도하는 목사의 좋은 말씀을 많이 들을 뿐 아니라, 각 사람이 자기 마음을 스스로 살펴 마음이 어떻게 됨을 깨달으며, 만일 죄를 범함이 있으면 하나님께 나와 일일이 자복 고죄한 후에 다시 사유하심을 받는 것이다. [중략]

또 감사함은 대한에도 부흥회가 됨이라. 몇 달 전에 원산 계신 하 목사가 이 회를 설시하시고, 여러 날을 전도하시매 여러 형제자매들이 많이 모여 성경을 착실히 공부할 뿐만 아니라, 각각 자기 죄과를 자복하여 뉘우쳐 고치고, 또 성신의 능력으로 새 마음을 얻어 거듭난 사람이 되었으며, 진실히 믿는 형제 몇 사람은 성신이 마음에 충만함을 얻었고, 또 하 목사께서 서울로 올라와 크램 목사와 같이 송도에 내려가서 이 회를 열매, 거기 있는 여러 형제자매들도 죄과를 회개하여 거듭난 사람이 되고 기쁜 영광을 하나님께 많이 돌려보내었으며, 다시 서울로 올라와서 자골회당에 또 이 회를 열어 보름 동안을 전도하시매 여러 형제자매들이 많이 모였고, 그중에 자기 죄를 낱낱이 자복하고 사유赦宥함을 얻은 이도 있으며, 새 마음을 얻어서 거듭난 사람 된 이도 있고, 성신이 충만한 이도 있어서 대단히 기쁜 마음으로 진실히 하나님 좇기를 작정하였으니, 여러 회당 교우들이 다 성신의 감화하심으로 진실히 믿는 사람들이 되시며 하나님이 주시는 복도 많이 받으시려니와 또 하나님 앞에 거룩하고 온전한 사람이 되기를 바라노라." ("부흥회", 〈신학월보〉 1904년 6월, 241-242쪽.)

부흥은 기존 교인의 영적 각성과 교회의 흥왕과 불신자의 개종을 포괄하는 용어였다. 부흥운동은 인격을 변화시키는 '성령의 감화'를 빌어 죄를 낱낱이 자복하고 사유함을 얻은 자, 새 마음을 얻어 거듭난 자, 혹은 성신충만함을 받은 자들이 진실히 하나님을 믿고 '하나님 앞에 거룩하고 온전한 사람'이 되기로 작정한 운동이었다.

청년 학생들의 부흥이 이때 시작되었다. 자골교회 부흥회에서 기도와 금식을 하던 배재학당의 학생 유성상, 김계명, 지수돌 등이 공개적으로 죄를 자복하고 성령의 은혜를 경험하고 새 마음을 받고 간증했다. 배화학당의 여러 여학생들도 동일한 경험을 했다. 부흥회 후 개학한 학교들이 새로워졌다. 이렇게 하여 주의 말씀이 능력 있게 퍼져 나가고 점점 힘을 떨쳤다.(행 19:20)

1899년 미국 남감리교 여자선교회 파송 선교사들
Woman Missionaries from MEC, South Miss Carrol on the left

뒷줄 왼쪽 첫 번째가 송도에서
봉사한 캐롤 양.

배화학당과 자골교회로 사용된 캠벨 부인의 집, 1900년
Mrs. Campbell's home in Seoul

캠벨 부인은 1897년 45세 때 내한
하여 배화학당, 자골교회, 종교교
회를 세우고 1920년 사망할 때까
지 봉사했다.

하운셸 선교사는 학생자원운동 출신으로 1904년 4월의 자골교회 부흥회가 자신의 모교인 에모리헨리대학에서 경험한 부흥과 동일하다고 보고했다. 그는 에모리헨리대학을 졸업하고 밴드빌트대학 성경학과에서 공부한 후 1901년 한국에 와서 배재학당의 교사로 봉사하던 남감리교 선교사였다.

> "자골의 은혜로운 집회에서 학생들이 새로 태어났습니다. 그들은 성령으로 거듭나는 것이 무엇을 의미하는지 몰랐으나, 하디가 전하는 강력한 복음 선포를 통해 성령의 깨우침과 확신을 알게 되었고, 새 마음을 얻어 새 생명 안에서 행하고 있습니다. 갈급한 심령으로 간구한 다음 날 학생들은 교회에 모여서 '기도와 금식'의 시간을 보냈습니다. 성령이 그들에게 임했고, 그들의 뜨거운 기도와 간증은 참으로 감동적이었습니다. 이 광경은 에모리헨리대학에서 건장한 청년들이 완전히 변화되어 예수 그리스도께 자신의 의지를 굴복시켰던 강력한 부흥회 기간을 생생하게 상기시켜 주었습니다." (C. G. Hounshell, "Pai Chia Haktang", *Minutes of the Seventh Annual Meeting of the Korea Mission, MEC, South*, 1903, p.35.)

유경상劉敬相도 이 배재 학생들 가운데 한 명이었다. 그는 기독교 가정에서 성장했고 몇 년 동안 캠벨 부인의 지도를 받아 왔지만 중생 체험은 없었다. 그러던 그가 자골교회 부흥 집회 도중에 일어나 자신은 큰 죄인이며 구원받기를 원한다고 말했다. 그리고 며칠 뒤 "저는 새 마음을 받았다는 사실을 알고 있습니다. 이전에는 결코 이것을 느끼지 못했습니다. 저는 제 삶 전체를 하나님께 바쳤으며 제가 사는 동안 그분만 섬길 것을 결심합니다"라고 고백했다. 그가 강단 앞에 나와 무릎을 꿇자 회심한 다른 학생들이 그를 위해 간절히 기도했다. 그는 일어나 자신이 그리스도의 보혈로 죄 사함을 받았으며 마음에 평안이 가득하다고 간증했다.

1904년 10월 19일 배재학당에서 회장 민찬호의 사회로 제2회 기독청년회YMCA 임원 선출이 있었다. 회장 유경상, 부회장 김창호, 통신국장 김학순, 회계국장 지수돌, 사찰위원 장석희 등이 선출되었다. 배재학당은 1903년 YMCA 총무 질레트Philip L. Gillett 선교사의 지도로 첫 YMCA를 조직했는데, 청년회 회원들은 출발부터 부흥운동의 열기 속에서 성령으로 거듭나고 헌신된 자들이었다. 유경상은 한국의 진실한 기독 청년들이 '한국의 좋은 희망'이며, 이들이 성실하고 정직하게 열심히 일한다면 비록 지금은 나라가 약하지만 다른 국가들처럼 언젠가는 동등하게 설 수 있으리라고 확신한다는 낙관적 신앙을 피력했다. 곧 개인의 부흥 체험에 민족 구원이 포함되어 있었던 것이다. 이승만은 상동교회청년회가 공옥학교를 설립하고 체육, 지육, 덕육을 지향한다는 소식을 감옥에서 듣고 "우리 힘과 우리 손으로 이 기회를 타서 이 나라를 예수 그리스도의 나라를 만들기로 힘써 일들 합시다"라고 권면했다. ("상동청년회의 학교를 설시함", 〈신학월보〉 1904년 11월, 441쪽.)

부흥은 이 땅에 '예수의 나라'를 만드는 것이다.

1904년 6월 30일 러시아의 공격으로 침몰된 원산항의 작은 기선

A small steamship was sunken by the Russian attack, Wŏnsan

1904년 8월 8일 러시아 함대의 재공격으로 피난 가는 원산 일본인 거주민들

Japanese people in Wŏnsan are escaping from the Russian attack, Aug. 8, 1904

화살표는 서경조이다. 일본군과 주한 개신교 선교사들은 대체로 원만한 관계를 유지했다.

겨울철 한강변에서 빨래하는 여인들, 1904년
Winter washing at Han River, Seoul

"위생이란 것은 몸을 정결케 씻으며 더러운 옷을 입지 말고 음식을 절조 있게 먹는 것뿐만 아니라 집 안을 정결케 하는 데 있는 것이라. 집 안이 정하고 보면 그 집 주인의 의복이 자연 정할 것이요, 의복이 정하고 보면 그 사람의 몸과 마음도 정하다 할지라. 우리가 주의 복음을 전하는 길에 시골 백성의 집을 많이 보았으나 대한 사람들은 하나도 위생하는 법을 모르는 고로 의복 음식과 거처 범절을 정결케 하는 자가 적은지라. [중략] 성경에 가라사대 선한 사람은 선한 것을 쌓은 데서 선한 것을 내고 악한 사람은 악한 것을 쌓은 데서 악한 것을 낸다 하였으니(마 12:35) 집 안을 부정케 하는 사람은 그 마음 가운데 더러운 먼지와 그을림이 있어 정결치 못함이 그 집 안에까지 나아온다 할지라." ("집 안을 정결케 할 것", 〈신학월보〉 1904년 9월.)

"성경에 가라사대 하나님 성전은 거룩하니 성전은 곧 너희들이라 하시고, 또 가라사대 우리는 영생하시는 하나님의 성전이라, 하나님께서 저 속에 거하사 저의 하나님이 되시고 저는 내 백성이 되리라 하셨으니, 우리 몸은 곧 주의 성전이라. 특별히 정결케 함을 힘쓸지어다. 하나님이 보시기에 우리가 개미같이 적은 인생이요 지극한 죄인이로되 오히려 더러운 집에 들어갈 마음이 적거늘, 하물며 거룩하신 하나님의 성신이 어찌 더러운 집에 계시리오. 이 세상 일로 볼지라도 원님과 관찰사가 새로 도임하려면 동헌과 선화당을 먼저 수리하여 거미줄과 먼지 없게 할 뿐만 아니라 도배장판까지라도 정결케 한 후에 원님과 관찰사가 들어가 거처하는 법이요, 임금이 대궐로 임어臨御하고자 하시면 반드시 그 궁궐을 새로 중수하고 주단화동朱丹畵棟을 다 일신케 한 후에 임금이 임어하시나니, 이제 거룩하시고 전능하신 하나님께서 결단코 마귀의 집에 함께 계시지 아니하실지라.

그런즉 우리 주를 믿는 무리들은 불가불 마음을 정결케 하여 마귀의 일을 아주 거절하고 영혼과 육신이 온전히 정결한 사람이 되어야 하나님의 성신이 우리 속에 들어오사 함께 계실지니, 우리의 몸은 참 성전같이 될 것이오. 육신이 거처하는 집도 방 안과 마당을 다 정결케 하여 더러운 물건이 없게 하고 악독한 냄새가 없게 한 후에 사람에게 크게 유조有助하여 위생이 될지니, 우리 주를 믿는 형제들은 아무쪼록 부지런히 하여 마음을 정결케 하고 육신을 강건케 하는 데 집 안까지 정쇄精灑(매우 맑고 깨끗함)케 하여 주를 믿지 아니하는 외인들에게 모본이 되게 하기를 바라나이다." ("집 안을 정결케 할 것", 〈신학월보〉 1904년 9월.)

굴원屈原은 〈어부사漁父辭〉에서 "머리를 감은 사람은 반드시 갓의 먼지를 턴 다음 갓을 쓰는 법이며, 몸을 씻은 사람은 옷의 먼지를 턴 다음 옷을 입는 법이다新沐者必彈冠 新浴者必振衣"라며 더러운 세상에서 차라리 강물에 몸을 던져 죽을지언정 깨끗한 몸을 더럽히지 않겠다는 고고함과 비타협적 기개를 선언했다. 이에 어부는 노를 두드리면서 혼잣말처럼 다음과 같이 노래하며 떠나간다. "창랑의 물이 맑으면 갓끈을 씻고, 창랑의 물이 흐리면 발을 씻는다滄浪之水淸兮 可以濯吾纓 滄浪之水濁兮 可以濯吾足." 이상을 버리고 현실과 타협해서도 안 되지만, 그렇다고 자신의 이상만 고수하고 현실을 무시하는 냉소주의자가 되어서도 안 된다는 뜻이다.

최병헌 목사는 그 호를 탁사濯斯(희게 씻음)라 하여 그리스도의 피로 죄를 씻고 잘못된 조선 역사까지 세탁하고자 했다. 부흥은 세탁이다. 성령의 물로 영혼의 맑은 눈을 씻은 이들이여, 구정물이 흐르는 교회와 사회에 발을 담그라! 더러워진 발은 못 자국이 있는 그리스도의 손에 맡겨 세족할 일이다.(요 13:8)

서울 정동감리교회, 1903년

The First Methodist Church, Seoul

뒤쪽 언덕에 러시아 공사관(4번), 오른쪽 언덕에 영국 공사관이 보인다. 정동감리교회(1번)는 공사관 건물들과 함께 서울의 대표적인 서양식 건축물이었다. 1903년 사진을 보면 교회로 내려가는 길의 왼쪽 나무 울타리가 담벽으로 바뀌었고 교회당 앞에 한옥(2번)을 크게 지어 교회 건물로 사용했으며, 오른쪽 건물을 헐어 교회 마당을 넓힌 것을 알 수 있다. 왼쪽 건물(5번)은 영국성서공회 총무 켄뮤어의 사택이었다.

교인 가운데는 배재학당과 이화학당 학생들이 많아 일찍 성가대가 조직되었다. 1902년 담임목회자였던 아펜젤러 선교사가 성경번역자회 모임에 참석하기 위해 인천을 떠나 목포로 가던 중 선박 사고로 사망해 큰 슬픔을 당했다. 1904년 하디 목사가 이곳에서 부흥 사경회를 인도했으며, 최병헌 목사가 시무하던 1907년 전후 교회가 급성장했다.

하디는 1904년 11월 안식년 휴가를 떠나기 전 9~11월에 서울, 평양, 제물포에서 잇따라 부흥 집회를 열었다. 원산과 송도와 서울에서만 이루어지던 부흥회가 평양과 제물포까지 확대됨으로써 1903년 여름 원산에서 시작된 부흥이 1년 6개월간 남북 감리교의 주요 선교지부에서 일어났다. 서울 부흥회는 정동감리교회에서 9월 20일 시작되어 19일간 계속되었다. 원래 계획은 배재학당과 이화학당 학생들을 위해 일주일만 하려고 했으나, 정동감리교회 교인들이 참석하여 은혜를 받자 서울 시내 감리교인을 위한 부흥회로 발전되면서 10월 9일까지 최장 기간의 부흥회로 열렸다.

> "하디 목사께서 정동 미이미교[북감리교] 예배당에 부흥회를 열고 한 보름 동안을 하루 세 번씩 전도하신지라. 한 주일 동안이나 회개하는 문제를 가지고 열심히 전도하시매, 여러 형제자매들이 성신의 책망하심을 받아 일체 회개하고 죄를 자복한 후 사유하심을 받았으며, 또 한 주일 동안에는 성신의 책망하심을 가지고 열심히 전도하시매 죄 사유함을 받은 모든 형제자매들이 성신의 충만하심을 얻었으니, 이후로 성신의 열매가 많이 맺기를 바라나이다." ("정동회당에서 부흥회로 모임", 〈신학월보〉 1904년 11월, 427쪽.)

부흥회에 모인 사람들은 성령의 책망하심을 받아 회개했고, 성령의 충만하심을 얻어 성령의 열매를 맺는 삶으로 나아갔다. 사역을 하면서 첫 열정이 식은 전도사, 속장, 교사들이 특히 각성했다.

> "성령의 능력이 놀랍게 나타났다. 많은 사람들이 공개적으로 죄를 고백했다. 그 고백을 들은 자라면 누구나 그들의 회개의 진실성을 의심할 수 없었다. 지적인 회심 외에 다른 것을 알지 못하던 교회의 많은 유력한 자들이 죄를 깨닫고 그리스도를 통한 죄 사함을 경험했다. 사역을 하면서 열정이 식은 한국인 본처 전도사들, 부인 권서들, 속장들, 주일학교 교사들이 각성하고 차원 높은 기독교인의 삶을 살게 되었다. 배재학당에 다니는 거의 모든 학생들이 공개적으로 죄를 고백하고 새 삶을 시작했다. 이화학당 여학생들의 변화된 삶은 그들의 심령에 역사하신 성령의 사역을 증명한다. 부흥회 결과 학생들은 한국인 교사들과 함께 그리스도와 그를 섬김에 새로운 헌신을 다짐하고 새해 사역을 시작했다. 우리 한국인들의 심령에 이와 같은 결실을 볼 수 있었던 것은 간절한 연합 기도의 결과라고 확신하며, 한국의 친구들이 다가올 더 큰 '축복의 소나기'를 위해서 함께 기도해 주기를 희망한다." ("Revival Meeting in Seoul", *Korea Methodist*, Nov. 10, 1904, p.8.)

성령께서 학생들 위에 은혜로 쏟아 부어졌다. "말세에 내가 내 영을 모든 육체에게 부어 주리니 너희의 자녀들은 예언할 것이요 너희의 젊은이들은 환상을 보고 너희의 늙은이들은 꿈을 꾸리라."(행 2:17) 부흥은 자녀와 젊은이들의 부흥이다. 대학입시에 찌든 중고등부 십대들에게 하나님의 말씀으로 거룩한 섬김을 향한 환상을 심어 주는 교육이 부흥이다. 한국 교회 청년들에게 부어질 더 큰 '축복의 소나기'를 위해 기도하자.

노블과 평양 남산현교회 초기 지도자들

Rev. Noble and Korean leaders of P'yŏngyang Methodist Church

한국을 점령한 일본군이 평양을 통과한 것이 1904년 4월이다. 일본군이 입성한다는 소식에 피난민이 속출할 때 평양 감리교회는 열흘간 교회 문을 열어 놓고 매일 전도집회를 가졌다. 일본군이 평양을 점령했을 때 교인들을 포함한 대부분의 주민들은 피난을 갔다. 그 결과 700명까지 모이던 남산현교회에는 70명만 남았다. 압록강전투 이후 평온을 되찾은 평양에서 10월에 하디-무스 부흥회가 열렸다.

1904년 10월 평양 부흥회에 대한 북한 지방 장로사 모리스Charles D. Morris의 보고를 보자. 선교사들은 이틀간 준비 기도회를 가졌다. 곧 서울에서 남감리회의 하디와 무스J. R. Moose가 14일 금요일 아침에 평양에 도착했고, 그날 평양지부의 북감리회 선교사들과 함께 기도하면서 부흥회를 준비했다. 선교사들은 토요일인 다음 날 다시 모여 간절히 기도했다.

> "다음 날 주일 10월 16일에 우리는 한국인을 위한 부흥회를 시작한 뒤 매일 세 번의 집회를 가졌으며, 선교사들을 위한 모임도 매일 저녁 일반 집회 전에 열었다. 주께서 능력으로 우리와 함께하셨다. 여러 한국인 전도사들을 포함해 많은 교인들이 삶에서 지은 죄를 깨달았다. 엄청난 고뇌 후에 그들은 공개 집회 자리에서 일어나 그들의 죄를 분명하게 인정하고 진심으로 용서를 빌었다. 어떤 사람들은 기독교인답게 가족들을 대하지 않은 죄, 어떤 사람들은 형제를 미워한 죄, 또 다른 사람들은 갚지 않은 빚을 고백하는 등 여러 가지 죄를 고백했다. 그러나 특정한 죄가 무엇이었든 모든 사람들은 강력하게 죄를 자각했다. 심령을 사로잡는 강력한 죄책감 때문에 많은 사람들이 크게 울부짖었다.
>
> 나는 이 부흥회에서 내가 목격한 것보다 더 직접적이고 강하게 회개하는 자들을 본국에서는 본 적이 없다. 우리가 감동받은 것 가운데 한 가지는 우리가 특별히 기도의 제목으로 삼고 기도했던 거의 모든 사람들이 무너져 엎드렸고 주님과 바른 관계를 가지려고 간절히 원했다는 사실이다. 우리 선교사들이 받은 복은 한국인 교회에 임한 복에 비해 적지 않다. 지난 주 목요일 저녁의 우리 외국인 공동체의 기도회는 내가 평양에서 거주한 지난 4년 동안 본 것 가운데 최고의 모임이었다고 믿는다. 하나님께서 우리를 위해 위대한 일을 행하셨다. 모든 영광을 주께 돌린다." (C. D. Morris, "Revival Services in Pyeng Yang", *Korea Methodist*, Nov. 1904, p.7.)

미국에서 일어난 감리교 부흥회나 무디 부흥회를 능가하는 부흥회가 1904년 10월 평양 남산현교회에서 일어났다. 다시 국제전의 전장戰場이 된 북한 지역에서 나라의 운명이 풍전등화같이 흔들릴 때, 평양 교인들은 각종 죄를 심각하게 깨닫고 울부짖으며 공개적으로 고백하고 하나님의 용서를 체험했다. 선교사들도 별도의 영어 집회를 통해 같은 은혜를 받았다. 평양 선교사들에게 대각성의 계기가 된 부흥회였다.

부흥회의 열기가 살아 있던 남산현교회에서 11월 15일 북한 지방 감리교 도사경회가 열렸다. 각 지역 교회 지도자 100여 명이 참석했고, 서울의 스크랜튼이 와서 도왔다. 분위기는 뜨거웠고 기쁨이 넘쳤으며 일치감 속에서 자급을 위한 헌금을 드렸다. 특히 9명의 전도인 후원이 작성되었고, 성미로 십일조를 바치는 자, 생활비를 희생하는 자들이 나왔다.

하나님께서는 한반도에서 위대한 일을 행하셨고, 행하시고, 행하실 것이다. 우리가 서 있는 이 땅은 거룩한 계시의 땅, 희생과 헌신의 땅, 부흥의 땅이다.

제물포 내리교회, 1904년
The Wesley Methodist Church in Chemulpo

사진을 보면 교인이 어린이 50명(소녀 33명, 소년 17명), 여자 어른 60명, 남자 어른 40명(국상 중이라 백립을 쓰고 있다), 선교사 5명 등이다. 교회 건물은 벽돌을 이용해 서양식으로 지었다. 1901년 가을의 대기근에도 불구하고, 내리교회는 1902년 5월부터 1903년 4월까지 1년간 700엔을 헌금하여 목사 월급과 교회 경비를 지불함으로써 완전 자급을 이루었다. 1903–1904년 '하와이 붐'으로 많은 교인들이 하와이로 이민을 가고 담임목사 존스가 미국으로 전임되면서 교회가 다소 흔들렸지만, 부흥회와 성경공부 등으로 다시 자리를 잡아 가고 있는 모습이다. 단정하고 깨끗한 모습에서 훈련된 교인들의 모습을 엿볼 수 있다. 김기범 목사 좌우에 케이블과 크리체트 선교사가 앉았다.

내리교회는 1888년 올링거 목사가 기초를 놓았고, 1892년 존스 목사가 시무하면서 기틀을 잡았다. 존스는 1892년 4월 30일 마가레트 벵겔 양과 함께 영화여학교를 시작했으며, 두 사람은 1893년 5월 10일 결혼했다. 1894년 제물포 지역에는 입교인 12명, 학습인 33명이 있었다. 존스는 1903년까지 11년간 제물포 지방 감리사로 봉사하면서 내리교회를 중심으로 44개 교회를 개척했으며, 3,000여 명에게 세례를 주었다. 존스는 1903년 6월까지 시무하고 뉴욕 선교본부로 전임했다.

존스 이임 후 케이블(Elmer M. Cable, 奇怡富, 1874-1949) 목사가 감리사로 임명되었다. 케이블은 1899년 코넬대학교를 졸업하고 미 감리회 선교사로 내한하여 배재학당 교사로 봉사했다. 1902년 5월 무어David H. Moore 감독에게 장로목사로 안수받고, 1903년 한국 서부 지방 감리사로 임명받아 제물포교회 담임목사로 있으면서 제물포, 강화, 해주 지역을 관할했다.

1904년 11월 1일부터 일주일간 제물포 내리교회에서 일어난 부흥에 대한 케이블 선교사의 보고이다. 이전에 보지 못한 가장 강력한 성령의 역사가 일어난 부흥으로, 이후 다가올 대부흥의 시작이었다. 부흥은 "하나님께서 이 백성에게 큰 축복을 부어 주시리라"는 오직 한 가지 주제를 염두에 두고 매일 기도회를 했던 선교사들로부터 시작되었다. 믿음의 기도에 응답하여 성령의 권능이 임했고 한국인에게 가장 놀라운 부흥이 시작되었다.

"예배는 하루 세 번 드렸는데, 오전 10시에 시작해서 중간에 점심과 저녁을 위한 잠깐의 휴식 시간만 있었다. 성령의 큰 능력과 임재 속에 말씀이 선포되었고, 엄청난 죄의 힘과 죄에서 구원하시는 예수의 능력이 드러났다. 설교가 계속되는 동안 죄에 대한 참회가 너무 강력해서 한국인들은 자리에서 일어나 하디 의사의 설교를 중단시키고 죄를 고백하기도 했다. 나는 이전에 다른 민족에게 이와 같은 일이 발생한 것을 들은 적이 없다. 한 사람씩 차례대로 일어나 자신이 행한 모든 악한 일을 열거했다. 우리가 착하다고 생각했던 한 여자가 일어나 계속해서 범한 죄를 고백했다. 그녀는 남편이 아닌 남자와 1년 이상을 살고 있다고 고백했다. 이 남자도 이 여인과 산다고 고백했으며, 결국 집회가 끝날 즈음 이 일을 바로잡기 위해 두 사람은 결혼했다.

두 여자가 가정 문제로 다투었는데, 상황은 점점 더 악화되어 서로 말도 하지 않았다. 사람들이 한 여자에게 가서 다른 여자와 화해하라고 권하자 그는 '싫소, 차라리 내가 먼저 지옥으로 가겠소'라고 대답했다. 하지만 죄에 대한 뉘우침이 깊어지고 통렬해지자 두 사람 모두 일어나 자기 죄를 고백하고 서로에게 용서를 구했으며 교회를 떠나기 전에 모든 관계를 회복했다. 이 집회를 통해 이 일만 이루어졌다 하더라도 이 집회는 성공적이었을 것이다. 우리는 그동안 이 두 여자가 화해할 것이라는 희망을 거의 포기하고 있었다. 어떤 남자는 여러 해 동안 교회에 다녔지만 계속 거짓말하고 도적질했으며 간음죄를 범했다고 눈물을 머금고 고백했다.

이런 식으로 집회가 여러 날 동안 계속되었고 거의 100여 명의 교인들이 자신의 죄를 공개적으로 고백하며 주님과 바른 관계를 맺고 싶다는 깊고 간절한 소망을 표현했으며, 많은 사람이 성령충만을 받았다. 이 집회 이후 그들의 삶이 얼마나 행복하고 능력이 넘치게 되었는지를 보는 것은 즐거운 일이다. 죄를 깨닫게 하시고 죄에서 구원하시는 하나님의 능력이 놀랍게 나타난 것을 보게 되니 한국에 온 보람이 있다.

이 은혜의 자비로운 사역은 주로 교회에서 시작되었지만 그 영향은 서부 지방 전역에 널리 전파되었다. 참석하여 축복을 받은 사람들은 나아가서 다른 사람들에게 이를 알렸는데, 나는 이것이 우리 사역 전체에 임할 대부흥의 시작에 불과하다고 확신한다."

(E. M. Cable, "Another Wonderful Revival", *Korea Methodist*, Dec. 10, 1904, pp. 11-12.)

100여 명의 교인이 공개 회개를 했다면, 어른 교인 거의 전부가 성령을 체험하고 회개했다는 놀라운 기록이다. 이동하는 주민이 많아 인심이 메말랐던 인천항, 대기근과 전쟁으로 굶주리고 목마른 영혼들, 그곳에 성령께서 찾아오셔서 위로하시고 그들을 세워 주셨다. 그들은 인천을 소동시켰음에 틀림없다. 한 명 한 명이 귀한 우리 신앙의 선조들이다.

한국 교회 부흥운동의 발원지 원산 남산동감리교회, 1907년
The Methodist Church in Wŏnsan

감리교의 원산 선교는 1892년 미국 북감리회의 맥길W. McGill 의사가 시작했다. 하지만 1903년 선교지 분할에 따라 원산이 남감리
회 관할 구역이 되면서 맥길은 공주로 갔다. 하디 의사의 노력으로 1901년 원산 주민 15명이 세례를 받았다. 1902년 말 남산동에 새
회당을 짓고 1903년 1월에 2주일간 주변 일곱 마을에서 찾아온 36명이 모여 사경회를 했는데, 공부 과정은 창세기·성사聖史총론·
마태복음·찬미였고, 저다인·하디·로스 의사가 가르쳤다. 저녁 집회 때 "성신이 여러 무리에게 감화하사 혹 슬프게도 하시고 혹
기쁘게도 하시며 혹 열심 나게도 하사 각각 신령한 양식을 많이 얻어 가지고 돌아갔다."("사경회를 함", 〈신학월보〉 1903년 5월, 207-208
쪽.) 이 교회는 1903-1904년 부흥운동을 거치면서 크게 성장했다. 1907년 중리에 교회를 분립했다가 1922년 교회를 신축한 후 두
교회가 병합하여 '원산중앙교회'로 이름을 바꾸었다. 3·1운동 당시 민족대표 33인 가운데 한 명이었던 정춘수 목사가 시무하기도
했다.

1907년 6월 말 서울에서 열린 연회에 참석했던 미국의 램버스W. R. Lambuth 감독이 원산에 내려왔을 때 찍은 기념사진이다. 1903-1904년 원산 부흥 당시의 사진은 아니지만, 부흥을 체험한 원산 남산동교회의 모습을 확인할 수 있다. 교인 수는 대략 남자 어른 90명, 여자 어른 60명, 어린이 90명이다. 중앙에 앉은 하디 목사를 비롯한 여러 선교사들과 램버스 감독이 함께 사진을 찍었다.

남자와 여자, 어린이와 외국 선교사들이 한자리에 그리스도의 이름으로 모였다. 성령으로 거듭난 새로운 교회 공동체의 모습이다. 언덕 위의 서양식 교회 건물 앞에 선명한 태극기가 상징하듯 새 교회 공동체는 국가의 자주 독립과 민족의 근대화를 위한 새 희망이었다. 애국계몽운동에 적극 참여하던 한국 교회의 모습이다.

예배당은 직사각형 목조 건물로 실용적인 미국식이다. 양쪽에 서양식 창문이 다섯 개씩 있고, 폭이 넓은 두 개의 출입문에서 왼쪽은 남자용, 오른쪽은 여자용이다. 내외 풍습을 따라 예배실 중앙에는 병풍을 쳐서 남녀 좌석을 구분했다. 의자는 아직 갖춰지지 않아 마루에 앉아 예배를 드렸다. 하나님께 예배할 때 감히 의자에 앉을 수 없다는 경건성과 함께 현지 풍속을 갑자기 바꾸지 않는다는 선교 정책 때문이었다.

남자 선교사들과 한국인 두어 명이 검은 옷을 입고 있을 뿐 한국인들 대부분은 흰옷이다. 성인 남자들은 상투를 하고 있다. 검은 옷은 일본의 영향으로 단발과 함께 1910년 전후부터 유행하게 되었다. 남자 3명과 여자 2명이 삼베 두건과 수건을 쓰고 있어 상중임을 알 수 있다. 기독교인들은 유교식 전통을 많이 따랐지만, 두건에 십자가를 새겨 차별을 두고 장례 문화를 기독교화하기 시작했다.

이때 개종한 많은 교인들이 전도인으로 헌신하고 복음 전도에 일생을 바쳤다. 그들은 나라가 망하는 것을 보면서 교회 옆에 학교를 세우고 자녀들을 가르치며 신앙과 지식과 지혜를 가진 미래 세대가 한국을 재건해 줄 것을 기대했다. 바울은 고백했다. "나의 형제 곧 골육의 친척을 위하여 내 자신이 저주를 받아 그리스도에게서 끊어질지라도 원하는 바로라."(롬 9:3) 민족의 위기는 교회의 각성을 요청하고, 교회 부흥은 민족 구원과 손잡게 된다. 부흥과 애국, 십자기와 태극기는 함께 갔다.

남감리회 제2회 한국 선교회 연례회의, 1898년 9월
Second Annual Meeting of the Korea Mission, MEC, South

왼쪽 네 명이 하디 가족이다. 이어서 윌슨A. W. Wilson 감독, 중앙에 서 있는 3명이 콜리어 가족, 앞에 앉아 있는 7명이 리드 가족, 오른쪽에 서 있는 중국 복장의 여자는 도라 유이다.

리드는 한국 선교회 감리사로 서울을 담당했고, 콜리어와 하디는 송도를 담당했다. 이때 남감리회에는 한국인 사역자로서 조사 1명과 권서 5명(서울 4명, 송도 1명)이 있었고, 수세인은 105명(서울 87명, 송도 18명), 학습인은 200명(서울 109명, 송도 91명)이었다. 서울과 송도 구역에 각각 2개의 교회가 있었다.

10년간 네 명의 딸이 더 태어났다.

1908년 하디는 원산 지역 감리사로서 영동, 회양, 안변과 새로 추가된 간도 등 4개 구역을 관할했다. 원산 지역 전체 한국인 신자는 수세인 590명, 학습인 639명으로, 1년간 새로 세례를 받은 자가 317명이나 되었다. 영동 구역은 하디와 주한명 전도사, 회양 구역은 피어맨E. L. Peerman, 안변 구역은 히치J. W. Hitch, 간도 구역은 하디와 이화춘 전도사가 맡았고, 의료 선교는 메이즈W. C. Mayes가 책임을 맡았다. 하디는 1908년 11월 간도에 이화춘 전도사와 2명의 권서, 1명의 부인 권서를 파송했다. 원산과 안변 구역의 많은 신자들도 북간도로 이주했으며, 1909년에는 5개의 교회가 모이고 있었다.

서울 양화진외국인선교사묘원에 있는
하디 선교사의 어린 딸 매리와 마가레트의 묘비
Tombstone of Dr. Hardie's two daughters, Yanghwajin, Seoul

서울 양화진외국인선교사묘원에 가면 이름도 새겨지지 않은 작은 묘비들이 나란히 한구석에 있는 것을 보게 된다. 태어난 지 하루나 며칠, 몇 달 만에 죽은 선교사 자녀들의 무명 묘비들이다. 사진은 하디의 어린 두 딸의 묘비로, 첫 딸 매리는 1893년 8월 9일 태어나 다음 날 사망했다. 중간에 다른 아이들이 태어났고 이어서 마가레트 조이가 1903년 8월 원산 부흥 직후인 9월에 태어났지만 여섯 살이 되기 전인 1909년 2월 10일 사망했다. 하디 부부는 일곱 명의 딸과 한 명의 아들을 낳았고 여섯 명은 무사히 자랐다. 하지만 아이를 잃은 부모는 그 슬픔을 평생 안고 살며 세월이 지날수록 그 슬픔은 깊어지는 법. 두 딸을 일찍 하늘로 보낸 하디 부부는 45년간의 선교 사역을 감당하고 1935년 정년 은퇴했다. 이후 하디 부부는 미시건 주 랜싱에 거주했으며, 1945년 부인이 죽고 1949년 6월 30일 하디도 영원한 안식에 들어갔다.

하디 선교사는 두 자녀를 양화진에 묻었다. 하디와 부흥운동을 이끈 개성의 크램 선교사도 1903년에 아들이 태어났으나 두 살 때 병사해 양화진에 묻었다. 동료였던 저다인도 1915년 11월 19일에 아들이 태어났으나 단 하루밖에 살지 못하는 슬픔을 당했다. 개척 선교사들은 한국에서 청년 시절을 보내면서 열악한 위생 환경과 의료 시설 부족으로 자녀들을 잃는 비극을 겪었다. 그들은 사랑하는 자녀들을 잃는 아픔을 겪으면서 부흥운동을 전개했다. 아브라함이 이삭을 바치듯이 한국 선교의 제단에 아이들을 바쳤다. 가슴속에 아이들을 묻었다. 평생 그 슬픔과 시련의 뜻을 헤아리면서……

1903년 9월 1일 원산 부흥과 함께 마가레트 조이가 태어났을 때 하디 선교사 부부와 원산교회는 얼마나 기뻐했을까? 그러나 1909년 2월 조이는 원산에서 병으로 죽었다. 다섯 살이었다. 이때 원산 진료소의 의사 메이즈W. C. Mayes 부부의 한 살 된 영아도 병으로 죽었다. 기쁨과 슬픔, 고통과 안식, 질병과 치유, 출생과 사망이 날줄과 씨줄로 엮이는 인생의 모든 일 가운데, 선교사들은 사랑하는 동역자와 아이들을 잃을 때면 슬퍼하면서도 "지혜가 충만하신 하나님의 섭리에 겸손히 순종하며 경배하고 한국에서 하나님의 영광이 더욱 높아지기를 믿는다"고 고백했다. (*Annual Report of the Korea Mission, MEC, South for 1909*, p.96.)

십자가 없는 신학이 거짓이듯이, 거룩한 희생 없는 부흥은 모래 위의 집과 같다. 한국 교회에 필요한 것은 화려한 건물보다 희생의 삶을 남기는 거룩한 사람이다. 후손들을 위해 가나안의 한 모퉁이 땅을 산 아브라함(창 23장), 사람에게 버림 받았으나 교회의 모퉁이 머릿돌, 산 돌이 되신 예수 그리스도(마 21:42; 행 4:11; 엡 2:20; 벧전 2:4)의 모범을 따라, 이 약속의 땅 한반도에 세워질 하나님 나라를 소망하면서 바람 부는 언덕에서 눈물 흘리며 한 알의 밀알을 심고, 마음 깊은 곳에 제2의 양화진, 막벨라 동굴을 마련할 때이다.

부흥은 당대에 성취되지 않으면 후대에 성취될 것이다.

3

부흥의
확산

감리교회의 부흥, 1904–1905

1905년 감리교회의 부흥은 다음 순서로 일어났다.

송도(1905. 2.) – 원산(1905. 2.) – 강화(1905. 2.) –서울(1905. 2.) – 송도(1905. 4.) – 평양 (1905. 7.)–
선교회연합공의회(1905. 9.)

서울에 설립된 일본 제일은행, 1905년
Japanese Dai Ichi Ginko (The First Bank) in Seoul

은행 앞에 인력거와 한국인 인력거꾼이 있다. 왼쪽에 흰옷에 갓을 쓴 한국인과 오른쪽의 검은 옷에 서양모를 쓴 양복 차림의 일본인이 대조적이다.

1905년 한국의 정치·사회사를 살펴보자.
  1월: 서울 치안 경찰권을 일본 헌병대가 장악. 고등 경찰제 실시.
      화폐 조례로 일본 제일은행이 중앙은행이 되고 화폐 정리 사업 시작.
  3월: 멕시코 이민. 1,033명 인천항 출발.
      고종, 러시아에 밀서를 보내 일본 견제를 호소.
      미국 공사 알렌이 경질되고 신임 공사에 모르간 임명.
  4월: 통신권 박탈. 주한 청국공사관 철수. 영국(5월)과 미국(7월)도 공사관 철수.
  5월: 주영공사서리 이한응, 런던에서 자결. 경부선 철도 개통식.
      이준, 양한묵, 이효정 등 헌정연구회 조직, 일진회에 대항.
  7월: 이승만과 윤병구, 루즈벨트 대통령에게 한국 독립 청원서 제출 실패.
  9월: 포츠머스조약으로 일본은 한국과 남사할린 획득, 중국 관동주 조차租借.
  10월: 고종 황제, 헐버트를 미국에 파송하여 독립 호소. 일본, 한국 보호국화 결정.
  11월: 일진회, 일본 보호국화 찬성 성명서 발표. 이토 히로부미, 고종에게 보호국 수용 강요.
      17일 한일신협약(을사보호조약) 체결. (통감부 설치, 외교권 박탈.)
      20일 장지연〈황성신문〉에 "시일야방성대곡是日也放聲大哭" 발표.
      30일 시종무장관 민영환 자결.
  12월: 손병희, 동학을 천도교로 개칭.

서울 일본인 거주지, 1905년
A Street of the Japanese quarter of Seoul

서울 명동, 1905년
Myŏngdong, Seoul

왼쪽 언덕에 있는 고딕식 명동성당과 오른쪽 뒤에 있는 일본식 불교 사찰이 대조된다.

해주 남문, 1904년
The South Gate of Haeju, Hwanghae

고려 공양왕 3년(1391)에 세워진
해주의 남문인 '순명문順明門'이다.

영국 공사관 수비대, 1905년
The Guard of the British Legation in Seoul

1905년은 전쟁과 전염병이 확산된 가운데 11월에 체결된 을사보호조약으로 인해 긴장과 불안과 위기의 한 해였다. 하지만 이런 국가적·사회적 위기는 전도의 문을 열어 주었고, 추수할 일꾼을 불러들였다. 특히 경부선 개통과 경의선 부설에 따라 철도역 부근 인구가 늘고 교회들이 새로 설립되기 시작했다.

선교 20주년을 맞이한 한국에는 약 4만 명(장로교인 약 2만 9,000명, 감리교인 약 1만 1,000명)의 개신교인이 있었다. 장로교와 감리교 두 교회는 하나의 '대한예수교회'를 만들기 위한 연합 운동에 매진했다. 전쟁과 정치적 불안과 국가 위기 속에서 각종 단체들이 조직되고 국권 회복을 위해 애국계몽운동을 전개할 때, 교회도 학교를 설립하고 민족 국가 수립을 위한 계몽운동에 동참했다. 하디 목사가 안식년으로 한국을 떠난 후 일어난 1905년 부흥은 송도 남감리교회와 그 선교사들이 주도하게 된다.

서울에는 북감리교회의 경우 벽돌 건물이 있는 두 큰 교회—정동감리교회(세례교인 304명, 학습교인 76명, 계 380명), 상동감리교회(세례교인 214명, 학습교인 116명, 계 330명)—와 세 개의 작은 교회들이 있었고, 교인 총수는 1,060명이었다. 북장로교는 500명의 세례교인, 107명의 학습교인, 교인 총수는 1,650명이었다. 특히 필라델피아의 콘버스Jone Converse가 희사한 돈으로 중앙교회(연못골교회/연동교회) 부지를 매입하고, 8월부터 서울 장로교인 연합 모임을 시작했다. 연못골교회에는 칠용 공주 가족이 출석했는데, 황실의 일원이 교회에 출석한 첫 경우이다. 하지만 교인 가운데 양반층은 아직 소수였고 중하층과 중류층이 대부분이어서 교회의 경제적 상황은 어려웠다.

송도 여선교사 와그너Ellasue C. Wagner 양의 표현대로 교회의 상황은 1세기 초대교회와 흡사하여, 사역에 대한 열기로 충만한 교회가 외부의 난관을 성공적으로 극복하며 성장하는 추세였다. 기번Edward Gibbon이 《로마 흥망사》에서 말한 대로 1세기 초대교회가 성장한 근본 원인은 진리에 대한 열정과 그 진리를 전하려는 열정 때문이었다. 곧 "새로 개종한 신자는 자신이 받은 무한한 복을 친구들에게 전하는 것이 가장 신성한 의무가 되었다." 송도 교인들은 바로 이러한 전도의 열정으로 해가 질 때까지 집집마다 방문하면서 그들이 발견한 구세주를 전했다. 전도의 의무는 교회 지도자의 어깨 위에 부과된 것이 아니라, 진실로 성령의 능력을 느끼는 모든 신자의 몫이었다. 1세기 교회의 사역자들이 성령으로 능력을 받고 인도하심을 받았듯이, 20세기 초의 한국 교회 신자들도 같은 능력과 인도를 받았다. 비록 인간은 하나님께서 사용하시는 연약한 도구이지만, 성령께서는 무한한 능력의 원천이시다. 그리스도는 어제나 오늘이나 내일이나 영원히 동일하시다.

의사 스크랜튼William R. Scranton도 1세기 초대교회와 흡사한 한국 교회가 이제 한국 사회 전체를 변혁transforming하고 개조remodeling하는 일에 나설 때며, 이를 위해 한국인 신학 교육을 강화하고 교회 조직을 체계화해야 한다고 주장했다.

인천항, 1904년
Inch'ŏn (Chemulpo)

경부선 철도, 1905년
On the Seoul-Fusan Railway

ON THE SEOUL-FUSAN RAILWAY.

대안문 앞, 1905년
Outside the Seoul Palace

OUTSIDE THE SEOUL PALACE.

고종의 개혁 정책의 하나는 서울시를 미국의 수도 워싱턴시를 모델로 하여 근대 도시로 만드는 것이었고, 그 도시 계획의 하나가 덕수궁 대안문大安門을 중심으로 한 방사선 도로의 건설이었다. 왼쪽에 보이는 공사 중인 석재, 전신주, 문 앞에 도열한 한국 군대, 담 앞의 벽돌 건물에서 대한제국의 근대화 노력을 엿볼 수 있다. 그러나 을사조약 후 일본 통감부는 대한제국의 수도 발전 계획을 전면 폐지시키고, 명동과 진고개 주변의 일본인 거주지를 새 도심지로 개발했다. 고종은 대안문을 대한문大漢門으로 개명하면 국운이 부흥하리라는 비결秘訣을 믿고 1906년 그 이름을 대한문으로 고쳤다.

《찬미가》 22장, 1905년
Methodist Hymnal

1900년대 한국 교인들이 즐겨 불렀던 찬송 가운데 하나다.

1905년 2월 초 구정(설)을 전후하여 송도, 원산, 강화, 문산, 서울의 남감리교 교회에서 부흥회가 열렸다. 송도에서는 남북 두 교회 연합으로 연례 지방 사경회가 일주일간 남부교회에서 있었는데 저녁 집회는 부흥회로 모였다. 진지한 부흥회를 통해 이전에 볼 수 없었던 확실한 회개와 회심을 하는 자들이 많았다. 크램 목사의 보고를 보자.

> "한국에서 설은 명절이다. 여러 신과 조상과 귀신을 그럴듯한 의식으로 경배할 뿐만 아니라 시끌벅적, 제사, 투석전, 설빔 등으로 남녀노소는 이날을 보낸다. 한국인들은 새해의 첫 열흘이나 보름 동안을 특별한 축제일로 당연히 생각하므로, 기독교인들도 자신들의 신앙에 어울리는 방식으로 이 기간을 보내야 한다고 느낀다. 국가의 개화와 교회의 성장을 위한 특별 기도회로 이 명절을 지키는 것이 송도 기독교인의 관습이었다. 관습을 따라 금년에도 기도회를 광고했고, 한국 기독교인들의 특징인 신실함과 열심으로 그 도시의 남부교회에서 하루에 두 번 기도회가 열렸으며, 중간 시간에는 노방 전도와 축호逐戶(한 집도 거르지 않음)전도가 이루어졌다.
>
> 주님은 집회 중에 선교사가 하루에 두 번 설교할 수 있게 하셨다. 모든 설교에서 죄로부터 구원받는 것은 개인적인 자각의 문제라는 사실을 특별히 강조했으며, 중생과 성령의 증거와 관련된 교리들을 분명히 제시했다. 집회를 시작하자마자 참석자들은 죄에 대한 뉘우침에 사로잡히기 시작했고, 우리도 모르는 사이에 옛 시대의 부흥이 우리에게 임했다. 새로운 마음의 빛을 찾는 남녀들은 밤낮으로 제단 앞에 모여들었다. 집회마다 밝은 얼굴과 즐거운 간증을 보고 들을 수 있었다. 분위기는 점점 고조되었으며, 한 남자 노인이 '나는 며칠 동안 이 증거를 발견하려고 했는데, 오늘 아침 첫 찬송을 부르며 기쁨을 느꼈을 때 비로소 발견했습니다. 나는 지금 춤을 추고 싶습니다'라고 말했을 때 절정의 순간에 이르렀다. 한국인은 이때 크게 부르짖는다. 많은 사람들이 부르짖는 시점에 도달했다. 나는 불신자의 마음이 구세주의 얼굴의 빛을 발견하는 데 여러 해의 훈련이 필요한 것은 아니라고 점점 더 확신하게 되었다. 성령께서 확실히 죄를 회개케 하시고, 모든 진리 가운데로 인도하시겠다고 약속했으므로, 우리는 그러한 인도를 의심할 수 없다. 나는 한국 교회가 전국으로 확산되는 부흥의 계절을 맞이하게 되리라고 믿는다. 하나님이여, 그날이 속히 오게 하소서." (W. G. Cram, "A New Year's Revival in Songdo", *Korea Methodist*, March 10, 1905, p.54.)

관습에 따라 설에 나라와 교회를 위한 기도회와 사경회를 했고 중생과 성령의 증거에 대한 분명한 메시지가 전달되었다. 그때 울부짖고 춤추는 부흥이 임했다. 예수님도 습관대로 산에 가서 홀로 혹은 제자들과 함께 기도하셨다. 정해신 기도 시간과 기도의 동역자가 필요하다. 기도는 훈련이고 습관이며, 교회 부흥과 개혁도 관습처럼 반복될 수 있다.

한편 무의미한 모방과 반복된 부흥 '행사'로는 부흥은 오지 않는다. 중언부언하는 기도는 응답받지 못한다. 옛것을 벗어버리고 새것을 입는 일, 현재의 낡은 습관을 깨는 일, 곧 세상 지배 문화의 본을 따라 살아온 과거를 청산하고 마음을 새롭게 하는(롬 12:2) 근본적 회개만이 영적 예배와 부흥의 첫걸음이다.

강화읍 성공회 성당, 1905년
Anglican Church at Kanghwa

송도 한영서원, 1907년
Anglo-Korean School at Songdo

윤치호가 교장으로 있던 한영서원에서는 초등학생들도 목총으로 군사 훈련을 했다. 태극기와 십자기가 함께 보인다.

영국교회 선교회 한국 주교 코르프
Bishop John Corfe

영국 해군 종군 사제 출신인 코르프(高要翰, 1843-1921)는 1889년 만성절(11월 1일)에 영국 성공회 한국 선교회 초대 주교로 승품되었고, 1890년 서울에 노착했다. 그는 사도들처럼 봉급을 받지 않고 소액의 지원금으로 내핍耐乏 생활을 하는 독신 수도원 공동체를 모델로 한국 선교회를 지도했다. 선교사들이 거주할 수 있는 개항장인 서울과 제물포에서 의료와 문서 사역에 착수하고 해로로 접근해 여권 없이 여행할 수 있는 강화도에 진출했다. 하지만 직접 전도는 한국어와 한국 문화를 충분히 이해한 후 시작하기로 방침을 정했다. 그는 한국인과 한국 문화를 사랑했으며 한국 교회의 토착화를 위해 노력했다. 특히 친일 내각의 단발령을 비판했다. 일제의 한국 침략에 비판적이었으므로 1904년 7월 사임하고 터너(Arthur Beresford Turner, 端雅德, 1862-1910)에게 주교직을 넘겨준 뒤 한국을 떠났다.

《찬미가》 68장, 1905년
Methodist Hymnal

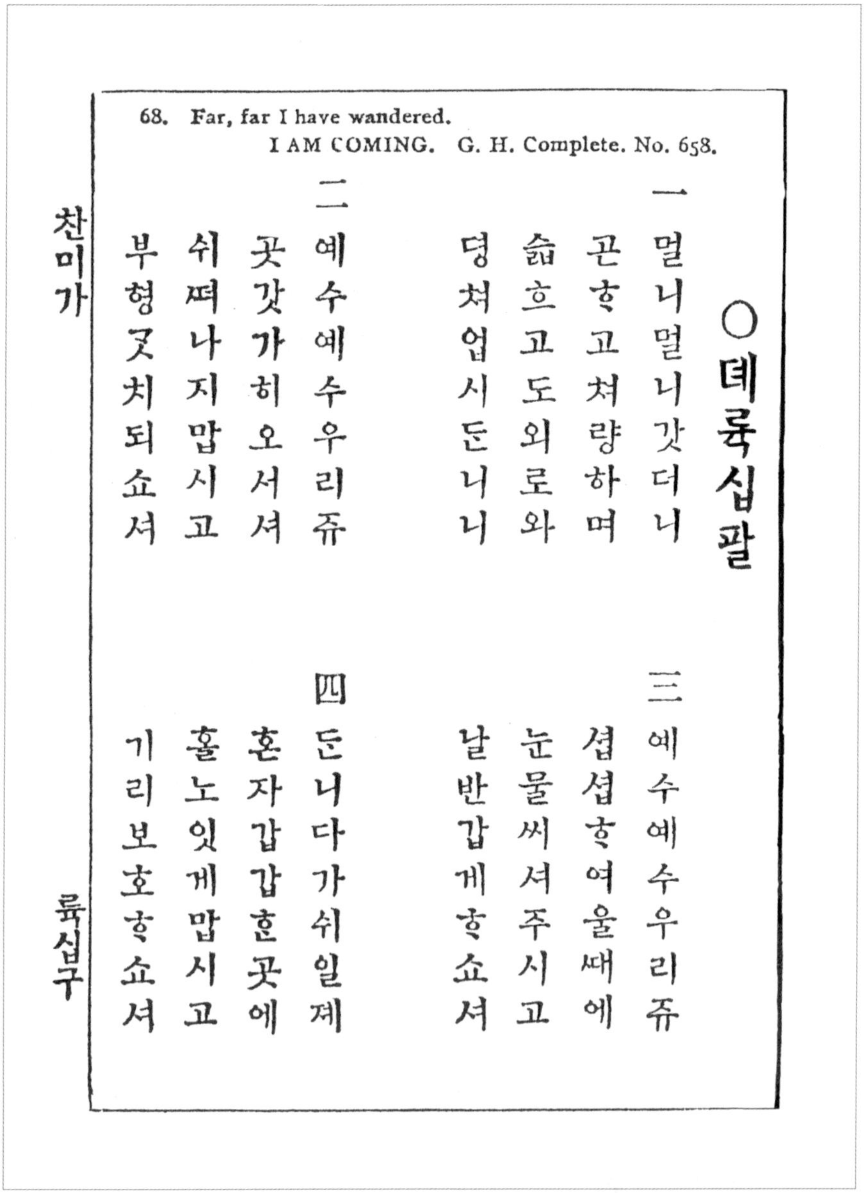

68. Far, far I have wandered.
I AM COMING. G. H. Complete. No. 658.

○뎨륙십팔

찬미가

一
멀니멀니갓더니
곤ㅎ고쳐량하며
슯흐고도외로와
뎡쳐업시단니니

二
예수예수우리쥬
곳갓가히오셔셔
쉬쩌나지맙시고
부형곳치되쇼셔

三
예수예수우리쥬
셥셥ㅎ여울째에
눈물씨셔주시고
날반갑게ㅎ쇼셔

四
둔니다가쉬일졔
혼자갑갑ㅎ곳에
홀노잇게맙시고
기리보호ㅎ쇼셔

륙십구

1900년대 한국 교인들이 즐겨 불렀던 찬송 가운데 하나다.

1905년 2월 원산에서도 설을 기해 구정 사경회가 저다인 목사와 놀스 양의 인도로 열렸다. 남자 사경회와 여자 사경회가 별도로 열렸는데, 오전 성경공부·정오 기도회·오후 가두 전도·저녁 부흥회 순서였다.

> "집회 첫 시간부터 성령의 임재와 사역의 증거가 있었는데, 끝까지 그 능력이 점점 강하게 나타났다. 성령의 사역은 진정한 것이었고, 그래서 사탄은 강력하게 반발했다. 사탄을 이기신 승리자를 믿는 믿음을 통해 승리를 주신 주님을 찬양하라.
>
> 우리의 계획은 가르침과 전도를 조화시키는 것이었고, 그래서 저녁 집회는 특별히 영적 결과를 얻는 것을 목표로 했다. 이 저녁 집회들에서 깊은 통회와 참회의 고백이 있었다. 적지 않은 자들이 용서의 확신을 간증했다.
>
> 가장 뚜렷한 특징은 모든 세례교인들의 영적 체험이 심화된 것이었다. 거의 모든 교인이 그리스도에 대한 새로운 비전을 가졌고, 늘 그러하듯이 그 비전을 가짐으로써 성결에 대한 더 강한 열망과 헌신의 의미에 대한 새 개념을 갖게 되었다. 성령께서 한국인들에게 하나님의 오묘한 일을 가르쳐 주실 것이라는 우리의 믿음은 그 어느 때보다 강하게 되었다. 사경회를 마칠 때 우리는 19명에게 세례를 주어 입교시켰다." ("The Wonsan Class", *Korea Methodist*, March 1905, p.54.)

여자 사경회에서도 동일한 성령의 역사로 "부인들이 죄 용서함 받는 기쁨과 주님의 영적 계시를 받는 행복감에 충만함"을 체험하는 영적 각성이 일어났다. 구정 후 한가한 기간을 이용해 전도부인이 한글을 가르치기도 했는데, 한글을 배워 성경을 읽으려는 부인들이 점심을 싸서 교회에 모여 열심히 공부했다. 또한 학습교인반의 진정한 회개와 영적 축복을 위한 간절한 기도와 요리要理문답 가르침이 계속되었는데, 특히 새 마음을 받아야 함을 강조했다. 마침내 주께서 기도에 응답해 주셔서 이들은 죄 용서함을 받는 기쁨을 누렸고, 사경회를 마칠 때 9명의 부인과 3명의 소녀가 세례를 받았다.

> "그중에 한 명은 86세의 할머니였는데, 연로하여 연약하고 귀가 멀고 허리가 절반으로 굽었지만 어린아이처럼 예수를 신뢰했다. 머리가 하얗게 센 귀먹은 할머니가 세례를 받기 위해 머리를 숙인 모습이 참으로 아름다웠다. 우리는 그녀에게 안나Anna라는 이름을 주었는데, 그 이름에 어울리는 자가 될 것을 믿는다." ("Miss Knowle's Report", *Reports of the Ninth Annual Meeting of the Korea Mission of MEC, South*, 1905, p.49.)

부흥은 예수 그리스도를 새롭게 이해함으로써 거룩한 삶에 대한 열망과 헌신에 대한 새 개념을 가지고 사는 것, 어린아이 같은 믿음으로 새 마음을 얻는 것이다. 예수를 믿는다고 고백만 하면 구원받는다며 값싼 은혜를 파는 오늘날의 심령 부흥회나 '화인火印 맞은 양심'을 그대로 둔 채 성령충만 받겠다는 오늘날의 축복 성회와는 판이하게 다르다.

여자 선교사 방에 앉아 있는 개종한 여인, 1909년
A Converted Korean Woman at a Missionary's Room

당시 거의 모든 여자들처럼 흰 저고리 흰 치마에 흰 수건을 쓰고 흰 버선을 신었다. 손에는 부채를 들었다. 방 문턱 너머에 신고 온 짚신이 보인다. 선교사의 나무 책상(수입한 미국산) 뒤에 미국에서 주문해 온 오르간이 있고 그 위에 석유를 넣어 사용하는 서양 등燈이 보인다. 그 옆으로 그림과 부친이나 남편을 담은 듯한 큰 사진, 그 아래 아이들을 담은 작은 사진들이 걸려 있고, 다른 벽에도 아이들의 사진이 걸려 있다. 한국 문화와 사회에서 잠시 물러나 쉴 수 있는 공간이 선교사들에게 필요했지만, 그 사적이고 서구적인 공간도 한국 교인들에게 늘 개방되어 있었다.

1905년 북감리회 지역인 강화도는 강화 구역과 교동 구역으로 나누어 관리되었다. 강화 구역은 강화도 본 섬 지역으로, 과거 어느 해보다 급성장했고 영적으로도 건강한 교회들이 되었다. 네 교회가 새로 건물을 지었으며 다른 교회들도 자립으로 예배당을 짓고 있었다. 교동 구역(교동, 금도, 송개도, 그 밖의 8개 섬)은 교인이 배가되고 21개의 교회가 조직되었다.

힐만과 밀러 양은 1905년 2월 강화읍교회에서 일주일간 여자 사경회를 인도한 후 강화도 북쪽 끝 언덕 위에 있던 홍해교회(현 홍의교회)에서 사경회를 열었다. 두 교회 모두 공개적으로 통회 자복하는 부흥이 일어났다.

홍해교회는 1890년대 후반, 마을 훈장 박능일이 먼저 복음을 받아들이고 서당을 예배당으로 삼아 교회를 시작했는데, 그때 처음 믿은 사람들이 세례를 받으면서 모두 '일一' 자 돌림으로 이름을 바꾸었다. 그리스도 안에서 한날한시에 태어난 형제임을 드러내기 위해 친척 간의 항렬을 무시하고 은일, 천일, 신일, 충일 등의 세례명을 제비로 뽑아 새 이름으로 삼았다. 세상 질서 대신 영적 질서를, 상하 의식보다 평등 의식을 우선한 결정이었다.

1905년 구정 때 홍해교회에는 이화학당에 다니던 아다Ada가 7명의 어린 소녀들을 모아 몇 달간 가르치고 있었다. 두 선교사는 아다의 열심에 감동받아 제물포 영화여학당 교사로 임명했다.

홍해교회 여자 사경회가 열리자 부인들은 아침 일찍부터 점심을 싸 가지고 와서 성경을 배우려는 열망을 나타냈다. 사경회는 영적 각성과 성경에 대한 바른 이해의 시간이 되었다. 저녁에는 찬송가 배우는 시간도 가졌다. 힐만과 밀러는 사랑의 정신으로, 그러면서도 담대하게 죄에 대한 회개와 책망과 권면의 말씀을 전했다. 특히 여자들이 범하기 쉬운 교만과 질투의 죄를 강조했다.

밀러 양이 가르치던 어느 아침 성경공부 시간에 성령의 능력이 나타나 몇몇 부인들이 그동안 정성을 다해 주를 섬기지 않은 죄를 눈물 흘리며 통회하고 무릎 꿇고 그리스도께서 약속하신 용서와 청결과 평안의 은총을 경험했다. 이들의 변화된 모습을 본 남편들은 "아침에 부흥회가 있었음에 틀림없다"고 말했다. (Mary R. Hillman, "Woman's Work on the West District", *Korea Methodist*, May 1905, p.87.)

부흥은 온 마음으로 주 예수 그리스도를 섬기는 데 있다. 마지못해 하는 섬김half-hearted service, 내키지 않는 봉사, 반쪽 믿음을 통회 자복함으로써 홍해교회와 가정들이 새롭게 되었다.

새로 지은 이화학당 건물, 1902년
A new building of Ewha Girls' School

1886년 5월 스크랜튼 여사 집에서 여학생 한 명으로 시작된 이화학당은 그해 10월 정동 언덕의 넓은 기와집으로 이전했다. 학생이 늘면서 1897년 서양식 벽돌 건물을 짓기 시작하여 1902년에 준공했다. 서구식 시설에다 규모가 웅장하여 당시 서울의 명물이었다.

서울의 어느 거리, 1905년
A Street in Seoul

Une rue de Séoul

평양 여자들의 겨울 복장, 1905년
Women's winter fashion in P'yŏngyang

서울 여자 교인들과 아이들, 1907년
Christian women and children in Seoul

기독교 가정을 이루게 하는 것이 여자 선교사들의 목표였다.

선교사들의 전도여행 수단, 1907년
Missionaries' means of itineration

대구 선교사 애덤즈의 전도, 1899년
Rev. Adams preaching to the crowd in the street of Taegu

전도여행 중인 선교사들과 조사들, 1907년

Itinerating partners, Western missionaries and Korean helpers

1세대 선교사들과 한국인 목회자들은 함께 걸어 다니고 함께 자고 함께 먹으면서 전도하는 과정에서 서로 돕고 배우고 믿는 관계가 형성되었다. 동고동락하며 길을 '함께 걷는' 사역은 하나님 나라 확장에 가장 기본적인 방법이다.

순회 전도에 나선 테이트 양과 전도부인들

Miss Tate and Bible women on the circuit

북감리회 한국 선교회 남자 선교사들, 1903년
Male missionaries of the Korea Mission of the Methodist Episcopal Church

MISSIONARIES OF THE METHODIST EPISCOPAL CHURCH, 1903
Seated: W. B. McGill, M. D., W. A. Noble, Bishop David H. Moore, Wilbur C. Swearer, E. M. Cable, S. A. Beck.
Standing: John Z. Moore, D. A. Bunker, Carl Critchett, Geo. Heber Jones, C. D. Morris A. L. Becker, R. A. Sharp.

미국 포츠머스에서 열린 러일전쟁 종결 평화회의, 1905년 9월
Peace Conference between Russia and Japan at Portsmouth, Maine

1905년 9월 하나의 대한예수교회를 설립하기 위해 '한국복음주의선교회연합공의회'를 결성했을 때, 그들은 1906년 설 명절 기간에 다른 모든 활동을 삼가고 '동시다발적인 부흥회'를 개최하자고 제안했다.

"주한 선교사들에게.

아래에 서명한 우리 위원회는 '연합공의회'가 조직한 것으로, 한국 교회 전체가 동시다발적인 부흥회를 개최하기에 적합한 시간을 제안하고, 이 일과 관련하여 다양한 선교 지부들과 연락하는 임무를 맡았는데, 한국의 구정 명절이 동시다발적인 부흥회를 하기에 가장 적절한 시기라고 정했다.

기도와 행동에서 실제적인 협력을 하고, 이를 통해 영향을 미칠 수 있는 주요 요인 중 한 가지를 확실하게 하기 위해 다음 사항을 제안한다.

1. 부흥회 기간 동안 선교회 전체가 문서 사역과 지방 순회와 현재 진행 중인 사역과 직접적인 관련이 없는 일들을 되도록 중단함으로써 모든 생각과 기도와 노력을 이 한 가지 가장 중요한 목표에 집중해야 한다. 사탄은 우리의 이러한 목적과 행동의 일치를 보고 떨게 될 것이다.

2. 최우선 목적은 새로운 사람들을 등록하는 것이 아니라 교회 내의 영적인 일이어야 한다. 먼저 이 사역이 **깊어지게** 하라. 그러면 **널리** 퍼지는 일이 자연스럽게 뒤따를 것이다.

3. 이러한 구정 집회를 선교지부가 있는 대도시나 중심 도시에서 개최하고 조사들과 사경회 지도자들을 참석시킬 수 있다. 그 집회가 성경공부반으로 진행된다면, **머리**보다는 마음을 가르칠 수 있는 주제들을 선택해야 한다. 그러므로 죄·회개·고백·죄의 용서·구원의 확신과 같은 교리를 제시할 수 있으며, 교인들이 돈으로 살 수 없는 귀중한 선물을 실제로 소유했는지 확인하도록 인도해야 한다.

4. 중심 도시의 사역이 끝나면 시골 마을에 있는 교회들도 같은 방식으로 진행할 수 있도록 집회를 준비해야 한다. 멀리 떨어진 지역도 집회가 열리고 중심 도시의 사경회에서 힘을 얻어 새롭게 된 사역자들을 배정하도록 일정을 짜야 하며, 가능하면 선교사들이 지도적인 역할을 해야 한다.

그 어떤 것도 부흥의 열정과 힘보다 더 빠르게 확산되는 것은 없으며, 우리는 우리의 선교 현장 전체가 앞으로 몇 달이 지나면 하나님의 축복 아래 감동과 활력이 넘치리라고 믿는다. 이는 하나님의 구원 능력에 대한 확고하고 살아 있는 증거를 지닌 교회가 이 나라의 미전도 지역에 도달하는 가장 빠르고 좋은 방법이다. 이 사역을 위해 우리 자신을 진실로 헌신하여 하나님께서 영화로운 구원의 능력을 나타낼 수 있는 기회를 마련해야 하지 않겠는가?

하나님을 섬기는
무스, 게일, 벙커, 레널즈."

("A Call to a Special Effort", *Korea Mission Field*, Dec. 1905, p.30.)

황성기독교청년회 회원들, 1905년
YMCA members in Seoul

영국성서공회 서울지부 밀러 총무와 한국인 직원들, 1906년
Hugh Miller, agent of the BFBS in Seoul, and Korean staff

1905년 9월 15일 한국복음주의선교회연합공의회가 조직되었을 때 선교사들은 새로운 사람들을 교회로 전도하는 일보다 선행해야 할 것이 기존 신자들을 영적인 잠에서 깨우는 일이라고 확신하고 1906년 1월 말 설을 기해 전국적으로 열리는 연례 사경회를 초교파적인 부흥회의 기회로 삼기로 한 후 그 이유를 다음과 같이 밝혔다.

> "부흥 집회의 첫 번째 목적은 새로운 신자의 등록보다 교회 내부의 영적 각성이어야 한다. 사역에 먼저 깊이depth가 있으면, 그 다음 자연히 넓이breadth는 따라올 것이다."

이 결정은 2년 넘게 진행되어 온 감리교회의 부흥운동을 장로교회까지 확대함으로써 한국 교회 전체에 영적 각성을 이루려는 것이었다. 교회의 내적인 성격을 새롭게 하고 사역의 넓이보다 깊이를 더한다는 목적 이면에는 교회를 비정치화하려는 의도가 있었다. 즉 총체적 국가·사회적 위기를 외적으로는 한국 복음화의 기회로 삼는 한편, 내적으로는 '정치적 선동이나 정치적 논의'에 대한 관심을 '부흥'으로 돌리려고 한 것이다.

부흥은 성령의 역사로만 일어나고, 벌써 일어나고 있었지만, 교회를 다스리던 선교사들은 '정교분리' 정책을 강조하고 일제의 한국 지배를 기정사실로 환영함으로써, 항일 민족운동에 참여하던 한국 교회의 정치성을 약화하려고 했다. 성령의 역사는 교회의 부흥을 가져오지만, 인간의 의도와 선택은 성령의 역사를 후퇴시키거나 왜곡할 수 있다. 역사가 짧은 한국 교회가 민족주의자들의 지도로 항일운동에 나서거나 의병운동을 지지한다면, 일본 통감 정부의 극심한 박해를 받아 결국 식민지 통치하에서 조직 교회로 생존하지 못할 것을 선교사들은 염려했다. 그들은 일종의 교회 보호 정책인 정교분리 정책을 택했고, 교회의 정화와 영성의 심화를 위해 사경회와 부흥회를 강화했다. 이는 주류 교단 교회가 다른 식민지에서도 취한 선교 정책이다.

부흥 지도자들의 정치성과 부흥 자체가 지닌 성령의 주도성은 구분되어야 한다. 부흥회 인도자들의 영성은 개인차가 있지만, 일반적으로 20세기 초 복음주의 선교사들이 식민지 선교지에서 택한 정책은, 부흥운동과 상관없이, 정교분리 혹은 정치 참여 금지였다. 한국의 첫 부흥운동 기간인 1906년부터 선교사들은 비정치화를 의도했고, 1907년 부흥운동의 결과 교회가 비정치화된 측면이 없지 않다. 일부 예외가 있지만 1905년 이후 일제시대 선교사들과 선교본부의 공식 정책은 친정부적(친일적) 정교분리였다. 다만 비공식 차원에서 선교사 대다수는 1911년 105인사건 이후 반일감정을 지니고 있었다.

서울의 놋그릇 장인, 1905년
Copperware smith & seller, Seoul

갓쟁이, 1905년
Hat maker

1905년 전후 예수교인은 '예수쟁이Jesus man'로 불리기 시작했다. 기독교 복음, 서양 문물, 인간 평등과 자유에 대한 가치를 수용한 새로운 유형의 근대적 인간이 한국 사회에 등장한 것이다. 그러나 사랑이 없으면 울리는 꽹과리요 말쟁이에 불과하다.

한국 개신교회는 1896년 9월부터 매년 고종의 탄신일(1852년 7월 25일, 양력 9월 8일)을 국경일로 경축했다. 이는 개신교의 '충군애국' 적 신앙을 구체적으로 표현한 첫 공개 행사요 시민 애국운동이었다. 서울에서는 태극기를 들고 거리를 행진하며 독립관에 모여 나라의 독립을 위한 연설회와 고종의 건강을 위한 기도회를 개최했다. 징, 꽹과리, 장고를 치고 태극기와 십자기를 흔들며 황제 탄신일을 기념하는 행사는 지방 도시들까지 확산되었다.

1905년 11월 17일, 을사조약의 밤
Korea lost its freedom

11월 9일 내한한 이토 히로부미는 고종에게 조약 체결을 강요했다. 일본 공사 하야시 곤스케林權助와 주조선 일본군 사령관 하세가와長谷川는 군인과 경찰을 동원하여 내각 대신들을 매수, 위협하여 강제로 한일협상조약(을사늑약)에 서명하도록 했다. 참정대신 한규설韓圭卨·탁지부대신 민영기閔泳綺·법무대신 이하영李夏榮만이 무조건 불가不可를 썼고, 학부대신 이완용李完用·군부대신 이근택李根澤·내무대신 이지용李址鎔·외무대신 박제순朴齊純·농상공부대신 권중현權重顯은 책임을 황제에게 전가하면서 찬의를 표시했다. 찬성한 다섯 명을 '을사오적'이라 한다. 이로써 한국은 외교권을 박탈당했다. 그러나 고종은 끝까지 조약에 서명하지 않았다. 이 조약은 1965년 한일 국교 정상화를 위한 한일 기본조약에서 무효로 선언되었다.

용산 일본군 주차 사령부, 1905년
Headquarters of the Japanese Army in Seoul

친구들과 함께한 이재명, 1904년
Yi Chae-myŏng and his friends

왼쪽에서 두 번째가 이재명이다.

이재명(李在明, 1890-1910)은 선천 출신으로, 평양 일신학교를 졸업한 후 하와이로 이민 갔다. 을사조약과 정미7조약 소식을 듣고 1907년 귀국하여 친일파 제거 계획을 세웠으며, 1909년 12월 명동성당 앞에서 총리대신 이완용을 칼로 찔러 중상을 입혀 1910년 처형되었다. 1905-1910년에 한국 기독교인들은 이재명처럼 개인적으로 정치에 적극 참여했다. 곧 구국 기도회, 불평등조약 항의 시위, 공개자살, 애국계몽운동, 국채보상운동, 헤이그 밀사, 의병전쟁, 시장세 불납운동, 매국 친일파 암살, 그리고 신민회운동 등으로 항일운동을 펼친 것이다. 신민회新民會는 평양과 선천 등지의 기독교인을 중심으로 조직된 비밀 항일단체로, 교육과 산업 발전을 통한 국력 향상과 함께 만주에 군대 양성기관을 설립하여 무력으로 독립을 쟁취하려고 했다. 그러나 1912년 105인사건으로 발각되어 해체되었다. 한국 교회의 부흥운동 기간에 이러한 적극적인 항일 정치운동이 함께 전개되었다.

부흥의 계절

사경회와 부흥, 1905-1906

일상생활을 중단하고 기도와 성경공부에 전념한 사경회에서 부흥이 일어났다.
성령의 도우심을 받아 성경말씀을 공부하고 기도하고 묵상함으로써 인격이 변화된 성도들이
복음의 열성을 품게 되었을 때 부흥이 요원의 불처럼 퍼져 나갔다.

제웅을 들고 있는 선교사
A Missionary holding a straw effigy for exorcism

제웅은 짚으로 사람의 형상을 만든 것으로, 추령芻靈 또는 처용處容이라고도 했다. 사람의 나이가 나후직성(나이별로 운수를 맡아 보는 아홉 직성의 하나)에 들면 액운이 들어 만사가 여의치 않다고 하는데, 이 직성은 남자 11세 · 여자 10세를 시작으로 9년에 한 번씩 돌아온다고 한다. 《동국세시기》에 의하면, 직성이 든 사람은 제웅을 만들어 거기에 그 사람의 옷을 입힌 다음 푼돈을 넣고 이름과 출생한 해의 간지를 적어 음력 정월 14일 밤에 길가나 다리 밑에 버렸다.

옛날에는 정월 14일 밤에 아이들이 문밖에 몰려와 제웅을 달라고 청하면 선뜻 내주었고, 아이들은 돈만 꺼내고 제웅을 내동댕이치기도 했다. 이를 제웅치기[打芻戲]라고 하며, 그 유래를 신라 시대 구역신驅疫神인 처용으로 보는 견해도 있다. 병자를 치료하기 위해 무녀가 제웅을 만들어 비는 경우도 있었다.

새해를 맞이하는 설 전후 1-2주일은 한국 교회가 거룩하게 구별한 사경회 기간이었다.

> "사경회 제도는 한국 사역의 특징이다. 각 교회는 연중 한때에 일주일이나 그 이상의 기간을 성경공부를 위해 지정한다. 모든 일은 중단된다. 유대인이 안식일을 지키듯이 한국의 기독교인은 기도하고 하나님의 말씀을 공부하기 위해 이 시간을 거룩하게 지킨다. 그런 중단 없는 성경공부는 전체 교회의 각성, 사랑과 섬김의 참된 부흥으로 이어지게 마련이다. [중략] 남자들을 위한 평양 연합 사경회는 보통 1월의 첫 두 주간에 개최되는데, 수년 동안 평균 참석 인원은 800명에서 1,000명 사이였다. 대부분의 참석자들은 40리에서 400리를 걸어서 평양까지 왔다. 모두가 자비로 오며 사경회 비용으로 약간의 수업료를 냈다. 지방에서 오는 참석자가 너무 많아 방문자들을 위한 공간을 확보하기 위해 평양 지역 기독교인들은 도都사경회 참석이 금지된다." (William Blair, *The Korea Pentecost*, 1910, pp.67-68.)

'설'의 어원은 '설다'와 '사린다'로, 아직 오지 않은 새해의 시간은 낯설기 때문에 조심스럽게 맞이해야 한다는 뜻이다. 제액초복除厄招福하기 위해 근신하고 경거망동을 삼가기 때문에 설날을 '신일愼日'로 불렀다. 설날 보름 기간은 묵은해를 반성하며 새해를 계획하고, 조상과 친척에게 인사하고 신에게 기도하면서 자신을 가다듬는 거룩한 시간이었다. 진일辰日(용날)에는 비가 알맞게 내리기를 빌고, 자일子日(쥐날)과 해일亥日(돼지날)에는 쥐와 산돼지가 곡식을 해치지 않게 해 달라고 빌었다. 한국 교회는 정월 보름 기간을 하나님을 섬기고 성경을 공부하면서 새해를 준비하는 거룩한 안식 주간으로 삼았다.

음력 정월 14일 밤에는 자신의 액운을 없애기 위해 제웅을 만들어 아이들에게 주거나 길과 다리에 버렸다. 재앙을 모두 짊어지고 버려진 '제웅'은 구약 시대 매년 속죄일 대보름날 대제사장에게 안수받은 뒤 이스라엘인의 죄를 모두 지고 광야에 버려진 '희생양'(레 16:21-22)과 비슷했다. 정월 대보름에는 액운을 날려 보내기 위해 연날리기를 했다. 곧 설 명절은 자신의 죄를 청산하는 '송구영신'과 '제액영복'의 기간이었다.

한국 교회는 제웅을 버리는 설날 풍속을 바꾸어 회개하는 사경회로 만들었다. 아담과 이브 이후 인류의 역사는 '남'을 희생양으로 만들고, 죄를 전가하고, 죽이고, 남의 것을 차지하는 전쟁의 역사였다. 그 폭력과 욕심의 악순환을 끊고, 희생자가 승리하는 반전反轉의 역사를 시작하기 위해 예수는 십자가에서 희생되었다. 복음서는 희생자와 피해자들이 쓴 첫 책이자, 그들의 대변자인 예수의 무죄함과 거짓과 악에 대한 선의 승리를 선언한 첫 책이었다. 사경회는 그 책들을 공부하고, 내면에 숨겨진 욕심과 폭력을 회개함과 동시에 일제 통감정치하의 피해자인 한국의 독립을 믿고 바라고 기도한 애국의 시간이었다.

부흥의 자리는 예수님을 따라가는 희생양의 자리이다. 이 땅의 고난 받고 소외된 곳을 찾아가 그들이 무죄임을 선언하고 그들과 친구가 되는 교회가 부흥하는 교회이다.

마페트와 초기 평양 신자들
Samuel A. Moffett and his early converts in P'yŏngyang

마페트 부인의 진료소와 마페트 목사의 서고, 1905년
Mrs. Moffett's dispensary and Rev. Moffett's book stock room, P'yŏngyang

마페트(Samuel Austin Moffett, 馬布三悅, 1864-1939)는 인디애나 주 매디슨에서 태어났다. 하노버대학에서 자연과학을 공부했으며 시카고 맥코믹신학교를 졸업하고 1890년 1월 한국에 파송되어 왔다. 1891년 게일과 함께 서울에서 의주를 거쳐 만주 심양의 로스 John Ross 목사를 방문하고 함흥과 원산을 거쳐 서울로 돌아온 선교여행은 한국 교회사에 기록된 최장거리 전도여행이었다. 이때 일행은 로스 목사로부터 네비어스 방법의 변형인 3자 정책과 토착화 정책을 조합한 로스 방법을 배웠다.

마페트는 1893년 평양에 선교지부를 개척한 뒤 1894년 1월 첫 신자 7명에게 세례를 베풀고 널다리교회를 세웠다. 1897년 12월 내한한 여의사(Alice Fish, 1870-1912) 피시와 1898년 혼인했으며, 1901년 평양 장로회신학교를 개설하고 교장으로 봉사했다. 마페트의 지도력으로 평양 지부는 곧 세계에서 가장 토착적인 선교지부가 되었고, 1920년대에는 세계에서 가장 큰 선교지부가 되었다.

사경회는 부흥운동 기간에 자리를 잡았다. 그 종류를 보면 1) 시기에 따라 겨울 사경회와 여름 사경회, 2) 성별에 따라 남자(사나이) 사경회와 여자(부인) 사경회, 3) 지역에 따라 선교지부가 있는 도시에서 열린 연합 도都사경회와 개교회에서 열린 지역 교회 사경회, 4) 대상에 따라 일반 사경회, 조사 사경회, 교회 직원(장로, 영수, 집사, 권서) 사경회, 주일학교 교사 사경회, 5) 기간에 따라 1주일·10일·2주일·3주일·4주일 등으로 나눌 수 있는데, 대개 도사경회는 2주일간, 개교회 사경회는 1주일간 열렸다.

1903년 여름 평양 장대현교회에서 열린 조사 사경회 모습을 살펴보자.

> "우리는 '조사 여름 사경회'를 막 마쳤는데, 선천과 평양 지부에서 선발된 100여 명의 참석자들은 모두 영적으로 고양되고 전반적인 도움을 얻었으므로 이 기간을 오랫동안 기억할 것이다. 겨울과 여름 사경회는 우리 사역을 하나로 만드는 가장 강력한 도구의 하나로, 사역의 성격을 조화시키고 영적 활동을 제공한다. 모든 교인이 참여하고 선교사가 인도하는 사경회는 신앙, 교리, 교회 정치 문제에서 공통된 영적 정서로 모든 사람을 강력하게 연합한다. 그리고 이 사경회 기간에 표출된 이단적 견해는 좀더 분명한 견해를 가진 한국인 형제들에 의해 즉시 제지된다.
>
> 사실 우리 사역의 이러한 측면을 제대로 평가하기란 쉽지 않다. 사경회 비용은 전부 자급했다. 곧 캐나다 형제들의 관할 아래 있는 함경도 최북단과 동해안에서 오는 형제들과 황해도 남부와 서울에서 온 모든 참석자들이 여행비와 숙박비를 부담했다. 사경회에서 가르친 과목은 성경의 주요 교리, 제자도, 부활, 예언, 고난, 기도, 영생, 회개, 심판, 설교자의 인격이 말씀 선포에 끼치는 영향 등이다. 오후에는 한국 교회와 관련된 주제들을 토론했다."

전국의 장로교회에서 일하던 한국인 교역자 100여 명이 모여 기도하고 성경을 공부하고 교회 안건을 민주적으로 토론하면서 일치감을 기르고 형제애를 확인한 조사 사경회! 팔도 사투리가 다 달라도 한곳에 모여 그리스도 안에서 공동체 정신을 기르고, 바른 지식에 설교자의 인격을 더하던 사경회를 통해 교회는 든든하게 세워져 갔다. 재정적 자급과 선교의 자전 바탕 위에 정치적으로 자치하는 통일된 한국 교회가 성장했다.

개교회주의는 한국 교회가 회개하고 청산해야 할 과제다. 그리스도의 몸 된 교회의 지체 의식을 회복하는 것이 부흥이다.

《신약전서》 요한복음 1장, 1900년

The New Testament

서울에서 출판된 첫 《신약전서》 임시본의 요한복음 1장이다. '말씀'을 괄호 안에 '도'라고 번역한 것은 한문 문리본의 영향이다. '이시니라'와 같은 성경 문체가 확립되기 시작했다. 한국 교회는 사경회를 통해 말씀을 공부하고 회개하고 거듭나는 체험을 함으로써 부흥의 길을 열었다.

《신약전서》 요한복음 1장, 1904년

The New Testament

一

요한 복음

요한의 긔록ᄒᆞᆫ대로 쓴 거시라

一 태초에 말ᄉᆞᆷ이 (혹은 도라) 잇ᄉᆞ니 말ᄉᆞᆷ이 하ᄂᆞ님과 ᄀᆞᆺ치 계시매 말ᄉᆞᆷ은
二 곳 하ᄂᆞ님이시라 二 이 말ᄉᆞᆷ이 태초에 하ᄂᆞ님과 ᄀᆞᆺ치 계셔셔 三 말ᄉᆞᆷ으로
써 만물이 지은 거시니 지은 물건은 말ᄉᆞᆷ 업시 지은 거시 업ᄂᆞ니라
四 四 ᄉᆡᆼ명이 말ᄉᆞᆷ에 잇ᄉᆞ니 ᄉᆡᆼ명은 사ᄅᆞᆷ의 빗치라 五 빗치 어두온 ᄃᆡ 빗최되 어
六 두온 거시 ᄭᅢᄃᆞᆺ지못ᄒᆞ더라 六 하ᄂᆞ님의 보내신 사ᄅᆞᆷ이 잇ᄉᆞ니 일홈은 요
七 한이라 七 뎌가 와셔 증거ᄒᆞᄂᆞᆫ 거ᄉᆞᆫ 빗ᄎᆞᆯ 위ᄒᆞ야 증거ᄒᆞᄂᆞᆫ 거시니 모든
八 사ᄅᆞᆷ으로 ᄒᆞ여곰 ᄌᆞ긔를 인ᄒᆞ야 다 밋게ᄒᆞᆷ이라 八 요한은 이 빗치 아니오
九 이 빗ᄎᆞᆯ 위ᄒᆞ야 증거ᄒᆞᆷ이라 九 ᄎᆞᆷ 빗치 잇ᄉᆞ니 셰샹에 ᄂᆞ리샤 각 사ᄅᆞᆷ의게 다
十 빗최이ᄂᆞᆫ 거시라 十 그가 셰샹을 지으시고 셰샹에 계시되 셰샹이 아지못
十一 ᄒᆞ고 十一 ᄌᆞ긔 ᄯᅡ헤 와도 그 ᄇᆡᆨ셩이 ᄃᆡ졉지아니ᄒᆞ니 十二 ᄃᆡ졉ᄒᆞᄂᆞᆫ 쟈는 그 일홈
十三 을 밋ᄂᆞᆫ 사ᄅᆞᆷ이라 권셰를 주샤 하ᄂᆞ님의 ᄌᆞ녀가 되게ᄒᆞ시ᄂᆞ니라 十三 이는
혈긔로 난 것도 아니오 정욕으로 난 것도 아니오 사ᄅᆞᆷ의 ᄯᅳᆺ으로 난 것
十四 도 아니오 하ᄂᆞ님ᄭᅦ로셔 난 거시라 十四 말ᄉᆞᆷ이 육신이 되여 우리 가온대

요한 일쟝 이ᄇᆡᆨ륙십일

一六二

1904년 발행된《신약전서》의 요한복음 첫 부분이다. 1900년 판본에서 약간만 수정한 개정 역본으로, 공인본이 되었다. 한국 교회 부흥 사경회 때 사용되었다.

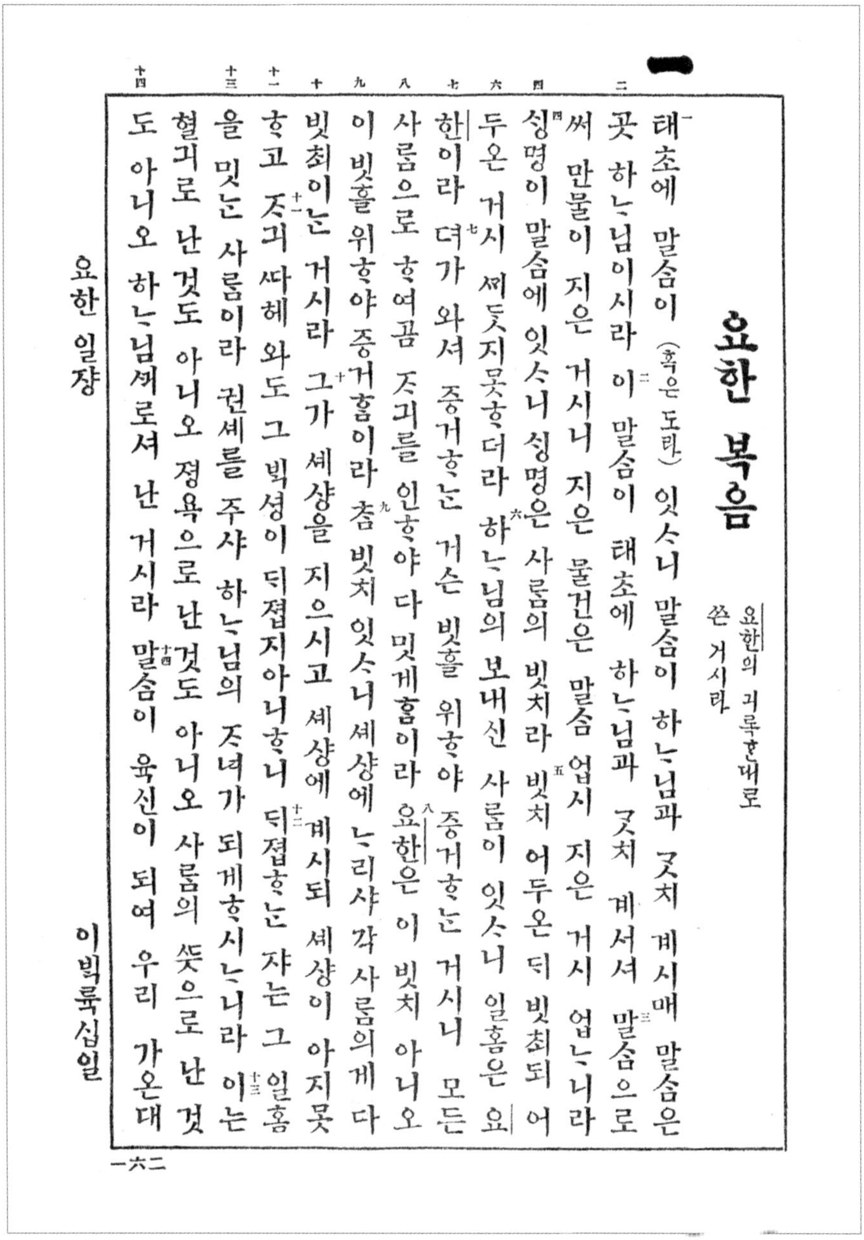

신약 번역자회, 1902년
The Board of Translators of the New Testament

앞줄 왼쪽부터 레널즈, 언더우드, 게일, 존스. 뒷줄 왼쪽부터 문경호, 김명준, 정동명.

1902년 10월부터 신약전서 개정 작업에 들어갔다. 레널즈의 조사 김명준, 존스의 조사 문경호, 게일의 조사 정동명이 많이 기여했다. 1903년 1월부터는 주말을 제외하고 매일 모여 3월 중순까지 에베소서 5장까지 독회를 마쳤으며, 6월 중순에는 디모데후서까지 번역 수정을 마쳤다. 하지만 번역자들의 휴가와 집 건축, 그리고 선교회들이 게일의 개정 철자법을 포기하고 '아래 아(·)'가 있는 구철자법(역사적 철자법)으로 환원하기로 함으로써 여름부터 지연되었다. 11월부터 번역을 재개하여 1904년 2월에 야고보서를 마쳤고, 러일전쟁 중이던 5월 17일 마침내 개정을 완료했다.

뒷줄 왼쪽부터 김정삼, 김명준, 이창직. 앞줄 왼쪽부터 레널즈, 언더우드, 세일.

이들은 공인본 신약전서를 완성했고, 이어서 구약 번역에 들어갔다. 1911년까지 한글 성경 번역 출판 역사를 간단히 살펴보면 다음과 같다. 1882년 만주 심양에서 첫 복음서인 로스 역본 《누가복음》과 《요한복음》이 출판된 후, 1887년 로스 역본 신약전서인 《예수성교전서》가 출판되었다. 이수정 역본의 순한글 《마가복음》은 1885년 일본에서 출판되었고, 서울에서는 언더우드와 아펜젤러 등이 1886년부터 번역하기 시작하여 1900년 성서위원회 역본의 임시본 신약전서가 완성되었다. 1904년 개정한 신약전서가 출판되었으나 오자가 많아 1905년 수정한 공인본 《신약전서》가 출판되었다. 여기에 1910년 번역을 완성한 구약전서를 합해 1911년 첫 신구약 합본인 구역(舊譯) 《성경젼셔》가 출판되었다. 따라서 대부흥운동 기간 사경회에서는 신약만 공부했다.

양반의 유교 경전 공부, 1900년
A Korean yangban reading a Confucian classic book

유·불·선 경전을 공부하고 실천하던 몸가짐과 학구열이 성경공부에 이어졌다. 유교 경서 공부 방법은 다독과 암송과 묵상이었다. 한국 개신교는 처음부터 성경을 읽고, 외우고, 필사하고, 성경말씀처럼 살기 위해 노력한 '성경 기독교'였다. 한국 전통 종교는 경전 공부와 인격 수양을 분리하지 않았는데, 한국 교회 사경회는 성경공부와 인격 변화를 함께 추구한 점에서는 같지만 성령의 조명과 감화에 의지한 점에서 달랐다.

평양 지부의 1904년 9월 연례보고서를 바탕으로 사경회에 대해 정리해 보았다.

누가 언제 사경회로 모였나?

"사람들은 농사를 짓기 때문에 농번기와 농한기가 있다. 따라서 사경회에 참석할 때 개인적인 희생이 적은 달이 있으며, 대부분의 사경회는 이 시기에 열린다. 또 다른 나라처럼 이곳에서는 돈과 세속적인 것에 대한 애착이 많지 않으며, 기독교인은 하나님의 말씀을 특별히 공부하기 위하여 매년 몇 주 동안 일을 내려놓아야 한다고 배웠다."

어디서 사경회가 열렸나? 도시에서만 열렸나?

"지난해 동안 [1903년 9월부터 1904년 8월까지] 세례교인과 학습교인의 약 60퍼센트가 한 번 이상 사경회에 참석했는데, 이 사경회의 약 75퍼센트는 지방의 선교지회들에서 개최되었다. 사경회의 4분의 3이 대도시가 아닌 소도시, 읍, 면 단위에서 열린 것을 알 수 있다."

무엇을 배웠고 어떻게 사경회를 진행했나?

"일반적으로 사경회 참석자들이 묵고 있는 숙소마다 새벽에 기도와 찬양예배를 드린다. 아침을 먹고 나서 모두 모여 30분 동안 경건회를 하고, 그 후 아침 성경공부를 위해 흩어진다. 오후에는 또 다른 성경공부와 찬양을 배우고, 오후 시간의 일부는 종종 축호전도에 할애한다. 저녁에는 모두 연합하여 부흥회나 전도 집회를 연다. 주제별·권별 성경공부, 혹은 한 절씩 주석적으로 책의 개요를 정리하는 등 다양한 방식의 성경공부를 도입했다. 마지막 방식이 가장 인기가 있을 것이다."

왜 한국인들은 사경회에 열심히 참석했을까? 그 매력은 무엇이었을까?

"한국인은 천부적으로 배우기를 갈망하고, 또 많은 사람들이 쉽게 공부에 몰두한다. 그들은 놀라울 정도로 인내심이 많은 학생이며 시간은 그들에게 아무런 문제가 되지 않는다. 느리게 가르치는 교사나 이해가 느린 동료에게도 쉽게 화를 내지 않는다. 한국인은 천성적으로 공부하고 가르치기를 좋아하므로, 이 방법은 잘 알려진 한국인의 특징을 제대로 활용한 것이다. 그동안 제대로 된 한글 문서가 없었기 때문에 학구열이 성경공부에 크게 이바지했다. 그러나 이런 사경회에 많은 인원이 참석하고 인기가 있는 주된 이유는 한국인의 타고난 성품보다는 하나님의 말씀에 대한 열정 때문이다."

사경회에서 주의해야 할 점은?

"선교사가 경계하고 주의해야 하는 위험은 단지 공부가 좋아서, 또는 학문적인 명성을 얻기 위해 하는 공부, 또는 마치 학생들이 학교에서 토론회를 열듯이 집회를 여는 것이다. 공부는 필연적으로 자기 수양이다. 그런데 만약 여기서 멈춘다면, 결과는 자기 의에 불과할 것이다."

사경회의 유익과 결과는?

"이 교육 방법은 평신도와 지도자, 조사, 선교사의 상호 이해를 가져왔으며, 신생 교회를 하나 되게 하여 이방 종교 가운데에서 견고한 진을 치고 더욱 강력하게 만들었다. 교회와 세상을 구분하는 가장 확실한 방법은 사람들에게 성경을 공부하게 하고 그 진리를 전하게 하는 것이다. 이 제도는 그 결실이 누적적이어서 지회와 시찰 구역과 교회 전체를 한 지체로 만든다. 왜냐하면 이 제도는 식자와 무식자, 도시 사람과 시골 사람을 동등하게 만들며, 계층·연령·성·사회적 조건 등의 해로운 차별을 제거하고, 교회 전체에 공동의 적에 대항할 수 있는 공동의 무기를 제공하기 때문이다.

이 제도는 교회의 모든 남녀를 하나님의 말씀을 능숙하게 사용하는 군인으로 만든다. 각 선교지회에서 진리를 지적으로 변호하는 데 준비되고 또 이 일을 원하는 한두 명의 지도자가 세워질 뿐만 아니라, 교회 전체가 전도부대가 된다. 그리고 교회 전체가 전도할 수 있을 뿐만 아니라 조사들에게 더 높은 차원의 전도를 하도록 요구할 수 있고 또 요구한다. 사경회의 많은 유익 중에서 아마도 가장 큰 유익은 사경회가 진정한 지도자의 자질을 발전시킬 수 있는 기회를 제공한다는 것이다. 사경회는 좀더 신중한 선발뿐만 아니라 예비적 훈련과 시험의 기회들을 수없이 제공한다."

그들은 일을 내려놓고 책을 들었다. 1902-1903년의 대기근 때문에 배가 고팠고 목말랐지만 그들이 느끼는 영혼의 기갈은 이보다 더 심했다. 마른 땅이 비를 기다리듯 그들의 영혼은 하나님의 말씀, 새 시대의 환상을 보여 주는 말씀을 찾아 교회로 모여들었다. 시대의 타는 목마름으로 모인 사경회, 그 말씀의 열정이 타는 곳에 1907년 대부흥의 성령이 생수처럼 부어졌다.

사경회는 성경공부와 인격 변화를 분리하지 않았다. 사경회는 '전 교인의 전도인화'를 추구했다. 곧 전 교인을 그리스도의 군사로 훈련시켰다. 또 사경회는 한국인 지도자에게 가르치고 지도력을 발휘할 수 있는 현장 경험을 쌓게 하는 '지도자 육성 프로그램'이었다. 자기 돈을 내고 군인으로 훈련받은 기독교 자원병 제도였다.

평양 남자 사경회, 1907년
A Men's Bible Class in P'yŏngyang

1906년 평안도 지방에 이런 규모의 사경회에 참석한 자만 2,000명이 넘었다. 1년간 500회 이상의 사경회가 열려, 사경회마다 40명 정도의 성인 남자가 일주일간 성경을 공부하고 저녁에 부흥 전도 집회를 가졌다. 선교사가 인도하기도 했지만 대부분 조사, 장로, 영수 등 한국인 지도자의 인도에 따랐다.

평양 기독교인, 1903년
Christians in P'yŏngyang

장대현교회 사경회, 1904년 1월
Leaders' Bible Class at the Central Presbyterian Church, P'yŏngyang

첫줄 왼쪽 네 번째가 한석진, 다섯 번째가 길선주이다. 러일전쟁 직전에 열린 이 사경회에서 평양 새벽기도회가 시작되었다. 맨 뒷줄 중앙에서 오른쪽으로 엥겔George O. Engel(부산에서 활동한 호주 장로회 선교사), 마페트, 베어드가 보인다. 평안도 장로교회 지도자들이 1904년 1월에 2주일간 사경회를 하면서 교회당이 보이는 담을 배경으로 마당에 새로 심은 나무를 중앙에 두고 찍었다. 중앙에 있는 작은 나무처럼 한국 교회도 겨울 혹한을 견디며 성장해야 했다. 성령의 위로와 보호하심이 필요한 시점이었다. 김구金九는 개종 후 이 사경회에 참석했다.

다음은 1904년 1월에 열린 평양 도사경회에 대한 헌트의 보고이다.

"사경회: 교회 교육에서 사경회는 중요한 위치를 차지한다.

교육을 '지식의 전달이 아니라 지성의 훈련·원칙의 확립·마음의 절제'라는 뜻으로 사용한다면, 우리는 다양한 기구를 통한 교육 계획을 수립했고, 젊은 세대를 위한 초등학교 체계와 중학교 한 개를 시작했다. 남녀노소 유식무식을 막론하고 모든 교인을 대상으로 하는 전 교회의 교육은 사경회를 통해 대부분 체계적으로 시행한다. 사경회의 일부는 성격상 대표자를 보내는데, 참석자들이 원근 각지에서 온다. 다른 사경회는 지역적이다. 곧 특정 교회의 교인들만 참석한다. 남자만 참석하거나 여자만 참석하는 사경회도 있지만, 대부분의 시골 지역 사경회는 남녀가 함께 배우되 병풍으로 나누어 공부한다. 평양에서 열리는 도사경회처럼 전적으로 선교사들이 가르치거나 '시찰 사경회'처럼 선교사와 조사들이 함께 가르치는 사경회도 있지만, 조사들만 가르치는 경우가 더 많다.

어느 집에서 묵든지 참석자는 숙소에서 새벽기도와 찬양예배를 드렸다. 사경회의 일반적 순서는 아침을 먹은 후 30분간 경건회로 모이고 이어 오전 성경공부를 한다. 오후에는 성경공부 한 시간, 찬송 배우기 한 시간, 그리고 오후에는 믿지 않는 가정을 방문해서 전도하는 시간을 자주 갖는다. 저녁에는 한곳에 모여 토론을 하거나 전도 집회를 연다." ("Our Training Class System", *Korea Field*, Feb. 1905, p.234.; *Annual Report of the Board of Foreign Missions, PCUSA for 1905*, pp.246-247.)

이때 610명의 교인들이 참석했는데, 이 사경회에서 기도의 필요를 느낀 참석자들을 위해 새벽예배가 공식 순서로 마련되었다. 다만 장대현교회 예배당에 모여 새벽기도회를 드리지는 않았고, 각자 숙소에서 새벽기도와 찬양을 드렸다.

기록상 첫 새벽기도회는 1898년 2월(음력 1월) 황해도 강진교회에서 교인 31명이 참석한 가운데 열린 겨울 사경회 때이다. 평양의 리Lee 목사와 휘트모어 목사가 강사로 초빙받아 갔는데, 이들의 보고서에는 이렇게 적혀 있다.

"이 사람들의 열심은 놀랍다. 이 사경회에서 새벽기도회가 시작되었다. 아침 해가 올라오기 훨씬 전에 찬송하고 기도하며 성경을 공부하는 소리가 옆방에서 들렸다. 같은 찬송들을 하루 종일 밤늦게까지 들을 수 있다."

새벽기도회는 1주일이나 2주일간 집을 떠나 사경회로 모여 숙식을 함께하던 한국 교인들이 자발적으로 시작한 것으로, 평양·서울·개성 등지에서 간헐적으로 열렸다.

김구도 1904년 1월 평양의 도사경회에 참석해서 성경을 공부하고 은혜를 받았다. 인천 앞바다에서 일본 군함과 러시아 군함이 해전을 벌이기 보름 전의 일이다. 국난 전에 일꾼을 준비하시는 하나님께서 일꾼을 훈련시킨 장이 사경회였다.

진남포에 상륙하는 일본군, 1904년 4월
Japanese landing at Chinnampo

황해도 해주 광진학교와 김구, 1906년
Kim Ku and his Elementary school, Haeju

김구는 1903년 가을 개종했다. 1905년 을사조약이 체결되자 진남포 엡워스청년회 총무로 서울 상동감리교회에 와서 상소운동에 가담했다. 1906년 해주에서 광진학교 교사와 해서교육위원으로 교육운동을 했다. 사진에서 김구는 뒷줄 오른쪽 끝에 서 있다.

김구는 1894-1905년 동학혁명 때 접주接主로 활동했으나 혁명에 실패하자 불교에 귀의하고 전국을 순례했다. 1903년 가을 우종서 조사의 권유로 기독교로 개종하고, 1903년 12월 31일부터 2주일간 평양 연합 겨울 사경회에 참석하여 성경을 공부했으며, 이후 본격적인 교리공부와 성경공부를 했다. 부친상이 끝난 뒤 약혼자 여옥이 죽자, 진사 오인형의 권유로 1904년 2월 황해도 해주에서 장연읍 사직동으로 이사했고, 오인형의 아우 오순형吳舜炯과 함께 오 진사의 큰 사랑채에 봉양학교를 설립하여 마을 전도를 시작했다.

한편 오순형은 1903년 10월 1일 평양 숭실학당에 입학했는데, 당시 교인은 아니었으나 기독교에 관심은 있었다. 숭실학당에서 배우면서 예배에 적극 참여하여 곧 개종하고 평양 시내에 나가 전도할 정도로 믿음이 자랐다. 김구와 평양 연합 겨울 사경회에 참석한 듯하다. 1904년 2월 러일전쟁이 발발하고 일본군이 평양을 점령하면서 숭실학당이 휴교하자 오순형은 장연으로 내려와 김구와 학교를 설립하고 마을 전도에 나섰으며, 곧 교인을 모아 주일예배를 시작했다.

1904년 봄에는 장연읍 사직동 오인형의 집에서 김구와 오순형이 주일예배를 시작하고 교회를 세웠는데, 교인이 40여 명으로 늘어났다. 이 무렵 황해도에는 일종의 '전진前進운동'이 일고 있다고 할 정도로 교세가 급성장하고 있었다. 김구와 오순형은 1904년 여름 평양에서 열린 교사 사경회와 영수 사경회에 최소 한 달간 참석하여 집중적으로 성경을 공부하고 교회 지도자 훈련을 받았다. 이때 사경회의 통상적 순서는 '새벽기도회, 아침 식사, 30분간 예배, 오전 성경공부, 점심, 오후 성경공부, 찬송 배우기 혹은 가두 전도, 저녁 식사, 저녁 집회 혹은 토론회' 등이었다. 영수 사경회를 마친 김구와 오순형은 숭실학당 졸업생으로 청년 지도자였던 최광옥崔光玉을 장연으로 초청하여 매일 밤 집회를 열고 전도하였고, 그 결과 오인형 일가 5명이 개종하였다. 김구와 최광옥은 이때부터 관계가 깊어졌다. 한국의 희망은 기독교에 있다며 우국지사들이 교회로 몰려들던 시절이었다.

부흥은 죽은 영의 부활이요 잠자는 영의 각성이다. 사방에 마른 뼈들이 널려 있다. "인자야, 이 뼈들이 능히 살 수 있겠느냐 하시기로 내가 대답하되 주 여호와여 주께서 아시나이다."(겔 37:3) 하나님의 말씀이 대언되자 뼈가 서로 연결되고 힘줄이 생겼고 살이 오르고 가죽이 붙었다. "생기야, 사방에서부터 와서 이 죽음을 당한 자에게 붙어서 살아나게 하라"(겔 37:9)라고 다시 말씀을 선포하자 "생기가 그들에게 들어가매 그들이 곧 살아나서 일어나 서는데 극히 큰 군대"(겔 37:10)가 되었다. 말씀과 성령으로 민족과 교회를 살리는 것이 부흥이다.

선천의 양전백 장로 가족, 1904년

Family of elder Yang Chŏn-baek, Sŏnch'ŏn

뒷줄 왼쪽에 서 있는 이가 양전백 장로이다.

의주 출신 양전백은 양반 가문 출신으로, 구성에서 살던 18세 때 가출하여 걸식하며 유랑하다가 의주 송장에 있는 이정노의 문하에 들어갔으며, 19세에 결혼하고 마을 훈장이 되었다. 1892년 김관근의 전도로 예수교를 접하고 서울 정동감리교회에서 열흘간 열린 전국 조사 사경회에 참석했다. 참석자는 16명이었는데 "경성 서상륜·홍정후, 의주 한석진·송석준, 구성 김관근·양전백, 문화 우종서, 해주 최명오, 장연 서경조, 자성 김병갑"이었다. 사경회 후 서당에서 성경을 가르치기 시작했다.

그는 1893년 마페트 목사에게 세례를 받았으며, 1895년 구성 신시新市교회를 설립했다. 이어 마페트에게 권서 직책을 받고 성경을 팔며 전도하기 시작했다. 1896년 내한한 휘트모어 Norman C. Whittemore 선교사가 선천에 임명될 때 함께 개척자로 파송되어, 선천을 중심으로 한 평북 지방 전도 사역을 시작했다. 1902년 평북 최초의 장로로 안수받고 평북의 첫 신학생으로서 평양 장로회신학교에 입학했다. 1907년 9월 신학교를 졸업하고 목사 안수를 받았으며 1905년 신성중학교, 1907년 보성여학교를 설립하여 민족 지도자를 양성했다. 1909년 3월에는 2,100명의 신도가 있는, 한국에서 가장 큰 선천읍교회 담임목사로 취임했다.

평양의 그레이엄 리 부인이 1905년 2월 21일 평양 사경회에 대해 쓴 글이다. 그는 평양에 오순절 성령의 역사가 다시 일어나고 있다고 보았다.

"겨울 사경회가 6일 시작되었다. 도시의 189명의 여성이 사경회 기간인 10일 동안 공부했다. 오후에는 기도회를 위해 남자들과 함께 교회에 모였다. 기도회 후에는 둘씩 흩어져서 그 도시 전체에 복음을 전했다. 400명이 넘는 열성적인 남녀 신도가 나가 기쁜 소식을 전하며 모든 사람에게 저녁 집회에 오도록 초대했다. 온 도시가 들썩였고 기독교인들의 간증은 어디서나 똑같았다. 말씀이 그렇게도 기쁘게 받아들여진 적이 없었다.

한 저녁 집회에 참석한 자는 1,400명이었다. 흥분은 없었다. 기독교인이 되기로 결단한 사람들은 교회에 오기 전에 이미 마음을 정한 것이 분명했다. 그들은 앞자리에 앉아서 자기들의 새로운 소원을 표현할 수 있는 기회를 기다렸기 때문이다. 매일 밤 20명, 40명, 60명이 자리에서 일어났다. 나는 400명이 넘는 남녀가 결신했다고 들었다. 집회는 남문밖교회와 성 밖의 예배당에서 열렸고, 이 집회도 고무적이었다.

이 전도 집회는 지난주에 끝났지만 이번 주 내내 매일 밤마다 새신자들을 교육하기 위해 사경회가 열렸다. 어제 저녁에는 장대현교회에서 220명의 새로운 남녀 신자를 여러 반으로 나누었다.

지난주일 내가 맡은 성경공부반이 사람들로 가득 찼다. 우리는 진도를 멈추고 간증집회를 가졌다. 한 사람씩 일어서서 하나님의 은혜에 대해 말했다. 그것은 전혀 지루한 집회가 아니었다. 종종 두세 사람이 동시에 일어났다. 너무나도 자기 이야기를 하고 싶었기 때문이다.

온 지역에 두루두루 성령께서 사람들의 심령에 역사하고 있는 것 같다. 편지와 사람들이 매일 도착하는데, 사경회와 선교사 방문, 또는 교사들을 간절히 요청하고 있다. 장로들과 지도자들이 나가서 사경회를 열고, 성령께서 여기서도 똑같은 방식으로 역사하고 있음을 발견했다는 놀라운 소식들을 가지고 돌아온다. [중략]

후에 듣기로는 그리스도를 믿기로 결단한 남녀의 수가 700명이라고 한다. 최근에는 개종자가 900명이 되었다." (Blanche W. Lee, "Pentecost Again", *Woman's Work for Women*, June 1905, p.119.)

그야말로 부흥의 계절이었다. 리 목사가 1905년 구정에 인도한 선천 남자 사경회에는 700명이 참석했다. 평양 지부에서 열린 사경회에서는 900명이 새로 믿기로 결심했다. 러일전쟁이 막바지로 접어들 때, 평안도 장로교회들에서는 오순절이 재현되고 있었다.

평양 장로회신학교 학생과 교수, 1905년

Students and faculty members of the Union Theological Seminary of the
Presbyterian Church at Rev. Moffett's house in P'yŏngyang

마페트 목사 사택 앞에서 촬영했다. 앞줄 오른쪽부터 서경조(검은 우산을 들고 있음), 송인서(흰 우산을 들고 있음), 한석진(태극기를 들고 있음), 길선주(성경을 들고 있음), 양전백 등이다. 교수 선교사들은 제일 뒷줄 오른쪽부터 베어드, 스웨러, 한 명 건너 마페트, 엥겔이다. 태극기와 성경이 상징하듯 기독교는 애국과 신앙을 통합했다.

평양의 마페트 목사가 실시한 선교 정책 가운데 신학교 교육에 대한 내용이다.

> "나는 개별적 훈련에 관해 말해 왔지만 각 선교회는 초기에 좀더 체계적이고 철저한 목회자 교육을 준비해야 한다. [중략] 나는 이것이 복음화의 궁극적인 목적을 이루는 수단이라고 주장한다. 해가 갈수록 우리 선교 현장에서 교육 사업은 주로 이러한 특정한 목적을 지향해야 하며, 위대한 영적 목표, 즉 사람들을 회심시키는 목표가 시종여일하게 앞서야 한다고 점점 확신하게 된다. 이제 많은 선교회에서 성경공부를 위한 정규반을 만들어 순회 사역이 힘든 계절에 일정 기간 동안 현장 사역자들을 불러 모으는 탁월한 계획이 세워졌다. 이러한 공부 기간은 가르칠 수 있을 뿐만 아니라, 선교사와 조사들 모두가 영적으로 성장할 기회를 제공하기 때문에 가치가 있다. 나는 가장 체계적으로 세워진 우리 선교 대학들과 연결된 정규 과정을 보고 싶다. 이렇게 되면 일부 학생들이 보다 높은 수준의 준비를 하는 동안 일부 학생은 즉시 사역을 준비할 수 있다. [중략] 한편으로는 일반적인 선교사 기숙학교, 다른 한편으로는 세속적인 대학과 관련시켜, 전도인들과 경건한 조사들의 훈련에 좀더 우선권을 두어야 한다. [중략]
>
> 확실하지 않지만 전도인에게 맞는 지적 능력과 영적 자격을 고려하여 심사숙고해서 선발한, 나이 많은 학생들로 구성된 신학반에 더 많은 관심을 두면, 항상 너무나 부족한 우리 자원들을 더 경제적으로 활용하게 될 것이다. [중략] 나는 우리 교육 사업의 많은 부분이 복음의 단순한 전도 및 그 목적을 위한 단기훈련 과정들을 지향해야 한다고 확신한다. 가까운 장래에 수만, 수십만 명을 모으려는 우리의 희망은 대부분 현지인 목회의 확대에 달려 있다고 믿는다."

이어서 한국 복음화 사역의 사명을 맡은 우리에게 권면하는 의미로 그는 이렇게 말한다.

> "우리 주님의 지상 명령은 직접적이고 단순한 용어로 이 시대의 복음화 사역이 교회의 위대한 목적이라고 말한다. 제자들은 사역이 끝난 후 다른 사람들의 전도를 기대하며 준비 활동에 시간을 보내라고 배우지 않았다. 말씀은 '가서 모든 민족을 가르치라'고 했다. [중략] 그리스도의 명령은 주로 당대 사람들에게 주어졌고, 주님은 확실히 그들에게 위대한 과제를 주셨다. 그 명령은 새로운 각 세대에게 반복되고 있다. 복음을 알지 못한 채 죽어 가는 수백만의 사람들을 구원하려고 서두르지 않고 난지 준비 활동에만 몰두한다면, 그 선교지부나 선교회나 전체 교회는 지극히 나태하다고 할 것이다."

(Samuel A. Moffett, "Policy and Method for the Evangelization of Korea", *Chinese Record*, May 1906, pp. 247-248.)

마페트는 하나님의 말씀의 능력을 믿었다. 마태복음 28장의 선교 명령이 각 세대에게 주어진 과제라고 믿었다. 모든 민족에게 가서 그리스도의 제자를 삼고 그리스도의 교훈을 가르쳐 지키게 해야 한다고 믿었다. 그는 한 민족의 복음화는 현지 토착인 목회자의 훈련에 달려 있으므로 신학교 교육을 충실히 해야 한다고 믿었다. 이 신학교(평양 장로회신학교)에서 훈련받은 길선주를 비롯한 한국인 신학생들에 의해 대부흥이 일어났다. 철저한 신학교 교육 없이 부흥은 없다. 하나님 나라를 지향하는 경건을 훈련하고, 수준 높은 다양한 학문을 연마하고, 삶의 모든 영역에서 복음을 실천하는 신학생이 21세기 한국 교회 부흥의 미래이다.

장대현교회 제직회, 1903년
Board of officers of the Central Presbyterian Church in P'yŏngyang

가운데 줄 중앙 길선주 장로, 그 오른쪽이 김종섭 장로, 뒷줄 중앙 마페트 목사, 그 오른쪽이 방기창 장로이다. 13명의 장대현교회 제직원 가운데 11명이 목사가 되고 2명이 장로가 되었다. 절반 이상이 상투를 자르고 단발을 했다. 뒤로 보이는 건물은 마페트의 집이다.

1905년 12월 성탄절 행사 후 장대현교회 교인들은 1) 감옥에 갇힌 자 위문단, 2) 70인 전도단, 3) 구제단으로 나뉘어 출발했는데, 어린아이들은 구제를 위해 성미誠米를 연보했다. (길선주, "교회 통신", 〈그리스도신문〉 1906년 2월 22일.)

사경회에 대한 마페트의 생각이다.

"성경공부와 예배를 위한 주일 집회를 제외한다면 교회의 발전을 위해 이미 우리 사역에서 위대한 전도기관으로 자리잡은 사경회 체계보다 더 완벽하게 한국의 상황에 부합하는 것은 없다. 사경회는 한국 사람들의 특성에 잘 부합하며 한국인의 삶과 공부 방식과도 놀라울 정도로 잘 어울린다.

이 사경회를 설명하는 데 도움이 되도록 헌트 선교사가 평양에 관해 쓴 글을 인용해 보자. '전체 교회의 교육, 곧 청년과 노인, 식자와 무식자 등 모든 교인들의 교육은 성경을 주교재로 사용하는 사경회에 의해 조직적이고 광범위하게 행해진다. [중략] 성경공부가 사경회의 목적이지만, 기도·회의·실제적인 복음 전도를 위한 노력도 이 사역의 중요한 부분이다. [중략] 기독교인은 하나님의 말씀을 특별히 공부하기 위하여 매년 몇 주 동안 일을 쉬어야 한다고 배웠다. [중략] 다음으로 이것은 삶에서 하나님을 영화롭게 하는 방법이다. 처음부터 조사나 선교사의 말이 아니라 하나님의 말씀이 기독교인의 믿음과 행위의 규칙이 된다. 전도는 더욱 권세를 지니며 신앙은 성경적인 근거를 갖게 된다.'

여기에 덧붙이고 싶은 말은 사경회는 아무리 일찍 시작해도 문제가 없다는 것이다. 왜냐하면 본질적 특성에서 볼 때 사경회는 원입願入교인, 학습교인, 세례교인, 지도자, 조사, 전도인, 목회자 자신에게 똑같이 적용할 수 있고, 남자들뿐만 아니라 여자들과 아이들에게도, 교육받은 학자들뿐만 아니라 심지어 읽지 못하는 문맹자들에게도 적용할 수 있기 때문이다. 온 교회가 사경회의 결실을 맛보게 되었으며, 사람들은 열정적이고 논리적인 복음의 전도자를 만드는 성경에 대한 지식과 함께 열심과 복음 전도의 열정을 가지고 사경회를 떠난다." (S. A. Moffett, "Policy and Method for the Evangelization of Korea", *Chinese Record*, May 1906, pp.245-246.)

성경을 배우기 위해 해마다 2주일 정도 모든 일을 중단하고 교회에 모여 새벽에는 기도하고 저녁에는 부흥회를 했던 초대 한국 교회! 전도의 열정을 안고 집으로 돌아가게 한 사경회! 배우고 가르친 대로 전도했던 초대 교인들! 이것이 한국 교회 부흥의 기초요 밑거름이었다.

황성 기독교청년회 축구부, 1906년
YMCA soccer team in Seoul

19세기 말 한국에 들어온 개신교는 청년의 종교·힘의 종교로 영적인 복음, 깨끗한 윤리 도덕과 함께 신체적인 건강과 위생을 강조했다. 기독교청년회는 한국에 근대 스포츠인 축구, 야구 등을 소개하고 건강한 신체에 건전한 정신을 고취했다.

황성 기독교청년회, 1905년
YMCA, Seoul

A GARDEN PARTY AT THE RESIDENCY-GENERAL IN SEOUL.
The Marquis Ito stands immediately beside General Hasogawa the Commander-in-Chief
of the Japanese army of occupation.

왼쪽에서 두 번째가 하세가와 일본군 사령관, 세 번째가 이토 히로부미 통감이다. 일부 선교사들은 이런 식의 가든파티에 초대되어
이토와 좋은 관계를 유지했다.

연합공의회가 계획한 1906년 설날 전후의 부흥회는 전국적인 사경회 기간에 열렸다. 1905년 11월 을사조약 이후 선교사들은 교회
가 정치에 휘말리면 정부의 핍박을 받으리라 예상하고 교회의 생존과 보호 차원에서 부흥회를 계획했다. 즉 정치적 위기를 교회의
영적 부흥의 기회로 만들었다. 부흥운동은 교인들에게 의병과 같은 무력 항쟁에 동참하지 않도록 한 점에서 비정치화운동이었다.
그러나 교회가 민족주의운동에서 멀어진 것은 아니었다. 물론 일부 신자들은 을사오적 처단과 같은 무력 항일운동에 가담했고, 일
부는 만주로 가서 항일군사운동을 전개했다. 반면 일부는 정치 현실을 외면하고 이른바 영적인 일에만 관심을 두었다. 하지만 교회
의 주류는 애국계몽운동과 부흥운동의 결합 노선에 서 있었다.

성경을 반포하기 위해 떠나는 권서, 1905년
Colporteur's trip for the Bible distribution

권서勸書는 권서인 혹은 매서인이라고도 불렀다. 기독교인이 없는 시골 마을에 가서 단권 성경(쪽복음)과 소책자를 팔고 전도하는 것이 주요 임무였다. 전도여행을 가면 대개 1–3개월씩 여러 마을을 순회했다. 당나귀에 실린 '복음 짐'이 보인다. 당나귀는 권서의 전도여행에 복음 짐을 나르는 역할을 했다.

1905년 12월 2일부터 10일간 열린 평안북도 압록강 근처 초산읍교회 사경회를 살펴보자. 참석자는 120명 정도, 세 반으로 나뉘어 세 처소에서 공부했는데, 각 반의 공부 과정은 1) 누가복음, 요리문답, 에베소서, 2) 마가복음, 데살로니가전서, 야고보서, 3) 마태복음, 데살로니가전서, 야고보서 등이었다. 교사는 평양 영수 안봉주, 선천 조사 한득룡, 강계 조사 차학연, 초사 조사 안승원이었다. 사경회 결과 새로 믿기로 작정한 자는 20여 명이었다.

초산읍 사경회에서 특기할 일은 첫째, 사경회 기간 동안 한 교인이 친척의 핍박과 친구의 비방을 견디다가 죽은 모친의 궤연几筵(제사를 위해 고인의 영위靈位를 두는 영궤靈几와 그에 달린 물건을 차려 놓은 영실靈室)을 불사르고 여러 가지 귀신을 폐했다는 점이다. 둘째, 어떤 사람은 여러 고을에서 유명한 깡패였으나 온갖 악습을 버리고 날마다 힘써 공부하여 재미를 많이 얻었다. 셋째, 예배당이 좁아 밖에 서서 예배드리는 자가 많아 예배당을 고쳐 짓기 위해 1,391냥의 건축 연보를 했고, 학교를 위해 453냥을 연보했으며, 사경회 경비를 위해 410냥을 연보하여 합계 2,254냥을 헌금했다. 넷째, 사경회 마칠 즈음에 자식이 없는 한 남자 교인이 오랜 투병 끝에 사망했는데, 모든 교인이 그 부인을 위로하고 장례 때는 상여를 메어 본 적이 없는 자와 과거를 본 양반들까지 나가 도움으로써 사랑을 실천했다. 초산읍 사경회를 보고한 교인 고종호는 다음과 같이 결론을 맺었다.

> "사경회는 폭포수와 온정溫井 같도다. 폭포라 하는 것은 모든 더러운 것을 다 던지면 무변대해無邊大海로 흘러가고 추악한 기운도 없게 하는 곳이요, 온정이라 하는 것은 여러 가지 괴악한 병을 낫게 하는 곳이라. 이번 사경회는 여러 형제의 추악한 물건을 신령한 폭포에 띄워 보내는 것과 반신불수 바람증[風症] 같은 괴악한 성품을 신령한 온정에 한번 씻어 냄으로 온유하고 겸손한 마음으로 서로 사랑하며 서로 권면하는 말은 다 기록하지 못하거니와, 이 신문 보시는 형제자매들은 버리기 어려운 풍속과 고치기 어려운 성품이 있으면 폭포수보다 힘이 있고 온정보다 좋은 사경회에 와서 여러 가지 병 고치시기를 바라나이다." (고종호, "초산읍 사경회", 〈그리스도신문〉 1906년 1월 25일.)

죄를 씻는 폭포수가 흐르는 교회, 괴악한 성품의 병을 치유하는 온천수가 샘솟는 교회를 만드는 것이 부흥이다. 고인 물은 썩는다. 썩은 물, 썩은 역사는 폭포수에 청산하고, 솟아나는 온유와 사랑과 겸손의 온천수로 따뜻한 교회, 따뜻한 역사를 만들자.

순회전도 중에 식사하는 무어 선교사
Rev. John Z. Moore at a meal during an evangelistic trip

무스가 만난 시골 양반들, 1910년
Country yangbans Rev. John Robert Moose met

부흥운동에 가장 열성적이었던 남감리회 선교사 무스(John Robert Moose, 茂雅各, 1864–1928)는 1905년 12월 연합공의회의 결정에 따라 전국 교회가 동시다발적으로 다음 해 1–2월에 사경회를 열기로 하자 구정 사경회의 의미를 대부흥과 대각성의 기회로 규정했다.

> "우리는 막 가나안에 들어가려는 상태에 있으며, 주께서 어떤 세대에게도 주지 않았던 그러한 기회가 바로 지금 우리 앞에 펼쳐져 있다고 믿는다. 우리가 이 특별한 기회에 부응하지 않고 우리의 의무를 다하지 않는다면, 언젠가는 그것 때문에 후회할 것이다. '가나안으로 막 들어가려는 상태', 이것은 우리가 신실하다면 주께서 한국에 주실 대부흥을 의미한다. 두려워하는 자들은 옛날 사람들처럼 '그 나라에는 거인들이 있어서, 우리가 그들을 이길 수 없다'라고 말할 것이다. 그러나 하나님을 신뢰하고 그분의 말씀을 믿는 자들은 이것을 한국을 위한 구원의 날로 여겨야 한다. 우리 자신의 힘으로 우리가 할 수 있는 모든 일을 하고, 더 이상 지혜로울 수 없을 만큼 지혜롭게 계획해도 모든 것은 실패로 돌아갈 것이다. 반면 우리의 뜻을 주께 맡기고 그분의 말씀을 믿고 모든 일을 행하면, 우리는 이 민족이 주께로 돌아오는 일에서 상상했던 것보다 더 큰 일을 보게 될 것이다. 이것은 부흥이라는 한 단어로 요약된다. 먼저 우리 교회의 영적인 삶을 심화시키는 일에 우리의 노력을 기울이자. 일단 이것이 이루어진다면 우리는 불신자들이 수백 명씩, 수천 명씩 나아오는 것을 보게 될 것이다. 무엇보다 우리가 그들을 맞아들여 하나님의 말씀으로 교육하고, 또 이미 그리스도의 영으로 충만해진 남녀 교인들의 마음과 삶으로 그들을 가르칠 수 있는 위치에 있게 될 것이다." (J. R. Moose,
> "A Great Awakening", *Korea Mission Field*, Jan. 1906, p.51.)

20년(1885–1905)의 광야 시절을 보낸 한국 교회가 이제 가나안(한국의 복음화)으로 들어가려는 시점에서 먼저 정결하게 준비하기 위해 회개를 통한 부흥이 필요하다는 해석이다.

광야 40년 이후 이스라엘 백성이 언약궤를 앞세우고 요단강을 마른 땅처럼 건너가 길갈에서 돌 12개를 세우고 하나님의 기적을 기념하자 하나님께서 여호수아에게 명하셨다. "너는 부싯돌로 칼을 만들어 이스라엘 자손들에게 다시 할례를 행하라."(수 5:2) 이집트에서 나온 남자들은 광야에서 죽었고, 광야에서 태어난 남자들은 아직 할례를 받지 않았기 때문이다.

한국 교회가 역사를 청산하는 '길갈(주께서 이집트의 수치를 떠나가게 하셨다)'을 마련하는 것이 부흥의 첫걸음이다. 해방과 분단 이후 60년 동안 교회가 범한 수치를 단절하는 할례 의식과 거룩한 회개 없이는 민족의 복음화, 민족의 통일, 민족의 평화를 위한 가나안 입성은 없다. 해방 이후 태어난 두 세대가 마음에 거룩한 할례를 행하면 부흥이 올 것이다.

제물포 내리교회에서 군사 훈련 중인
영화매일학교 학생들, 1906년
Military training of the Chemulpo Methodist Day School

1906년 시작된 담총 군사 훈련(병식兵式 체조)은, 박삼홍이 군악기와 소총을 학교에 기증한 것이 계기가 되었다. 내리교회 교인 가정에 아이가 태어나면 교회에 소식을 알려 종을 치고 뜰에는 푸른 깃발을 올렸다. 이 종소리를 들을 때마다 온 교인들은 5전씩을 학교 자립기금으로 냈다. '푸른 깃발 운동'으로 명명된 이 운동은 시작한 지 6개월 만에 17,179원의 학교 자립기금을 모으는 놀라운 결과를 가져왔다.

장로교와 감리교 연합신문인 〈그리스도신문〉의 공무사장(부편집장)이었던 개성의 무스는 1906년 구정 사경회를 부흥회로 만들자고 다음과 같이 제안했다.

"예전부터 하나님의 교회가 흥왕興旺하는 것은 부흥회로 되는 것이니, 주 강생하신 후에만 그런 것이 아니라 강생 전에도 매양 그러한지라. 그때에 하나님을 섬기는 사람들이 세욕世慾이 과격한 때가 있어 차차 마귀 유혹에 들어 마음이 식어 하나님을 공경하지 아니하고, 밖으로 교회 규칙을 지키는 듯하나 마음으로는 신령한 뜻을 알지 못하고, 하나님을 공경하는 모양만 있고 하나님을 공경하는 권세가 없었더니, 하나님의 선지자가 일어나서 부흥회를 설립하고 쇠미하여지던 하나님의 도를 널리 전파하여 여러 사람을 하나님께로 돌아오게 하였더라.

이 부흥회가 일어나는 것은 이방 사람이나 하나님을 공경하지 아니하는 사람들 중에서 일어나는 것이 아니요, 하나님을 섬기는 사람 중에서 일어나는 것이라. 바벨론 왕이 이스라엘 백성을 사로잡아 갈 때에 선지자 느헤미야가 일어나서 백성에게 전도하시며 바벨론 왕의 허락을 얻어 그 백성들을 데리고 예루살렘에 돌아와 결딴난 성전을 다시 세우며 무너진 성을 다시 수축修築하고 그 백성들이 차차 자기 죄를 회개하며 행실을 단정히 하매 그 나라가 전과 같이 회복한 일도 있고, 또 오순절 날에 예수의 제자들이 성신聖神의 가득함을 받아 예루살렘에 있는 백성들에게 전도하며 큰 부흥회가 일어나서 그날에 사람 3,000명이 예수를 믿기로 작정하였는지라. 그때부터 이제까지 아무 곳이든지 주를 믿는 사람들이 일심 합력하여 하나님께 기도하며 부지런히 도를 전하면 부흥회가 일어나매 교회가 자연 흥왕하여지더라.

교회에서 오래도록 부흥회가 일어나지 아니하면 교인의 마음이 식어서 밖으로 교회 여러 가지 규칙을 지키나 마음에 신령한 생명이 없는지라. 루터 때에 이르러 교회의 개화를 시작하여 부흥회가 일어나서 널리 하나님의 도를 전파하여 죽었던 교회가 신령한 생명을 얻어 사는 교회가 되었으며, 또한 요한 웨슬리 때에 영국 교회가 식어져서 죽은 모양 같더니 요한 웨슬리 씨가 거듭나는 증거를 가지고 널리 전도하여 영국 미국에 미이미교[북감리교]와 감리교와 장로교와 여러 가지 예수교가 부흥회를 설립함으로 예수교가 널리 흥왕한 것이라.

지금도 우리 소원이 대한에 있는 모든 교우들이 진심으로 합심하여 부흥회를 일으키기를 바라나이다." (무스, "부흥회", 〈그리스도신문〉 1906년 1월 18일.)

하나님께서는 부흥회를 통해 세상과 교회를 새롭게 해 오셨다. 합심하여 부흥을 위해 기도할 때 부흥은 일어난다. 루터와 칼빈과 웨슬리와 무디와 길선주와 같은 부흥의 인물을 지금 우리에게도 허락해 달라고 기도하자.

지방 관청의 재판 장면, 1905년
Korean magistrate's court

조선 시대 재판은 중앙 정부에서 지방에 파견한 행정관리인 군현의 사또 현감, 군수, 부윤, 감사 등이 맡았다. 민사법, 형법을 어긴 죄인들은 관아에서 증인의 증언을 듣고 심문 조사를 받은 뒤 즉결 처분으로 곤장을 맞거나 배상하거나 감옥에 투옥되는 벌을 받았다. 기독교는 유교가 가르친 오륜과 "하늘에 죄를 범하면 사할 곳이 없다"는 경천사상, 불교가 가르친 천당지옥설과 적선積善사상, 도교의 공과功過사상 등에 나타난 도덕적·종교적 죄 개념은 대부분 그대로 수용하면서 유일신 하나님과 바른 관계를 갖지 못한 불경, 불신, 우상숭배의 죄를 최고의 죄목으로 삼았다. 또 사후 심판과 최후 심판을 강조함으로써, 역사적 정의正義가 이루어지지 못하는 불의한 현실 정치 사회에서 기독교인의 삶의 기준과 소망의 근거를 초월적이고 궁극적인 하나님 나라의 종말론적 정의正義로 제시했다.

선교회연합공의회의 제안에 따라 1905년 12월 29일부터 1906년 1월 10일까지 평양 장대현교회에서 장로회 도사경회가 열렸다. 순안, 중화, 영유, 성천, 상원, 강동, 자산, 삼화, 덕천, 맹산, 룡강, 은산에서 대표자들이 참석했고, 황해도 황주에서도 몇 명이 왔다. 서울의 게일은 약 2,000명이 참석한 장대현교회 신년 주일예배에 참석하고 다음과 같이 썼다.

> "또 매 주일 모이는 장대재[장대현]에 있는 장로회 큰 예배당에 모이는 수가 2,000명가량인데, 이 자매형제들은 믿으려고 와서 방청만 하는 이들이 아니요, 각기 감사한 마음으로 성경 하나씩 손에 펴들고 독실히 믿는 자가 많으며, 또 혹 방청하러 왔다가 성신에 감화되어 회 중에 일어서서 믿겠노라고 크게 말하는 자도 많아 주일마다 그치지 아니하니, 이것은 하나님이 평안도 백성의 죄 많은 것을 불쌍히 여기사 말세에 미쳐서 이적과 기사奇事를 행하심이라. 어찌 만유지주萬有之主 여호와 하나님의 공덕을 찬양치 아니하리오." ("평양 사경회", 〈그리스도신문〉 1906년 2월 1일.)

이때 평양에는 장로교회가 4개(중앙에 마페트의 장대현교회, 서문에 서문밖교회, 동문에 번하이슬의 산정현교회, 남문에 블레어의 남문밖교회) 있었고, 감리교회가 2개(노블의 남산현교회와 선교리교회) 있었다. 평양 시내 40퍼센트 가정에 기독교인이 있었다. 2월 초에는 다른 특별 사경회가 열려 134명이 새로 믿기로 결심했다.

> "우리나라 500여 년에 서관西關은 특별히 활이나 쏘고 말이나 다니는 곳으로 대접하여 업신여기고 그곳 사람은 나랏일에도 참예치 못하게 하였으니 통이 말하면 500년 이래로 우리나라 정부의 교육과 사랑은 받지 못하였으므로 그 백성들은 바라고 믿을 데가 없어 점점 죄악에만 침륜되었더니, 다행히 하나님의 참 이치와 예수 씨의 참 빛이 어두운 백성에게 밝게 비취사 전에 잘못한 것을 다 회개하고 믿는 형제가 많이 일어나서 서로 사랑하고 서로 권면함으로 더럽던 땅이 깨끗하여지고 어둡던 곳이 밝아져서 교회가 흥왕함이 한일청韓日淸 삼국에 으뜸이 되었으니, 세상 사람은 500년을 업신여기고도 오히려 교만한 마음이 남았거늘, 저 사람에게 업신여김을 받았던 사람들이 회개하고 하나님을 믿은 후 10년 동안에 하나님의 사랑과 은혜 받은 것을 말로 다 할 수 없도다." (김원근, "하늘 벼슬이 사람의 벼슬보다 나음", 〈그리스도신문〉 1906년 2월 8일.)

조선 500년간 서울 사람들의 업신여김과 차별을 받던 설움의 땅 평양이, 갑오년 청일전쟁과 갑진년 러일전쟁 때 외국군의 침략과 병화의 참혹함을 맛본 폐허와 상처의 땅 평양이, 주색잡기에 빠진 죄악의 땅 평양이, 교회가 들어간 지 10년 만에 한중일 삼국에서 으뜸가는 기독교 도시가 되었다. 한국의 소돔으로 불리던 평양이 거룩한 도시가 되었다.

부흥은 갈릴리처럼 죄 많고 병 많은 소외된 주변부에서 일어난다. "하나님 아버지 앞에서 정결하고 더러움이 없는 경건은 곧 고아와 과부를 그 환난 중에 돌보고 또 자기를 지켜 세속에 물들지 아니하는 그것이니라." (약 1:27)

미국 남감리회 한국 선교회, 1907년

The Korea Mission of the MEC, South

MISSIONARIES OF THE METHODIST EPISCOPAL CHURCH, SOUTH, 1907

Seated: Mrs. J. B. Cobb, Bishop A. W. Wilson, Mrs. Wilson.
Standing: W. G. Cram, Miss Dye, T. H. Yun, Miss Nichols, Miss Erwin, Miss Hounshell, Miss Myers, C. G. Hounshell,
Mrs. Wasson, Miss Wagner, Miss Noland, Miss Knowles, Mrs. J. P. Campbell, Dr. J. B. Ross, Bishop W. R. Lambuth.
At rear: J. L. Gerdine, E. L. Peerman, R. A. Hardie, Mr. West, A. W. Wasson, Mrs. Hounshell, C. T. Collyer, Miss Ivey.

사진 가운데 5명(1.저다인, 2.하디, 3.하운셀 양, 4.놀스 양, 5.로스 의사)은 1903년 8월 원산 수양회에 참석했고, 1904년 원산 구정 사경회와 새술막 부흥을 도운 자들이다. 저다인(Joseph L. Gerdine, 全約瑟, 1870~1950)은 미국 조지아대학교와 메이콘대학교에서 공부했으며, 1902년 남감리회 조지아 연회에서 목사 안수를 받고 11월에 내한하여 원산에 부임했다. 원산 부흥운동과 1905년 남감리회 부흥의 주역이었다. 이 사진은 1907년 6월 20~25일 서울 배화학당Carolina Institute(교장 캠벨 부인)에서 개최된 제11회 미국 남감리회 한국 선교회 연회에 미국의 윌슨 감독 부부와 램버스 감독 등이 방문했을 때 촬영했다. 사진에는 선교사 21명, 한국인 3명, 방문자 5명(윌슨 감독 부부, 콥 부인, 램버스 감독, 웨스트)이 있는데, 선교사 21명 가운데 독신 여자 선교사가 10명으로 약 절반을 차지한다. 한국인 가운데 양복을 입은 윤치호만 연회의 정식 회원이었다. 크램(Willard G. Cram, 奇義男, 1875~1969) 목사는 앞줄 왼쪽 첫 번째에 서 있다. 그는 1898년 에즈베리대학을 졸업하고 1902년 11월 남감리회 선교사로 내한했다.

1906년 2월 원산 구정 부흥회 장면이다.

"원산에서 있었던 최근의 부흥으로 인해 우리가 아버지 하나님께 얼마나 감사를 드렸는지 여러분은 알 수 없을 것입니다. 캐나다 장로회 사람들과 우리 선교회가 연합해서 구정에 2주일 동안 연속 집회를 열었습니다. 하나님의 권능이 그처럼 강력하게 나타나는 것을 전에는 결코 본 적이 없습니다. 처음부터 거의 하루 종일 집회가 열렸는데, 이는 집회를 중단할 수 없었기 때문이었습니다. 여러 세대에 걸쳐 감정을 드러내지 말라고 교육받은 강인한 한국 남자들이 얼굴을 바닥에 대고 하나님께 죄를 용서해 달라고 부르짖으며 기도하고 주체할 수 없는 슬픔 속에서 죄를 공개적으로 고백했습니다. 보상이 이루어졌고, 어떤 남자는 부당하게 취득한 돈을 갚기 위해 모든 재산을 팔기까지 했으며, 자발적으로 금연을 작정한 몇 사람은 강대상 위에 담배를 갖다 놓았습니다.

그러나 지난 일요일 하나님은 우리가 구하거나 생각했던 것보다 훨씬 더 풍성하게 성경에 나타난 오순절을 허락해 주셨습니다. 그날 일어난 일은 이루 말로 묘사할 수 없습니다. 마치 거룩한 땅을 밟고 있는 듯했습니다. 우리 모두는 하나님께서 승리를 주실 것이라는 확신을 가졌기 때문에 축복을 기대하면서 참석했습니다. [중략]

약 세 시간 동안의 기도 후에 하나님은 선교사들과 사람들의 영혼의 고통을 보시고 복을 내리셨습니다. 사람들이 가장 겸손한 마음으로 얼굴을 바닥에 대고 낮은 목소리로 기도하는 소리가 예배당에 가득 찼습니다. 그때 잠시 조용해졌으나 갑자기 사람들이 일제히 일어서서 손뼉을 치면서 하나님을 찬양했고 그들의 얼굴은 영광으로 빛났습니다. 모든 것이 놀라울 뿐입니다!

그 후에 하디 의사는 사람들에게 이웃 사람들을 방문하여 그들에게 자신의 경험을 전하라고 권면했습니다. 일주일 후 그는 이 이웃 사람들을 교회에 초청하여 집회를 열었습니다. 이 집회는 지난주에 끝났는데, 지난 주일에는 교회의 여자석 쪽은 가득 차서 앉을 자리가 거의 없었습니다. 10명의 새로운 여자들이 그리스도를 믿기로 결심했습니다. 하나님께서 우리와 함께하십니다. 그분의 능력이 주변의 시골 지역들로 확산될 수 있도록 기도해 주시기 바랍니다. [중략]

지금은 한국을 위한 '구원의 날'이며 저희는 도움이 꼭 필요합니다. 한국을 위해 일할 4명의 새 일꾼이 필요합니다." (Mattie Ivy, "Wonsan of Korea", *Woman's Missionary Advocate*, June 1906, pp.451-452.)

1906년 원산의 구정 부흥회는 일본 통감부가 설치된 뒤 열린 부흥회였기에 기도하는 교인들의 태도가 달랐다. 이들은 유교에 뿌리를 둔 체면 문화가 와해되는 상황에서 하나님 앞에서 자신을 해체하는 회개를 했다. 오순절 체험을 하고 거듭난 개인은 사회를 새롭게 하고 국권을 회복하는 희망의 씨알이었다.

위기에 빠진 사회와 무력한 종교에 대한 해답은 냉소가 아니라 희망이다. 교회에 대한 실망과 냉소를 버리고 부흥의 희망을 갖는 것은 영적인 결단이다. 지금은 한국을 구원할 때다! 희망을 결단하는 자만이 헌신을 결단한다.

축음기를 듣고 있는 남자
Listening a phonograph

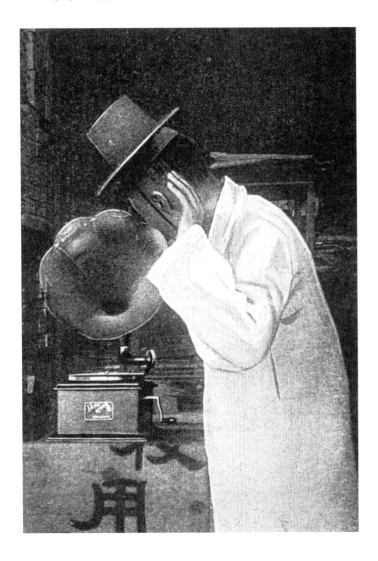

자기 목소리를 내지 못하는 설교자는 앵무새요, 실천 없는 설교자는 말 기계에 불과하다. 한국 교회 강단에 생명의 감화력을 줄 수 있는 설교자, 언행일치의 인격을 갖춘 설교자가 설 때 부흥은 일어난다.

길선주는 행함 없는 믿음, 실천 없는 학문, 언행이 일치하지 않는 신앙을 강하게 비판했다. 특히 글이나 연설이나 설교에서 말만 그럴듯하게 하는 자들을 생명이 없는 말 기계와 뜻도 모르고 흉내만 내는 앵무새로 비판했다.

> "내가 어느 날에 외국 사람의 문 앞으로 지나가는데 문 안에서 어떠한 처량한 찬미소리도 나며 혹 여러 사람이 즐거이 웃는 소리도 나며 혹 여러 사람이 수작하는 소리도 나기에, 생각하기를 어떠한 외국 사람들이 이 집에서 이같이 즐거이 노는가 하고 즉시 들어가 본즉 넓은 방 안에 다만 한 사람뿐 묵묵히 앉아 있어, 그 앞에 나팔통 같은 기계를 놓고 손으로 그 기계를 틀어 놓으니, 그 통 속으로 사람의 여러 가지 이야기하는 소리도 나오며 처량한 찬미소리도 나오고 여러 사람이 즐거이 웃는 소리도 나오거늘, 내가 그것을 보고 생각하기를 깜짝 속았구나 하고 한 뜻을 깨달았으니, 진실로 위태하도다. 학문만 숭상하기를 힘쓰고 행하는 열매가 없는 자들이여, 이 기계를 생각하여 보시오. 이 기계는 납박지蠟薄紙라 하는 종이에 말 음성이 합하는 약물을 발라 놓은 고로 다만 사람의 음성만 영박影薄하였다가 그 기계를 틀면 사람의 소리만 날 뿐이요, 그 기계에게 오라 하면 올 수도 없고 가라 하면 갈 수도 없으며, 또 앵무새라 하는 짐승은 능히 사람의 말을 본받아 흐르는 물같이 하되 제가 그 말의 뜻도 알지 못하며 스스로 생각도 못하는 말이라.
>
> 주를 믿는 자가 성신의 신령한 은혜를 받지 못하고 다만 학문과 말재주만 배워서 혹 강도講道를 하거나 연설을 하거나 혹 신문상에 논설을 하는 것이니 실로 말 기계와 앵무새 같은지라.
>
> 내가 어떠한 형제들의 신문상에 기재한 논설도 보고 또 어떠한 형제의 강도와 연설함을 듣고 반가운 마음으로 극진히 귀히 여기며 진실히 믿었더니, 그 후에 그 행실을 지내 본즉 신문상에 논설하던 말과 강도하며 연설하던 말과는 조금도 합하는 것이 없으니, 이것이 마치 내가 이전에 외국 사람의 집 앞으로 지나가다가 말 기계로 나오는 소리를 듣고 참으로 사람의 말소리로 알고 속음과 같으며, 어떤 사람이 앵무새의 소리만 듣고 사람인 줄 안 것 같도다.
>
> 사랑하는 형제자매들이여, 간절히 원하고 바라는 것은 행실을 말하는 바에 합당케 하여 능히 사람의 마음을 감화시키는 참 그리스도인이 되고, 말 기계와 앵무새가 되지 마옵소서. 또 중대한 직분으로 하나님께 지혜를 받아 교회를 치리治理하는 형제들이여, 내가 말 기계의 소리만 듣고 속은 것같이 다만 신문상의 논설과 교회 중에서 강도와 연설만 듣고 가볍게 중한 직분을 맡기지 마옵시고, 자주 그 행실을 살펴 말과 행실이 합한 후에 중대한 직분을 맡기기를 원하는 바올시다." (길선주, "말하는 기계와 앵무새라", 〈그리스도신문〉 1906년 2월 15일.)

지행합일과 언행일치는 지도자의 가장 중요한 자질이다. 배우려는 자세에, 글에 힘이 있고, 말에 혼이 실리고, 삶이 바르고, 말과 행동이 일치하는 인격자를 기르는 교회, 그런 지도자를 존경하는 교회가 부흥하는 교회이다.

길선주, 1907년

Elder Kil Sŏn-ju

한국 교회 대부흥운동을 이끌던 1907년 1월에 찍은 사진이다. 그는 한쪽 눈이 잘 보이지 않았지만 영안靈眼은 밝았다. 하나님과 신비한 교제를 나누는 기도생활로 한국의 스펄전과 웨슬리가 되어 강력한 설교로 뭇 사람을 회개시켰다.

길선주가 〈그리스도신문〉에 쓴 "성신을 충만히 받을 방책"이다.

"성신을 받는 것이 세 층이 있으니, 첫째는 성신의 인도하심을 받고, 둘째는 성신의 감동하심을 받고, 셋째는 성신의 충만함을 받나니, 그런즉 마침 성신의 인도하심을 받은 후에야 성신의 감동함을 받고, 성신의 감동함을 받은 후에 성신의 충만함을 받나니, 성신을 충만히 받는 방책이 여섯인데,

첫째는 하나님의 명을 순종함이니, 사도들이 주께서 승천하실 때에 명령하신 말씀을 순종함으로 예루살렘을 떠나지 아니함이요,

둘째는 형제자매가 마음을 합함이니, 사도와 문도들이 오순절 날에 마음을 같이하여 한 집에 모였을 때에 혀 모양으로 불같은 성신의 충만함을 받음이라. 저 전봇줄을 보면 그 줄이 서로 연連함으로 그 전기가 서로 통하나니, 이와 같이 형제의 마음이 서로 연합하여야 성신에 신령함이 서로 교통할지라.

셋째는 겸손함이니, 옛날 사도 때에 가이사랴 영문營門의 백부장이 자기의 온 친속을 거느리고 베드로 오기를 기다리다가 베드로가 오는 것을 보고 문 밖에 나가 베드로 발 앞에 겸손히 절하였으니, 이 겸손한 마음으로 베드로가 한 번 기도하매 온 집안 사람이 성신의 충만함을 받았는지라. 성신은 물과 같아서 땅이 깊은 곳에 물이 많이 고이는 것 같이 사람의 마음이 스스로 낮고 겸손한 곳에 성신의 충만함을 받는 것이니, 사도 야고보 말씀하시되 하나님이 교만한 자를 물리치시고 은혜를 겸손한 자에게 주신다 하셨느니라.

넷째는 마음이 조용함이니, 옛날 모세가 시내산에서 하나님의 영광을 보고 그 권능을 받을 때에 그 마음과 몸이 조용히 거처함이요, 사도 바울이 아라비아 광야에서 조용히 기도함으로 성신의 능력을 받은 것이요,

다섯째는 주의 일을 위하여 힘쓰는 가운데 성신의 권능을 충만히 받는 것이니, 옛날 사도 때에 무당 시몬이 성신을 물건과 같이 여겨 베드로에게 돈을 바치고 성신을 구하매 도리어 책망을 받았으니, 성신을 받아 나를 위하여 쓰려고 망령되이 구하면 도리어 죄를 받을 것이니, 옛날 사도와 문도들이 다 주를 위하여 힘쓰는 가운데 성신의 능력을 충만히 받았는지라.

여섯째는 간절히 기도함이니, 주 가라사대 구하는 이마다 얻을 것이라 하였느니라. [중략] 나의 사랑하는 형제자매들이여, 이 여섯 가지 방책을 깊이 생각하시어 날마다 성신의 충만하심 받기를 바라옵나이다." (길선주, "성신을 충만히 받을 방책", 〈그리스도신문〉 1906년 3월 8일.)

넷째에 있는 '마음이 조용함'은 특히 새겨 볼 말이다. 모세가 시내산에서, 바울이 아라비아 광야에서, 엘리야가 호렙산(시내산)에서 조용히 기도할 때 성령의 충만함을 받았듯이, 길선주도 기도하고 묵상하는 중에 하나님을 만났다. 홀로 골방에 들어가 하나님께 아뢰면(마 6:6) 세미한 음성(왕상 19:12)으로 다가오시는 성령의 위로와 능력을 체험할 수 있다. 한국 교회는 성령을 사기 위해 돈으로 부흥 이벤트를 벌이는 시몬의 방법(행 8:18)을 경계할 일이다.

《신약전서》 요한일서 1장, 1904년

First Letter of John, chapter 1

요한 一

ᄉᆞ도 요한이 각쳐에 보낸 첫 편지

一

一 처음브터 잇ᄂᆞᆫ ᄉᆡᆼ명의 도를 의론컨ᄃᆡ 곳 우리가 드ᄅᆞᆫ 바ㅣ오 눈으로
본 바ㅣ오 ᄌᆞ셰히 샹고ᄒᆞᆫ 바ㅣ오 손으로 ᄆᆞᆫ진 바ㅣ라 二 이 ᄉᆡᆼ명이 임의
나타낫스니 아바지와 ᄒᆞᆫ가지 계시다가 우리의게 나타나신 영ᄉᆡᆼ을
우리가 보앗고 이제 증거ᄒᆞ여 너희게 젼ᄒᆞ노라 三 우리가 본 바와 드
ᄅᆞᆫ 바로 써 너희게도 젼ᄒᆞᆷ은 너희로 우리와 ᄉᆞ괴게ᄒᆞ려ᄒᆞᆷ이니 우리의
ᄉᆞ귐은 아바지와 그 아ᄃᆞᆯ 예수 그리스도ㅣ라 四 우리가 이 글을 쓰ᄂᆞᆫ 거ᄉᆞᆫ
우리 깃븜으로 츙만케ᄒᆞᆷ이로라○ 五 우리가 뎌의게 드ᄅᆞᆫ 바로 너희게
젼ᄒᆞᄂᆞᆫ 거ᄉᆞᆫ 곳 이 말ᄉᆞᆷ이니 하ᄂᆞ님은 이에 빗치시라 셜끗만치도 어두
옴이 업ᄉᆞ시니라 六 만일 우리가 말ᄒᆞ기를 하ᄂᆞ님과 ᄉᆞ괴엿다ᄒᆞ고 어두
온ᄃᆡ ᄒᆡᆼᄒᆞ면 곳 거즛 말을 ᄒᆞ고 진리를 좃지아니ᄒᆞᆷ이어니와 七 뎌가 빗
가온대 계신 것ᄀᆞᆺ치 우리도 빗 가온대 ᄒᆡᆼᄒᆞ면우리가 서로 ᄉᆞ괴고 ᄯᅩ 그
八 아ᄃᆞᆯ 예수 그리스도의 피가우리 모든 죄를 ᄭᆡᄭᆞᆺᄒᆞ게 씨셔 ᄇᆞ릴 거시오
만일 우리가 죄 업다ᄒᆞ면 스ᄉᆞ로 속임이니 진리가 우리 ᄆᆞ음에 잇지

요한 一 일쟝 칠ᄇᆡᆨ십구

九一七

사경회 기간에 많이 공부한 책이 요한일서였다. 사랑이신 하나님과의 교제와 성도 간의 사랑을 강조한 서신으로, 1장에서는 전제 조건으로 죄인임을 인정하고 회개할 것을 요구하고 있다.

1906년 여름 평양에서 장감 선교사 연합 수양회가 8일간 열렸다. 한국 선교의 '위기' 상황에서 그들은 기도하지 않을 수 없었다. 한국 교회를 위해 특별한 일이 시급히 일어나야 하는 위기와 기회의 '때(카이로스)'였다. 강사는 하디 목사였다.

"1906년 8월, 우리 평양 선교사들은 상황의 심각성을 깨닫고 한 주간 성경공부와 기도를 위해 함께 모였다. 하나님께서 크게 축복하신 원산의 하디 의사가 우리를 지도하기 위해 평양으로 왔다. 특별 연구를 위해 요한일서를 택했으며, 이는 부흥회 동안 우리의 주교재가 될 예정이었다. 하나님의 말씀이 얼마나 자주 특별한 경우에 맞게 기록된 것처럼 보이는가! 우리는 어려운 때 도움을 찾고 있었다. 사도 요한은 우리에게 모든 것은 하나님과의 교제에 달려 있고, 하나님과의 교제는 사랑과 정의에 달려 있다는 확신을 주었다. 마음의 깊은 것들을 감찰하시는 하나님은 요한일서를 살아 있는 인격적인 말씀으로 만드셨다. '하나님은 사랑이시라. 사랑 안에 거하는 자는 하나님 안에 거하고 하나님도 그의 안에 거하시느니라.'(요일 4:16)

우리는 하나님의 임재 없이는 감히 나아갈 수 없는 곳에 이르렀다. 우리는 매우 진지하게 하나님 앞에 우리 마음을 쏟아 놓았고, 우리 마음을 살피고, 조건들에 부응하려고 노력했다. 하나님께서는 우리 기도에 귀를 기울이셨고, 우리에게 그 주간에 이루어질 일에 대해 보증해 주셨다. 집회가 끝나기 전 성령께서는 우리를 위한 승리의 길은 고백, 상한 심령, 쓰라린 눈물의 길임을 명백히 보여 주셨다." (William N. Blair, *The Korea Pentecost*, 1910, p.66.)

리 목사는 하디의 부흥회를 통해 평양 선교사들이 "하나님의 성령이 우리 삶을 완전히 통제하고 우리를 크게 쓰임 받게 해 주실 것을 바라는 마음을 품게 되었다"고 고백했다. 존스와 노블은 이 연합 집회의 "최우선 관심은 한국 교회에 있었으며" 연합해서 "한국 교회를 정결케 하고 소생시키는 성령의 능력 아래 두기 위해" 기도했다고 썼다.

한국이 일제의 통치 아래 '보호'받는 식민지 신세가 되었을 때, 한국 교회는 하나님의 통치 아래 인격적 교제를 나누며 하나님께 보호받는 부흥운동을 일으켰다.

하나님의 참 도리로 목욕하여 과거의 더러운 죄를 다 씻어 버리고 마음을 깨끗이 해 성령을 모시면, 하나님께서 늘 함께 계셔서 보호하시고 떠나지 아니하신다. 성령의 감화를 받지 못하면 성령과 내 마음이 합하지 못하고 성령과 내가 따로 놀게 된다. 마음에 성령 세례를 받고 주를 의지하면 성령께서 내 안에 거하시고 말씀과 내가 함께 가게 된다.

평양 장로회신학교 학생들, 1906년
Students of the Union Presbyterian Seminary in P'yŏngyang

존스톤 목사
Rev. Howard A. Johnston

1906년 9월 북장로회 선교회 연례회의 기간에 서울에서 선교사 사경회가 열렸다. 강사는 뉴욕 해외선교부 위원이자 유명한 부흥사인 존스톤이었다. 그는 웨일스와 인도에서 일어난 부흥운동 소식을 전하며 한국 부흥에 도전을 주었다. 부흥을 사모하던 선교사들은 더 큰 은혜를 간구했고, 지금까지 부흥에 대해 미온적이었던 평양 선교사들도 놀라운 성령의 은혜가 한국에도 임하게 해 달라고 기도하기 시작했다. 평양으로 돌아온 20여 명의 선교사는 인도 카시아 지방에서처럼 평양에서도 놀라운 성령의 축복이 임할 것을 믿고 정오 기도회를 가졌다.

존스톤은 서울 사경회를 마친 후 평양을 방문하여 장대현교회에서 주일예배 설교를 인도했다. 이미 서울에서 선교사들에게 도전을 주었던 존스톤은 장대현교회 교우들에게 웨일스 부흥과 인도 카시아 지방의 부흥 소식을 전했다. 참석자들은 동일한 부흥을 간절히 소망하게 되었다. 존스톤은 영국 웨일스에서 일어난 성령의 역사가 인도 교회에 번져 부흥이 크게 일어났음을 전하면서 "조선에서는 누가 웨일스 부흥운동의 주역인 로버츠처럼 성령의 은혜를 충만하게 받겠느냐, 있으면 손을 들고 일어서라"고 했다. 잠잠하던 회중 가운데 조사였던 길선주 장로가 손을 들고 일어섰다. 존스톤은 장차 조선 교회에 큰 부흥이 일어나리라고 예언하고 교회와 길선주를 위해 기도했다.

존스톤의 평양 방문을 기점으로 평양 지역 장감 선교사들은 정오 기도회를 계속했다. 한 달 후에는 기도에 좀더 집중하기 위해 기도 시간을 정오에서 오후 4시로 변경하고 저녁 식사 때까지 원하는 대로 자유롭게 기도했다. 그들은 이후 4개월이나 교파를 초월하여 성령 안에서 기도하는 데 전념했다.

전주 서문교회, 1905년
The West Gate Church, Chŏnju

전주 선교사들, 1908년
Missionaries in Chŏnju

Missionaries at Chunju. (From left to right): Dr. F. H. Birdman, Rev. L. B. and Mrs. Tate, Rev. and Mrs. J. S. Nisbet. (In front row): Miss Emily Cordell, Rev. and Mrs. W. D. Reynolds, Miss Sadie Buckland, Miss Nellie B. Rankin.

앞줄 왼쪽부터 코르델 양, 레널즈 목사 부부, 버크랜드 양, 랜킨 양. 뒷줄 왼쪽부터 버드맨 의사, 테이드 목사 부부, 니스벳 목사 부부. 이들은 경험이 많은 레널즈와 테이트 부부를 중심으로 급성장하는 전주 지역에서 안정된 지도력을 발휘했다.

전주 신흥남학교, 1908년
Chŏnju Boys' School

1900년 설립된 전주 신흥新興남학교의 학생들이 교복을 입고 태극기를 들고 학교 앞 운동장에서 행진하다가 도열해 있다. 니스벳(John Samuel Nisbet, 柳瑞伯, 1869-1949) 목사와 부인이 학생들을 가르쳤다. 니스벳 부인은 기전紀全여학교를 설립했다.

Chunju, Korea. Boys' School on Parade. Rev. and Mrs. J. S. Nisbet and Native Teacher.

목포장로교회, 1907년
Mokpo Presbyterian Church

목포남학교, 1908년
Mokpo Boys' School

1906년 10월, 목포에서 있었던 도사경회를 보자. 당시 목포 선교지부에는 선교 8년 만에 60개의 예배처소가 있었고, 목포장로교회는 세례교인 80명과 학습교인 80명을 포함해 출석교인이 300명이나 되는 큰 교회로 발전해 있었다.

"필자가 참여한 가장 강력한 부흥회가 최근 목포에서 일어났다. [중략] 부흥회에는 지역 교인들 외에도 42명의 지도자들과 주변의 7개 군에서 온 대표자들이 참석했는데, 4곳의 예배처소에서만 대표자가 참석하지 못했다.

성령의 특별한 초대와 분명한 인도하심으로 남감리교 선교회 저다인 목사가 내려와서 일주일 동안 하루 두 번 설교했다. 선교지에 온 지 4년밖에 안 되었지만 그는 한국어를 완벽하게 구사했고, 단순하고 직설적으로 말함으로써 모든 사람의 마음을 얻었다. 그는 성령이 충만한 사람이다. 그의 설교에는 성령의 능력이 드러났다. 성령이 그를 통하여 말씀하셨고 의와 절제, 심판과 죄의 죄악됨 그리고 정결함의 필요성을 설명했는데, 죽은 듯한 침묵이 모두에게 임했고 마치 말씀이 사람들의 거죽을 벗겨 내고 심장을 쪼개고 깊이 들어가 은밀한 죄악들과 감추어진 영혼의 암 덩어리들을 드러내 놓는 것 같았다. 그때 죄에 짓눌려 있던 수십 명의 사람들이 죄에 대한 고백을 쏟아 냈고, 건장한 사람들이 어린아이처럼 울었다. 이어서 구세주에 대한 사랑이 거하면서 거듭남, 회개, 믿음, 성별聖別, 섬김의 능력, 그리스도인의 기쁨이 임하였고, 치료의 향기가 쏟아져 들어오는 것 같았다. 얼굴은 새 생명과 새 빛으로 빛났고, 교회에는 승리의 찬송이 울려 퍼졌고, 사람들은 그들이 받은 축복, 죄 용서 받음, 치료된 뒤의 변화, 자아에 대한 승리, 성령 세례 등을 증언하기 위해 일어서서 기다렸다.

처음부터 끝까지 기도, 중보기도, 고백의 영이 회중에게 쏟아졌다. 실로 놀라운 일이었다. 부흥회 전 4일 동안 150명이 기도하기 위해 모였다. 부흥회 기간 동안 몇 명이 큰 소리로 기도하기 시작했고 설교하기 위해 기도를 멈추라고 할 때까지 계속했는데, 이것은 종종 있는 일이었다.

집회의 목적은 외부인에 대한 전도보다는 신자들을 일깨우고 생동력 있게 하는 것이었다. 그 목적은 만족스럽게 달성되었다. 거의 모든 사람들이 받은 은혜를 분명하게 간증했다. 더욱이 많은 사람들이 명백하세 회심했다. 가장 주목할 만한 것은 먼 지방에서 온 매우 명석한 남자의 경우였다. 그는 정치적 목적으로 기독교를 이용하려고 찾아온 사람이었다. 하지만 가장 놀라운 신앙적 경험을 하였다. [중략]

이 집회의 영향은 전라남도 전역에서 감지될 것이다. 정화되고, 성별되었으며, 성령충만한 그리스도인들이 없으면 부흥은 일어나지 않는다. 우리는 이 부흥회의 결과와 같은 일들이 많이 일어날 것을 믿는다. 목포에서 시작된 부흥이 우리의 전 지역을 휩쓸어 이 나라의 다른 지역에서도 놀라운 영혼 추수가 동일하게 일어나도록 우리와 함께 기도해 주기 바란다." (J. F. Preston, "A Notable Meeting", *Korea Mission Field*, Oct. 1906, pp. 227-228.)

정화되고 성별되고 성령충만한 기독교인이 없으면 부흥은 결코 일어나지 않는다.

다른 사람에게 상처 주지 않고 사는 사람이 있을까? 화, 두려움, 빚, 지키지 못한 약속, 시기, 질투, 지나친 비판, 무례함, 무관심 등으로 매일 우리는 누군가에게 상처를 주고 또 상처를 받는다. "상처 입은 자는 다른 사람에게 상처를 준다Hurt people hurt people." 하지만 마음속에 상처를 안고 사는 것도 나의 선택이요, 용서하는 것도 나의 선택이다.

내가 준 상처로 인해 상한 심령으로 사는 자와 어떻게 하면 관계를 회복할 수 있을까?

나의 잘못을 솔직히 인정하는 것이 관계 회복의 첫걸음이다. 깨어진 관계를 회복하는 데 강력한 힘을 가진 다섯 글자로 된 말이 두 개 있다. "미안합니다"와 "제 탓입니다"이다. 죄를 고백하는 것은 내 책임이고, 상대방의 반응은 내 책임이 아니다. 그가 용서할 수도 있고 너무 늦었다며 용서하지 않을 수도 있다.

관계 회복의 둘째 단계는 보상이다. 보상의 기준에 대해 구약은 "그 훔친 것이나 착취한 것이나 맡은 것이나 잃은 물건을 주운 것이나 그 거짓 맹세한 모든 물건을 돌려보내되 곧 그 본래 물건에 오분의 일을 더하여 돌려보낼 것"(레 6:4-5)이라고 했다. 즉 20퍼센트를 더해 배상하라는 말이다. 신약에서 삭개오는 회개의 증거로 소유의 절반을 가난한 자들에게 주었고 "만일 누구의 것을 속여 빼앗은 일이 있으면 네 갑절이나"(눅 19:8) 갚겠다고 했다. 400퍼센트 보상이었다.

회개하고 보상하면 용서받고 관계가 회복될 뿐만 아니라 넘치는 축복을 받는다.(요 13:17) 어려운 과정을 거쳐 회복될수록 돌아오는 복은 더 크다. 무엇보다 그리스도의 평화가 우리 마음을 지배하게 된다.(골 3:15)

관계 회복의 원리는 교회 간, 교단 간, 교회와 사회 간의 관계 회복에 적용된다. 교회가 민족사에 범한 과거의 잘못을 인정하고 죄책을 고백하고, 민족 공동체에 물질과 봉사로 배상하면, 교회와 한국 사회의 관계는 회복되고, 교회는 더 큰 복을 받게 될 것이다.

회개와 보상에 따라오는 축복의 원리는 죄로 인해 멀어진 하나님과의 관계 회복에도 적용된다. 우리가 회개하면 하나님은 일흔 번에 일곱 번 이상 용서하신다. 나의 죄 값에 대한 보상은 예수 그리스도께서 이미 완전히 갚았으므로, 나는 그 은혜에 감사하여 나의 전 삶으로 드리는 '산 예배'를 드려야 한다.

1903-1907년 부흥운동은 회개와 보상 운동이었고, 그 결과 한국 교회는 더 큰 복을 받았다. 이제 그 절정에 이른 1907년의 역사를 살펴보자.

부흥의
절정

평양 부흥과 그 확산, 1907

대부흥운동은 1907년 1월 평양 장대현교회에서 열린 도사경회에서 정점에 달했다.

14~15일 사경회 마지막에 부어진 성령의 역사는 두 달 이상 계속되었다. 평양시의 모든 한국인 기독교인

공동체는, 남녀노소 구별 없이 모두 영적인 은혜를 경험했고 많은 사람이 성령충만함을 받았다.

그들은 공개적으로 죄를 고백했고 하나님과 이웃과 더불어 화해했다. 또한 모든 시민에게

죄 용서의 복음을 전파했다. 평양 부흥은 4월까지 지속되었으며, 부흥의 파도는 선천, 의주, 서울, 대구,

청주, 송도, 원산, 수원, 해주, 양덕, 증산, 영변, 북진, 제물포, 공주를 포함한 전국 여러 도시로 확산되었다.

평양 대동문, 1905년
The Water Gate (Grand Harmony Gate) of P'yŏngyang

물을 길러 나가는 남자 물장수들이 왼쪽에 있고 그 사이로 걸어가는 경찰이 보인다. 오른쪽으로 삿갓 가리개인 방립方笠을 쓴 여자, 머리에 소쿠리를 인 여자, 아이에게 젖을 먹이기 위해 가슴을 드러낸 여자 등이 보인다. 젖먹이가 있는 부인은 짧은 저고리를 입어 가슴을 드러내고 다니는 풍습이 있었는데, 이는 아이를 낳았다는 자랑의 표시였고, 젖을 먹이기에 편리했기 때문이다. 소쿠리를 인 여자는 뒤에 있는 양복 입은 외국인 남자를 바라보고 있다. 평양의 미혼 여자들은 장옷 대신 왕골로 만든 부녀삿갓을 썼다. 1866년 대동강을 거슬러 올라와 통상을 요구하며 평양인들과 충돌하다가 불탄 제너럴셔먼호에서 가져온 쇠 닻줄을 외세 침략을 반대한 상징물로 대동문에 걸어 두었다.

2층으로 된 기와집 상점도 몇 채 보이는 좁은 시장 거리에 사람들이 붐빈다. 맨발로 걸어가는 소년 뒤로 방립을 쓴 여인이 보인다. 국상國喪 중이라 대부분 흰 갓白笠을 썼지만, 검은 갓과 탕건만 쓴 사람들도 있다. 전통 공간에 전통 의복을 입고 있는 사람들 위로 길을 따라 솟은 전신주들이 근대 문명의 침투를 알린다. 재래식 상거래는 일본 상인들의 침략에 노출되어 있었다. 평양 교회 교인들 대부분이 이런 시장의 평민과 상인층이었다.

공사 중인 평양 장대현교회, 1900년
A great church on the hill, P'yŏngyang

장대현교회는 장대현 언덕 위에 총공사비 7,000여 원을 들여 72간 되는 개량 한국식 ㄱ자 기와집으로 지어졌다. 주일학교 여자반 교장 이정팍은 교회에서 30리 떨어진 마을에 살았는데, 50대임에도 수요예배와 주일예배에 빠짐없이 참석했다. 1903년 그는 건축 헌금을 보낸 미국의 마르키스W. S. Marquis 목사에게 감사 편지를 보냈다.

"전능하신 하나님이 천지의 주인이신 줄 알지 못하고 우상 사신에 절하고 빌어 복을 구했으나, 하나님을 생각하면 감히 높이 계신 아버지 찾을 수가 없사오니 하나님 아버지 은혜로 독생자 외아들을 아끼지 않으시고 만유 모든 사람의 죄를 담당하시고 이 죄인을 사랑하심일세. 죄꾸러기를 위하여 십자가에 흐르는 피로 내 죄 눈같이 썻고, 좁은 벙어 내 마음에 하나님의 성신이 계서서 모든 사람들이 진실로 회개하기를 바라더니, 서국西國의 사랑하는 동생 또 있어 예배당 크게 지어 넓게 앉았으니 하나님께 감사 감사합니다. 서국 동생 목사 크게 영접하기를 바라옵니다." (W. S. Marquis, "I was Wearing Her Letter and She Mine", *Presbyterian Magazine*, Nov. 1927, p.15.)

평양 장대현교회

The Central Presbyterian Church, P'yŏngyang. It opened 25 churches by 1909

장대현교회는 1907년 1월 성령이 임하고 통성기도와 공개 회개가 일어나 평양 부흥이 시작된 곳이다. 1,500명을 수용할 수 있는 한국의 첫 대형 교회로 1900년 완공되었다. 아직 교회 마당에 나무를 심지 않은 것으로 보아 완공 직후 찍은 듯하다. 한국식 기와지붕을 얹고 출입문과 벽에 서양식 유리창을 섞은 개량 한옥 양식이다. 좌석 뒤쪽을 이층으로 지어 천정이 높다. ㄱ자로 된 공간의 왼쪽은 남자석, 오른쪽은 여자석으로 분리하고, 중앙에 설교단을 두어 설교자는 양쪽을 다 볼 수 있게 했다. 이는 로스가 목회한 만주 심양교회의 토착 양식에서 배운 것이다. 어른 남자가 서 있는 대문 위에 '上帝是信實상제시신실' 즉 '하나님은 신실하시다'라는 뜻의 현판이 걸려 있고, 예배당 오른쪽으로 다섯 글자로 된 다른 현판이 있다. 설교단 위에는 "세상을 이긴 이김은 이것이니 우리의 믿음이니라"라는 요한일서 5장 4절 말씀이, 설교단 오른쪽에는 '나사렛 예수' 왼쪽에는 '왕의 왕 주의 주'라는 글이 붙어 있었다.

장대현교회의 한국인 지도자: 길선주, 김종섭, 정익로, 1907년

KIl Sŏn-ju, Kim Chong-sŏp, Chŏng Ik-no, Central Presbyterian Church, P'yŏngyang

평양에 예수교를 부흥시키고 한국 교회에 한국적인 복음주의 영성을 토착화한 주역들이다. 선도仙道에서 기독교로 넘어온 이들은 새벽기도, 통성기도, 금식기도를 교회에 정착시켰다.

1907년 1월 2일부터 15일까지 2주간 평안도 도사경회가 평양 장대현교회에서 열렸고, 6일부터 15일까지는 매일 저녁 7시에 사경회 참석자와 평양 시내 4개 장로교회 연합 부흥 집회가 열렸다. 첫 6일간은 길선주 장로가 설교했고, 이어 블레어, 리, 헌트, 다시 길선주순으로 설교했다. 이 부흥 집회 마지막 이틀간 성령이 임하고 회개의 역사가 일어났다. 사경회와 부흥회 일정을 표로 살펴보자.

평양 장대현교회에서 열린 사경회 일정표

일	월	화	수	목	금	토
		1	2	3	4	5
			◆———————————————————→ 사경회(2–15일)			
			선교사 매일 정오 기도회	참가자 남 700명 여 240명		
6	7	8	9	10	11	12
	6–15일 밤 부흥회 매일 1,500명 참석 ———————————————————————————————————————→					
길선주 설교 "마음의 문을열고 성신을 영접하라"	길선주 설교 "이상한 귀빈 괴상한 주인"	길선주 설교 "지옥을 취하랴 천당을 취하랴"	길선주 설교 "성령 앞에 숨을 자는 없다"	길선주 설교 "이신칭의"	길선주 설교 "무궁 안식 세계"	블레어 설교 "discord and unity"
13	14	15	16	17	18	19
오후 설교: 리 —————————————→	저녁 설교: 헌트	저녁 설교: 길선주	숭의여학교 숭덕남학교 성령강림	숭의여학교 성령강림		
우울한 저녁 집회	기도 인도: 리 성령강림 통성기도 2시까지 회개	성령강림 통성기도 회개	선교사 정오 기도회 성령강림 수요예배 설교: 리 성령강림 주공삼 장로 회개		■——— 여자 부흥회(17–19일) ———————■	
						성령강림
20	21	22	23	24	25	26
오후 설교: 길선주 빗줄 설교 성령강림						

1907년 1월 14일 월요일 밤, 평양 장대현교회에서 있었던 부흥회에 대한 첫 설명으로, 그레이엄 리 목사가 뉴욕의 브라운 총무에게 쓴 편지이다.

"이제 진행 중인 사경회에 대해 간단히 말씀드리겠습니다. 이것은 우리 선교지부 역사상 가장 크고 훌륭한 사경회입니다. 저희는 아직 등록 명부를 완성하지 못했지만 거의 1,000명이 등록했음에 틀림없고, 평균 출석은 700명 정도입니다. 6일 저녁 이후 우리는 매일 저녁 이 사경회에 하나님의 영이 특별히 임하시도록 기도회를 해 왔습니다. 집회의 능력은 매일 밤 더욱 커졌으며, 사람들은 자기 죄를 고백하려는 열망으로 부담을 느끼고 있었습니다. 청중은 남자들만 있었는데, 매일 저녁 집회마다 이 큰 교회에 1,200명 이상의 남자들로 가득 찼습니다. 여자들과 남학생들을 위한 모임도 각각 다른 장소에서 열리고 있었습니다. 제가 말씀드렸듯이 지난 일요일 저녁 전까지 집회의 능력이 점점 커졌지만, 그날 저녁에는 하나님의 영이 마치 우리를 떠나간 듯했습니다. 집회에 더 이상 어떤 능력도 없는 것 같았고, 모든 한국인과 선교사들은 무거운 마음으로 집회를 마쳤습니다. 매일 정오 우리 선교사들 모두는 하나님의 복이 저녁 집회에 임하기를 구하며 기도회를 열었습니다. 월요일 정오에 우리는 전날 저녁 집회의 이상한 분위기에 대해 이야기를 나누었고, 결국 우리의 복을 잃지 않을까 걱정했지만, 월요일 저녁 집회를 위해 모두 간절히 기도하기로 결심했습니다.

어제 저녁 모임은 평소처럼 7시에 시작했습니다. 짧은 설교와 몇 사람의 간증 후, 죄를 고백하기 원하는 자들이 있는데, 그 고백을 들으려면 시간이 많이 걸려 새벽까지 모임을 계속할 예정이므로 집에 가고 싶은 자는 가도 좋다고 광고했습니다. 많은 사람들이 떠나 집으로 돌아갔지만, 500-600명 정도는 그대로 남았으며, 그때 제가 지금까지 결코 본 적이 없는 집회가 시작되었습니다. 때때로 온 청중이 통성으로 기도했고, 그런 다음 고백하려고 애쓰던 일부 사람들은 거꾸러졌으며, 사방에서 주체할 수 없는 감정으로 하나님께 기도로 부르짖고 통곡하는 사람들의 소리가 들려왔습니다. 오늘 아침 편지를 쓰면서 어제 저녁 일을 생각하면, 눈물이 쏟아집니다. 저희는 울지 않을 수 없었습니다. 우리 교회를 정결케 하시고, 더 쓰임 받게 하려고 준비시키시는 분은 바로 하나님의 영이었습니다.

어젯밤에는 오직 하나님의 영만이 고백하게 할 수 있는, 그런 죄들을 고백했습니다. 힘을 자랑하는 건장한 남자들이 마치 자신의 심장이 찢어지는 것처럼 거꾸러져서 울었습니다. 제 요리사도 저를 속인 것을 고백했고, 고통 속에서 제게 크게 울부짖었습니다. '저도 용서받을 희망이 있습니까?' 저는 그에게 희망이 있다고 말하려고 했지만 그는 여전히 제가 지금까지 보지 못했던 영혼의 고통 속에 빠져 계속 울부짖었습니다. '용서받지 못하면 죽습니다.' 어떤 말로도 그 집회를 설명할 수 없습니다. 그것은 제가 결코 보지 못했던 하나님의 성령의 임재였습니다. 하나님께 이 일로 찬양을 드립니다. 이 사람들이 집으로 돌아가는 길을 지켜 주시고, 그들이 속한 교회에서 그들을 크게 사용하옵소서.   그레이엄 리 올림.

추신: 어젯밤 집회인 사경회 마지막 집회에 대해 추가로 말씀드립니다. 우리는 새벽 2시까지 머물면서 사람들이 죄를 고백하는 것을 들었으며, 똑같은 강력한 능력이 또 나타났습니다. 사람들은 여지없이 고통 속으로 빠져들었고, 긍휼을 구하기 위해 거의 비명을 질렀습니다. 한 사람씩 자신의 죄를 고백했고 그 다음에는 거꾸러지고, 바닥에 쓰러지고, 주먹으로 바닥을 치며 하나님께 긍휼을 구하며 울부짖었습니다.

교회의 지도자들 중 일부는 서로 나쁜 감정을 품고 있었는데, 그저께 밤에 일부 지도층 교인들이 마음속으로 김 장로를 증오했다고 고백했습니다. 김 장로는 말을 함부로 하는 습관이 있었습니다. 어젯밤 저와 다른 사람들은 김 장로에게 은혜가 임하여 일어나 고백하게 해 달라고 간절히 기도했고, 마침내 그는 일어나서 자신이 다른 사람을 얼마나 미워했는지 고백했습니다. 이어서 거꾸러져 긍휼을 베풀어 달라고 부르짖었습니다. 마치 감정의 파도가 이 사람들을 휩쓸고 지나가는 것 같았습니다.

저희는 모두 울었고, 그 외에 다른 길이 없었습니다. 이것은 참으로 무서웠습니다. 남자들이 하나님의 용서를 구하며 고통 속에서 울부짖었습니다. 마침내 저는 그들을 진정시키기 위해 찬송 한 곡을 불렀는데, 사람들이 자제력을 잃을까 두려웠기 때문입니다. 집회가 2시까지 계속되었는데도 고백하고자 하는 사람들이 있었습니다. 하지만 우리는 이렇게 이틀 밤을 보냈기 때문에 모두 지쳤고, 예배당이 점점 추워져서 그 집회를 끝냈습니다." (Graham Lee to A. J. Brown, January 15, 1907.)

회개의 파도가 평안도 사나이들 600명의 양심에 해일을 일으켰다. 죄악과 싸운 무서운 밤, 고통과 통곡의 밤이 변하여 화해와 평화의 밤이 되었다. 평양. 1월. 자정 전후. 추운 겨울밤. 5시간의 통회. 한국 교회가 새로 태어나는 밤이었다.

깨끗하게 준비된 그릇이 되면 주께서 사용하신다. 교회가 성결하게 되면 하나님의 쓰임을 받는다. 부흥은 비움 뒤에 오는 채움이다.

리 목사 가족
Rev. Graham Lee family

그레이엄 리 목사는 1861년 미국 일리노이 주 로크아일랜드에서 태어나 1916년 12월 2일 캘리포니아 주 길로이에서 사망했다. 레이크포리스트대학과 프린스턴대학교에서 공부한 후, 하트포드신학교를 거쳐 맥코믹신학교에서 신학 수업을 받았다. 해외선교운동에 관심이 있어 전국신학교연맹과 해외선교학생자원운동에 적극 참여했다. 1892년 한국에 와 몇 년간 서울에서 한국어와 한국 문화를 익혔다. 1895년 가족과 평양으로 이주해서 1912년 질병으로 은퇴할 때까지 봉사했다.

청년 시절 그는 배관 장사를 했고 기계를 능숙하게 다루었는데, 평양의 첫 선교 건물들은 그가 감독해서 건축했다. 그는 열정적인 전도인으로서 사람들에게 존경과 사랑을 받았으며, 한국 장로교회 전진운동의 지도자였다. 그는 깨끗한 인격과 불타는 헌신의 사람이었다.

선교사 집을 짓고 있는 한국인 노동자들
Korean workers are building a missionary house

선교사에게 고용된 많은 한국인이 돈을 훔치거나 거짓
말 한 죄를 부흥운동 기간 동안 회개했다.

평양의 선교사 집 물지게꾼, 1907년
Water bearer for a missionary, P'yŏngyang

1월 14일 밤, 평양 부흥이 일어난 첫날에 대한 매큔 목사의 증언이다. 미주리의 파크대학을 졸업하고 교사로 있다가 교육선교사로 1905년에 파송된 매큔尹山溫은 한국에 온 지 1년 4개월 만에 부흥을 목도했다.

"한국, 평양, 1907년 1월 15일

브라운 박사님께

박사님은 지금 우리 가운데 임한 축복에 대해 분명 듣고 계시겠지만, 그래도 저는 다른 사람이 이미 박사님께 전했을 수도 있는 이야기를 반복해서 말씀드리고자 합니다. 우리는 지금 지방 시찰에서 온 남자들을 대상으로 겨울 사경회를 열고 있는데, 예전처럼 재령 시찰은 포함되지 않았지만 이 모임은 지금까지 우리가 연 사경회 가운데 최대 규모입니다. 평양 시내 사람들의 참석이 허락되지 않았으므로 지방에서 온 남자가 모두 약 1,000명이라고 스왈른 씨는 발표했습니다. 우리 교사진은 많지 않습니다. 리, 스왈른, 번하이슬, 헌트, 블레어 씨가 한국인 몇 사람의 도움을 받아 모든 과목을 가르쳤습니다. (저는 지금 현재 시제와 과거 시제를 혼용하고 있습니다. 오늘이 사경회의 마지막 날이기 때문입니다.)

우리는 가장 놀라운 축복을 받았습니다! 성령께서 능력으로 임하셨습니다. 어제 저녁 장대현교회 모임에서 성령의 능력과 임재가 처음으로 실제로 나타났습니다. 저희 중에 누구도 그러한 것을 경험해 본 적이 없습니다. 우리는 웨일스, 인도, 기타 지역에서 일어난 부흥운동에 대해 읽었지만, 이것은 우리가 그동안 읽은 모든 것을 능가하는 부흥입니다.

저녁 집회 시간마다 우리는 성령을 위해 간구했습니다. 우리는 성령께서 이때에 당신을 분명히 나타내시도록 아주 구체적인 방식으로 기도했습니다. 그 집회 도중 어떤 때에 모든 청중이 연합해서 성령을 간구하는 기도를 드렸습니다. 아무 혼란 없이 완벽한 조화 가운데 함께 기도하는 1,000명의 목소리를 듣는 것은 놀라운 일입니다.

오후나 이른 저녁에 거리를 걷노라면 가정에서 성령님을 간구하며 드리는 기도를 들을 수 있습니다. 남자들은 필사적으로 성령님을 간구해 왔습니다. 저희 선교사들은 지난 8월, 여기 평양에서 열린 성경공부 모임에서 성령의 능력을 간구하는 기도를 시작했으며, 성탄절 다음 날부터는 겨울 사경회 때 성령의 능력이 임하도록 간구하면서 일주일 동안 매일 저녁 특별집회를 열었습니다. 그 후 지금까지 우리는 정오 기도회를 계속 열고 있습니다. 우리는 서로 죄를 고백하면서 이 기도회를 시작합니다. 비록 우리 선교사 공동체가 거의 완벽하지만 (저는 이곳에 온 지 얼마 안 되고, 또한 자랑하는 체할 필요가 없기 때문에 이렇게 말할 수 있습니다) 그동안 기도해 왔던 축복을 받기 위해 우리는 사소한 것이라도 서로 고백할 것을 찾았습니다.

우리는 며칠 전 그 축복을 받았으며, 어제 저녁에는 한국인들도 그 능력을 목격했습니다. 이 일은 너무나 놀라워서 그것을 말하려고 하면 눈물을 참을 수 없습니다. 어제 저녁 집회는 오늘 새벽 2시에 마쳤습니다. 한 사람씩 일어나 자신의 죄를 고백했으며, 그들 중 많은 사람이 악마와 싸우며 고뇌를 겪었습니다. 우리는 그 싸움이 계속되는 것을 볼 수 있었고 승리를 얻는 것을 볼 수 있었습니다. '무시무시하다'는 표현 외에는 우리가 어제 저녁 하나님과 그의 대적大敵인 사탄과의 싸움을 목격했을 때 받은 느낌을 표현할 말이 없습니다.

어떤 사람들은 기독교인이 되기 전에 동료를 죽였다고 고백했습니다. 많은 사람이 하나님의 법을 어겨 왔다고 고백했습니다. 교회 제직들은 도둑질(합법적으로 빼돌리기)을 했고, 그들 사이에 시기와 미움이 있다고 고백했습니다. 한 장로는 그의 마음에 선교사에 대한 미움을 품고 있었는데, 공개적으로 이 일에 대해 용서를 구했습니다. 어떤 사람은 하나님께 지은 죄를 고백한 후 다른 이에게 용서를 구하며 울부짖었습니다. 건물 안의 모든 사람이 울었습니다. 가장 완고하고 냉혹하고 무정한 사람도 놀랍게 감동을 받았습니다. 어느 교회의 한 집사는 기독교인이 되기 전에 딸을 독살했다고 고백했는데, 이전에는 이 죄에 대해 한 번도 말한 적이 없었습니다. 곡산谷山 시찰의 조사는 자기가 섬겼던 레크George Leck 씨의 돈 4엔(미화 2달러)을 훔쳤다고 고백했습니다. 그는 그 돈을 리 씨에게 가져와 그것을 미국에 있는 레크 부인에게 보내 달라고 부탁했습니다. 남편들은 아내를 죽이고 새 아내를 얻고 싶을 정도로 아내를 미워했다고 고백했습니다. 이들 중에 어떤 사람은 집에 돌아가 똑같은 내용을 아내에게 고백했는데, 아내들은 성령의 축복을 받지 않았기 때문에 약간의 혼란이 있었을 것이 분명합니다.

[중략]

요즘 우리 모두가 누리고 있는 큰 즐거움은 이루 다 말할 수 없습니다. 이곳의 1,000명의 남자들이(그들 중에는 교회의 지도자들이 많습니다) 고향으로 돌아가면 얼마나 큰 능력을 발휘하겠습니까! 그것은 측량할 수 없습니다! 우리는 이러한 일 앞에서 모두 겸손하며, 어떤 사람은 혹시 자랑하는 것처럼 보일까 봐 글을 쓰는 것도 두려워합니다. 하나님께서 우리를 통해 모든 영광을 받으시리라고 확신합니다. [후략]

조지 매큔 올림." (George McCune to A. J. Brown, Jan. 16, 1907.)

불꽃같은 눈으로 살피시는 하나님의 현존 앞에서 교회 지도자들은 살인죄까지 고백하는 처절한 회개를 했다. 살인, 간음, 절도, 시기, 미움……. 영혼 깊은 곳에 숨겨 둔 오래된 죄들이 풀무불에 들어간 고철처럼 녹아내렸다.

매큔은 이후 선천의 신성중학교 교장으로 105인사건을 온몸으로 겪었고, 1936년에는 평양 숭실중학교와 숭실전문학교 교장으로 있으면서 신사참배를 반대하여 교장 직에서 파면되었다. 은퇴 후에는 캘리포니아에 거주하며 한인 이민자들을 도왔다. 그의 한국 사랑은 1907년 부흥회에서 시작되었다.

평양 장대현교회 남자 교인, 1909년
Male members of the Central Presbyterian Church, P'yŏngyang

Central Church in Pyeng-Yang, from which thirty-nine other Churches have sprung in fifteen years.

1909년에 찍은 사진으로, 상투가 사라지고 머리를 짧게 깎은 어른들이 많다.

1월 15일 화요일 밤, 성령강림 둘째 날에 대한 리 목사의 증언이다. 설교를 맡은 길선주 장로의 얼굴은 순결과 거룩함으로 불타는 예수의 얼굴과 같았다.

"우리는 월요일과 똑같은 방식으로 집회를 진행했다. 탁월한 은사를 가진 한국인 설교자 길선주 씨가 설교한 후, 우리는 집에 가고자 하는 사람들은 모두 돌아가게 했는데 약 600명이 남았다. 집회는 월요일 저녁 집회 때와 거의 같았으나 성령이 더 강력하게 나타났다.

우리 가운데 몇 사람은 특별히 김 씨와 주 씨[朱孔三]를 위해 기도하고 있었다. 왜냐하면 우리는 이 두 사람의 삶에 고백해야 할 죄가 있다고 느꼈기 때문이다. 김 씨가 필요한 힘을 얻었을 때 절정에 도달했다. 그는 강단 위에 앉아 있다가 갑자기 일어나서 앞으로 나왔고 즉시 기회가 주어졌다. 그는 마음속에 있었던 다른 형제들, 특히 블레어 씨에 대한 증오를 고백했고 그 후 완전히 자제력을 잃어버렸다. 그가 겪은 고통은 말할 수 없이 참담한 것이었다. 그는 바닥에 쓰러져서 발작하는 사람처럼 행동했다. 그가 거꾸러졌을 때 모든 회중도 거대한 폭풍 속으로 빠져들기 시작했으며, 울고 울며 또 울었다. 우리 선교사들도 다른 사람들과 마찬가지로 울었는데, 그렇게 하지 않을 수 없었다.

우리가 통곡하고 있는 동안 강 씨[강유문]가 기도하기 위해 일어났고, 그 가련한 자는 기도하면서 고통스러워하다가 완전히 거꾸러져 심장이 터질 것처럼 울었다. 형제들이 주위에 모여들어 팔로 그를 감싸자 그는 곧 잠잠해졌다. 그리고 김 씨에게 가서 사랑스럽게 안으며 함께 우는 아름다운 장면이 있었다. 서로 떨어지고 나서 김 씨가 블레어 씨를 향해 '블레어 목사님, 저를 용서해 주실 수 있나요?'라고 말했다. 블레어 씨는 기도하기 위해 일어섰고 '아버지'라는 말을 두 번 하고 나서 더 이상 계속할 수 없었다. 어떤 말도 할 수 없었다. 회중은 계속 울었고 그들은 멈출 수 없는 것 같았다. 마침내 우리는 그들을 진정시키기 위해 찬송을 불러야 했는데, 이는 일부 사람들이 자제력을 잃을까 염려했기 때문이었다. 찬송하는 중에 그들은 잠잠해졌고 이어서 고백들이 다시 시작되어 2시까지 계속되었다.

저녁 집회의 가장 놀라운 일 중 하나는 한 대학생이 드린 기도였다. 그는 하나님께 공개적으로 고백할 수 있게 허락해 달라고 요청했고 그 기회가 주어졌다. 그는 쉰 목소리로 기도하기 시작했는데, 나는 그런 기도는 결코 들어본 적이 없다. 우리는 한 사람의 마음이 하나님 앞에 놓여 있는 환상을 보았다. 그는 간음, 증오, 아내에 대한 무정함, 그리고 지금은 내가 기억하지 못하는 여러 다른 죄들을 고백했다. 그가 기도하면서 울 때, 사실 그는 거의 자신을 추스를 수 없었는데, 모든 회중도 함께 울었다. 우리 모두는 살아 계신 하나님 앞에 있는 것처럼 느꼈다." (Graham Lee, "How the Holy Spirit Came to Pyeng Yang", 1907, pp.34–35.)

내 마음과 삶을 하나님 존전尊前 앞에 온전히 드러내 놓고 살피는 것이 회개이다.

개교 당시의 숭의여학교, 1901년
The Presbyterian Girls' School in P'yŏngyang

숭의여자초등학교, 1906년
Primary Girls' School, P'yŏngyang

BANNER PRIMARY SCHOOL, PYENG YANG.
Over fifty girls met in Marquis Chapel. Self-supporting school. Photograph sent by
Mrs. J. Hunter Wells.

숭의여학교는 1903년 10월, 평양 상수구리에 마페트가 설립했으며 곧 벨마 스누크(Velma L. Snook, 鮮于理, 1866-1960) 양이 2대 교장으로 취임했다. 1907년 목조 십자형 2층 교사를 지었고, 1911년 약 5,000평의 부지에 대규모 건물을 지었다. 숭의여학교 부흥을 목격한 스누크 양은 오하이오 페어필드 출생으로, 아이오와사범대학을 졸업한 후 교사로 근무하다가 1900년 11월 평양에 파송되었다.

1월 16일 수요일 오전, 평양 숭의여학교와 숭덕남학교에 부흥이 일어났다.

"이것은 두 번째 추신입니다. 이전 편지에서 박사님께 우리 사경회의 최근 집회에 대해 말씀드리면서 하나님의 성령의 역사가 그 사경회에서 끝난 것처럼 말씀드린 것 같은데, 분명히 그것은 시작에 불과했습니다. 수요일[16일] 아침 스누크 양이 여학교에 가서 평소처럼 일을 시작했습니다. 그런데 10시에 시작된 학교 예배가 정오가 되어도 끝나지 않았습니다. 그 예배가 시작되자마자 여학생들은 울며 자기 죄를 고백했고, 오전 수업은 생각할 수도 없었습니다. 오늘 아침 동일한 일이 일어났습니다." (Graham Lee to A. J. Brown, January 17, 1907.)

"스누크 양은 오늘[16일] 아침 성경을 읽고 기도를 마쳤을 때 깜짝 놀랐습니다. 한 여학생이 일어나 울면서 자기 죄를 고백했습니다. 다른 학생들도 일어나 그렇게 했습니다. 아침 내내 기도와 고백만 했습니다. 스누크 양은 공개적으로 죄를 고백하기 원하는 학생들에게 다음에 기회를 주기로 하고, 식사를 위해 1시에 모임을 끝내야 했습니다." (George S. McCune to A. J. Brown, January 15, 1907.)

"약 80명의 학생이 등록되어 있는 숭의여학교에서도 큰 축복을 받았습니다. 3일 동안 아침 기도회 후 오전 10시에 진행하던 수업은 생략하고 대신 기도와 죄를 고백하는 시간으로 사용했습니다. 이 여학생들의 집회는 진실한 회개가 특징이었습니다. 그들은 때로 자기 죄를 고백한 뒤 교실을 가로질러 뛰어가 자신이 해를 끼쳤던 사람의 손을 잡고 그에게 용서를 구하기도 했습니다." (William L. Swallen to A. J. Brown, January 18, 1907.)

부흥은 초·중등학교 학생들까지 회개하고 성령을 체험하는 전 교회적 사건이다. 세계의 유명한 부흥사, 목회자, 신학자들이 10대에 거듭나는 경험, 성경을 깊이 사랑하는 경험을 했다. 이들은 인생의 가치와 영적 진리와 의미 있는 관계 등에 대하여 진지하게 고민하고 있다. 어른들뿐만 아니라 아이들에게도 심도 있는 하나님의 말씀을 논리적이면서도 순수하게 선포해야 한다. 선교에 대한 헌신이나 교회 프로그램에 대한 충성보다, 하나님과 하나님의 말씀을 깨끗한 마음으로 사랑할 수 있도록 이끌어야 한다. 헌신은 그 뒤에 따라올 것이다.

숭덕남학교 운동회, 1906년
Lower School Boys' Field Day at the Soongsil Academy, P'yŏngyang

LOWER SCHOOL BOYS' FIELD DAY, AND SPECTATORS.
The building is Pyeng Yang Academy.

숭덕남학교 학생들의 체조, 1907년
Boys at primary school at drill, P'yŏngyang

1월 16일에 있었던 숭덕남학교의 부흥에 대해 살펴보자.

"수요일 아침 장대현교회에 있는 초등학교의 남학생들이 평소와 마찬가지로 공부하기 위해 모였지만, 그날 아침 수업은 진행할 수 없었습니다. 교사가 평소대로 신앙 교육을 시작했을 때, 남학생들이 울면서 자기 죄를 고백했고, 오후 1시까지 계속되었습니다. 큰 충격을 받은 남학생 세 명은 의식을 잃었습니다. 그런데 이것은 남학생들로 그치지 않았습니다. 오늘 아침 이곳 구내에 있는 여자 초등학교를 지나갈 때, 저는 그들도 울며 통곡하는 소리를 들었습니다. 번하이슬 부인이 시내에 있는 여학교에 가서 간단히 설교하자 그들은 거꾸러져 울면서 죄를 고백하기 시작했습니다." (Graham Lee to A. J. Brown, January 17, 1907.)

"다음 날 아침 은혜의 역사는 학교 학생들에게도 나타나기 시작했습니다. 남학교의 많은 학생들이 죄를 고백하고 몇 시간 동안 큰 고통 속에 있었습니다. 이것은 아침 기도회 시간에 시작되어 몇 시간 동안 계속되고 오후까지 이어졌습니다." (William L. Swallen to A. J. Brown, January 18, 1907.)

"김찬성金燦星이 숭덕소학교에서 기도회를 인도하며 누가복음 15장의 탕자 비유로 강도할 때 300여 명 소학생 일동이 대성통곡하며 혹 혼도기절하며 죄를 자복하매 소문이 즉각으로 사경회 각소各所에 바로 전달되었다. 그때에 길선주가 제8소에서 성신 요리要理를 교수하더니 성신이 회중에 임하매 채정민蔡廷敏이 대성통곡하며 죄를 자복하기 시작하여 8소 일동이 일시 회죄悔罪 통곡하였으며, 매일 밤에 이길함[그레이엄 리] 선교사의 인도로 기도하는 중 홀연히 급한 바람이 임하니 이윽고 성신이 강림하매 예배당에 가득한 청중이 방성대곡하며 각기 기립하여 죄를 자복하니 우는 소리와 자복하는 소리를 분변키 어렵더라." (《평양노회 지경 각 교회 사기平壤老會地境各敎會史記》1925, 9쪽.)

김찬성은 길선주와 함께 선도(도교)를 실천하다가 예수교를 믿은 자로 1904년 장로로 장립되었고, 평양 장로회신학교를 다니면서 숭덕남학교 교장으로 봉사했다. 1909년 평양 장로회신학교를 졸업하고 안주읍교회에서 시무했으며, 1919년 3·1운동 당시 아들 화식과 시위에 참여하여 옥고를 치렀다. 그 후 만주에 항일독립군을 창설하고 지도자로 활동했다. 평양 대부흥에서 은혜를 체험한 한국인 지도자들 가운데 상당수는 일제시대 만주나 시베리아로 가서 나라의 독립을 위해 헌신했다. 이들의 구국운동은 부흥 체험을 바탕으로 했다.

니스벳 부부의 식탁, 1907년
Rev. & Mrs, J. S. Nisbet at home, Chŏnju

햇감이 식탁 중앙에 있고, 요리사(자섭이 어미)가 식사를 차린다. 고아 소년(타박이)이 냉수를 붓고 물지게꾼(창직이)이 옆에 서 있다. 선교사들은 대개 두세 명의 하인을 데리고 살았다.

목포 진료소, 1907년
Mokpo dispensary

1월 16일 수요일, 선교사들의 정오 기도회는 선교사들의 부흥회가 되었다.

"선교사들도 거의 예외 없이 성령의 놀라운 능력 아래에 들어갔습니다. 성령은 엄청난 축복의 소나기로 우리 위에 임하는 듯했습니다. 1월 16일 정오 기도회는 매우 놀라운 기도회였습니다. 당시 시내에 있던 장로회와 감리회 선교사들이 모두 함께 모여 2시간 동안 죄와 허물을 깊이 참회했습니다. 공개적인 고백과 많은 눈물이 있었습니다. 성령 께서 큰 능력 가운데 임하셨고, 우리 모두는 이것을 알았습니다. 마음 깊은 곳을 살피는 시간이었습니다. 오, 성령 안에서 이곳에 있다는 것이 얼마나 복된 일입니까! 어떤 말로도 성령이 저희 마음에 주신 기쁨을 표현할 수 없습니다. 여기 이 은혜의 역사 한 가운데 있으면서 그분의 거룩한 임재의 능력을 보고 느끼는 특권이 또 있을 수 있겠습 니까? 또한 이 영적인 운동이 지극히 큰 능력으로 교회의 가장 높은 위치에 있는 제직 들 가운데서 시작되었다는 것은 이 운동의 진정성에 대한 희망찬 증거입니다. 이 운동 은 아주 잘 시작되었으며, 우리는 이 운동이 이 지역과 한국의 모든 지역으로 확대되기 를 소망합니다. 이것은 시작에 불과합니다. 우리는 이것이 온 교회에 확대되어야 한다 고 확신합니다. 오, 저희 선교사들이 여러분과 본국 교회의 기도를 절실히 필요로 한다 면 지금이 바로 그때입니다." (William Swallen to A. J. Brown, January 18, 1907.)

"하나님은 우리 마음속에 이 사경회 위에 특별한 축복이 부어지기를 바라는 특별한 소 원을 주셨으며, 우리 장로교 선교사들은 매일 정오에 만나서 이 사경회를 위해 기도하 기로 합의했다. 이것은 우리 자신에게 큰 유익을 주었다. 이 정오 기도회는 우리에게 바로 벧엘과 같았다." (Graham Lee, "How the Holy Spirit Came to Pyeng Yang", 1907, p.33.)

한국 교인들의 통회 자복이 이틀간 계속되고 초·중등학교 학생들의 회개하는 모습도 목도한 선교사들은 정오 기도회에서 자신들의 영혼을 살폈다. 성령의 역사로 선교사들도 허물과 죄를 공개적으로 회개했다. 하지만 아쉽게도 그들의 고백은 선교사 공동체 안에서만 이루어졌다. 그것은 선교 초창기에 전염병 감염이 두려워 선교사들끼리만 성찬식을 했던 편협한 인종주의 와 맥을 같이하는 한계였다.

얍복 강변 벧엘에서 하나님과 씨름하고 옛 자아를 쳐서 죽여야 한다. 절뚝거리는 다리로 가서 만나야 할 강 건너의 형제가 있다. 풀무불에 반복된 담금질이 있어야 정금正金이 나온다.

평양의 장날, 1907년
A market day in P'yŏngyang

평양 인력 궤도차, 1907년
First street cars propelled by men in P'yŏngyang

1월 16일 수요일 저녁 집회에 대한 리 목사의 설명이다. 2주일간 있었던 평양 도사경회가 끝난 후 4개의 평양 장로교회에서 열린 수요기도회에서 사흘째 부흥의 밤이 계속되었다.

"화요일 저녁 집회를 마쳤을 때 저는 마음에 부담을 느꼈습니다. 왜냐하면 마음에 큰 죄의 짐을 가진 쥬쥬공샘 장로라는 분이 있었기 때문입니다. 화요일 저녁에 저는 그를 위해 기도했지만 그는 죄를 고백할 용기를 내지 못했습니다. 화요일 저녁의 긴 집회 시간 동안 그는 사형선고를 받은 사람처럼 보였습니다. 제가 그 사람을 위해 기도했지만, 그날 밤 그는 앞으로 나올 수 없었습니다. 어제 저녁 제가 간단한 설교로 집회를 시작하자마자, 청중들은 함께 통성으로 기도했는데, 이렇게 함께 기도하는 것이 우리 집회의 특징이 되었습니다. 기도하기를 마치자마자 사람들은 죄를 고백하려는 간절한 마음으로 자리에서 일어났습니다. 몇 사람의 간증을 듣고 나서 저는 머물기를 원치 않는 사람들은 보내는 것이 좋겠다고 생각했습니다. 그래서 많은 사람들이 떠났지만, 또한 많은 사람들이 남았습니다.

사람들이 다시 지난밤에 했던 것처럼 자기 죄를 고백하고 자비를 구하기 시작했습니다. 저는 주 장로가 갑자기 강단 위의 제 곁에 서서 고백할 수 있는 기회를 달라고 요청하는 것을 알게 되었습니다. 이후 제가 한 번도 본 적이 없으며, 다시 보고 싶지 않은 장면이 시작되었습니다. 자신이 범한 죄에 대해 말할 때 그는 머리부터 발끝까지 떨면서 고통 속에서 날카로운 비명을 질렀습니다. 전날 저녁 김 씨가 고백했을 때도 아주 두려웠지만 이날 밤은 그것보다 훨씬 더 두려웠습니다. 저는 그렇게 심하게 마음의 고통을 겪는 사람을 본 적이 없습니다. 저는 그가 바닥에 쓰러지는 줄 알고 팔을 뻗어 그를 붙들었지만, 그는 있는 힘을 다해 강단을 두드리며 이제까지 살았던 사람 중에 자신이 가장 나쁜 사람이라고 부르짖었습니다. 그는 간음과 자금 횡령을 고백했으며, 마침내 바닥에 쓰러지더니 고통 속에서 심하게 몸을 뒤틀었습니다. 안정을 찾지 못하면 죽을 것처럼 보였습니다. 그가 입을 떼자마자 사람들이 울기 시작했으며, 엄청난 감정의 물결이 그들을 덮치는 듯했습니다. 그들은 울며 통곡했고 도저히 중단할 것 같지 않았습니다.

드디어 저는 그들을 진정시키기 위해 찬송 한 곡을 부르기 시작했습니다. 우리는 지난 이틀 저녁처럼 그렇게 늦게까지 머물 수 없었습니다. 우리는 더 이상 지속할 수 없었습니다. 그것은 무서운 광경이었지만 저에게 큰 기쁨을 주었습니다. 왜냐하면 저는 그가 고백해야 한다는 것을 알았지만 그가 용기를 내지 못하면 어쩌나 두려웠기 때문입니다. 한국인 형제들이 필로 그를 안고 고통 속에 있는 그를 위로하는 장면은 이루 말할 수 없이 아름다운 모습이었습니다." (Graham Lee to A. J. Brown, January 17, 1907.)

교회 지도자들이 화해한 부흥회! 부흥은 화해요 일치요 통일이다. "이 모든 것은 하나님에게서 났습니다. 하나님께서는 그리스도를 내세우셔서, 우리를 자기와 화해하게 하시고, 또 우리에게 화해의 직분을 맡겨 주셨습니다."(고후 5:18, 표준새번역)

평양 장대현교회 당회원, 1909년

The session members of the Central Presbyterian Church, P'yŏngyang

앞줄 왼쪽부터 김선두, 정익로, 마페트, 길선주, 리, 옥경숙, 위참석. 뒷줄 왼쪽부터 김성택, 박치록, 안봉주. 이들 중 김선두, 김성택, 안봉주는 뒤에 목사가 되었다. 1909년 박치록 장로는 길선주와 새벽기도회를 시작했다.

1월 16일 밤에 있었던 주공삼 장로의 회개 장면을 스왈른은 다음과 같이 묘사했다.

"그날 밤 가장 가련한 장면 중의 하나는 강단 위에 있던 지극히 신뢰받는 한 장로가 주먹을 움켜쥐고 고통 때문에 얼굴이 뒤틀어진 채로 다른 사람과 함께 앉아 있다가 손으로 머리를 붙잡고 괴로움 속에서 머리카락을 쥐어뜯는 모습이었습니다. 아, 그의 마음에 무거운 짐을 지니고 있다는 것을 쉽게 알 수 있었습니다. 어떻든 그는 간신히 자신을 추슬렀지만 결국 비탄에 잠겨 집으로 돌아갔습니다. 다음 날 밤 그는 집회가 거의 끝날 때까지 극심한 고통 속에서 괴로워했습니다. 그는 얼굴을 마루에 대고 엎드린 채 마루를 두드리고 머리카락을 쥐어뜯으며 필사적으로 몸을 뒤틀었습니다. 폐회하겠다는 이야기가 나오자, 그는 마치 초인과 같은 힘으로 갑자기 일어나 강단 위로 가더니 자기 죄를 말하기 시작했습니다. 죄에 대한 하나님의 무서운 판결을 말하려고 애쓸 때 그는 흐느끼고 울부짖으며 몸을 뒤틀고 주먹으로 강단을 쳤습니다. 그 심판이 너무 무시무시해서 몸을 가누지 못했는데, 선교사가 부축하지 않았더라면 쓰러졌을 것입니다.

그가 말한 것을 제가 반복할 필요는 없습니다. 그러나 그것은 성령께서 마음의 은밀한 것을 드러내신다는 하나님의 말씀이 진리임을 강력하게 증거합니다. 이것은 단순한 감정이 아닙니다. 왜냐하면 이틀 밤 동안 기도와 고백으로 이루어진 후속 집회가 6시간 동안 중단 없이 계속되었기 때문입니다. 이 모든 울부짖음과 중간중간 있었던 통성기도 시간에 아무런 혼란도 없었다는 사실은 주목할 만한 일입니다. 이는 조명하시는 성령의 능력 아래 진실로 마음을 살피는 시간이었습니다. 다음 날 사람들이 거리에서 서로에게 고백하는 것을 볼 수 있었습니다. 훔친 물건은 도로 갖다 주었습니다. 훔친 돈을 반환했고, 오랫동안 갚지 않았던 빚을 갚았으며, 왜곡된 습관들이 전반적으로 바로잡혔습니다." (William L. Swallen to A. J. Brown, January 18, 1907.)

피고름을 짜듯이 영혼의 숨은 죄를 쥐어 짜내는 고통을 겪으며 주 장로는 회개했다. 그것은 악령과 치른 영혼의 사투였다. 이틀간의 전투 끝에 그는 은밀한 죄를 고백하고 승리했다. 모든 교인들이 그의 고투를 기도로 도운 결과였다.

부흥은 악의 세력과의 혈투이다. 부패, 불의, 거짓, 분열, 죽음의 세력과 '전투하는 교회'의 전우애 회복이다. "사람의 도움은 아무것도 아니니, 하나님이여 우리를 도와 대적을 치게 하소서. 우리가 하나님을 의지하고 용감하게 싸우리니, 하나님께서 우리의 원수를 짓밟으시리라." (시 60:11-12) 사실 악과의 싸움은 이미 이긴 승리의 확인이다. "무릇 하나님께로부터 난 자마다 세상을 이기느니라. 세상을 이기는 승리는 이것이니 우리의 믿음이니라."(요일 5:4)

평양 숭의여학교, 1907년

The Presbyterian Girls' School, P'yŏngyang

1907년 1월 17일 목요일 아침, 숭의여학교 학생들의 부흥 모습이다.

"목요일 아침 성령은 여학교에 임했다. 우리 중 몇 사람이 교실을 지나갈 때 우는 소리를 들었고 동일한 권능이 그곳에 임했음을 알았다. 여선교사 베스트가 그들을 돌보기 위해 즉시 내려갔다. 번하이슬 부인이 이 학교에서 일어난 일에 대해 듣고, 사태의 진상을 알아보기 위해 시내에 있는 그 학교에 갔다. 그녀가 여학생들에게 몇 마디 말을 건네자 그들은 울며 죄를 고백하기 시작했다.

수요일 정오에 열린 우리의 기도모임에도 동일한 권능이 나타났다. 30분 기도회를 하는 대신 우리는 2시까지 계속 울며 죄를 고백했다. 나는 그와 같은 기도회에 결코 참석해 본 적이 없다. 하나님의 영이 문자 그대로 우리 위에 임하셨고, 우리는 울며 죄를 고백하지 않을 수 없었다. 마치 하나님께서 우리 공동체의 모든 방해물과 해악을 정결케 하시는 것 같았다." (Graham Lee, "How the Holy Spirit Came to Pyeng Yang", 1907, p.36.)

평양의 여자 교인들, 1906년
Christian Women in P'yŏngyang

DAUGHTERS OF EVE AT PYENG YANG.
Unmarried girl with basket on her head. It is her veil, her parasol, her rain umbrella, and the protection of her modesty.

아래는 1907년 1월 19일 토요일에 경험한 장대현교회 여자 교인의 부흥 모습이다.

"사경회 기간 동안 교회의 여자들은 별도의 집회에 참석했는데, 그들 가운데는 특별한 성령의 현시가 없었다. 그래서 우리는 목, 금, 토요일 저녁에 장대현교회에서 그들을 위한 집회를 열기로 했다. 목요일과 금요일 저녁에는 특별한 성령의 현시가 없었는데, 이는 여자들이 아직 준비되지 않았기 때문이었다. 몇 사람의 고백과 자기 의에 빠진 노인들의 두서없는 이야기가 있었지만, 성령이 강력하게 임하지는 않았다. 토요일 밤에 능력이 임했고, 그때 여자들도 남자들처럼 죄를 고백하며 괴로워했다. 우리 모두는 그동안 우리에게 고통과 슬픔을 주었던 한 젊은 여자의 고백에 기뻐했다. 우리는 그녀를 돕고 싶었지만, 그렇게 할 수 있는 방법을 찾을 수 없었다. 토요일 저녁 그녀는 거꾸러졌고 고백했으며 심장이 터질 것처럼 울었다." (Graham Lee, "How the Holy Spirit Came to Pyeng Yang", 1907, p.36.)

1909년 백만인구령운동 당시 찍은 사진이다. 1907년 부흥회 당시에는 안식년 휴가로 미국에 가 있던 마페트 목사가 오른쪽 중앙에 서 있다.

1907년 1월 20일 오후 주일예배에서 있었던 길선주의 밧줄 설교 후 남녀 회중에게 강력한 회개의 영이 임했다. 이어서 "월요일과 화요일 저녁에는 여자만을 위한 모임이 열렸으며 또다시 하나님의 강력한 능력이 나타났다. 중압감이 너무 강해서 한 여자는 의식을 잃었고 다른 여자들도 거의 자제력을 잃었다." (Graham Lee, "How the Holy Spirit Came to Pyeng Yang", 1907, p.37.)

선교잡지 표지에 실린 길선주, 1907년

Elder Kil, cover of *the Missionary Review of the World* (July 1907)

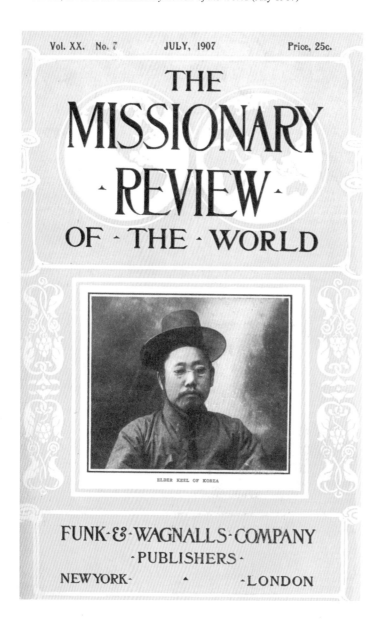

〈The Missionary Review of the World〉는 뉴욕에서 피어선 편집장이 발간한 세계적인 초교파 선교잡지로, 게일은 평양 대부흥의 놀라운 소식을 전 세계에 알리면서 길선주의 개종과 부흥 설교의 능력을 소개했다. 한국인으로서 세계적인 잡지의 표지 모델이 된 것은 길선주가 처음이다. 백내장으로 두 눈이 거의 먼(257쪽과 321쪽 참고), 선도(도교)에 심취해 있던 한의사가 하나님의 쓰임을 받는 대부흥사가 되었다. 부흥의 한 결과는 한국인 목회자의 지도력과 위상 향상이었고, 이는 한국인에 의한 한국인의 교회라는 토착적이며 민주적인 '한국' 교회를 형성하는 기초가 되었다.

1월 20일 주일 오후, 길선주의 설교로 강력한 회개의 영이 임했다. "한국에서 가장 달변의 설교자요 가장 뛰어난 영적 능력을 지닌" 자로 인정받던 길선주는 1907년 1월 14일부터 시작된 평양 대부흥운동을 실제적으로 이끌어 갔다. 매일 저녁 부흥 집회가 진행되던 중, 1월 20일 주일예배 때 그의 밧줄 설교로 다시 강한 회개가 일어났다.

> "주일 오전 중앙교회[장대현교회]에서 우리는 평소대로 성경공부반을 열었다. 그날 오후에 다른 위대한 능력이 나타났다. 길선주가 설교했는데 그는 매우 생생한 예화로 설교를 마감했다. 그는 한 손으로 밧줄을 잡고 한 손을 밧줄로 허리에 묶은 뒤, 한 영수에게 밧줄을 잡아 달라고 부탁하고, 매큔에게는 설교단에 서서 자신을 오라고 불러 달라고 했다. 길 씨는 이것은 죄에 묶인 죄인이 밧줄을 끊고 하나님께 가려는 것을 보여 준다고 설명했다. 그는 양심의 가책을 받은 자처럼 나아가려고 하면서 몸부림치기 시작했고, 마침내 손에서 밧줄을 풀고 강단을 가로질러 달려가, 두 팔을 벌려 매큔과 끌어안았다.
>
> 나는 그 집회에 참석하지 않았으며, 블레어 씨와 지방 사경회를 진행하기 위해 지방에 가 있었다. 후에 매큔 씨는 길 씨가 밧줄을 풀려고 할 때 회중은 숨을 죽였다고 말했다. 그러다가 손이 풀리고 두 사람이 포옹했을 때 그 효과는 형용할 수 없었다. 많은 사람들이 즉시 일어나서 죄를 고백하겠다고 외쳤고, 다른 사람들은 울면서 너무나 괴로워 몸부림치면서 바닥에 뒹굴었다. 길 씨는 그들에게 집에 가서 죄를 사람들에게 고하고 저녁 집회에 다시 오라고 말했다." (Graham Lee, "How the Holy Spirit Came to Pyeng Yang", p.37.)

현장에 있었던 정익로 장로는 이 장면을 다음과 같이 회고했다.

> "길선주 목사의 얼굴은 위엄과 능력이 가득 차 있었고 순결과 성결로 불붙은 얼굴이었다. 그는 길 목사가 아니었고 바로 예수님이었다. 그는 눈이 소경이어서 나를 보지 못하였을 터이나 나는 그의 앞에서 도피할 수 없었다. 하나님이 나를 불러 놓은 것으로만 생각되었다. 전에 경험하지 못한 죄에 대한 굉장한 두려움이 엄습했다. 어떻게 하면 이 죄를 떨어 버릴 수 있고 도피할 수 있을까 나는 몹시 번민하였다. 어떤 사람은 마음이 너무 괴로워 예배당 밖으로 뛰어나갔다. 그러나 전보다 더 극심한 근심에 싸인 얼굴과 죽음에 떠는 영을 가지고 예배당 안으로 돌아와서 '오! 하나님 저는 어떻게 했으면 좋겠습니까?'라고 울부짖었다." (김양선, 《한국기독교사연구》 1971, 87쪽.)

나와 남의 눈이 아닌 하나님의 눈으로 나의 은밀한 죄를 볼 때 회개와 부흥이 일어난다. "내가 주의 영을 떠나 어디로 가며 주의 앞에서 어디로 피하리이까."(시 139:7)

게일 목사가 평양 대부흥 직후에 쓴 길선주에 대한 글이다.

"한국 평양에는 '길吉'이라고 부르는 남자가 사는데, 그 성은 '행운'이라는 뜻이 있다. 그는 걸을 때 앞을 보지 못하지만 책을 눈 가까이에 대면 약간 볼 수 있다. 그의 외형적 이력은 '과거에는 보았지만 지금은 눈이 멀었다'고 표현할 수 있겠지만, 이상하게도 그는 자신에 대해 '과거엔 눈이 멀었지만 지금은 본다'라고 말한다. 아들이나 다른 소년의 인도를 받아 길을 더듬어 찾을 때 그는 절망적인 모습이다. 그러므로 우리는 다음과 같이 물을 수 있다. '저렇게 가련하고 앞 못 보는 한국인이 무슨 일을 할 수 있겠는가?'

길 장로는 북한 억양이 섞인 부드러운 목소리여서 그의 말은 듣기에 감미롭다. 길 장로는 약 마흔 살이다. 그는 불신자의 가정, 곧 죽은 자들의 귀신에게 기도하고, 산신령을 경배하고, 질병을 어루고 안고 달래면서 영적인 것들에 관해서는 영원한 어둠의 지배하에 있는 가정에서 양육되었으니, 그가 하나님에 관하여 무엇을 알 수 있겠는가? 그러나 젊었을 때 그의 혼란스런 머리에도, 어딘가 위대한 존재가 있을 것이고, 잃어버린 신과의 교제의 통로가 존재할 것이라는 생각이 있었다. 그는 유교 경전들을 읽었으나 거기서 어떤 답도 찾지 못했다. 그다음에는 도교를 의지했는데, 거기에는 다음과 같은 글이 있었다. '말할 수 있는 이름은 영원한 이름이 아니며, 걸어갈 수 있는 길은 영원한 길이 아니다.'

그러한 글들에 이끌려 그와 친구 두 사람은 도교인이 되었고, 옛 철학자인 노자의 공공연한 제자가 되었다. 거룩한 의식을 행하면서 그들은 자주 산에 가서 100일 기도를 드렸다. 계곡 물가의 조용한 소나무 아래 이 세 영혼은 한 몸이 되어 하나님을 찾기 위한 불굴의 노력을 기울였다. 100일 동안 이들은 겨우 생존할 정도의 영양만 취하고 금식했다. 여위고 창백하고 수척했지만 이들은 어떻게 하든지 하나님을 찾기 위해 쉬지 않고 기도했다. 영원한 신에게 다가가려면 길고 긴 밤에 자지 않고 기도를 계속해야 했다. 마음에 고통을 느끼지 않는 평정의 경지에 조금씩 다가가기 위해 그들은 살을 에는 찬바람 속에서 미동도 하지 않고 기도했다.

길선주는 이 치열한 영혼 수련의 지도자였다. 그는 몰래 파고드는 잠을 쫓기 위해 머리에 자주 찬물을 끼얹었다. 밤마다 그들은 졸음과 싸우면서 부르짖었다. '오, 상제님! 오, 상제님! 오, 상제님!' 그것은 절망스런 고투였다. 사실 영혼이 평정에 이르고 평안한 때도 있었으나 그들이 찾는 것은 여전히 그 너머에 있었다. 그렇게 100일이 지날 때까지 철야기도는 계속되었다.

길선주의 친구 김종섭이 평양을 여행했는데, 거기서 그는 서양 종교에 관해 들었다. 그는 그것을 보려고 찾아갔다. 창호지 틈새로 선교사를 구경했고, 그가 책을 읽고 기도하는 것을 보았다. 이것은 놀라운 일이었다. 김종섭은 평소처럼 정신을 집중해서 그 신비를 들여다보았고, 마침내 이 신비에 사로잡혔으며, 미처 알기도 전에 도교의 신앙과는 전혀 다른 빛 안에서 기뻐했다. 길선주는 그것에 관해 들었다. 뭐! 100일 동안 함께 금식하고 기도했던 그의 막역한 친구 김종섭이 이교도이자 쓰레기가 되었다고? 그는 그것을 알아보고 강제로 친구를 되돌리려고 했다.

그것은 이상한 만남이었다. 마음을 터놓고 손에 손을 잡고 걷던 두 사람이 이제는 어떤 다리도 보이지 않는 건널 수 없는 간극으로 분리되었다. 길선주가 말했다. '뭐, 네가 지금 말하려는 것이, 우리가 그렇게 오랫동안 수련했던 도를 버렸다는 말인가?'

'그게 아니고, 우리가 찾고 있던 것을 [예수교에서] 찾았어.'

'아니야, 그것은 거짓이네. 나와는 아무 상관이 없네'라고 길선주는 대답했다. 길선주는 계속 고집했고 김종섭도 침묵했으며 더 이상 논쟁하지 않았다.

길선주는 말했다. '나는 그의 영혼의 평안함에 놀라서 뚫어지게 그를 바라보았습니다. 제 눈에 불을 켜고 그가 앉고 서는 것, 잠자는 것, 걷는 것 등 그의 모든 행동을 주시했습니다. 날이 갈수록 공포가 저를 덮쳤으며, 처음으로 나는 그가 이겼다는 것을 깨달았습니다. 옛날 기도하던 방식을 의지하는 것 외에 내가 무엇을 할 수 있겠는가마는 이번에는 예수의 이름으로 기도했습니다. 점차 나는 그렇게 완강히 붙잡고 있던 밧줄을 놓기 시작했고, 밧줄은 한 가닥씩 풀렸으며, 내 영혼은 심연 위의 허공에 매달려 있었습니다. 이어 상실의 늪으로 빠져들었는데, 그 고뇌는 이루 다 형언할 수 없었습니다. 일곱째 되던 날 밤, 지치고 절망한 나는 반혼수상태에 빠져 있었습니다. 시간이 얼마나 지났는지 모릅니다. 그러나 어둠 속에서 나는 갑자기 '길선주야!'라고 크게 내 이름을 부르는 소리에 깨어났고, 그 소리는 반복해서 울렸습니다. 어리둥절한 채로 일어나 앉아 있는데 내 앞에 신비한 무엇이 있는 것을 보았습니다. 그것을 무엇이라고 부를 수 있을까요? 방 자체가 변형되었고 영광스러운 빛이 내 주변을 환하게 비추었습니다. 내 영혼에 안식과 용서와 애정이 자리 잡았고, 하염없이 흐르는 눈물이 이를 증명했습니다. 지금 와서 돌아보면 이렇게 말할 수 있습니다. 오, 얼마나 기뻤던가! 모든 기도가 응답되고, 내가 수년간 고뇌하며 찾았던 하나님을 드디어 발견하게 되었습니다. 나는 아버지의 집에서 죄 사함을 받고 용서받은 자가 되어 마음이 편했습니다.'

빛이 그의 영혼 안으로 들어가자 그는 점점 시력을 잃었고 앞을 볼 수 없게 되었다. 마치 바울처럼 그는 하나님과만 함께 있기 위해 잠시 동안 가시可視 세계와 격리된 듯했고, 정신을 혼란시키는 눈의 영향력에서 해방된 듯했다. 그는 김종섭이나 다른 주변 사람들의 영안靈眼보다 더 밝은 영안을 가지고 있다. 또한 놀랍게 감화를 주는 지혜가 이와 함께 드러났다. [중략]

그러나 길 장로의 눈은 보이지 않게 되었고 완전히 멀었다. 그가 읽기를 좋아했던 성경책은 더 이상 가까이 할 수 없었고 영원히 멀어졌다. 그러나 그는 여전히 그것에 대해 기도하려고 했다. 그가 원한 것은 바로 성경책이었다. 오, 한 번만 더 그 책을 볼 수 있다면 얼마나 좋을까! 그는 다른 사람의 손을 잡고 길을 찾을 수 있었다. 그러나 자신의 눈으로 성경책을 잘 읽을 수는 없었다. 그는 기도했고 다른 사람도 그와 기도했다. 마침내 기도 응답으로, 어느 날 아침 선교사 친구와 선교사[화이팅] 외과의사가 수술 도구함을 들고 찾아왔다. 몇 분간 기도한 후 칼을 들었다. 믿음과 선행이 손잡고 함께 갔다. 마침내 붕대로 그의 눈을 감았고, 길선주는 이전처럼 어둠 속에 남겨졌다. 며칠 뒤 붕대를 풀자, 보라, 그가 그렇게 바라던 일이 일어났으니, 바로 책을 읽을 수 있게 된 것이다. 기도하기 위해 볼 뿐만 아니라 읽기 위해 보게 된 것이다.

그는 만사에 지혜롭고, 갈등 상황에서 화해시키는 능력이 있으며, 두려움이 없고 온유하다. 그는 평양 교회의 장로로 선출되었고, 사람들은 그의 설교를 즐거이 무릎 꿇고 경청한다. 비록 지적인 경력이 대단하지는 않지만, 마음을 움직이는 미묘한 무엇, 곧 하나님께서 사람을 감동시키기 위해 사용하는 무엇을 가지고 있다.

설교자로서 그는 청중을 웃기는 법을 알고 있다. 사역자로서 믿음의 대상인 하나님을 강철같이 강력하게 붙잡는 법을 안다. 기도의 사람으로서 그는 어린아이처럼 단순하게 되는 법을 안다. 도교 시절의 소원과 탐구는 신앙과 봉사의 현재 삶에서 응답받았다.

길선주의 집 벽에는 작은 통이 달려 있는데, 수입으로 들어오는 돈은 아무리 적어도 십일조를 떼어 그 통에 넣는다. 주일 아침 온 식구가 통 주변에 모여 기도한 후 통을 열고 그날 각자 바칠 헌금을 받는다. 길선주는 그 통을 '언제나 주님을 섬기기 위한 돈이 쌓이는 희락의 통'이라고 부른다. 이 눈멀고 학교 교육도 받지 않은 교사로 인해 귀신이 쫓겨 나가고, 병자가 고침을 받고, 생명들이 구속함을 받았으며, 죄가 사라졌고, 봉사와 돈이 성별되었으며, 평화와 기쁨이 넘쳤다.

어떤 교회에 토론회가 있다는 말을 듣자 그는 '오, 그것을 없애시오. 인생은 하나님의 영적 신비를 배우는 데도 너무 짧아요. 그 신비들보다 영혼에 감미로운 게 없어요'라고 말했다.

그렇게 그는 살아가고, 생명을 생명으로 즐거이 구원하는 자로 사역하고 있다. 그에게는 내세울 만한 시력도, 돈도, 사회적 지위도 없고, 과학적 훈련을 받은 적도 없으며, 그리스어나 히브리어를 배운 적도 없고, 넓은 세계에 대한 지식도 없다. 교양 있고 세련되고 부자요 지혜롭고 모든 종류의 의견을 개진할 자격이 있는 우리 많은 선교사들이 하나님의 궁전 바깥의 차가운 계단에 앉아 그 영광을 희미하게나마 일별하면서 잘 들리지 않는 '영원한 소리'의 속삭임만 듣고 있을 때, 불쌍한 맹인 도교인은 모색摸索과 굶주린 마음으로 하나님께 나아가 즉시 '하나님 임재'의 내실 '깊은 곳'까지 들어갔다."

(James S. Gale, "Elder Kil", *The Missionary Review of the World*, July 1907, pp.493-494.)

1896년 가을, 길선주는 깊은 밤이나 이른 새벽마다 겸손히 선도의 상제께 예수교가 진리인지, 예수가 인류의 구세주인지 묻는, 순수한 진리 탐구의 기도를 '예수의 이름으로' 드렸다. 선도의 상제께 기도함으로써 마침내 성경의 하나님 아버지를 만나고 신비한 중생 체험을 했다. 그것은 10년간 수련하며 눈이 멀면서까지 찾았던 바로 그 상제님이 직접 영광의 빛으로 찾아오셔서 자신의 이름을 불러 주고 죄를 용서하고 위로하고 자신을 자녀로 받아주시는 하나님과의 대면이었다. 그것은 하나님과의 신비한 연합, 신명의 경험이었지만, 동시에 하나님의 거룩한 빛 앞에서 자신의 죄가 불타는 경험이었다. 바울처럼 그는 잠시 세상을 향한 눈은 멀었으나 영적인 눈은 뜨게 되었다. 눈 수술 후 다시 보게 된 그는 힘 있는 설교자요 부흥사가 되어 한국의 스펄전, 한국의 휘트필드가 되었다. 하나님은 평양의 눈먼 선도 수행자를 사용하셔서 한국 교회를 변화시키셨다.

평양과 서북 지역의 감리교 목회자들, 1907년
Methodist leaders in northern Korea

이 가운데 한 명이 이은승 목사이다. 뒷줄 왼쪽 김창식 목사, 앞줄 왼쪽 박원백 목사만 얼굴이 확인된다. 평양의 장로교회들과 달리 남산현감리교회는 약 한 달 늦은 2월 10일 주일부터 부흥이 시작되었는데, 이은승 목사가 부흥운동을 반대했기 때문이다. 그는 "오래전부터 자기 교인들에게 이런 축복이 임하기를 기다려 왔는데 장로교인들에게 먼저 나타나 이를 시기하고 못마땅하게 여겼다." 그러나 이은승 목사도 2월 8일 숭실학당 부흥회에서 회개하고 부흥운동의 주역이 되었다. 성령을 체험한 학생들이 확신을 가졌고, 학생들의 기도와 권고로 담임목사가 회개하고 부흥에 동참했다.

평양 부흥에 대해 감리교회는 처음에 심한 반대와 적대감을 보였다.

"평양시에서 많은 교회 지도자들이 이 운동을 격렬하게 반대했다. 다른 곳에서 어떤 선교사는 교인 중에 누구라도 평양 집회 기간에 고백한 그런 죄를 고백하면 즉시 출교하겠다고 선언했다. 그러나 그는 교회가 그 기초부터 흔들릴 때 그러한 선언이 얼마나 공허한 것인지를 깨달았다. 그의 말을 그대로 실행했다면 교인들은 하나도 없이 그 자신만 남게 되었겠지만, 자신의 결심을 실행하지 않음으로써 그는 이전에는 알지 못한 능력에 사로잡힌 깨끗하고 거듭난 교회를 갖게 되었다. 또 다른 곳에서는 일부 직원들이 하나님의 손에 의해 완전히 죄를 청산해야 한다고 설득하기 위해 찾아온 사자들을 야유하려고 했다. 그런데 그 집회가 끝나기 전에 그들은 너무 기뻐 그리스도의 십자가 밑에 엎드려 자신들의 적개심은 그리스도를 대항하는 일이었다고 인정했다.

아마도 이 적개심의 가장 놀라운 실례는 1,700명의 교인이 있는 평양[남산현]감리교회의 한국인 목사[이은승]와 직원들에게서 찾을 수 있을 것이다. 그 목사와 직원들은 평양의 기독교 학교에서 학생들에게 미친 부흥회의 영향과 죄로 인한 고통을 목도하고, 부흥운동과 더불어 나타나는 신체적인 표현이 너무 격렬하여 그것이 성령의 사역이라기보다 귀신에 사로잡혀 일어난 것으로 보고, 이 운동을 적극 반대하기로 했다.

그러나 어느 금요일 밤 이 고등학교[숭실학교]의 학생 집회에 이 한국인 목사가 참석했고, 거기서 잊을 수 없는 일이 일어났다. 그는 학교 예배당으로 들어가서 20여 명의 청년들이 죄악으로 가득한 생활에 대해 흐느껴 울며 얼굴을 마루에 대고 엎드려 있는 것을 보았다. 또한 더 많은 사람들이 서서 자기들이 범한 죄와 범죄를 사람들 앞에서 고백할 기회를 얻으려고 기다리고 있는 것을 보았다.

이 한국인 목사가 창백하고 긴장된 얼굴로 이 광경을 보고 앉아 있을 때, 한 청년이 갑자기 예배실을 가로질러 와서 이 목사 옆에 무릎 꿇고 앉아 울면서 죄를 고백했으며, 다른 청년이 그 뒤를 따르고 또 다른 청년도 그렇게 하여, 마침내 그 목사는 흐느끼는 참회자들로 둘러싸이게 되었다. 그들은 거의 모두 죄를 고백한 뒤, 이 신비롭고도 경이로운 현상의 원인이 악령 때문이라는 믿음을 갖게 된 것은 그가 잘못 지도했기 때문이라고 말했다. 그들은 이제 이 일이 하나님의 성령의 능력인 것을 알게 되었다고 그를 안심시켰으며, 그에게 자신들과 함께 영적으로 충만한 삶을 추구하자고 간청했다. 그러자 곧 그도 슬픔과 참회에 사로잡혔다. 그는 조용히 예배당을 떠나 집으로 돌아와 하루 종일 죄책감의 고통 속에서 지냈다. 결국 그는 자신의 죄를 깨닫고 그 운동을 대히던 태도를 완전히 바꾸어, 다음 날 도시 곳곳을 다니며 부흥회에 반대하도록 영향력을 행사했던 사람들을 찾아가 겸손히 자신의 허물을 고백하고 용서를 구했다. 그때부터 이 목사는 감리교회에서 가장 뛰어난 부흥 사역 지도자가 되었다." (Jones and Noble, *The Religious Awakening of Korea*, 1908, pp.8-9.)

평양 남산현교회, 1907년
The Central Methodist Church, P'yŏngyang

평양 남산현교회 남자 도사경회, 1907년
District Men's Bible Class at the Central Methodist Church

2월 10일 주일, 평양 남산현감리교회에서 부흥이 일어났다. 장로교회와 마찬가지로 참회자들은 심각한 정신적·신체적인 고통을 겪었다. 이은승 목사는 평양에서 일어난 부흥을 오순절로 보고 다음과 같이 보고했다.

"성신께서 오순절에 임하심같이 일천구백칠년 이월 십일은 곧 주일인데 이날에 성신께서 우리 평양 남산현교회에 임하셨으니, 이날은 마땅히 평양 교회 사기史記 머리에 기록할 것이로다. (중략) 또 어떤 사람은 다메섹 길에 엎드러졌던 사울과 같이 하나님 앞에 엎드려 삼사일 동안씩 통회하는 이도 있고, 어떤 이는 죄를 고할 때에 가슴이 너무 아프고 기운이 막히어 4-5시간 동안씩 정신없이 기절하였다가 다시 사는 이도 있으며, 어떤 이는 미친 것과 같이 술 취한 것과 같이 염치없는 사람같이 정신을 차리지 못하다가 다시 똑똑하여 새사람같이 되는 이도 있으며, 어떤 이는 서로 붙들고 울며 서로 도와주기 위하여 조용한 곳, 혹 학교나 예배당이나 산곡이나 성랑城廊 위에 가서 기도하고 묵상하는 이도 있으며, 어떤 이는 곧 애통함으로 죽었다가 별안간 일어나 기쁨으로 찬송하는 이도 있으며, 또한 마음이 새로 변함을 받아 마음이 넓고 사랑이 가득한지라." (이은승, "평양 오순절 약사", 〈신학월보〉 1907년 2월, 54-56쪽.)

어떤 사람은 교회에서 기절한 자, 미친 자, 술 취한 자처럼 되었다가 새사람이 되기도 했고, 어떤 사람은 산에 가서 조용히 기도하고 묵상하다가 새사람이 되었다. 그러나 모두 영혼에 심각한 고통을 겪었다.

"이는 폭풍이 임한 후 첫 번째 일요일 아침에 평양 중앙감리교회[남산현교회]에서 일어난 사건을 통해 설명할 수 있다. 그 교회는 한국 연회에서 가장 큰 교회인데 문까지 사람들이 가득 찼으므로 2,000명이 참석했을 것이다. 한 선교사가 예배를 인도했다. 그는 짧게 설교한 후 사람들에게 간증할 기회를 주었고, 곧 교회 사역에 탁월한 한 청년이 벌떡 일어나 눈물을 흘리고 신음하면서 죄로 물든 삶을 고백했다. 그는 말을 마치자마자 괴로움을 이기지 못하고 바닥에 쓰러져 자비를 구하며 울부짖었다. 그 다음 이루 형언할 수 없는 광경이 벌어졌다. 교회 안의 모든 사람이 마치 벼락을 맞은 것처럼 바닥에 거꾸러졌다. 그들은 문자 그대로 고통 속에 몸부림쳤으며, 예배당은 자비를 구하는 울부짖음으로 가득 찼다. 사방이 큰 고통 속에 있었기 때문에 어느 누구도 도움을 받기 위해 다른 사람에게 의지할 수 없었다. 거꾸러진 사람들이 원했던 유일한 도움은 스스로 자리에서 일어나 자기 죄를 고백하는 특권이었다. 그들은 도움을 주려는 인간적인 노력이나 자신들의 생각에 방향을 제시하려는 시도를 용납하지 못했다." (Jones and Noble, *The Religious Awakening of Korea*, 1908, p.9.)

감리회 박원백 목사 부부, 1907년
Rev. Pak Wŏn-baek and his wife

부흥 기간 동안 한국인 목회자들이 명실상부한 한국 교회 지도자로 거듭났다.

평양 남산현교회 노블 목사의 증언을 계속 들어보자.

　　"이런 광경이 매일 반복되었다. 이러한 일은 집회 중에 예고 없이 일어났고, 기질이 다른 사람들에게도 모두 똑같이 나타났다. 이것을 말해 주는 한 가지 예가 있다. 위에서 언급한 사건보다 나중에 있었던 집회에서 회중에게 참여할 기회를 주자 그 교회에서 10년 동안 신앙생활했던 한 사람이 일어나 그리스도께 대한 불충의 죄를 고백했다. 그는 선교용 건물을 짓기 위해 고용한 하급 노동자들의 작업반장으로서 몇 년 동안 선교사들을 위해 일해 왔는데, 그러한 일을 하기 위해서는 성격이나 힘이 강해야 했다. 이 집회 전에 그는 부흥운동에 대해 경솔한 태도로 말하면서, 자신이 참회자로서 교회에 가서 다른 사람들과 고백하는 모습을 상상하며 매우 즐기고 있었다. 그런데 이번 집회에서 그가 말하려고 일어섰을 때 그는 다소 충격적인 모습이었다. 그는 매우 당황한 모습으로 무뚝뚝하면서도 차분하게 얼굴을 약간 위로 향한 채 서서 신중한 어조로 말했다. 그가 너무 냉정하고 차분해 보였기 때문에 집회 인도자는 그의 고백이 형식적이거나 조롱하기 위한 것이라고 생각했다. 이런 우려는 근거 없는 것이 아니었다. 바로 며칠 전에 누군가가 진정한 참회의 고통을 흉내 내려는 일이 발생해 집회 인도자들은 그런 경향을 경계하게 되었기 때문이다.

　　그가 말하기 시작했을 때 첫 번째로 고백한 죄는 자기에게 맡겨진 돈을 횡령한 죄였다. 그의 입에서 이 말이 나오기 무섭게 그는 바닥에 거꾸러졌고, 고문당하는 것처럼 몸을 뒤틀었다. 그는 곧 다시 일어나 잠시 동안 고백을 계속했는데, 이때 얼굴에 일격을 맞은 것처럼 뒤로 넘어졌다. 그는 의식을 잃고 잠시 누워 있었다. 예배에 참석한 의료 선교사가 즉시 그에게 달려가 응급조치를 취했다. 그 선교사는 강단으로 올라와서 이 사람이 틀림없이 대경실색의 징조를 보이고 있다고 보고했다. 그의 맥박은 아주 약해졌으며 무의식 상태에 빠졌다. 많은 사람들이 이 사람 주변으로 몰려왔으나, 목사의 요청에 따라 물러나 이 참회자를 하나님의 손에 맡겼다.

　　온 교회가 큰 고통에 휩싸였고 다른 이들도 고통 속에 있는데, 그 수가 너무 많아 개별적으로 누군가를 돌볼 수 없는 상황에서 이 사람을 특별히 돌볼 이유는 없었다. 잠시 후 의식을 잃었던 이 사람이 회복되어 다시 일어서려고 했다. 그의 필사적인 노력을 보고 몇몇이 도우려고 갔지만 소용이 없었다. 그의 고통이 너무나 커서 그날 그는 더 이상 고백을 할 수 없었다." (Jones and Noble, *The Religious Awakening of Korea*, 1908, pp.9-10.)

부흥회 때 거짓 회개하는 자, 회개 모습을 흉내 내며 조롱하는 자도 있었다. 그러나 진정한 회개에는 영혼의 고뇌와 육신의 고통이 따랐다.

평양 남산현교회 남자 도사경회, 1907년

District Men's Bible class at the Central Methodist Church
The four men walked 100 miles to attend

앞에 앉은, 갓 쓴 네 사람은 100마일을 걸어서 왔다.

둘째 줄 오른쪽 첫 번째에 있는 김창식(金昌植, 1857-1929) 목사는 이때 평북 영변 지방 담당 순행 목사였다. 그는 1901년 집사목사로 안수받은 후 황해도 수안에서 순행목사를 시작했고, 연안, 신계, 영변, 신창을 거쳐 1912년 평양 서지방 감리사, 1913년 영변 지방 감리사로 임명받았다. 1918년 수원, 1919년 안산, 1920년 수원 서지방을 거쳐 1921년 해주 지방 순행목사로서 1924년 은퇴할 때까지 일생을 '순행itinerating'하는 전도인으로 살았다.

평양 남산현교회 부흥회에 대한 노블 목사의 계속되는 설명이다.

"어느 저녁 모임이 열기가 식지 않은 채 자정까지 계속되자 인도자는 폐회하고 사람들을 집으로 돌려보내려고 했다. 사람들이 완전히 지쳐 휴식이 필요했기 때문이다. 폐회 시간이 되었을 때 수많은 청년들이 일어나 자기 죄를 고백할 기회를 기다리고 있었다. 그중에 갓 스무 살쯤 된 한 청년이 있었다. 그는 마음속으로 엄청난 고민과 고통을 겪고 나서 고백할 기회를 얻었다. 다음은 그가 한 이야기다.

'얼마 전에 어머니께서 어린 동생을 남겨 두고 돌아가셨습니다. 저는 그 아이를 위해 최선을 다했습니다. 일본인 약국에서 구한 특별한 음식을 그 아이에게 먹이기도 했고, 쌀로 흰죽을 끓여 먹이면서 동생이 그것을 좋아하리라 생각했습니다. 때로는 술집에 가서 술찌기를 사다가 먹이기도 했지만, 그 아이는 늘 엄마가 보고 싶다며 보챘고, 배가 고프다며 울어 댔습니다. 동생이 우는 것을 그치게 할 방법이 없었습니다. 아이고, 아이고, 저는 그 아이의 울음을 그치게 할 수 없었습니다. 그때 저는 그 애가 죽었으면 좋겠다고 생각했습니다! 죽어 버렸으면 좋겠다고 생각했습니다! 아이고, 아이고, 죽어 버렸으면 좋겠다고 생각했습니다!'

그 순간 그는 계속 양손을 쥐어짜는데 그의 얼굴은 창백하게 변했고 큰 고통에 일그러졌다. 그는 잠시 중단했다가 고통 속에서 몇 차례 가쁜 숨을 내쉬었다. 그리고 계속 말했다. '저는 그 아이가 죽기를 바랐습니다. 어느 날 나무 한 다발을 하기 위해 문밖으로 나갔습니다.' 그는 멈췄고 다시 숨을 헐떡거리더니 빠르게 이야기를 계속했다. '저는 오래된 목침을 들고 방에 들어갔습니다. 우는 아이를 붙잡아 끌고 방 가운데로 데리고 가서 머리를 때렸습니다. 죽을 때까지 머리를 때렸습니다. 죽을 때까지! 죽을 때까지!' 울부짖으며 그 마지막 절규를 한 순간, 그 젊은이는 죽은 듯 바닥에 쓰러졌으며, 집회가 끝나고 사람들이 집으로 돌아간 뒤에도 오랫동안 그렇게 있었다.

이 고백이 어떻게 받아들여졌겠는가? 다른 많은 사람들의 고백과 똑같았다. 그것은 회중을 공포에 떨게 하고 많은 사람들로 하여금 엎드려 울부짖으며 기도하게 했다. 이와 관련하여 다음과 같은 질문을 할 수 있다. 사람들이 하나님의 집에 들어가는 것을 금하면, 끔찍한 범죄의 죄책감과 저주로 영혼이 괴로움을 당할 때 어디 가서 그들의 죄책감을 하나님 앞에 내려놓을 수 있겠는가? 그러한 고백을 듣는 공포는 기억이 계속되는 한 그 고백을 들어야 했던 사람들에게 지속될 것이다. 때로는 이런 무서운 고백을 하는 사람들의 얼굴을 쳐다보는 것조차 어려울 때가 있다. 이것은 교회사에서 드물게 일어나는 예외적인 때이다. 한국의 가혹한 형법에 등장하는 모든 고문 수단들을 동원해도 자백하게 할 수 없었던 고백과 참회가 하나님의 성령의 능력에 의해 일어났다." (Jones and Noble, *The Religious Awakening of Korea*, 1908, pp. 10–11.)

램버스 감독과 북한 지역 감리교 지도자들, 1907년
Bishop Lambuth and Methodist leaders in Northern Korea

미국 남감리회 램버스 감독이 평양에 왔을 때 찍은 사진으로, 260쪽 사진과 같은 날 촬영했다. 가운데는 김창식 목사, 오른쪽에서 두 번째는 박원백 목사이다.

준공된 숭실학교, 1903년
The Sungsil Christian Academy in P'yŏngyang

평양 남산현교회의 부흥과 회개에 대한 설명이다.

"평양시가 크게 놀랐다. 참회자들의 울부짖음과 신음소리는 교회에서 멀리 떨어진 곳에서도 들렸고, 이 일이 오랫동안 지속되자 도시는 놀람과 두려움으로 가득 찼다. 많은 사람들이 그 모임에 관심을 갖게 되었다. 그중에 어떤 자들은 조롱하기 위해 왔고, 또 어떤 자들은 적의에 가득 차서 그 모임을 해산시키려고 했다. 누군가 예배당에 돌을 던져 유리창이 깨어지고 예배드리는 사람들 위에 떨어지기도 했다. 신발을 도둑맞기도 했다. 한국에서는 하나님의 집에 들어올 때 모자를 벗는 대신 신발을 벗어서 문앞에 두기 때문에, 미국 같으면 모자를 잃어버리지만 한국에서는 신발을 잃어버리게 된다. [중략]

이러한 하나님의 임재 과정 속에서 수천 명의 불신자가 구도자로 교회에 나왔다. 그러나 불신자들이 이렇게 많이 몰려든 것은 부흥의 직접적인 결과가 아니라 간접적인 결과이다. 성령께서는 교회의 지체들에게 특별히 역사하셨고, 고민과 고통이 무섭게 드러난 것은 대부분 기독교인에게 국한되었다. 이 임재를 결과적 관점에서 생각한다면 우리는 이를 충분히 이해할 수 있다. 한국인 같은 민족에게는 죄의 무섭고 참된 성격에 대한 명확한 관념이 없기 때문에, 처음 회심했을 때는 죄가 진정으로 무엇인지 배운 자에게 발견되는 깊고 무서운 참회를 보기 어렵다. 이러한 사실 때문에 혹자는 한국인들이 죄를 깊이 느낄 수 없다고 생각했다. 그러나 이 부흥은 한국인들이 일단 반(反)기독교적 환경의 영향에 들어가서 생활하다가 성령께서 그들의 마음속에 역사하실 수 있는 위치에 놓이면, 지구상의 어느 민족에게도 뒤지지 않는 강렬한 죄의식을 가질 수 있다는 것을 보여 주었다. 한국 교회에 하나의 부르짖음이 있었다면 그것은 마음의 정결을 위한 부르짖음이다." (Jones and Noble, *The Religious Awakening of Korea*, 1908, pp.11-12.)

세계 모든 민족은 성령의 조명 아래 드러난 무서운 죄와 죄의 본성을 보고 괴민(怪民)이 되고 고통을 받는다. 한국인도 마찬가지였다. 그들은 마음의 정결을 위해 부르짖었다. "하나님을 가까이하라. 그리하면 너희를 가까이하시리라. 죄인들아, 손을 깨끗이 하라. 두 마음을 품은 자들아, 마음을 성결하게 하라."(약 4:8) 두 마음 아닌 한 마음을 품고, 두 주인 아닌 한 주인을 섬기는 것이 회개요 성결이다.

숭실학교 졸업식, 1907년 5월

Graduate ceremony of the Sungsil Academy, P'yŏngyang

One young man in the center making an address

1907년 부흥의 불길을 경험한 학생들의 5월 졸업식 장면이다. 평양 시내를 내려다보는 언덕 위의 학당에서 한국의 미래를 책임질 기독교 인재들이 배출되었다. 당시 최고 교육을 받은 이들의 상당수가 목회자로 헌신했고, 교회와 사회의 지도자로서 애국계몽운동에 공헌했다. 식장에는 천막이 드리워진 연단 옆으로 두 개의 태극기와 하나의 성조기가 게양되어 있다. 연설하는 한국 졸업생 대표와 베어드 교장 오른편으로 머리에 흰 수건을 한 여자 어른들(학생들의 어머니일 것이다)이 앉아 있고, 오른쪽에는 남자 어른들(학생들의 아버지)이 앉아 있다. 학생들은 흰 모자를 쓰고 있다. 사진 앞쪽으로 종탑 아래 갓을 쓴 구경꾼 남자 어른들, 학교 창문으로 구경하는 여자 어른들, 곳곳에 아이들의 모습이 보인다. 큰 경사를 맞이한 평양 교인들의 여유로운 모습이 즐거움을 더해 준다.

1907년 2월 숭실학교 학생들에게 부흥이 일어났다.

"부흥운동의 영향력이 절정에 달했을 때 2학기가 시작되었다. 학생들은 일반 교인들보다 더 쉽게 부흥운동의 영향을 받았다. 첫 주 동안 그들에게 일어난 감정이 너무나 강렬해서 학교 업무를 시작하는 것이 사실상 불가능했다. 성령께서 학생들에게 너무 강력하게 역사했기 때문에 그들은 공부에 집중할 수 없었다. 폭풍의 첫 기간이 지나고 책을 붙잡을 수 있게 된 다음에는 침착하게 공부했지만, 낮 시간이라도 기도할 기회가 주어지면 자기와 동료 학생들의 죄에 대해 크게 슬퍼하는 일이 반복되었다.

개학 전에 평양에 거주하던 일부 학생은 교회에서 열린 집회에서 이미 불을 체험하고 죄로 인한 무시무시한 고통의 경험을 모두 겪었다. 이 학교의 한국 교수진은 교장실에서 기도회를 열고, 다가오는 학기에 학생 전체가 성령으로 변화되도록 하나님께 간구했다. 어느 날 아침, 이 기도회가 열리고 있을 때, 학교를 담당하던 두 선교사는 다른 방에서 무릎을 꿇고, 그들의 마음을 짓누르고 있는 학교에 대한 부담에서 벗어나게 해 달라고 기도하고 있었다. 즉시 응답이 왔다. 교장실의 기도모임에 하나님의 성령이 임했다. 고통스런 부르짖음과 눈물이 방을 채웠으며, 학생들이 죄책감에 압도되어 엎드러질 때까지 계속되었다.

이어지는 두 주간은 무섭고도 놀라웠다. 그때는 예비시험 기간이어서 오후 4시는 특별한 인도자 없이 열리는 학생집회 시간이었다. 그러나 인도자 되시는 성령께서 모든 능력과 엄위嚴威 가운데 그곳에 계셨으며, 성령의 임재는 무시무시했다. 하나님의 임재 앞에 폭로된 무시무시한 죄를 발견한 적이 있다면, 바로 이 시기에 그들이 이러한 체험을 했다. 먼저 신체적인 고통이 임했으며, 참회자들은 손과 머리로 바닥을 쳤다. 그들의 절규와 부르짖음은 마치 군대 귀신이 그들을 괴롭히는 것 같았다. 이어서 죄 많고 더러운 삶에 대한 눈물의 고백이 뒤따랐다.

이러한 구도자들에게 나타난 일반적인 한 가지 특징은 민감한 양심이었다. 어중간한 것이나 껍데기만 대충 걷어 내는 것은 그들을 만족시킬 수 없었다. 완전에 미치지 못하는 성결에 만족하는 유혹에 빠지면, 그는 곧 자신의 시도가 얼마나 무익한지 깨닫고, 십자가 밑에 엎드려 하나님께서 사역을 완성하실 때까지 기다렸다." (Jones and Noble, *The Religious Awakening of Korea*, 1908, pp.13-14.)

민감한 양심과 철저한 회개가 숭실학교 부흥의 특징이었다. 어중간한 회개, 껍데기만 걷어 내는 회개로는 만족할 수 없었던 순수한 청년들, 그들은 완전한 성결을 추구했다. "대저 정직한 자는 땅에 거하며 완전한 자는 땅에 남아 있으리라." (잠 2:21)

숭실대학 졸업생과 교사들, 1907년
Graduate class and some teachers of the Sungsil Academy, P'yŏngyang

가운데 줄 중앙에 있는 이가 숭실학교 교장인 베어드William M. Baird 목사이다.

"선교사들 사이에 이루어진 일치는 평양연합대학숭실대학에서 가장 잘 드러난다. 이 대학은 공동 시설과 연합 교수진을 갖추고 300명이 넘는 학생으로 이루어진 매우 성공적인 교육기관이었다. 이 학교 학생들은 일찍부터 부흥운동의 영향을 받았다. 학생 집단은 성령이 역사할 수 있는 훌륭한 인재들이었다. 학생들은 이 도시뿐만 아니라 북한 지역 전체 교회에서 온 최고의 청년들로 구성되었다. 부흥이 일어날 당시 모든 학생이 신앙고백을 한 기독교인들이었다는 사실을 주목할 필요가 있다. 평양의 학교에 하나님이 임재하신 이야기는, 부흥이 기독교 공동체에게 주어진 특별한 축복이라는 사실을 잘 예시해 준다. 또한 이 사실의 중요성은 또 다른 사실인 하나님께서 학생들을 정결케 해서 가장 전도유망한 신자들을 통해 한국의 이북 지역의 모든 교회에게 영향을 준 사실과 연관시켜야 제대로 평가될 수 있다." (Jones and Noble, *The Religious Awakening of Korea*, 1908, p.13.)

숭실학교에 다니던 한 학생의 회개와 그 결과를 살펴보자. 그는 부흥회에서 회개하고 진정한 마음의 평화를 맛본 후 목회자로 지원했다.

"가장 미래가 촉망되던 한 학생의 경험이 좋은 예가 될 것이다. 그는 일찍이 부흥운동의 영향을 받았으며, 며칠 동안 심각한 영적 투쟁을 했지만, 이 모든 노력에도 불구하고 죄의 완전한 용서를 얻지 못했다고 믿었다. 어느 날 밤, 친구 세 명을 만나 서로 죄를 고백하고 기도하며 밤을 지새웠다. 그는 다음 날 아침 늦게, 늘 하던 맡은 일을 하기 위해 목사 사무실로 가서, 전날 친구들과 어떻게 밤을 보냈는지 설명하며 늦게 온 것을 사과했다. 목사는 그에게 갈구하던 평화를 확실하게 얻었는지 물었다. 그가 확실히 그렇다고 대답하자, 목사는 생각을 정리하고 그를 격려하려는 마음에서 죄 없는 삶이란 주제로 그와 이야기를 나누었다.

그날 밤 학교 집회에는 위대한 영적 능력이 나타났다. 학생들의 고민과 고통은 결코 잊을 수 없는 광경이었다. 그들이 거꾸러져 있는 곳에 주님의 도살된 양들이 누워 있었다. 문자 그대로 그들은 마루 전체를 덮었다. 자정이 가까워 집회를 마쳐야 했지만 30여 명의 학생들이 서 있었다. 어떤 학생들은 몇 시간 동안 서서 영혼을 짓누르는 죄 짐을 벗을 기회를 기다리고 있었다. 짐을 벗게 하지 않고 이 젊은이들을 보내는 것은 어려운 일이었지만, 시간이 너무 늦었기 때문에 책임자들은 모임을 끝내기로 했다.

전날 밤 용서와 평화를 발견했다고 아침에 말했던 그 청년이 눈물을 흘리고 있었다. 그러나 아무도 그에게 주목하지 못했다. 대부분의 사람들이 방에서 나갔지만 그 청년은 남았다. 한 여자 선교사가 그의 고통을 알아채고 그에게 가서 손을 잡고 그날 아침 목사가 한 질문을 다시 던졌다. '믿음을 통해서 평화를 얻었어요?' 그는 크게 울며 '아니요, 아니요, 저에게 평화가 없습니다'라고 부르짖었다. 그는 예배당 가장 구석진 곳으로 가서 바닥에 쓰러져 슬피 울었다. 그는 고통 속에서 괴로워하며 목사를 불러 달라고 부탁했다. 목사가 당도하자 그는 울부짖었다. '오늘 아침 제가 목사님께 거짓말을 했습니다. 다른 사람들이 얻었던 것을 저도 얻었다고 목사님이 생각하길 원했습니다. 저는 목사님께 잘 보이고 싶어서 거짓말을 했습니다. 제 마음에 평화가 없습니다. 어떻게 하면 좋겠습니까?' 그날 밤 그는 여러 사람들과 함께 기도하고 죄를 고백하며 밤을 지새웠다. 그때 하나님께서 능력 가운데 그들에게 임했다. 아침이 밝았을 때 그는 축복을 받았고, 만나는 모든 사람에게 즐거움과 기쁨이 가득한 마음으로 자신의 새로운 체험을 전했다.

하나님에 의해 정결하고 순결하게 되고 능력을 받자 그는 즉시 교회 지도자로서 동료 학생들에게 영향을 미치는 역할을 맡게 되었다. 후에 그는 목회에 자원했다. 그와 같은 다른 이들도 있었고, 비록 수는 적지만 그들은 이후 계속된 무시무시한 장면에서도 든든한 군사가 되었다. 동료 학생들이 혼란과 슬픔과 실망에 빠져 있을 때, 이 전위대는 용서와 평화와 기쁨을 간증할 수 있었다." (Jones and Noble, *The Religious Awakening of Korea*, 1908, p.14.)

안창호와 손정도, 1910년
An Ch'ang-ho and Son Chŏng-do

해석海石 손정도(孫貞道, 1882-1931)는 평남 강서 출생으로, 1904년 관리 등용 시험을 보기 위해 평양에 갔다가 복음을 들은 후 상투를 자르고 사당을 없앤 뒤 예수교인이 되었다. 평양의 감리회 선교사 무어J. Z. Moore 목사의 주선으로 평양 숭실학교에 입학하여 1908년 졸업(5회)했다. 졸업 직전에 부흥을 경험한 그는 목회자의 소명을 받고 서울 감리회 협성신학교에 입학하여 무어 목사가 담임하던 평양 남산현교회 전도사로 목회를 시작했다. 이후 목회와 독립운동을 겸하는 '기독교 민족주의'의 실천자가 되었다. 그는 "어찌 제 민족을 원수의 손에서 구원하는 일에 생명과 피를 아끼리오"라면서 하나님께 "이 나라의 치욕을 씻고 저 일본의 원수를 갚기 전에는 결코 죽지 않을 것입니다"라고 고백했다.

숭실학교 졸업반이던 손정도는 1907년 평양 부흥에서 은혜를 받았다.

> "나는 1907년에 기이함을 보았습니다. 어떤 학생 둘이서 식후에는 없어져서 밤 12시가 지나서 돌아옵니다. 그 애들은 기도하여 성신을 받고 지옥에 떨어지는 부모를 구원하였습니다. 그 아이는 썩어질 세상의 부패, 정욕과 죄악의 인격을 벗고 고결한 신의 성격을 지었습니다." (손정도의 1920년대 설교 원고에서)

평양 대부흥을 통해 옛 자아를 벗어 버리고 고결한 하나님의 성품을 덧입게 된 손정도는 목회자로서 부름을 받았다. 1908년 감리회 협성신학교에 입학하여 평양 남산현교회 전도사로 봉사했다. 남산현교회에서 새벽기도를 하면서 "국가가 있어야 할 자유 독립과 국민이 가져야 할 민족주의를 부르짖고 신앙 자유의 용기로 화평한 복음을 전하며 진리와 정의로 싸움을" 싸우겠다고 하나님께 약속했다. 이때부터 그는 부흥사로 활동했다.

1909년 6월에는 진남포와 삼화 구역 전도사로 봉사했다. 다음 해 5월에는 집사목사로 안수받고 '청국淸國 선교사'로 파송받았다. 이때 안창호, 조성환 등과 연락하며 신민회의 해외 공작 활동을 지원했다. 1912년 3월 서울 상동감리교회에서 열린 연회에 선교 상황을 보고한 후 '청국 봉천 북방 하르빈 남방' 지역 선교사로 파송되었다   1후 200여 명의 교인과 하르빈 공원 안에 2층 예배당을 건축했다. 하지만 데라우치 총독 암살 음모 사건의 수괴로 지목되어 1912년 11월 진도로 유배되었다. 다음 해 11월 석방되어 서울 동대문감리교회에 이어 1915년부터 3년간 정동감리교회에서 봉직했다. 이때 중단했던 신학 수업을 재개하여 1917년 협성신학교를 졸업하고 1918년 연회에서 '장로목사'로 안수받았다.

1919년 평양의 3·1독립운동을 계획한 후 거사 직전에 상해로 망명하여 현순 목사와 상해임시정부에서 활동하면서 목회도 계속했다. 임정 활동이 지지부진하자 1924년 길림 신첩교회 목사로 파송받아 목회하면서 독립운동 기지인 이상촌 건설 운동을 전개했다. 1931년 병사했다.

부흥운동과 독립운동을 함께 견지했던 손정도 목사! 1907년 평양 부흥운동의 뿌리에서 일제 시대 만주의 기독교인 항일독립운동의 열매가 맺혔다. 김일성도 만주에서 주일학교를 다닐 때 손정도 목사를 존경하며 민족정신을 길렀다고 한다.

믿음의 선조들이 희생하며 이루어 놓은 해방과 민주화와 경제적 풍요에 안주하여 이 나라에 하나님의 공의를 이루는 성도의 사명을 잊은 죄를 회개하자. "오직 정의를 물같이, 공의를 마르지 않는 강같이 흐르게 할지어다."(암 5:24)

평양 남산현교회에서 열린 감리회 신학반에서 1907년 2월 부흥이 일어났다. 신학반은 신학교가 정식 개교하기 전에 한국인 목회자를 훈련하던 양성 과정이다.

"가장 훌륭한 학생들, 가장 영적이라고 생각되는 사람들이 최초로 새로운 경험에 압도되었으며, 그들의 고뇌는 신앙생활 면에서 제대로 훈련받지 못한 사람의 고뇌보다 결코 적지 않았다. 신학반 과정의 한 학생의 이야기는 그 전형적인 예다.

건장한 이북 사람인 그는 10년 동안 기독교인으로 생활했다. 더욱이 그는 마음을 그리스도에게 드리기 전에도 진지한 진리의 구도자였다. 한국에서는 이런 사람들이 종종 나타나며 경건과 고결로 많은 존경을 받았다. 그들은 대개 고독한 산중에 가서 은둔자의 삶을 살며 금식과 기도에 전념했다. 이러한 관행을 따라 이 사람도 2년 동안 그런 삶을 살면서 주변 사람들과 교제를 끊었다. 거의 먹지도 않고 혹한으로부터 자신을 보호할 수 있는 옷도 제대로 입지 않고 홀로 경전을 공부하며 육체를 쳐 복종시키며 시간을 보냈다.

겉보기에는 원하는 바를 얻은 것처럼 보였지만 깊은 내면에 실패만 있다는 것을 그는 알고 있었다. 그는 여전히 광야로 나갔던 때와 같은 사람으로, 약점도 고쳐지지 않았고 정욕도 변하지 않았다. 그러한 삶의 공허함과 무의미함이 그에게 점점 더 커져 그를 혐오감으로 가득 채웠으며, 결국 그는 이 생활을 포기하고 다시 사람들과 만나기 시작했다. 이러한 반발은 그를 또 다른 극단으로 빠져들게 하여 그는 군대에 입대했고, 군대에서의 그의 삶은 광야를 찾아다니던 삶과 정반대였다.

그는 군인으로 생활하던 중에 기독교인이 되어 교회에 들어왔으며, 이로써 그의 구원이 이루어졌다. 은둔자로서 또 군인으로서 그의 삶을 특징지은 강력한 목적의식을 교회생활에도 적용했다. 그는 곧 교회 사역에서 책임 있는 자리를 맡았으며, 이 일에 가능한 모든 시간을 바치기 위해 군대의 하급 관리직을 사임하고 고향으로 돌아와 기독교인 농부의 삶으로 정착했다. 자기 마을과 이웃 동네를 가가호호 방문하여, 자신이 구원받은 기쁜 소식을 전하고 사람들에게 그리스도를 찾으라고 권했다.

신자들이 점점 많아지자 그는 고향 마을에 교회를 세울 생각을 하게 되었다. 많은 이웃 사람들이 그 일을 돕겠다고 했으며, 마련할 수 있는 최선의 돈을 모아 동참했다. 날마다 신도들이 그 주위를 돌며 진행 과정을 흡족하게 바라보는 동안 이 작은 예배당은 신속하게 완공되었다. 하지만 서까래를 얹을 때가 되자 기금이 바닥나서 계산서에 맞춰 지불할 돈이 없었다. 그들이 믿을 것은 기도밖에 없었다. 열심히 기도했다. 많은 계획들이 논의되었지만 결국 유일하게 가능한 일은 다시 기도하는 수밖에 없다는 결론에 이르렀다. 기도의 결과에 대해 거듭 질문을 받았을 때, 이 지도자는 '아니요, 아직한 푼도 없습니다'라고 대답했다. 이런 상황이 한동안 계속되자 공사는 중단되었다. 건물은 뼈대가 완공되지 않은 채로 서 있었고, 하늘은 응답의 문을 걸어 잠근 것처럼 보였다.

어느 날 모든 신도가 회의에 소집되었고, 기도 후 이 사람은 자신의 기도에 응답할 생각이라고 엄중하게 선언했다. 그는 말했다.

'지금 나에게는 황소 한 마리가 있습니다. 힘도 세고 건강하며 꽤 돈이 될 것입니다. 우리 집 농장에서 일하고 있는 유일한 놈인데 이 소가 없어지면 우리는 무엇을 할 수 있을지 모릅니다. 하지만 하나님의 집은 완성되어야 하고 이 황소가 그렇게 하는 데 도움이 되어야 합니다. 나는 이 짐승을 팔아 건물을 완공할 수 있는 돈을 마련하겠습니다. 하나님께서 우리 농장의 밭을 돌보시리라는 것을 신뢰합시다.'

이러한 영웅적인 연보에 교회 신도들은 놀라움도 컸고 감사의 마음도 컸다. 그는 자기가 한 말을 지켜 즉시 황소를 팔았다. 교회는 완성되었고 하나님께 봉헌되었다. 몇 주 뒤 어느 선교사가 이 부락을 방문하여 그 밭에 갔을 때 다음 광경을 보았다. 곧 그 사람과 그의 동생이 팔려 버린 소를 대신하여 나란히 쟁기에 매인 채 연로한 아버지가 쟁기를 붙잡고 밭을 갈고 있었다.

이와 같은 성별의 정신으로 태어난 이 교회는 꾸준히 급속하게 성장하여 지금 이북 지역 미국 북감리교 선교회의 시골 교회 중에서 가장 큰 교회가 되었고, 옛 건물은 더 큰 건물로 바뀌었다. 이 기독교인이 교회 일과 관련되어 책임 있는 자리에 오르는 것은 필연적이었다. 그는 곧 지방 전도사가 되었고, 22개 지역으로 이루어진 순회구역을 맡았다.

이런 식으로 신앙생활을 하면서 그는 1907년 1월 신학반에 참석했다. 이와 같은 사람의 마음에는 하나님께서 역사하실 필요가 거의 없을 것 같지만, 이 사람도 하나님의 능력 아래 쓰러진 첫 사람 중 하나였다. 죄에 대한 그의 회개와 애통은 보기에도 무시무시했다. 그리스도를 발견하기 전의 모든 과거의 삶이 그 어두운 죄의 기록과 함께 고백되었으며, 그리스도를 주님으로 영접한 후 그리스도께 대한 불신과 불충에 대한 회개는 이보다 훨씬 강렬했다. 하나님께서 그에게 용서와 평화를 주셨으며, 그의 본성에 있던 사나운 힘이 모두 순화되고 그리스도의 법 아래 복종하게 되었다. 이 전도사는 신학반에 들어오기 전과 다르며 더 훌륭한 사람으로 신학반을 수료하고 떠났다." (Jones and Noble, *The Religious Awakening of Korea*, 1908, pp.17-18.)

황소를 바친 한 전도사의 헌신은 한국 교회의 부흥과 헌신을 대변하는 사례로 지난 100년간 전 세계에서 설교 예화로 인용되었다. 오늘 나와 한국 교회의 황소는 무엇인가?

한국인 조사들, 1907년
Some Korean helpers

한국 장로교회는 신학교 교육을 받은 목사를 배출하기 전에 조사助事(helper: 안수받지 않은 목사) 제도를 두었다. 지역 교회에서 인정받은 교인으로 지도력을 갖춘 자는 영수領袖(leader: 안수받지 않은 장로)로서 설교하면서 한 교회를 담당하는 평신도 목회자가 되었고, 이들 가운데 일부는 장로長老(elder)로 안수받았다. 또 일부는 전임 목회자가 되어 조사로서 10~20여 개 교회를 순회하며 전도하고 목회했다. 조사 가운데 다수가 5년간 매년 3개월씩 신학교를 다니면서 신학 교육을 받고 졸업하여 강도사(전도사)가 되었고, 2년간 목회를 한 후 목사로 안수받았다. 따라서 전임 목회자 경력은 조사 시절을 포함했고, 그 결과 1934년 장로교 희년 기념식 때 목회 근속 연수가 25년이 넘는 목사들이 수십 명 나올 수 있었다.

평양에 이어 주변 지방 사경회에서도 부흥이 일어났다. 다음은 헌트 선교사의 증언이다.

"이 부흥회 동안 격렬한 장면들이 목격되기도 했다. 리 목사와 나는 그해 2월 일주일 동안 영유교회에서 사경회를 인도했는데, 거기서 한 남자가 일어나더니 교회에서 멀지 않은 계곡에서 사람을 죽였다고 고백했다. 그는 그렇게 말하고 나서 강단 앞에서 의식을 잃었고, 우리가 많이 애쓴 뒤 겨우 정신을 차렸다. 그러한 죄는 본성 전체가 죽음과 싸우면서 만신창이가 되지 않는 한 고백할 수 없다. 부흥회의 강도와 범위를 생각할 때, 심각한 부작용이 전혀 보고되지 않았다는 것은 놀랄 만하다. 사람들이 고의적으로 저항하거나 성령과 형제들을 속이려고 했던 것을 제외하고는 어디서나 결과는 건전했다. 처음에 우리는 혹시 흥분한 가운데 잘못된 동기에서 불성실한 고백이 나오지 않을까 몹시 염려했다. 그러나 우리는 곧 하나님과 함께 우리의 사람들을 신뢰할 수 있다는 것을 깨달았다.

어떤 때는 한 사람이 일어나 그의 잘못에 대해 부끄럽게 여기는 부분은 숨기고 부분적으로만 고백했다. 그런데 다음 날 밤 그는 창백한 얼굴로 괴로워하다가 결국 첫 번째로 고백할 기회를 얻어, 전날 밤 자신의 중죄를 숨김으로써 이중의 죄를 지었다고 고백했다. 성령께서 한번 각성시키자 사람들은 교회에서 마음의 짐을 내려놓고 잘못에 대해 보상하기 전에는 밤낮으로 안식을 찾을 수 없었다. 얼굴이 심하게 일그러질 정도의 깨우침에도 불구하고 자기 죄를 고백하기 거부하던 몇몇 경우에만 상처를 입었다. 하나님은 오래 기다리셨으며 그러한 사람들을 구원하시기 위해 모든 힘을 쏟아 부으시는 것 같았다. 하지만 그들이 그분의 요청을 계속 거부하면, 결국 하나님은 그들로부터 돌아섰고 그들을 버리셨다. 조만간 그 죄가 드러나고, 교회는 그 형제가 왜 도움과 평화를 발견하지 못했는지 알게 된다.

김 씨와 적대 관계에 있었다고 했던 나의 조사 강 씨는 무서운 경험을 했다. 그는 밤마다 참회했지만 결코 평화를 얻지 못했다. 부흥회가 끝났을 때 그는 점차 관심이 식었고, 우리는 그를 면직해야 했다. 결국 그는 더 이상 오지 않고 나를 피해 다녔다. 꼭 1년이 지난 뒤 한 여자의 고백을 통해, 강 씨가 교회 직원이었을 때 부도덕한 죄를 저질렀음을 알게 되었다. 그는 성령에 끝까지 저항하며 고백하기를 거부했으며 하나님은 그를 내버려 두셨다. 강 씨의 상태는 더욱 나빠졌고 결국 시내에 있는 창녀촌의 지배인이 되었다. 몇 달 전에 나는 그가 아편阿片煙으로 자살을 시도했다는 소식을 들었다."

(William Blair, *The Korea Pentecost*, 1910, pp.71-73.)

죄와 싸워 승리한 자는 고백하고 평화와 생명을 얻었으나, 죄를 숨기고 성령에 저항하고 고백하지 않은 자들은 바람에 날리는 겨처럼 떨어지고 사라졌다.

서울 장로교회 연합 남자 부흥회, 1907년

A revival tent meeting in Seoul

1907년 여름 안식년을 마친 게일이 서울 연동교회에 돌아오자 2,000명 가까운 신자들이 환영회 겸 부흥회로 모였다. 미국의 전통적인 천막 집회를 연상시키지만, 선명한 태극기와 두 개의 교차된 십자기(흰 바탕에 붉은 십자가, 붉은 바탕에 흰 십자가), 갓을 쓴 남자들의 모습에서 한국식 부흥회의 특징을 볼 수 있다. 연동교회 새 예배당(285쪽)이 완성되기 직전인 1907년 부흥의 물결이 한국을 휩쓸 때, 서울 남자 신자들이 모여 교회와 나라를 위해 기도했다.

1907년 3월 서울에서도 장로교회 연합 부흥회가 열렸고, 길선주 장로의 설교로 부흥이 일어났다.

"그해[1907년] 서울은 선교사들이나 한국 기독교인들이 모두 새로운 마음으로 생활하기를 바라는 강한 열망으로 새해를 시작했다. 여러 교회에서 집회가 열리고 외국인들과 한국인들이 유익을 얻었지만, 집회가 상투적이었으며 특별히 큰 능력이 임하지는 않았다는 인상이 지배적이었다. 이런 상황에서 전해진 평양의 폭풍 소식은 모든 사람의 마음을 뒤흔들었다.

첫째, 일부 가정에서는 [리 목사의] 소책자 〈평양 성령 강림〉을 고대하는 마음과 눈물 젖은 눈으로 읽었다. 어떤 사람들은 평양에서 계속되는 은혜의 사역에 참여하기 위해 서둘러 평양으로 떠났다. 또 하나님께서 수도 서울에 임재하실 것이라는 일반적인 기대감이 일었다. 서울에 있는 교회들의 초청을 받아, 평양 장로교회에서 강한 능력이 있는 한국인 장로[길선주]가 와서 이 대도시의 교회들에서 며칠을 보냈다. 이것이 정화 체험의 시작이었다. 이는 며칠 동안만 지속되었기에 평양에서 일어난 것과는 강도 면에서 크게 달랐지만, 그럼에도 기독교인들의 마음에 새 생명을 가져다주었다. 죄로 인한 고뇌와 슬픔, 고백할 때의 극심한 고통, 삶에서 나타나는 깊고 놀라운 능력의 현상들이 동일하게 나타났다." (Jones and Noble, *The Religious Awakening of Korea*, 1908, pp.22-23.)

길선주는 1907년 2월 17일부터 3월 초까지 3주일간 미리 약속했던 서울의 세 장로교회 연합 사경회에서 강사로 활약했다. 기도로 준비된 심령들 위에 둘째 날부터 성령께서 강력하게 임했다.

"성경에 진지한 학생이요 한국 장로교회에서 가장 재능 있는 설교자인 길 씨는 평양에서 열린 부흥회에서 성령 세례를 받고, 이곳 교회들에서 설교하기 위해 서울에 왔다. 그의 설교는 힘이 있었고 성령의 능력이 나타났다. 그의 입에는 하나님의 말씀이 날카롭고 강력하게 역사해서 검의 두 날보다 더 날카로웠다. 그의 기도는 놀라웠다. 사람들은 죄의 짐에 눌려 무너져서 울었다. 때로는 거의 모든 회중이 우는 듯했다. 이것은 기존 교인들 가운데 일어난 일이다. 심지어 교회 지도자들도 엄청난 죄를 지었다고 고백했다. 훔친 돈과 다른 물건들은 돌려주었고, 될 수 있는 대로 보상해 주었다. 어떤 사람들은 너무나 괴로워서 예배당 마루에 쓰러져 울면서 하나님의 자비를 구했다. 웨슬리와 휘트필드의 강력한 설교 후 일어난 결과를 기록한 역사가 생각났다." ("Recent Work of the Holy Spirit in Seoul", *Korea Misson Field*, March 1907, p.41.)

승동교회 클라크 목사 가정, 1907년
Rev. Charles Allen Clark family of the Central Presbyterian Church in Seoul

1907년 2월에 있었던 서울 사경회는 한국 교회사에 획을 긋는 사건이었다. 길선주의 설교에 첫날부터 감동되기 시작한 회중에게 그 다음 날 성령이 임했다. 길선주가 성령 도리를 가르칠 때, 성령에 감동된 승동교회와 연동교회의 수백 명의 양반들은 죄를 회개하고 머리로만 믿던 데서 마음으로 믿는 체험 신앙을 갖게 되었다. 또 교회에 와서도 상놈들과 분리된 좌석에 앉던 관례를 버리고 한자리에 앉았다. 평양의 한의사 출신에 불과한 길선주가 서울 양반들을 회개시키고 한국 교회의 명실상부한 지도자로 자리매김한 모임이었다.

연동에 있는 장로교 선교사들의 건물들, 1905년

Presbyterian mission buildings at Yŏndong, Seoul

언덕 아래로 보이는 다섯 채의 서양식 건물이 장로회 선교사들의 주택과 학교다.

연동교회 임시목사 레널즈

Rev. William D. Reynolds

연동교회 담임목사인 게일 선교사가 안식년 휴가 중이어서 성경 번역을 위해 전주에서 서울에 와 있던 레널즈(李訥瑞, 1867–1951) 목사가 연동교회를 맡았다.

승동교회, 1904년
The Central Presbyterian Church in Seoul

1892년 내한한 무어Samuel F. Moore 목사의 곤당골 사택 사랑방에서 1893년 6월 첫 예배를 드리면서 곤당골교회가 시작되었고, 1893년 11월 정동 새문안교회에서 독립해 공식적으로 설립되었다. 제중원 의사 에비슨 장로와 서상륜 조사가 무어 목사를 도와 교회를 섬겼다. 1894년 당시 17명의 교인 중에 4명은 부자였고 2명은 전직 관리로 대부분 중상류층에 속했다. 대표적 교인은 첫 교인이자 무어의 어학교사인 한 씨, 농부 천광실, 정동교회에서 이적한 박 씨 등이었다. 이들은 우선 제중원 환자들을 대상으로 전도했다. 1895년 4월 에비슨의 치료를 받은 백정 출신 박성춘朴成春이 세례 받고 교인이 되면서 많은 백정들이 교회에 들어왔다. 그러자 관리들과 양반 신자들이 귀천 분리를 내세우며 함께 예배드릴 수 없다고 반발했다. 무어가 예배 좌석 분리를 거부하자 양반들은 1895년 여름에 홍문수골교회를 세우고 분립했다. 그러다가 1898년 두 교회가 홍문수골교회로 합쳐졌는데, 이곳은 여전히 백정 교회로 불리는 인권 평등 운동의 중심지였다. 1905년 승동으로 건물을 옮기고 교회명을 바꿔 '승동교회勝洞教會' 시대를 시작했으며, 1906년 무어의 갑작스런 사망으로 클라크(Charles A. Clark, 郭安連, 1878-1961) 목사가 담임했다. 1907년 박성춘이 영수로 있었고 6명의 집사와 2명의 전도부인이 있었으며, 출석 교인은 평균 250명이었다. 1907년 봄 서상륜을 장로로 선출했으나 9월의 공의회에서 부결되었고, 1908년 이여한李汝漢만 장로로 장립되었다.

연동교회, 1907년
Yŏndong Presbyterian Church in Seoul

1894년 무어 선교사와 조사 김영옥을 중심으로 연못골(연지동)에서 초가집 헌 채로 시작한 연동교회蓮洞敎會는 1900년 게일 목사가 부임하고 러일전쟁 전후 개종한 양반들이 많이 입교하면서 크게 성장했다. 교인 증가로 효제동 47번지에 새 예배당을 짓고 1907년에 완공, 헌당했다. 당시 교인은 550명 정도였고, 게일이 안식년 휴가를 떠나 전주의 레널즈 선교사가 임시목사로 있었다.

교인들의 자급 정신에 따라 연동교회는 선교회의 도움 없이 자체 헌금 6,000여 원으로 새 예배당을 지었다. 경복궁을 지은 한국인 기술자와 목수들이 한국 양식으로 건축했다. 303평 대지에 80간(133평) 목조 건물로, 지붕은 새로 도입된 가벼운 양철로 했다. 남녀 내외 풍습에 따라 출입문은 남녀용을 구분했으며, 예배당 안의 좌석도 휘장으로 남녀 좌석을 분리했다. 아직 의자는 갖춰지지 않아 마루에 앉아 예배를 드렸다. 교회 헌당을 기념해 예배당 지붕 밑에 만국기를 단 모습을 위 사진에서 볼 수 있다. 헌당 이후 부흥과 함께 양반과 상놈이 함께 모이는 교회가 되어 교인이 1,200명으로 늘었다.

길선주 가족, 1909년
Rev. Kil Sŏn-Ju and his family

길선주(吉善宙, 1869. 3. 15.–1935. 11. 25.)는 1897년 29세 때 기독교로 개종하기 전까지 약 10년간 도교(선도)에 심취했다. 그는 1897년 8월 15일 28명의 교인과 함께 널다리교회에서 리Graham Lee 목사에게 세례를 받았다. 1898년 봄에 영수로 선출되어 임명받았으며, 1901년 5월 15일 주일에 평양을 방문한 북장로회 선교회 총무 브라운A. J. Brown 목사로부터 방기창과 함께 장대현교회 장로로 안수를 받았다.

서울 사경회를 마치고 3월 9일 평양에 돌아온 길선주는 주일예배 시간에 교인들에게 "서울이 평양보다 더 많은 은혜와 복을 받았다"고 기쁘게 선포했다.

> "길 장로가 양반에 대해 이야기하는 것을 듣는 것은 흥미로웠습니다. 연못골교회[연동교회]에서 집회가 시작되기 전에는 양반은 방의 한 편에 앉고 '상놈'은 다른 편에 앉았는데, 집회가 끝나기 전에 양반과 상놈이 형제애 안에서 함께 앉게 되었다고 합니다. 서울의 일부 여자들도 길 씨의 전도와 기도를 통해 큰 복을 받아, 어떤 방식으로든 감사함을 표하기 위해 돈을 모아 그가 떠나오기 전에 옷 한 벌을 만들어 선물로 주었습니다. 그는 기쁘게 그 옷을 입고 장대현교회에 나타났습니다. 어디서 그런 멋진 옷을 얻었느냐고 교인들이 묻자, 그는 웃으면서 '이전에 만일 내가 이런 좋은 옷을 입고 왔으면 여기 있는 여러분은 내가 그것을 사기 위해 돈이라도 훔치지 않았을까 하고 생각했을 것입니다'라고 말했습니다. 그는 매우 지쳐서 돌아왔고, 리 씨는 그를 도시 밖으로 보내 며칠간 쉬게 할 것입니다. 그는 지난 두 달 넘게 밤낮으로 스트레스를 받아 왔습니다. 우리는 그런 강력하고 아름다운 영의 사람에 대해 하나님께 감사합니다. 다른 지도자들도 우리가 경험하고 있는 이 기적적인 시기에 놀랍게 발전하고 있습니다."
>
> (Margaret Best to A. J. Brown, March 12, 1907.)

1907년 서울 양반들이 상놈과 동석했다는 것은 반상간 차별의 벽이 무너진 것을 상징했다. 또 서울 양반들이 평양에서 온 길 장로의 설교와 기도로 회개했다는 것은 부흥운동을 계기로 평양이 한국 교회 지도력의 무게 중심에 놓이게 되었음을 보여 준다. 서울 교회 여자 교인들이 만들어 준 옷을 입고 평양 교인들 앞에 자랑스럽게 서 있는 길선주의 모습은 조선 500년간의 서울-평양의 지역 차별이 무너지고 그 역전이 시작되었음을 상징했다.

독립협회나 개혁당에 관련되어 한성감옥에서 복역했다가 개종한 고관 출신의 지식인들이 1904년 출옥하면서 서울 양반들의 입교와 기독교 교육 운동이 본격화되었다. 1904년에 조직된 국민교육회에는 이원긍, 이준, 전덕기, 최병헌, 유성준 등이 지도자로 참여했다. 1903년 10월 황성기독교청년회YMCA가 결성되었을 때 선출된 12명의 이사 가운데 한국인은 여병현呂炳鉉과 김필수金弼秀가 있었다. 1904년에는 출옥한 이상재, 김정식金貞植, 이원긍 등이 참여하면서 청년회를 이끌었다. 1904-05년 한국인 임원진으로는 총무 김정식, 간사 최재학崔在鶴·육정수陸定洙·이교승李教承, 이사 윤치호와 김규식金奎植이 활동했다. 특히 윤치호는 1906년 이후 부회장으로 재임했다.

이러한 양반 지식인들의 애국계몽운동 상황에서 1907년 서울 연동교회에만 200여 명의 양반이 출석했다. 이들 중 다수가 서울 부흥회에서 평양의 길선주를 통해 회개하고 기독교의 본질을 체험함으로써 서울 교회가 새롭게 되었을 뿐만 아니라, 평양 지도자의 발언권이 한국 교회 안에서 우위를 차지하게 되었다.

서울 양반, 1905년
A yangban in Seoul

조선 역사의 주역이라고 해도 과언이 아닌 서울 양반들은 나라보다 문중과 족보를 더 중시했다. 청일전쟁과 러일전쟁 전후 나라가 위태롭게 되자 북촌과 남촌의 양반들은 친일파, 친러파, 친미파 등으로 분열했는데, 외세를 업어 가문을 보호하고 각종 이권을 차지하려는 속셈이었다. 일부는 개신교 선교사와 손잡기 위해 교회에 출석했다. 이들 가운데는 부흥회 이후 옛 양반 의식이 되살아나 상놈과 함께 지낼 수 없다면서 양반 교회를 만들어 분리해 나가는 이도 있었다.

1895년 과거제가 폐지되면서 양반의 지위가 결정적으로 흔들렸고, 사농공상의 신분제도도 철폐되었다. 하지만 양반 상놈을 차별하는 신분 의식과 관습은 사라지지 않았다. 유교 신분제 사회에서 교회는 양반과 상놈이 같이 예배당에 모여 한 하나님께 찬양하고 기도하고 '상놈 언어'인 한글로 된 성경을 함께 읽고 공부하는, 평등을 지향한 종교 공동체였다. 서울 승동교회와 상동교회 등에는 천민인 '쟁이'들이 많았다. 그래서 사람들은 예수교인을 '예수쟁이'라고 불렀다. 초대 한국 교회는 상놈이 주축이었고, 이들의 자녀는 기독교 학교에서 교육을 받은 뒤 일제시대에 중산층이 되어 신분 상승을 이루었다.

노블 가족, 1907년
Rev. William Arthur Noble Family

노블 목사의 집에서 바라본 평양, 1907년
P'yŏngyang viewed from Rev. Noble's house

평양의 베스트 양은 부흥이 일어난 후 처음 맞이한 구정 풍경에서 변화된 평양의 모습을 묘사하고 있다.

> "평양은 변하여 점점 더 기독교 도시가 되어 가고 있습니다. 이제 도시를 다닐 때 무당의 북소리를 거의 들을 수 없습니다. 저는 아주 오래전에 선교사 거주지 근처의 한 마을에서 이런 소리를 들은 적이 있습니다. 구정 이른 아침에 저는 제 옆방에서 잠을 잔 부인 권서가 커튼을 걷으며 탄성과 함께 외치는 말을 들었습니다. '새 세상이오.' 나는 그를 불러 그것이 무슨 뜻인지 물었습니다. 그녀는 대답했습니다. '이웃에 있는 모든 집 굴뚝에서 연기가 올라오고 있어요. 몇 년 전만 해도 사람들은 조상 제사를 지내느라 밤을 새우고 그 후에는 제사에 올린 음식으로 잔치를 했지요. 그렇게 잔치를 벌인 후에는 깊은 잠에 빠져 이른 아침에 밥을 짓기 위해 불을 피우는 사람이 하나도 없었어요. 이른 아침에 식사를 하지 않았으니까요.'
>
> 이 여자에게 설날 새벽 굴뚝에서 올라오는 연기는 전에는 불신자였던 가정이 이제는 기독교인이 되었음을 말해 주는 것이었기에 흥미롭게도 '새 세상이오'라는 말이 입에서 절로 터져 나온 것입니다.
>
> 지난 달 열린 전도 집회의 결과, 시내에 사는 약 1,200명이 기독교인이 되겠다는 소원을 고백한 것으로 추정됩니다. 중앙교회[장대현교회]는 다시 한 번 넘쳐났습니다. 저희는 새로운 난제에 관해 생각했습니다. 왜 중앙교회는 나일강과 같은가? 넘쳐나는 사람들은 예배 시간에 마르키스 예배실[여자용]과 선교사 거주지 근처의 남자들의 사랑에 임시로 수용하고 있습니다. 다른 세 교회들도 건물이 너무 비좁다는 것을 느끼고 있습니다." (Margaret Best to A. J. Brown, March 12, 1907.)

설날 새벽 집집마다 올라가는 연기는 새 세상, 즉 평양이 예수교 도시로 변하고 있는 상징이었다. 부흥은 새해 첫날 굴뚝에서 솟아나는 연기이다. 아니, 부흥은 새해 첫날 아침 일찍 일어나 첫 불씨를 살리고 아궁이에 불을 지피고 밥을 하는 것이다.

나일강이 주기적으로 범람하여 비옥한 토지를 만들고 만물을 소생시켰듯이, 1,200석의 장대현교회는 몰려드는 사람들로 차고 넘쳐 새 교회를 조직해야 했다. 부흥은 교회의 생수가 범람하여 주변을 기름지게 하는 것이다.

평양 대동문, 1907년
The Water Gate, P'yŏngyang

수문 옆에 근대식 건물
이 들어설 정도로 평양
은 급변하고 있었다.

평양 대동문 입구, 1909년
From the Water Gate to the city of P'yŏngyang

성문 벽에 각종 광고와 방이
붙어 있다.

평양 칠성문, 1907년

The Seven Star Gate for carrying out the dead people, P'yŏngyang

칠성문은 평양성의 북
문으로, 을밀대와 만
수대 사이의 낮은 지
점에 작은 옹성을 갖
추고 있었다. 의주로
가기 위한 통로였기
때문에 전도자들이 많
이 드나들었다.

영변의 사당, 1906년

A town shrine near Yŏngbyŏn

평북 영변에 있던 사
당으로, 각종 신을 섬
기던 곳이다. 영변은
북감리교 선교지부가
설치된 평북 내륙의
중심 도시였으나 전통
신앙이 강하여 전도하
기 어려웠다.

영변의 사당 내부, 1906년

Interior of a devil house near Yŏngbyŏn, taken by E. E. Fowell

화상 앞에 신도들이 바친 곡식 자루들이 있다.

북한 지역 감리교회의 경우 평양에 이어 영변寧邊에서 부흥이 일어났다.

"부흥의 능력을 처음으로 체험한 지역 가운데 하나는 평안북도 지역, 특히 영변을 중심으로 한 지역이었습니다. 영변은 그 지역의 중심지였으며, 미국 북감리교회 선교지부 가운데 가장 최근에 생긴 지부입니다. 이 도시는 한국에서 가장 뿌리 깊은 귀신 숭배 중심지로 알려져 있었지만, 이미 교회가 주민의 삶에 큰 영향을 주어 귀신 숭배가 반으로 줄고 무당들의 수입도 크게 줄었다고 합니다. 영변 시내에 있는 교회에서 예배를 드렸으며, 많은 사람들, 특히 지방 전도인과 사역자들이 크게 축복을 받았습니다." (Jones and Noble, *The Religious Awakening of Korea*, 1908, p.19.)

해주海州 지방의 꽃뫼[花山]감리교회 부흥회에서 "갑자기 하늘이 열리고 하나님의 성령이 예배드리는 자들에게 강림" 했다. 사람들은 압도당했고, 부흥회에 반대하던 교회 지도자인 한 권사는 "죄를 고백하려는 순간 일격을 맞은 것처럼 바닥에 쓰러졌다. 사람들은 크게 놀라 자기 죄에 대해 괴로워하며, 하나님께 간곡히 용서와 구원을 구했다. 그 지도자는 용서와 안정을 찾았고, 이후에는 다른 부락에서 부흥 집회를 인도하여 하나님께 크게 쓰임 받았다.'

"바로 이 이야기가 해주에서 폭풍을 일으켰다. 꽃뫼에서 방문한 형제들이 해주 집회에서 그 이야기를 하자 사람들이 죄를 참회하기 시작했고, 한 사람씩 일어나 고백하였지만 계속할 수는 없었다. 수치심과 당황 속에서 한 사람씩 바닥에 쓰러져 하나님께 자비를 간구했기 때문이다. 평화와 용서가 그들 모두에게 임했다. 이렇게 일주일 동안 계속하여 거의 모든 교인이 고백하고 정화되었다. 옛 빚을 갚고, 미움과 적의를 버렸으며, 형제애가 자리를 잡았고, 그리스도 예수 안에서 모두가 교제의 끈으로 하나가 되었다. 그렇게 해서 한 달 넘게 마을에서 마을로 촌락에서 촌락으로 이 사역이 확산되어 그 순회구역의 가장 유망한 교회 중 18개 교회가 정화되었으며, 전 교인의 3분의 2가 공개적으로 죄를 고백하고 용서를 받았다." (Jones and Noble, *The Religious Awakening of Korea*, 1908, p.25.)

진남포 학생들의 선교사 환영, 1907년

Students welcoming of a Methodist missionary, Chinnampo

평양에서 100리 정도 떨어진 평안남도 증산甑山읍 감리교회를 담임하던 황정모는 평양 부흥에 대해 전혀 모르는 상태에서 2월에 예년처럼 일주일간 기도회를 인도했다. 그런데 집회 중에 "교인들이 일어서더니 자기 죄를 자복하고 슬픔과 고통에 사로잡혀 울부짖었다." 회개한 교인들은 새로운 삶을 시작했다. 예기치 않은 사태에 놀란 황정모는 평양으로 가서 교회에서 일어난 기이한 일을 보고했다. 이 사건은 "부흥이 인간의 노력과 상관없이 이슬이 내리듯이 신비롭게 사람들에게 능력으로 임함을 증명해 주었다." 선교사의 존재나 지도자의 능력과 상관없이, 소수의 사람들이 간절히 기도할 때, 성령께서는 원하시는 곳으로 자유롭게 가서 신비한 능력으로 나타나신다. 그때 부흥이 일어난다.

"부흥운동은 변두리 지역 지회들에게 더욱 유익을 주었습니다. 외국인 선교사의 도움이나 지도 없이도 크고 작은 촌락에서 현지 기독교인들이 이 일을 행하여 큰 성공을 거두었습니다. 최북단의 한 지회에는 평양[숭실]중학교에서 학생으로 공부하면서 평양에서 영적인 불을 거친 한 청년이 있었습니다. 진정으로 회심한 사람들에게 흔히 일어나듯, 그는 가장 먼저 북녘 고향에 있는 친척들을 생각했습니다. 그는 서둘러 고향으로 돌아와 지체하지 않고 자신이 받은 것을 사람들에게 전하기 시작했습니다. 그 결과 영적이며 거듭난 교회가 생겨났습니다. 그는 불타오르는 복음전도자처럼 이 북부 지역의 산과 골짜기에 있는 기독교인의 무리를 순회하며, 어디서나 축복을 전했습니다. 그 지역 전체가 불이 붙었으며, 놀랄 만한 결과가 이루어지기도 했습니다." (Jones and Noble, *The Religious Awakening of Korea*, 1908, p.19.)

선천 제중원 의학생들과 샤록스 의사, 1907년
Dr. Sharrocks and medical students, Sŏnch'ŏn

예수교가 가장 빠르게 성장하던 선천은 1월 말에서 2월 초에 열린 평북 남녀 도사경회에서 부흥이 일어났다. 1월 말 평양 부흥을 경험한 블레어H. E. Blair 선교사가 사경회를 인도했는데, 성령의 강한 역사로 "믿음이 약했던 남자들이 강해졌고, 믿음이 흔들렸던 여자들이 순결과 도덕적인 삶을 살게 되었다." 여자 사경회를 인도한 새뮤얼즈 여선교사는 다음과 같이 증언했다. "사방에서 400여 명이 모였는데, 지금까지 모인 사경회 가운데 가장 많이 모인 것이다. 1월에 도사경회가 열렸는데 이전과는 전혀 다른 집회였다. 주의 성령이 강하게 나타나 죄를 자백했다. 인도자가 설교하는 중에도 여자들이 곳곳에서 일어나 죄를 고백했다. 서너 명이 동시에 일어나 죄를 고백하기도 했다. 얼마나 고통스러운 모습인가! 성찬식을 하기로 한 오후에는 여자들이 서로 나서서 죄를 고백하고 마음의 평안을 위해 기도하는 바람에 성례를 연기하지 않을 수 없었다."

이렇게 강력한 성령의 역사 가운데 전도에 열성적이던 선교사 컨즈Carl E. Kearns는 비밀스런 죄(자료에는 나타나지 않음)를 회중 앞에서 공개적으로 고백했고, 이 때문에 사임하고 미국으로 돌아가야 했다. 1902년 내한하여 1905년에는 660명에게 세례를 주고 1,000여 명을 학습교인으로 받아들인 그였지만, 강력한 성령의 강권하심으로 선교사 직을 그만두더라도 자신의 무거운 죄를 교회와 하나님 앞에 고백하지 않을 수 없었다. 선천의 부흥은 그만큼 무섭고 철저했다.

선천남학교, 1907년
Boys' School in Sŏnch'ŏn

선천여학교, 1907년
Girls' School in Sŏnch'ŏn

운산광산 노동자, 1907년
Korean gold miners working for 25 cents a day

북한의 한 서구 광산
A western style factory of mine in Northern Korea

외국계 광산 회사의 노동자들이 부흥회 때 회개함으로써 신용을 되찾는 경우가 많았다. 광산이 있던 북진감리교회에서 있었던 부흥 이야기다.

> "북한 지역의 미국 광산 조차지租借地에 속한 땅이 이 영변 지구에 포함되어 있다. 여기서 채굴회사가 호의를 베풀고 여러 방식으로 도움을 준 아주 흥미로운 사역이 일어났다.
>
> 평양에서 온 청년이 주요 광산촌인 북진北鎭에 있는 현지인 교회를 방문했을 때, 그의 설교는 교인들을 크게 뒤흔들었다. 이 사람들 중에는 회사의 시금실試金室에 고용된 한국인 청년이 있었는데, 그는 조차지에서 가장 신뢰할 만한 현지인으로 인정받고 있었지만, 회심 이전 수년간 저지른 범죄에 대해 깊이 뉘우쳤다. 그는 유혹에 빠져 몇 차례 소량의 금을 훔쳐 상당한 액수의 금을 모았다. 교회에 다니기 시작한 후에는 이 금을 감추고, 이 문제를 바로잡을 기회가 올 것이라고 기대했다. 그의 생활은 모범적이었지만 마음에 항상 은밀한 죄를 간직하고 있었다. 바로 이러한 때 하나님의 능력이 그를 사로잡고 깨우쳐 그는 그 일을 모두 고백하고 금을 돌려주기로 결심했다.
>
> 마침내 그는 광산의 관리들을 찾아가 그들 앞에 금을 내려놓으며 자신의 범죄를 알리고, 이것이 자신에게 해고와 불명예와 벌로 이어지겠지만, 무슨 일이 있더라도 하나님과의 관계를 바르게 해야 한다고 말했다. 이러한 행동은 그의 고용주에게 깊은 인상을 주었다. 부지배인은 그의 손을 잡고 도덕적으로 용기 있는 행동을 칭찬하며 자신들이 그 범죄를 용서했으니 해고하지 않을 것이라고 말했다. 결과적으로 조차지의 이 신뢰받는 일꾼은 비뚤어진 과거를 바로잡았을 뿐만 아니라, 더 큰 신뢰를 베풀기에 합당한 인물이라는 것을 고용주에게 보여 줄 수 있었다." (Jones and Noble, *The Religious Awakening of Korea*, 1908, pp. 19-20.)

부흥운동은 자본주의 도입기에 거짓말과 도둑질을 예사로 하는 '믿을 수 없는 한국인'을 바꾸어 참된 예수교인이면 믿을 수 있다는 새로운 인식을 낳았다. 정직하지 못했던 한국인의 고질병을 고치는 길은 사회 제도의 변화와 함께 개인적 회개를 통한 도덕성 회복이었다.

제물포항, 1904년
Inch'ŏn (Chemulpo)

제물포 내리교회는 한국에서 매우 영향력 있는 교회 가운데 하나다. 이 교회는 강력한 제직회가 있었으며, 특히 평양 부흥운동 시기에는 유능한 한국인 목사의 지도하에 있었다. 2월 초 구정에 사경회를 열고 제직들은 매일 오후 둘씩 짝지어 나가 친구와 이웃에게 복음을 전했다. 교회에서는 매일 아침 저녁 집회가 열렸으며, 죄의 성격과 결과를 숙고했다. 많은 교인들이 눈물로 죄를 고백하고 용서를 구했으며, 190명의 새 개종자들을 원입교인으로 받아들였다. 한국인 목사와 제직회는 사경회가 성공적으로 목적을 달성했기 때문에 폐회하는 것이 좋겠다고 생각했다. 그러나 집회 때 특별히 각성된 몇 사람은 매일 모여 하나님이 더 큰 능력으로 그 교회에 임재하시도록 기도하기로 했다.

제물포 내리교회의 부흥은 3월 말에 다시 일어났다. 평양에서 두 명의 전도사가 왔지만 부흥회에 많은 반대가 있었다.

"제물포 교회의 부흥운동 후에도 산발적인 노력이 3월 말까지 계속되었으며, 그때 평양에서 두 명의 전도사가 초청을 받아 제물포로 와서 특별한 사역을 시작했다. [중략]그들은 사역을 시작했지만, 한국인 목사와 일부 제직의 강력한 반대가 있다는 것을 알게 되었다. 그럼에도 집회에는 성령의 임재가 분명히 나타났으며, 많은 사람들이 깊이 참회하고 공개적인 고백을 했다. 하지만 반대도 그 주간 내내 계속되었으며 일요일 밤에 절정에 이르렀다. 그날 밤 군중이 일부 제직의 지도 아래 교회 밖에 모여 전도사들에게 폭력을 이용해서라도 마을에서 쫓아내겠다고 위협했다. 이 군중은 예배당 안으로 밀고 들어오지는 않았지만 바깥에서 시위를 벌였다. 흥분에 휩싸인 그날 밤 설교자들이 교회를 떠나려고 했다면 폭행당했을 것이 분명하다. 그러나 결국 그 무리는 흩어졌고, 다음 날에는 일이 새로운 방향으로 전개되었다. 한국인 목사와 완악한 자들이 정신을 차려 자신들이 미혹되어 성령의 사역을 방해하고 있음을 깨달았다. 그 후 이 집회에는 평양에서 목격한 장면들과 똑같은 놀라운 능력이 일어났다.

제물포 집회는 이르면 아침 6시에 시작되어 실제로 거의 휴식 없이 자정까지 계속되었다. 때로 전도사들은 24시간 내내 교회에 있었다. 권면은 자주 했지만 설교는 길게 하지 않았다. 찬양도 거의 부르지 않았다. 사람들은 고백함으로써 죄를 제거하려고 거기에 있었다. 그들은 매우 진지했으며 주야로 오직 이 한 가지 일에 몰두했다. 교인들은 각자 차례를 기다렸으며 슬픔, 고통, 고백의 소용돌이가 그치지 않았다. 순식간에 시간이 지나갔다. 이 경험을 한 사람들은 대개 열광적이거나 시끄럽게 기쁨을 표현하지 않았다.

다른 지역과 마찬가지로 제물포의 참회자들에게도 용서와 확신이 임했다. 밤이 지나면 아침이 오듯이 확고했다. 그들의 마음은 깊고 놀라운 평화로 가득 차고, 영혼은 하나님의 임재의 위세에 눌려 침묵했다. 정결케 된 기쁨은 매우 깊고 지속적이었으므로, 인간의 일상적인 기쁨의 형식으로는 도저히 표현할 수 없었다. 고백과 회개에는 잘못에 대한 자발적인 배상이 따랐다. 교회에 탁자를 설치하여 불법으로 얻은 물건을 돌려주기 원하는 자는 자기 죄의 증거를 올려놓게 했다. 순식간에 탁자에는 훔친 물건들이 높이 쌓였다. 하지만 그 물건들은 대부분 그들이 기독교인이 되기 전에 취득했다고 하는 것이 옳다. 많은 경우 물건의 주인을 찾는 것이 불가능했다. 대부분 하찮은 것이었지만, 양심은 그것을 계속 보유하는 것을 허락하지 않았다." (Jones and Noble, *The Religious Awakening of Korea*, 1908, pp. 21-22.)

개항장이라 떠돌이와 사기꾼이 많고 인정이 없던 제물포에서 내리교회는 세상이 알지 못하는 정결의 기쁨을 누렸다. 오늘 나와 한국 교회가 탁자 위에 올려놓을 죄와 참회의 증거물은 무엇일까?

정동감리교회, 1899년
The First Methodist Church in Seoul

서울 자골감리교회, 1906년
A Southern Methodist Church at Chagol, Seoul

서울의 어느 감리교회 목사는 3월 평양에서 길선주 장로가 와서 부흥회를 인도할 때 부흥운동의 무시무시한 성격을 보고는, 위축되고 마음이 굳어져 성령이 강림하도록 준비하는 일에 자기 교인들을 참여시키지 않기로 결심했다.

"그러나 성령이 임재하고 그[최병헌 목사]를 엄습했다. 하지만 마음의 평화는 사라졌고 거부하려는 감정이 짓눌렀다. 이 사역을 담당하던 선교사[존스]가 평양을 다녀온 뒤 교인들과 이 집회에 참석했다. 수요일 밤의 집회는 음침한 장막이 사람들을 덮었는지, 그 어느 때보다 그들은 하나님께 항복하는 데로 나아가지 않고 멀리 떨어져 있었다. 예배가 끝난 뒤 일부 청년들이 남아 이 문제를 선교사와 의논했다. 그는 청년들에게 성령께 단순히 복종하고 성령께서 요구하시는 것을 기꺼이 행해야 한다고 권고했다. 이 권고를 받은 청년들은 무릎 꿇고 기도했다. 무서운 영혼의 씨름을 한 뒤 그들은 한 사람씩 하나님 앞에 눈물을 흘리고 울부짖으며 마음을 쏟아 놓고 항복했다.

이 한국인 목사는 기도하려고 했던 첫 사람 가운데 한 명이었다. 잠시 동안 기도가 없었던 것처럼 보였는데, 갑자기 사형장으로 끌고 가는 형리들을 뿌리치면서 외치듯, 온 교회가 쩌렁쩌렁 울리도록 고함을 쳤다. '오, 성령님. 이제 당신께 복종합니다. 저는 주께서 지시하시는 길로 걸어갈 것이며, 더 이상 주를 거역하지 않겠습니다.' 이는 그에게 승리의 순간이었으며, 그 뒤 그는 변화되었다.

그는 여러 해 동안 이 선교사와 가장 친밀한 관계를 맺어 왔다. 선교 초기에 그는 이 선교사의 어학선생으로 고용되어 기독교인이 되었다. 그런데 이 놀라운 밤이 지난 다음 날 그는 선교사를 찾아가 말했다. '몇 년 전 제가 어학교사를 하던 그 옛날을 기억하십니까? 선교사님이 저를 대단히 신뢰했고, 그만큼 제게 시험거리를 주었습니다. 당시 선교사님은 매우 부주의한 청년이어서, 어학공부를 담당하던 제 앞에 돈을 어지럽게 펼쳐 두었습니다. 저는 결코 많은 돈을 훔치지는 않았지만, 가끔씩 한두 푼(약 10분의 1센트)을 들고 나가 담배나 술을 샀습니다. 선교사님에게 한 번도 이 이야기를 한 적이 없어 이제 고백하고 용서를 구하고 싶습니다. 제가 얼마나 가져갔는지 헤아려 이자와 모든 것을 계산해 보니 50전이면 될 것 같습니다. 여기 돈이 있습니다. 제발 받아 주십시오.'

선교사는 그 돈을 받고 몇 마디 위로의 말을 한 다음, 양심의 가책을 받고 있는 그 목사에게 그 돈을 다시 돌려줄 수 있게 해 달라고 부탁했다. 하지만 그 목사는 마치 독배를 받는 것처럼 뒤로 물러섰다. 그가 말하기를, '안 됩니다. 안 됩니다. 성령께서 이렇게 하라 하셨고 그분께 복종하여 이 일을 행했습니다. 이 땅의 그 어떤 세력도 내게 그 돈을 만지게 할 수 없습니다.'" (Jones and Noble, *The Religious Awakening of Korea*, 1908, pp.23-24.)

공주 선교지부, 1907년
A Methodist Station, Kongju

"평양에서 온 두 청년은 일주일 동안 공주에서 지내면서 복된 결실을 보았다. 공주는 남한 지역[북감리회] 선교 사역의 본부이며, 100만 명이 넘는 [충청도] 인구 가운데 기독교인이 1만 6,000명에 불과한 지역의 중심지였다. 공주 교회는 한국 전도인의 변절 때문에 언쟁과 싸움으로 가득 차 있었다. 그들에게 부흥은 절실했다. 북한에서 온 두 전도인의 사역으로 평양과 제물포에서 일어난 광경이 공주에서 반복되었다. 그 지교회의 모든 교인은 공개적으로 죄를 고백하고 훔친 물건들을 배상했다. 오랫동안 원수처럼 지내던 자들이 서로 화해하고 새롭고 차원 높은 삶을 시작했다." (Jones and Noble, *The Religious Awakening of Korea, 1908*, p.25.)

공주 하리동교회에서 1907년 4월 8일부터 일주일간 열린 사경회에서 성령의 임재와 권능이 나타났다. 윌리엄즈F. E. C. Williams 선교사와 안창호, 감상백 전도사가 사경회를 인도했다. 교인 간에 분쟁이 많은 데다 전도사가 시험에 들어 죄를 범했고, 지역을 담당하던 샤프 선교사도 사망하여 고린도 교회처럼 시험과 분쟁이 끊이지 않아 항상 성령을 슬프게 하던 교회였다.

> "제 삼일 만에야 비로소 자복이 나오는데 그 형상이 마치 만신창에 곪은 것을 째고 피고름 짜는 것 같은지라. 서로서로 미워하고 시기하였다 하며, 간음하였다 하며, 속이고 도적질하였다 하며, 부모에게 불효하였다 하며, 우리 주를 입으로만 믿었다 하며, 어떤 이는 목사를 속였다 하며, 어떤 이는 그간 안창호 씨를 원수같이 보았다 하며, 슬피 애통으로 서로서로 용서함을 받으며 서로 위로하며 날마다 이와 같이 일주일 동안을 지낼새 외인들은 예배당에 초상난 줄로 공론이 분분하더라. 어찌 감사치 아니하리오."

집회 도중 평양 남산현교회에서 파송받은 고정철과 강신화 전도사가 내려와서, 죄의 담을 헐지 못하면 믿는 것은 아무 쓸데없다며 죄 문제를 해결할 것을 촉구했다. 권세 있는 이 말은 회중의 심장을 찔렀다. 마치 유능한 의사가 뇌에 깊이 곪은 것을 짜내는 것 같았다.

> "누가 놀라고 동심치 아니하리오. 제 형제자매가 머리를 들지 못하고 스스로 결박되는데, 졸연간 열병에 한열 왕래往來 두통 겸하여서, 혹은 떨고, 혹은 얼굴이 술에 취함 같고, 혹은 새로이 깬 듯하고, 혹은 작은 눈이 커지고, 혹은 몸도 어찌할 줄 모르며, 혹은 정신없이 앉았으니, 여러 가지 모양이 활동사진을 벌임 같은지라. 이 죄인도 만일 죄가 없었으면 이익이려니와 죄인 중 수두首頭라 어찌 무심하리오. 과연 마음이 찔리고 얼굴이 취하며 두려움이 어찌 구식舊式에 잔인 박행薄行하는 뇌형牢刑이리오. 생각건대 벽력이 머리를 치는 듯한지라. 설혹 범상犯上한 죄가 있더라도 내어놓지 않고는 견딜 수 없는지라. 그러함으로 형제자매가 서로 뒤갈까 염려하여 자복하는데, 들은즉 차마 들을 수 없고, 그 독한 악취는 코를 들 수 없더라. 참 성신 권능이 아니면 누가 이 죄를 자복케 하리오. 사람의 힘으로는 비록 부월지권斧鉞之權을 겸비하여도 할 수 없는지라. 어찌 감사치 아니하리오." (임동순, "충청남도 공주 하리동교회 부흥한 결실", 〈신학월보〉 1907년 2월, 123쪽.)

악취가 나는 작금의 한국 교회에 피고름을 짜내는 회개와 부흥과 개혁이 일어나기를 기도하자. 교회의 썩은 부위를 칼로 도려내고 피고름을 짜내지 않으면 기독교는 고려 말의 불교처럼 뇌사 상태에서 퇴출되고 말 것이다.

대구 남문, 1903년
The South Gate of Taegu

대구 계성학교, 1907년
Presbyterian Boys' School in Taegu

1907년 2월 대구교회에서 열린 10일간의 도사경회에서 부흥이 일어났다. 인도자는 1월 평양 부흥에 참석했던 재령의 헌트 목사였다. 처음 5일간은 일상적인 사경회와 저녁 집회였다. 그러나 한 저녁 집회에서 통성기도를 하면서 회개의 영이 임했다. 대구교회 담임목사 브루엔의 증언이다.

"회중 전체가 큰 소리로 기도를 시작했는데, 수백 명이 한꺼번에 기도하는데도 전혀 혼돈이 없었다. 그처럼 간절한 기도는 본 적이 없다. 여기저기서 흐느껴 울거나 통곡하는 소리가 들렸다. 바로 내 옆에서 몸부림치면서 죄를 고백하는 교인의 기도 소리가 들렸다. 그는 2년 전에 성경학원에서 돈을 훔쳤다고 자백했다. 그러자 너도 나도 일어나 제대로 말을 잇지 못하면서 죄를 자백했다. 그것은 얼음을 깨는 계기가 되었다. 그 후 유사한 현상이 계속되었고, 죄를 자백하고 보상하는 행위가 이어졌다." (H. M Bruen to A. J. Brown, March 1907.)

앞줄 가운데가 선노무인 전삼덕이다.

평양 장로교회의 부흥은 3월 16일부터 27일까지 열린 평남 지역 전도부인 사경회에서 다시 발화하였다. 참석자는 550명이었다. "그들은 평양 시내 교회 여자 집회 때와 동일한 체험을 했다. 눈물을 흘리고 울며 회개했으며, 죄를 자백하다가 괴로움을 견디지 못하고 마룻바닥에 뒹굴면서 통곡했다. 때로는 회중이 서로 엉켜 울면서 하나님께 용서를 빌었다. 한 사람이 울음을 그치지 않고 계속 괴로워하면 모든 회중이 통성기도를 했고, 그 후 찬송을 불렀다. 그래도 마음의 위로를 받지 못하고 괴로워하는 사람이 있으면, 이미 평안을 체험한 여자들이 천사처럼 다가가 사랑으로 껴안아 주면서 괴로워하는 영혼에게 평화를 빌어 주었다. 그러면 순식간에 치유를 받았다." (W. L. Swallen, "God's Work of Grace in Pyeng Yang Class", *Korea Mission Field*, May 1907, p.78.)

평양 장대현교회 장로들, 1904년

Old and New in Korea

Elders of the Central Presbyterian Church, P'yŏngyang

새로 등장한 평양의 개신교 지도자의 모습이 퇴락한 불교 사찰과 대비된다. 왼쪽이 길선주, 가운데가 김종섭이다.

평양 장로회신학교 학생들과 평양 장대현교회 소풍, 1907년

Picnic of seminarians and other members of the Central Presbyterian Church, P'yŏngyang

평양 장로회신학교 부흥회는 4월 2일 개학을 전후한 3월 31일부터 4월 9일까지 열렸다.

"여러 해 동안 한국 백성들이 교회로 돌아오는 놀라운 일이 계속되면서 교인이 늘어 필요한 사역자가 미국 교회가 공급할 수 있는 능력을 훨씬 넘어섰다. 선교사들이 부족해서 현지 사역자들은 준비를 충분히 갖추기도 전에 선교 사역에 대한 책임의 짐을 짊어져야 했다. 한국 교회의 중성과 헌신은 그 일에 관련된 모든 사람의 탄성을 자아내게 했다. 조사들과 전도사들은 부지런히 일했으며 동족들을 기독교인으로 인도하는 일에 열심을 냈지만, 그들에게는 우리가 이해하는 의미에서의 정식 목회는 존재하지 않았다. 그 사역에 참여하는 사람들은 평신도 사역자로, 많은 면에서 훌륭하지만 아직까지 기독교 목회자로서의 소명 개념을 제대로 알지 못했다. 그러나 부흥은 이 난제를 해결하는 하나님의 방법이었다. 하나님의 능력이 신학생들에게도 임하여 모든 신학생이 회개하고 정화되고 능력을 받았다. 미국에서는 원숙한 학자들을 통해 수만 달러를 들여 몇 년간 교육해야 이룰 수 있는 목회자 훈련을, 한국의 첫 신학생들은 부흥운동을 통해 한두 달 만에 이루었다. 부흥을 통해 많은 신학생과 숭실학교 학생들이 목회 소명을 받았다."

(Jones and Noble, *The Religious Awakening of Korea*, 1908, p.16.)

주리를 트는 장면, 1904년
Torturing an insurrectionist

마을 사람들이 보는 앞에서 죄인을 고문하고 벌주고 있다.

부흥운동 기간에 죄를 공개적으로 고백하는 것은 관가에 끌려가 주리를 트는 고통을 당하면서 죄를 실토하는 것과 유사했다. 하나님 앞에서 양심의 고통을 견디지 못해 울면서 공개적으로 참회하지 않을 수 없었다. 종기를 낫게 하기 위해 상처를 내고 피고름을 짜는 것처럼, 참회는 영혼의 악종에 상처를 내고 오래된 죄의 피고름을 짜는 고통을 수반했다. 그러나 죄를 토설한 뒤에는 하나님과 화해하고 이웃과 깨어진 관계를 회복함으로써 마음의 평화를 얻었다. 사람들은 망해 가는 나라의 국운에 애통해하고 민족의 죄를 회개하는 통성기도를 드렸다. 개인적으로 국가적으로 피고름을 짜내는 아픈 기도였다.

1907년 5월 평양에서 "처음으로 여자 권사, 전도부인, 여자 권사 후보, 사역자 교육 과정에 선발된 자들을 위한 사경회가 열렸다. 우리 선교지부의 모든 시내 교회와 지방 시찰을 대표하는 106명의 여자들이 사경회에 참석했다. 이 사경회에서 나는 매일 두 과목을 가르쳤는데, 하나는 기도를 주제로 앤드류 머레이의 책에서 준비한 내용을 모든 여자에게 가르쳤으며, 다른 하나는 스왈른 목사가 번역한 토레이 박사의 《성경은 무엇을 가르치는가 How to study the Bible》를 가지고 상급반 학생들을 가르쳤다. 두 반에서는 일반적인 방법이 활용되었으며, 일부 여자에게는 교대로 가르칠 수 있는 기회가 주어졌다. 이 사경회가 참석자들이 자기 민족을 가르치는 일에 도움이 되는 효과적인 도구가 되기를 바란다." (M. Best, "Among the Women of Pyeng Yang", *Assembly Herald*, Nov. 1907, p.493.)

평양 장로교회 전도부인 심 씨, 1908년

Mrs. Sim, a Bible woman of P'yŏngyang, who converted from a Mudang

무당이었다가 전도부인이 되어 많은 귀신을 내쫓았다.

귀신 들린 자들이 부흥운동 기간에 많이 치유되었다. 특히 전도부인들의 기도로 악령이 추방되고 많은 자들이 나음을 입었다. 그 가운데 평양 장대현교회의 심 씨는 여러 해 동안 무당으로 지내다가 하나님을 만난 뒤 전도부인이 되었는데, 이후 귀신 들린 여자들을 여럿 고쳤다.

"평양에서 한 20대 부인이 귀신에 들렸다. 가족과 친척들은 귀신을 쫓아내려고 자주 그를 때렸다. 고통 속에 울부짖으며 온몸에 상처투성이요 머리부터 발까지 피가 흘러 설 수 없는 몸이 된 아내를 보다 못한 남편 방만식은 전도부인 심 씨를 찾아와 고쳐 달라고 부탁했다.

방구석에 쪼그리고 앉아 대화를 거부하는 젊은 부인을 저녁 일찍 찾아간 심 씨는 먼저 '너 귀신이 들었지?'라고 여러 번 물었다. 정체를 확인한 다음에는 때리거나 다치게 하지 않고 다만 귀신이 나가도록 도와주겠다며 안심시켰다. 그러자 여인은 '제발 있게 해 주세요. 그대로 있고 싶어요. 내버려 두세요'라고 간청했다. 심 씨는 단호하게 나가야 한다고 말하고, 남편과 딸 보배와 함께 무릎 꿇고 머리를 조아리고 간절히 기도하기 시작했다.

그들이 그리스도의 이름을 말할 때마다 여인은 이상한 소리를 내며 침을 뱉고 그들을 때렸다. 기도가 끝나자 심 씨는 찬송을 불렀다. '하나님 아버지 주신 책은 이상코 묘하신 말씀일세.' 이 찬송은 귀신에게 이상한 능력을 발휘했다. 그들은 이 찬송을 반복해서 불렀다. '예수 씨 날 사랑하시니 즐겁고도 좋을시고.' 그러자 여인은 점점 적의를 가라앉히고 울기 시작했다. 그러자 심 씨는 '이제 우리 주 예수 그리스도의 이름으로 명하노니 귀신아 당장 그에게서 나오너라'라고 명했다. 그러자 '오, 그렇게 빨리는 안 되지. 조금만 더, 조금만 더. 새벽에 닭이 울 때까지만이라도'라는 말이 여인의 입에서 나왔다. 그러자 심 씨는 '정각 자정이야. 일 분도 넘길 순 없어'라고 단호하게 말했다.

아직 저녁이었으므로 교인 몇 명이 함께 예배드리러 왔고, 귀신 들린 여인 주변에 둘러앉아 심 씨의 인도로 여인을 위해 기도했다. 처음에는 조용히 있었으나 자정이 가까워지자 우리에 든 동물처럼 불안하게 이리저리 움직였다. 자정이 되자 기도를 멈추고 침묵 가운데 심 씨는 일어나 명령했다. '이 더러운 귀신아, 나사렛 예수의 이름으로 명하노니 물러가라!' 여인은 바닥에 쓰러져 비명을 지르고 잠시 몸을 떨더니 이내 조용해졌다. 죽은 듯이 누워 있는 그에게 심 씨는 찬물을 가져와 뿌렸다. 여인은 제정신으로 돌아왔고, 귀신은 떠났다." (Annie L. A. Baird, *Daybreak in Korea*, 1909, p.95-106.)

귀신이 나가고 병이 낫고 온전한 몸과 마음으로 주를 섬기는 것이 부흥이다. 교회 공동체가 악한 영 때문에 신음하는 자들을 찾아가 찬송하고 기도하고 치유하여 그들을 교우로 삼는 것이 부흥이다.

6

부흥의 결과

토착적인 한국 교회의 형성, 1907–1908

대부흥운동은 삼자(자급·자전·자치)원리를 구현한 한국에 토착적인 개신교회를 형성하였다.

세계 기독교계에서는 한국에 부흥이 일어나니

동아시아의 첫 기독교 국가가 될 수 있다고 기대했고, 많은 선교사들이 한국에 지원했다.

부흥운동 결과 평양을 중심으로 한 북한 교회가 한국 기독교의 주류로 지위를 확보하였다.

또 부흥운동은 1907년 고종의 강제 퇴위와 정미7조약 이후

일본의 식민지 지배하에서 교회가 생존하는 영적 에너지의 근원이 되었다.

하지만 공식적으로는 식민 정부에 '정교분리'의 이름으로 협조하는 정책을 고착시켰다.

평양 장로회신학교 제1회 졸업생, 1907년
The First Seven Graduates of the Presbyterian Seminary in P'yŏngyang

앞줄 왼쪽부터 한석진韓錫晉, 이기풍李基豊, 김선주吉善宙, 송인서宋麟瑞. 뒷줄 왼쪽부터 방기창邦基昌, 서경조徐景祚, 양전백梁甸伯.

모두 도포를 입었으며 한석진 외에는 의관을 정제한 채 사진을 찍었다. 머리가 짧은 한석진은 자연히 상투를 할 필요가 없었을 것이고, 갓도 쓰고 다니지 않은 듯하다. 다른 6명은 아직 전통을 고수하고 있음을 볼 수 있다. 이들은 9월 평양에서 열린 장로회공의회에서 목사로 안수받고 독노회를 조직했다. 한국인 목회자의 탄생은 네비어스 정책의 세 가지 원리(자급·자전·자치)가 완전히 이행되었음을 보여 준다. (1. 자급: 예배당과 초등학교를 건축할 때 외국 선교회의 도움을 받지 않고 경제적 독립을 이룬다. 2. 자전: 한국 교인들의 헌금으로 불신 지역에 전도인을 파송하고 나아가 해외에 선교사를 파송한다. 3. 자치: 안수받은 한국인 장로와 목사를 배출하고 노회와 연회를 조직하여 한국인이 교회를 다스리는 주체가 된다.) 1907년, 7명이 5년간의 신학교 수업과 조사 생활을 통해 목회 훈련을 받고 졸업했으며, 이어 목사 안수를 받음으로써 세 번째 원리인 '자치'를 향한 힘찬 발걸음을 내딛었다.

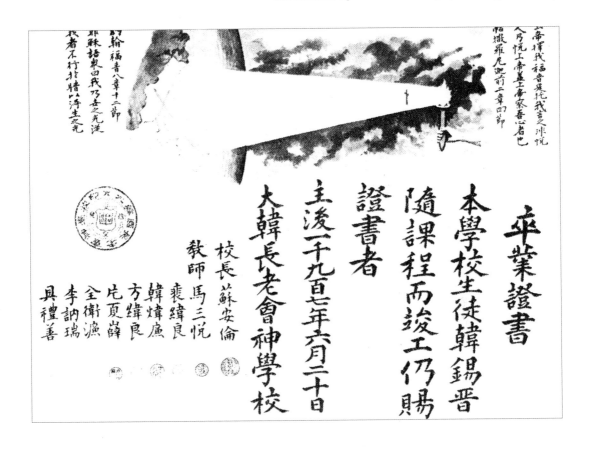

손에 든 햇불에 의해 십자가가 비추인 한반도 그림이 놓여 있다. 오른쪽에는 데살로니가전서 2장 4절 "上帝擇我 福音委託 我言之 非悅人 乃悅上帝察吾心者也"(하나님께서 나를 택하사 복음을 위탁하셨으니 우리가 이와 같이 말함은 사람을 기쁘게 하려 함이 아니요 오직 우리 마음을 감찰하시는 하나님을 기쁘시게 하려 함이라), 왼쪽에는 요한복음 8장 12절 "耶蘇言曰 我乃世之光 徒我者 不行於暗 而得生之光"(예수께서 또 말씀하여 이르시되 나는 세상의 빛이니 나를 따르는 자는 어둠에 다니지 아니하고 생명의 빛을 얻으리라)이 씌어 있다. 교장 마페트 목사가 안식년 휴가로 미국에 가 있었으므로 스왈른(소안론)이 임시 교장으로 졸업증서를 수여했다. 교수진은 베어드(배위량), 헌트(한위렴), 블레어(방위량), 번하이슬(편하설), 전킨(전위렴), 레널즈(이눌서), 그레이슨(구례선) 등이었다.

마페트는 미국에서 안식년을 보내면서 "한국의 교육 사역"이라는 글을 발표했는데, 한국 교회를 이끌 일곱 명의 신학교 졸업생에 대해 다음과 같이 간단한 전기를 썼다.

"이 일곱 명 가운데 가장 오랫동안 신앙생활을 한 사람은 1891년에 세례를 받은 한석진이다. 그는 당시 의주의 성공적인 젊은 상인이었고, 좋은 교육을 받았으며, 만주를 여행한 경험도 조금 있었다. 의주 언덕에서 '외국인들'을 처음 만났을 때부터 그는 복음 말씀에 많은 관심이 있었고, 신약성경을 구해서 읽은 뒤에 곧 신앙을 고백했으며, 상점에서 소책자와 성경을 판매하면서 다른 사람들에게 복음을 전하기 시작했다. 좀 더 깊이 공부하기 위해 서울에 왔을 때 그는 대단한 열정을 보였고, 나는 그를 평양에 새 지부를 개척하는 일의 조사로 삼았다. 그의 사역, 그가 겪은 박해, 처형을 눈앞에 두고도 신실하게 증언한 일 등에 대한 이야기가 10년 전에 출판된 《북한 지역의 전진운동》이라는 소책자에 있다. 그는 평양에서 최초의 교회를 세우고 발전시키는 일에서 그레이엄 리 목사와 나와 연합하여 지금 우리에게 있는 최상의 인물들 중 다수를 그리스도에 대한 믿음으로 인도했다. 10년 동안 평양 동부 변두리 지역에서 사역했으며, 그곳에 일곱 교회를 세웠고, 지금은 그 교회들 중 약 300명이 출석하는 한 교회의 장로인데, 우리는 그를 그 교회의 첫 번째 목사로 안수하기를 원한다.

양전백 장로는 1893년에 세례 받았으며 이제 36세로 일곱 명 중 가장 젊지만, 이들 중 가장 학식이 뛰어난 자일 것이다. 그는 최북단 산악 지역에 있는 한 마을의 서당 훈장이었는데, 시장 근처에 내가 있다는 말을 듣고 10마일을 걸어와서 나를 보고 '양인洋人'이 말하는 것을 들었다. 성경공부를 통해 그는 그리스도에게 인도되었고, 선천 선교지부의 놀라운 사역에서 가장 중요한 토착인 사역자로 지금까지 활동했으며, 그곳에서 휘트모어 씨의 오른팔로서 모든 사역에 자신의 인격과 학식을 각인시켰다. [중략]

방기창 장로는 55세이며 신학교에서 가장 연장자다. 특별히 그는 순회전도자이며, 지방 지회들을 조직하는 일에 누구보다 많이 관여했다. 1894년 그는 동학도—정부를 전복하고 외국인을 축출하려는 혁명가들—의 접장接長이었다. 목숨을 구하려고 도망치던 중에 리 씨와 내가 설교하는 작은 마을에 오게 되었고 우리를 따라 평양까지 왔다. 현재 미국에 있는 그의 아들邦華中은 캘리포니아에 있는 한국인을 위한 전도인으로 뽑혔고 그곳에서 11개 기독교 집단을 조직했다.

송인서 장로는 박해가 시작된 1894년 복음을 듣고 기도회에서 자신을 기독교인이라고 선언했다. 박해 때 그도 붉은 줄로 포박되었는데, 이는 그의 죄가 사형에 해당함을 의미했다. 그는 여러 해 동안 순회전도자로 활동했다.

이기풍 장로는 1893년 평양 거리에서 선교사에게 돌을 던졌다. 그는 당시 '관청의 파발꾼'이었다. 원산으로 이주한 후 회심하고 1896년에 세례를 받았다. 순회 전도여행 때 요리사로서 스왈른 씨를 수행하면서, 복음 전도에 대한 큰 열정과 능력을 보여 권서가 되었고, 그 다음에는 조사가 되었으며, 지금은 새 선교지부 재령의 주요 사역자 가운데 한 명이다.

일곱 명 중 제일 늦은 1897년에 세례 받은 자는 길선주 장로인데, 그는 한국에서 가장 달변의 설교자요 가장 위대한 영적 능력을 지닌 사람이다. 좋은 집안 출신으로 전직 관리의 아들이고, 고전 교육을 잘 받았으며, 한의사요, 진리를 추구하는 자였던 그는 자주 산에 가서 여러 날 명상과 기도를 했다. 오랫동안 연속 기도를 할 때 졸음을 막기 위해 맨발로 눈 속에 서거나 벗은 웃통에 찬물을 끼얹으며 기도했다.

그는 절친한 친구들(현재는 장로가 된 김종섭과 정익로)처럼 인생의 신비를 밝혀 줄 어떤 빛을 찾고 있었다. 김종섭이 먼저 그리스도를 발견하고 길선주를 빛으로 인도했다. 그는 현재 한국의 '스펴전'으로서 큰 능력을 가지고 장대현교회에서 1,500명의 회중에게 설교하고, 사경회에서 가르치고, 서울이나 다른 지방 교회에 가서 전도 집회를 인도하고 있다. 화이팅 의사가 집도한 백내장 수술로 그는 맹인이 되는 것은 피했는데, 현재 보이지 않는 한쪽 눈의 수술을 위해 전 교회가 합심하여 기도하고 있다. 그는 생각이 깊고 영적 진리에 대해 분명한 통찰력이 있으며, 아름다운 영과 보기 드물게 바른 판단력이 있다. 우리는 그가 한국에서 가장 큰 교회[장대현교회]의 목사가 되는 날을 고대하고 있다." (S. A. Moffett, "Educational Work in Korea", *Interior*, Feb. 16, 1907, pp.2-3.)

위에서 언급하지 않은 졸업생 서경조(1852-1938)는 1883년 소래로 온 형 서상륜의 전도를 받고 예수교를 접한 뒤 몇 년간 성경과 소책자를 공부한 후 1887년 1월 주공삼, 최명오와 서울에 올라와 목숨을 걸고 비밀리에 언더우드에게 세례를 받았다. 소래교회를 창립하고 자립할 수 있도록 성장시킨 장본인이며, 맥켄지, 게일, 펜윅 등 선교사의 한국 현지 적응 훈련과 언어 훈련을 도와주었다. 1900년 장로교회의 유일한 장로로 안수를 받았다. 1907년 안수받은 후 임지인 황해도 장연·옹진 등에서 2년 동안 샤프 목사와 전도목사로 활동하였다. 1910년 언더우드의 새문안교회에서 동사同事목사로 일하였고, 고양·시흥·파주 등 경기도 지역 순회목사로 봉사했다. 1913년 새문안교회를 사임하고 목사 직에서 은퇴한 뒤 장연의 소래로 내려갔다. 사임 동기는 불분명하다. 1916년 한석진 목사가 사임한 서울 안국동교회에서 잠시 목회활동을 하다가 곧 사임했다. 이후 상해로 망명하여 독립운동에 투신한 둘째아들 병호와 함께 여생을 보냈다. 서경조 목사나 한석진 목사가 1913-1916년 어간에 서울에서의 목회생활을 사임한 데는 독선적인 선교사들의 교회로부터 독립하려는 의식이 작용한 것으로 보인다.

평양의 장로회신학교를 처음 졸업한 일곱 사람의 나이와 수세受洗 후의 신앙 경력을 정리해 보면, 서경조 55세 20년, 한석진 39세 16년, 양전백 37세 14년, 방기창 56세 13년, 송인서 40세 13년, 이기풍 42세 11년, 길선주 38세 10년이었다. 평균 나이 43세이며, 수세 후 13년간 권서, 집사, 영수, 조사, 장로 등으로 봉사하면서 매년 3개월씩 5년간 신학 수업을 받고 졸업한 뒤 고시를 거쳐 복사 안수를 받았다. 10년 이상 목회 경험을 하면서 현장에서 인격과 신앙이 검토되고 강해와 전도의 훈련을 받은 지도자들이다. 부흥은 준비되고 훈련된 지도자를 통해 일어난다.

평양 숭실대학에서 열린 제15회 장로회공의회, 1907년
The 15th Presbyterian Council at the Sungsil College, P'yŏngyang

4개 장로회 선교회 연합 기구인 공의회에서 한국 장로회 독노회를 조직하기로 했다.

1907년 9월 13일 금요일 오전 8시 45분, 평양 숭실대학 예배실에서 제15회 한국 장로회 선교회 공의회 연례회의가 시작되었다. 회장은 마페트였다. 첫날 '고퇴'(의사봉)가 증정되었고, 레널즈가 서기와 회계에 선출되었다. 레널즈가 제시한 한국장로교회 노회 규칙이 통과되었으며, 번하이슬이 마련한 노회 프로그램도 채택되었다. 9월 16일 오전의 5차 회의에는 미국에서 온 세브란스L. H. Sevrance, 비치H. P. Beach, 성서공회의 밀러가 참석했다. 9월 17일 화요일 오전 장대현교회에서 열린 제8차 회의는 노회 제1차 회의였다. 영어로 기록된 공의회 회록 첫 부분을 번역하면 다음과 같다.

"1907년 9월 17일은 한국 장로교 달력에서 특별한 날이다. 이날 정오 정각에 한국 장로교 회의가 시작되었다. 오전 9시까지 거대한 장대현교회에 장로회 선교회 회원들, 신학교 졸업생 7명, 전국에서 총대로 파견된 장로들, 그리고 관심 있는 교인들이 방청객으로 모였다. 9시 20분에 공의회 회장인 마페트 목사가 집회를 맡고 경건회를 인도했는데, 순서는 다음과 같았다. 찬송 "할렐루야", 기도 마페트 박사, 성경 행 1:14; 2:1-24, 봉독 서경조 장로, 찬송 "성신", 설교 행 1:14 퇴임 회장 유진 벨, 찬송 "예수", 성찬식 마페트 박사와 벨, 게일, 커렐, 롭, 방기창 장로 등 8명의 한국인 장로가 분배함, 기도 모리스(북장로교회)와 길선주 장로, 찬송 "그리스도를 더욱 사랑", 축도 커렐 의사."

이어 몇 가지 절차를 거친 뒤 노회 구성을 위해 신경信經을 1년간 시험적으로 채택했고, 이어 7명의 신학교 졸업생을 목사로 안수했다.

장대현교회에서 열린 장로회 첫 7인 목사 안수식, 1907년
Ordination of the first seven ministers of the Presbyterian Church in Korea

뒷줄 왼쪽부터 양전백(1번), 길선주(2번), 방기창(3번), 송인서(4번). 앞줄 왼쪽부터 한석진(5번), 이기풍(6번), 서경조(7번). 의자에 앉은 선교사들 중 왼쪽에서 세 번째가 베어드, 맨 오른쪽에 마페트.

1907년 9월 17일 오전 11시경 평양 장대현교회 남자석에서 한국 장로교회 첫 목사 안수식이 거행되었다. 2층에 여자 교인들이 참석해 축하했다. 예배당 중간에 석유등이 몇 개 달려 있다. 한국과 아시아의 등불과 같은 존재들이 세워지는 날이었다. 미국 북장로회, 미국 남장로회, 캐나다 장로회, 호주 장로회 이 4개 장로교회 한국 선교회가 연합하여 한국 장로회공의회를 조직하고 평양에 장로회신학교를 운영한 지 6년 만에 첫 졸업생 7명을 목사로 안수한 것이다. 노회가 임명한 임지는 다음과 같다.
이기풍 : 제주도 선교사로 파송, 방기창 : 용강 제재 주달교회 전도목사, 송인서 : 증산 한천 외서장 영유 허리몰교회 전도목사, 길선주 : 평양 장대현 지교회목사, 양전백 : 선천 정주 박천 등지의 전도목사, 서경조 : 장연 웅천 등지의 전도목사, 한석진 : 평양 장천 미림 이천 교회 전도목사.
길선주만 한두 교회를 맡아 총괄 목회하는 지교회 목사였고, 나머지는 모두 여러 교회를 맡아 순회하며 전도하는 전도목사였다.

대한예수교장로회 독노회 조직, 1907년
The First Presbytery of the Presbyterian Church in Korea

9월 17일 평양 장대현교회에서 목사 안수식을 거행하고 노회 조직을 기념해 촬영했다. 앞줄 가운데 회장 마페트, 그 왼쪽에 부회장 방기창, 오른쪽에 서기 한석진이 앉아 있다. 방기창 옆으로 길선주, 이기풍, 서경조가, 한석진 옆으로 부서기 송인서, 양전백이 자리 잡았다. 1월부터 대부흥이 일어난 장대현교회 큰 나무 기둥 사이로 여섯 장의 유리로 된 유리창이 상하로 높이 달려 실내를 밝게 비추었다. 한국 교회의 기둥들이 세워진 날, 한국 교회에 새 빛이 열린 날이었다.

독노회 회원은 선교사 38명, 한국인 41명이었다. 회원 선교사는 다음과 같다. 마삼열, 리길함, 배위량, 방위량, 편하설, 윤산온, 소안론, 위대모, 방혜법, 노세영, 피득, 한위렴, 군레빈, 황헐리, 곽안년, 리눌서, 기일, 사우업, 밀의두, 권일두, 하운림, 최의덕, 배유진, 오월번, 마노덕, 전위렴, 거령우, 안이와, 심익순, 맹이와, 엽아력, 로아력, 민로아.

한국인 가운데 목사는 방기창(용강 제재), 한석진(장천), 길선주(장대현), 이기풍, 서경조(장연 송천), 송인서(증산 한천), 양전백(선천), 장로는 태평동 김응주, 신흥동 방승건, 남문밖 박정찬, 용천 덕천무 김건두, 봉산 모동 최덕엽, 문화 종산 우종서, 천산읍 장관선, 이안이 정기정, 선천읍 이성삼, 정주읍 최성두, 곽산읍 최관홀, 함흥 감창보, 부산 심취명, 배천 천광실, 원산 류태연, 순안읍 강유훈, 영유 통오리 김봉한, 안주읍 김찬성, 안악 교동 조병직, 자산 풍전 윤천각, 고양 신화순, 황성 새문안 송순명, 황성 연동 고찬익, 목포 임성옥, 밀양 김응진, 창녕 토산 방원명, 재령 신환포 한치순, 대구 박덕일, 임피 만자산 최홍서, 태인 매계 최중진, 황주 요수골 정명리 등이었다.

노회가 조직됨으로써 기존 공의회가 가졌던 각 교회 치리권이 노회로 넘어왔다. 이후 공의회는 존속하면서 신학교 관리나 찬송가 발간과 같은 선교회 연합 관련 업무만 처리하게 되었다.

제주도에 파송된 이기풍 목사와 부인 윤함애, 1908년

Rev. Yi Ki-p'ung and his family, the first missionary to Cheju Island

REV. YEE KEE POUNG, WIFE AND CHILD.
First missionaries of the Korean Presbyterian
Church to Quelpart, 1908.

독노회는 7명의 목사 가운데 이기풍(1865-1942)을 제주도 '선교사'로 파송하기로 하고, 그를 전라 대리회 위원으로 정했다. 그는 평양 영문의 아전으로 있던 1893년 마페트 선교사에게 돌을 던져 턱을 깨뜨린 장본인이다. 청일전쟁 때 원산으로 피난 갔다가 김석필과 전군보의 전도로 예수를 믿고 1896년 8월 스왈른 선교사에게 세례를 받았다. 1898년부터 1901년까지 권서로서 함경도에서 전도했으며, 신학교를 다니던 1902-1907년 황해도 지역 조사로 일했다. 1907년 첫 외지 선교사로 임명받고 1908년 봄 제주 선교사로 목포에서 배를 타고 출발했지만 심한 풍랑으로 제주도에는 44일 만에 도착할 수 있었다.

제주도는 1901년 천주교인이 연루되어 700여 명이 사망한 신축년 제주도 교난 이후 기독교에 강한 반감을 가지고 있었으므로, 이기풍은 선교 초기에 주민들에게 많은 핍박을 받았다. 1912년 총회는 그를 돕기 위해 전도인 김홍련金弘蓮과 이관선李寬善을 파송했고, 이때부터 제주 선교가 본격화되었다. 부인 윤 씨는 리 선교사의 양녀로 숭의여학교 제1회 졸업생이다.

노회 서기 한석진이 1907년 9월 19일 작성하고 길선주가 낭독한 "대한국 예수교장로회 노회 회록 서문"이다. 이는 곧 한국 장로교회 창립 선언문이다.

"신령하고 크도다. 이 아름다운 노회여. 교회의 머리 되시는 주 예수 그리스도께서 일찍이 사도와 문도를 택정하여 세우사 천국의 복음을 천하에 전하여 만민의 영혼을 구원케 하셨으니, 주 예수에게 직분을 받은 사도와 문도들이 주께서 승천하실 때에 마음을 같이하고 삼가 지켜 예루살렘 다락에 일제히 모여 권능을 충만히 받은 후에 능히 각국 방언을 말하고 모든 주를 믿는 자에게 주의 이름으로 세례를 주어 문도를 삼으며 믿는 형제 중에 사람을 택하여 장로와 목사를 세워 교회를 치리케 하였으니, 옛적에 안디옥에 예루살렘에 올라간 바울과 바나바와 믿는 두어 형제가 예루살렘 본 교회에 여러 목사와 장로들과 한가지로 모여 교회에 마땅히 지킬 규모를 의논하여 작정하였으니 이것이 실로 노회의 시작이라.

만유의 주재 되시는 하나님 아버지의 깊으신 사랑과 교회의 머리 되시는 주 예수 그리스도 씨의 넓으신 은혜와 보혜사 성신의 크신 권능을 할렐루야 찬송하리로다. 우리 대한 인민들이 하나님을 알지 못하고 사신邪神과 우상을 섬기매 장차 하나님의 형벌을 피할 수 없더니, 미국 남장로교회와 북장로교회와 영국 오스트레일리아 장로교회와 캐나다 장로교회의 주를 믿는 모든 형제자매들의 마음을 감동시켜 이 네 곳 교회 총회로 선교사를 택정하여 이곳에 보내시매, 하나님의 명령을 받은 선교사들이 갑신년에 이곳으로 나와 도를 전한 지 23년 동안에 회개하고 주께로 돌아온 자가 근 10여 만 명이라.

곳곳이 장로를 장립하며 교회를 설립하여 영미 양국 선교사들과 한국 각처 장로들이 모여 교회 일을 의논하나, 그러나 아직 한국 목사를 장립치 못함으로 노회를 이루지 못하고 그 회 이름을 장로회공의회라 칭하고 저간에 15차를 모이더니, 하나님께서 은혜를 풍부히 주심으로 수년 전에 미국 남장로교회와 북장로교회와 영국 오스트레일리아 장로교회와 캐나다 장로교회 이 네 곳 총회에서 특별히 대한국 장로회 노회를 세우기로 허락한 고로, 장로공의회 회장 마포삼열 목사께서 네 곳 총회의 권을 얻어 한국 교회에 노회 되는 취지를 설명하시되, 이 노회는 교회의 머리 되시는 주 예수 그리스도를 힘입어 십자가를 튼튼히 의지하고 견고하여 흔들리지 말고 세상 사람 앞에 영화로운 빛이 되며 하나님 앞에 거룩하고 정결한 노회를 이루어야 하겠다 하시고, 주 강생 일천구백칠년 구월 십칠일 오정에 한국 노회를 설립한 후에, 대한에 신학교 졸업 학사 일곱 사람을 목사로 장립하고 대한국 예수교 노회라 하셨으니, 이는 실로 대한국 독립노회로다. 할렐루야 찬송으로 성부 성자 성신님께 세세토록 영광을 돌리세. 아멘."

한국에 독립노회가 설립되어 만국장로교회 연합공의회에 한국 교회 조직을 통지하고 그 명부에 이름을 올렸다. 한국 장로교회의 생일이요 독립 선언이었다. 동시에 "세상 사람 앞에 영화로운 빛이 되며 하나님 앞에 거룩하고 정결한 노회를 이루어야" 할 사명과 책임도 지게 되었다.

노회에서는 교회 신앙의 기준이 되는 신경Confession of Faith을 채택했다. 한국 교회의 선교 초기 상황을 고려하고 아시아 교회와의 연합을 위해 인도 장로교회가 채택한 12신조를 서문만 일부 수정한 채 그대로 썼다. 웨스트민스터 신앙고백이 지닌 엄격한 개혁주의가 아닌 칼빈주의와 웨슬리주의가 혼합된 신경이었다. 이는 인도를 위시해 아시아에서 시작된 근대 선교가 웨슬리주의를 기반으로 한 것과 무관치 않았다. 신경 위원은 레널즈, 마페트, 게일, 베어드, 방기창, 한석진, 양전백 등이었다. 신경의 서문과 첫 5개 신조를 보자.

> **"조선예수교장로회 신경 서문**
>
> 조선 장로교회에서 이 아래 기록한 몇 가지 조목으로 신경을 삼아 목사와 및 인허 강도인과 장로와 집사로 하여금 청종케 하는 것이 조선 교회를 설립한 본 교회의 가르친 바 취지와 표준을 버림이 아니요 오히려 찬성함이니, 특별히 웨스트민스터 신경과 성경요리문답 대소책자는 성경을 밝히 해석한 책인즉 우리 교회와 신학교에서 마땅히 교수할 것으로 알며 그중에 성경요리문답 적은 책을 더욱 교회문답으로 삼느니라.
>
> **신경의 조목**
>
> 1. 신구약 성서는 하나님의 말씀이니 믿고 행할 본분의 확실한 법례인데 다만 이밖에 없느니라.
> 2. 하나님은 홀로 하나이시니 오직 이만 경배할 것이라. 하나님은 신이시니 자연히 계시고 무소부재하며 다른 신과 모든 형용물과 부동하시며, 그 계신 것과 지혜와 권능과 거룩하심과 공의와 인자하심과 진실하심과 사랑하시는 일에 대하여 무한하시며 무궁하시며 변치 아니하시니라.
> 3. 하나님의 본체에 삼위가 계시니 성부, 성자, 성신이신데 이 삼위는 한 하나님이시니 본체도 같고 권능과 영광도 동등이시니라.
> 4. 하나님께서 그 권능의 말씀으로 유형물들과 무형물들을 창조하셨고 보호하여 주장하시며 모든 것을 자기의 정하신 뜻대로 행하사 그 지혜롭고 선하고 거룩하신 목적을 이루게 하시나 그러나 결단코 죄를 내신 이는 아니시다.
> 5. 하나님이 사람을 남녀로 지으시되 자기의 형상을 의지하사 지식과 의리와 거룩함으로써 지으사 동물 위에 주장하게 하셨으니 모든 세상 사람이 다 한 근원에서 났은즉 한 동포형제니라."

12신경은 지금까지 한국 장로교회의 표준 신앙고백으로 남아 있다. 아시아 교회와의 일치, 칼빈주의와 웨슬리주의의 조화를 추구하면서 서문에서 밝힌 대로 전통적인 웨스트민스터 신앙고백과 대소요리문답을 신앙의 규범으로 심었다. 노 1조에서 성서무오설이나 축자영감설을 말하지 않은 데서 볼 수 있듯이 한국 장로교회의 신학은 20세기 초의 온건한 복음주의 노선에 서 있었다.

서울 새문안교회 교우문답책, 1907년

Examination Record of the candidates of baptism, Saemunan Presbyterian Church, Seoul

성명 동니 골 도	년세	집 룡수 (흔때) 목소와 …장로아오 온 그 회원들	전 문답 딕 그 회원들	멷둘 밋음 당회가 문답흐려 모히는	와 호수 참셕호교우는	영업	식구의 밋음	긔록흐것 경회 회록을 … 미회호 후에 / 별노히	원입인이나 셰례인이나 고디인이나 탕독호여가 결혼고 문답 엇더홈	흥이 여좌흐 니라
한남이	늘	다	두번겨문	흐믄	겨동六롱 아현	쟝亽	여삿식구 다밋음	잘밋고 / 힘위잇잇 / 소	十	
김상옥	뜨六	다	쳐음문	六슈 구삭	셔빙고	쟝亽	이인인딕 다밋음	젹르고아 최르고아 / 오겨못흠	대	
강쳣슈	六슈	다	쳐음문	구삭	셔빙고	쟝亽	칠인츙 오인츙	최르고아 / 오겨못흠	대	
리병회	둡	다	두번문답	쳐음문	통충꼬빅 통四호	학도	오인츙 이인한의	부죡흠고 아낫거시 / 오견의게 키거못흠 / 윗	대	대
김광현	뜨	다	쳐음문	쳔음문	모화관	변호亽	슈인츙 일인만밋	부죡흠을 아낫거시 / 소힝위잇 / 윗	대	
쳔인보	뜨	다	쳐음문	쳔음문	모화판반 송의	기름쟝	삼인츙 만밋음	부죡흠 아낫거시 / 밧힝위흠 잇소 / 윗	대	

부흥 이후 교회로 몰려오는 신자들에 대한 학습·세례 문답의 실상을 알 수 있는 기록이다. 이 문답은 1907년 11월 29일부터 12월 1일까지 3일간 이루어진 것으로, "경기도 한성골 새문 안 동네 당회가 문답하러 모였는데 그 회원들은 웰번(A. G. Welbon, 吳越番) 목사와 송순명宋淳明 장로요, 참석한 교우는 이여한 조사 최덕준 조사와 이낙선 집사라. 오 목사가 기도하고 개회한 후에 전 회록을 낭독하여 가결하고 문답함이 여좌하니라"로 시작한다. 담임목사 언더우드가 안식년 휴가 중이어서 웰번 목사와 1904년 임직한 송순명 장로가 조사 두 명과 집사 한 명의 도움을 받아 문답했다.

새문안교회 교우문답은 한 페이지에 6명씩 이름, 나이, 신앙 기간, 이전 문답 여부, 주소, 직업, 가족의 신앙 여부, 한글을 읽을 수 있는 능력, 특별히 기록할 사항, 그리고 문답 결과를 세례인(십자가로 표시), 원입인(학습인), 고대인(대기자) 등 세 가지로 나누어 기록했다. 신앙 기간, 가족의 신앙, 성경을 읽을 수 있는 문자 해독 능력, 죄를 알고, 성경을 알고, 잘 믿고(주일 성수), 행위가 있는 자(술 안 먹고 우상을 거절한 자)만 세례를 주었다.

표를 살펴보면, 한남이는 13세로 3년간 신앙생활을 했고 가족이 다 믿는 데다가 유식하고 믿음과 생활이 일치하므로 세례를 주었다. 네 번째 리병희는 24세의 남학생인데, "아는 것이 부족하고 주일을 온전히 지키지 못하므로" 원입교인 대기로 결정되었다. 다섯 번째의 김광현은 52세로 모화관에 사는 변호사다. 교회에 나온 지 40일 정도이며 가족 4인 중 한 명만 믿고 성경과 교리 지식이 부족하지만 행위가 있어서 원입교인으로 받아들여졌다.

3일간 56명이 문답을 한 결과 원입인 36명(남 18명, 여 18명), 세례인 8명(남 5명, 여 3명), 고대인 12명(남 8명, 여 4명)을 결정했다. 두 번 이상 문답한 자는 대개 원입인이 되었고, 일부(14%)만 세례인이 된 것으로 보아 문답이 까다로웠음을 알 수 있다. 1907년 전후 한국 교회가 급성장할 때 그 성장이 '거품'이라는 비판이 제기되었으나, 학습·세례 문답만 보아도 엄격한 기준을 적용하여 교인을 선별적으로 등록시켰음을 알 수 있다.

교회는 하나의 거룩한 보편적·사도적 공동체다. 거룩성은 죄를 떠나 세상과 구별되는 교회의 질적 특징이다. 엄격한 교인 등록 제도와 치리 제도를 통해 교회가 거룩성을 회복함으로써 부흥은 기초가 놓이고 지속된다. 땅에 떨어진 교회가 소금 맛을 회복하는 첫 번째 길은 하나님을 두려워하고 교회법을 지키고 엄정한 치리를 시행하는 것이다. 교회 정의 없이는 사회 정의로 나아갈 수 없다.

성장한 최초의 유아세례자들, 1907년

Grown-ups of those who received the first infant baptisms

뒷줄에 서병호徐丙浩(1886년 최초 유아 수세자, 서경조 목사 아들), 김규식金奎植(언더우드의 양자). 앞줄에 김일金一(소래 향장 김윤오 집사 아들),
원한경元漢慶(언더우드의 아들). 언더우드 목사의 지도를 받고 성장한 한국 장로교회 2세들이다.

소래교회, 1907년

The Sorae Church, Changyŏn, Hwanghae province

서경조 목사를 중심으로 성
장한 소래교회는 한국 토착
교회의 모범이 되었다.

소래교회 서경조 장로, 1901년

Sŏ Kyŏng-jo of the Sorae Church

서경조는 1901년 한국 장로교회 첫 장로로 안수를 받고 소래교
회를 섬겼으며, 1907년 9월에 첫 목사안수를 받은 뒤 소래교회
에서 목회했다.

서상륜, 1906년
Sŏ Sang-nyun

서상륜은 1907년 정미의병 선유사로 황해도 지방에 파송되었으나 의병에 체포되어 구타를 당하고 서울로 돌아왔다. 그는 의병이 일어난 원인이 정치 지도자의 잘못에 있다고 보고 내각 총사퇴를 요구하는 강경책을 건의했다.

한편 1907년 서울 승동교회는 투표로 서상륜을 장로로 선출했다. 하지만 평양에서 열린 장로회공의회는 서상륜의 장로 피택 건이 담긴 보고서를 '교회정치위원회'로 넘겨 검토하도록 했고, 동 위원회는 전체 교회를 위해 서상륜의 장로 피택을 반대했다. 서상륜이 교회 직분을 맡을 자격이 없는 '일부다처자'라는 이유 때문이었다. 이로써 서상륜은 승동교회의 '피택 장로'로 머물고 '안수 장로'는 되지 못했다.

그는 믿기 전에 부모가 정해 준 아내를 취하지 아니하고 자신이 사랑한 여인과 평생 살았다. 정혼하고 수절하는 본처에게는 생활비만 주었다. 만일 그가 복혼의 죄를 고백하고 선교사들의 지시대로 '둘째 처'를 버렸다면 장로는 물론 한국 장로교회 역사상 첫 목사가 되는 길을 걸을 수 있었다. 하지만 그는 사랑하는 사람을 택했다. 그것이 기독교인으로서 책임 있게 사는 길이라고 판단했기 때문이다. 하지만 그에게 한 여성을 불행하게 만들었다는 자책감은 평생 씻을 수 없는 상처가 되었다. 소래에 정착한 뒤 의주에 거주하던 본처를 데리고 와서 가정 생활은 함께하지 않았지만 불편 없이 살 수 있도록 돌봐 주며 속죄의 길을 걸어갔다고 한다. 그것은 평생 평신도 사역자로서 한국 교회를 위해 헌신한 그가 감내해야 할 십자가였다.

정동교회에서 열린 북감리회 한국 선교회 연회, 1903년
Annual Conference of the Korea Mission of the Methodist Episcopal Church

북감리회 한국 선교회 연회, 1906년
Annual Conference of the Korea Mission of the Methodist Episcopal Church

북감리교는 1908년 한국 연회를 조직했다. 이는 한국 교회 조직에서 장로교회의 노회 조직에 버금가는 경사였다.

THE METHODIST EPISCOPAL MISSION, 1905.

SEATED : Miss Guthapfel, Miss Edmunds, Dr. Rosetta Hall, Miss Hillman, (Esther Beck), Miss Lulu Miller, Mrs. M. F. Scranton, Bishop M. C. Harris, Dr. W. B. Scranton, Dr. Mary M. Cutler, Mrs. D. A. Bunker, D. A. Bunker, Miss Ella Lewis.
FIRST ROW STANDING—Mrs. Nellie Pierce Miller, Miss H. P. Robbins, Mrs. Robert Sharp, Mrs. C. D. Morris, Miss Ethel Estey, E. M. Cable, W. C. Swearer, N. D. Chew, C. D. Morris, J. Z. Moore, G. M. Burdick, A. L. Becker, W. G. Cram, Homer B. Hulbert, Hugh Miller.
SECOND ROW STANDING—R. A. Sharp, S. A. Beck, Mrs. S. A. Beck, N. D. Chew, Sherwood Hall, Dr. E. D. Folwell, Carl Critchett.

깃대가 있는 전형적인 시골 교회, 1907년

Typical country churches with a flag pole

경기도 양근교회의 붉은 십자기, 1907년

The flag of cross hoisted at the Yanggŭn Church, Kyŏnggi province

부흥운동 전후 한국 교회 마당에 걸린 흰 바탕의 붉은 십자기는 여러 가지를 상징했다. 첫째, 교회는 그리스도의 십자가를 따라 핍박 중에도 인내하며 죽기까지 신앙을 지킨다. 둘째, 교회는 국경일에 태극기와 십자기를 함께 게양함으로써 국가의 독립과 국민의 계몽을 위해 노력하는 민족 교회의 성격을 띤 애국계몽의 신종교 집단이다. 셋째, 교회는 정감록이 예언한 '십승지지十勝之地', 곧 그리스도의 십자가十가 마귀를 이기고 승리한勝 땅地임을 상징했다. 넷째, 십자기를 단 교회는 세속 나라의 법과 다른 하늘나라의 법을 따른다. 이상은 교회가 무저항주의적, 민족주의적, 종말론적, 정교분리 집단이었음을 보여 주었다. 그러나 네 번째 상징은 교회가 내세지향적 이원론으로 나아갈 위험과, 초법적인 '교폐' 집단으로 타락할 여지가 있는 것이었다. 실제로 이름만 교인인 일부 사람들은 선교사의 세력을 믿고 행패를 부리거나 세속적인 이익을 추구하기도 했다.

서울 종교감리교회, 1910년
Chonggyo Methodist Church, Seoul

광주장로교회, 1910년
Kwangju Presbyterian Church, Chōlla Province

부흥운동으로 교인이 늘면서 많은 교회들이 새 예배당을 건축하는, 교회 증축과 신축 시대가 시작되었다.

인천 영화남학교, 1908년
Collins Boys Day School in Inch'ŏn

강서중학교, 1908년
Methodist Middle School, Kangsŏ, P'yŏng'an

서울 기독교청년회 지도자들, 1907년
Leaders of YMCA, Seoul

완공된 서울 기독교청년회 회관, 1908년
YMCA building, Seoul

미국 실업가 워너메이커와 구 한국 군대 정령 출신 현흥택이 거액을 기부해 지었다. 1907년 11월 정초식을 하고 공사를 시작하여 1908년 12월 3일 낙 성식을 거행했다.

동경에서 열린 세계기독교학생연맹에 참석한 한국인 대표자들, 1907년
Delegates to the World Christian Student Federation, Tokyo

가운데 앉은 이가 윤치호다.

서울 기독교청년회 하령회, 1910년
Summer retreat of YMCA at the Chingwan Buddhist Temple, Seoul

서울 부근 진관사에서 여름 수양회를 가졌다. 선교초기부터 선교사들은 여름에 절을 빌려 휴가를 보내는 경우가 많았다.

세브란스의학교 제1회 졸업생, 1908년
First seven graduates of the Severance Medical College

뒷줄 왼쪽부터 김필순金弼淳, 홍석후洪錫厚. 가운데 줄 왼쪽부터 주현칙朱賢則, 허스트 의사, 박서양朴瑞陽. 김희영金熙榮, 신창희申昌熙. 홍종은洪鍾殷의 위치는 확인되지 않는다.

알렌 의사가 근대 의학 교육을 시작한 지 22년 만에, 에비슨 의사가 입국한 지 13년 만에, 세브란스의학교를 졸업한 첫 졸업생들이다(1908. 6. 3.). 7명의 졸업생은 에비슨의 번역 조수 김필순, 백정 박성춘의 아들 박서양, 선천 미동병원에서 샤록스 의사 조수로 있던 주현칙, 언더우드의 어학교사 겸 번역조사 홍준의 아들 홍석후 등이다. 이들이 받은 학위는 '의학득업사Doctor of Medicine and Surgery'로, 오늘날의 의학박사였다. 이들은 이튿날 내부 위생국에서 의술 개업을 허락하는 '의술 개업 인허'를 받았다. 우리나라 최초의 근대 의사면허였다. 면허 1호는 홍종은, 2호는 김필순, 3호가 홍석후였던 것으로 보인다. 1911년 2회 졸업생 6명에게는 의학학사 학위가 수여되었다.

세브란스병원을 옆으로 하고 졸업식장을 떠나는
이토 히로부미 통감, 1908년

Severance Hospital, Prince Ito in the first carriage departing from the first graduation exercise of its medical college, June 3rd, 1908. Tent at right in which exercises were held.

졸업식은 병원 옆과 앞의 잔디밭과 테니스장에 통감부에서 빌려 준 군용 천막을 치고 열렸다. 학부대신 이재곤, 내부대신 임선준, 중추원의장 김윤식과 이토 통감, 주장관 무라타, 군의총감 후지타 등의 일본인 고위 관리들, 제물포의 웨어 부부, 대구 제중원의 존스톤 의사, 평양의 베어드 목사 부부, 미국 오하이오 신시내티의 갬블 부부 등이 참석했다. 졸업식 사회는 게일 목사가 맡았고, 스크랜튼 의사가 "한국 서양 의학 발달 약사略史"라는 제목으로 강연을 했다.

"이 새 개업 의사들과 한국의 첫 의대 졸업생들을 진심으로 축하합니다. 나는 여러분에게 엄숙한 책임이 있음을 일깨워 주고 싶습니다. 여러분은 자신이 아니라 남을 위해 봉사하는 직업을 맡고 있습니다. 여러분의 새 직업윤리를 성취하기 위해서는 이름만이 아닌 동포들을 위한 봉사에서 자기 삶에 얽매이지 않았던 이들의 계승자가 되어야 합니다."

이어 학부대신 이재곤이 졸업생 전체 이름을 낭독하고, 허스트가 각자 이름을 부른 뒤 통감 이토 히로부미가 졸업장을 수여했으며, 에비슨 의사는 후드를 수여했다. 이토 통감의 연설, 졸업생 대표 홍석후의 답사, 에비슨의 연설에 이어 성공회 트롤로프 신부의 축도로 식을 마쳤다.

세브란스병원 간호원 양성소 학생들, 1908년
Nurse Class of the Severance Hospital, in charge of Miss Shields

1906년 9월, 에스더 쉴즈 간호사를 교장으로 세브란스병원 양
성소가 설립되었다. 1908년 6월 12일 5명이 첫 가관식加冠式에 참석했
는데, 앞줄 중앙의 김배세Bessie Kim 양이 그중 한 명이다.

박에스더(1879~1910, 본명 김점동) 의사의 동생인 그녀는 1909년 여자 조
산원 양성소를 설립했고, 1910년 세브란스병원 간호원 양성소의 첫 졸
업생이 되었다.

평양 맹아학교 여학생들, 1909년
The School for the Blind, P'yŏngyang

함흥 영생여학교의 시작, 1906년
Start of Girls' School in Hamhŭng

정신여학교 졸업생, 1908년
A Graduate Class of the Boarding School for Girls in Seoul

CLASS OF 1908, BOARDING-SCHOOL, SEOUL.
Korean teacher and matron in the background.

이화학당의 자수반, 1909년
Embroidery class of Ewha School

이화학당의 수학반, 1909년
Math class of Ewha School

부산의 어빈 의사 부인과 한국인 여교사들, 1908년
Three Korean ladies who have been under Mrs. Irvin's instruction for over ten years and
who will assist her in the girls' school, Pusan

이들은 10년 이상 어빈 부인의 지도를 받은 뒤 일신여학교 교사
로 일하게 되었다.

배화학당 고등과 첫 졸업생, 1910년
First Graduates of Paehwa Girls' High School

남감리회 여자선교부가 운영한
배화학당은 1909년 고등과를
설치하여 1910년 5월 26일 안
어진, 배길순, 신경애 등 1회 졸
업생 7명을 배출했다. 뒷줄 오
른쪽에서 두 번째에 캠벨 부인
이 서 있다. 졸업식은 종교교회
에서 거행되었는데, 순종 황후
의 축사를 윤치호가 대독했다.

평양 여자성경학교, 1908년
The Bible Institute for Women in P'yŏngyang

제물포 여자성경학교, 1910년
The Bible Institute for Women in Chemulpo

박에스더 의사
Esther Kim Park, MD.

1894년 12월 홀 부인을 따라 남편 박유산과 미국에 가 남편의 뒷바라지를
받으며 기초 공부를 한 뒤 1896년 10월 볼티모어여자의과대학(존스홉킨스
의대)에 입학했다. 남편은 그의 졸업을 앞두고 결핵으로 세상을 떠났다.
1900년 박에스더는 한국 최초의 여자 의사가 되어 선교사로 귀국했으며,
홀 부인과 평양 광혜여원에서 환자를 진료했다. 하지만 10년 동안 헌신한
뒤 1910년 4월 13일 결핵으로 세상을 떠났다.

평양 맹아학교, 1910년
The School for the Blind in P'yŏngyang

동아기독교(침례교)의 펜윅과 한국인 전도자들, 1907년
Rev. Fenwick and Korean evangelists of the Christian Church of Corea

한복을 입은 펜윅 선교사
Rev. Malcolm C. Fenwick

한국의 허드슨 테일러라고 할 수 있는 펜윅은 임박한 그리스도의 재림과 종말을 믿어 한 영혼이라도 더 구원하고 신속하게 복음을 전하기 위해 한국인 전도자들을 단기간 훈련한 뒤 전도사로 임명하여 파송했다. 전도에는 세상적인 학문이 필요하지 않다고 믿은 펜윅은 정규 신학교를 졸업하지 않았다. 원산에 본부를 둔 동아기독교는 선교사 없이 한국인 지도자들을 통해 복음 전도에 매진한 독특한 토착교회였다. 펜윅은 독립 선교사였으므로 장로회와 감리회 선교회들이 조직한 공의회에 가입할 수 없었고, 교계 영토 분할 협정에도 참여할 수 없었다. 따라서 일부 지역에서는 감리교회나 장로교회와 교인 쟁탈 문제가 일어나기도 했다.

영국 성공회가 운영한 서울 고아원, 1907년
An orphanage of the English Church Mission in Seoul

영국교회(성공회) 한국 선교회는 문서 선교, 의료 선교와 더불어 고아원을 운영했다. 이 선교회 남자 선교사들이 대부분 독신이듯 여자 선교사들도 성베드로수녀회 소속의 수녀들이었다. 서울 낙동의 성베드로병원에는 한국 최초의 간호사들이 있었고, 사진에서처럼 고아를 돌보는 수녀 봉사자도 있었다.

"15년 전 처음 평양에 왔을 때 전 지역에 기독교인은 한 명도 없었다. 지금은 상보회 선교회만 해도 6,640명의 세례교인과 그보다 더 많은 학습교인이 있으며, 올해는 2,206명에게 세례를 주었다. 이 기독교인들의 특성에 대해 내가 말하려는 바는 최근 몇 년 동안 그들과 지내면서 일상생활 속에서 본 것이다. 나는 불신자들 사이에서 많은 일을 했으며, 주민들 대부분이 기독교인이지만 기독교 적 경험은 몇 년에 불과한 지역에서 날마다 기독교인들과 접촉했다. 그런데 신자들의 특징만큼 불신자와 대조되는 것은 없다. 초기 단계에서는 일부 사람들이 정치적인 동기로 예배에 참석했을 수 있지만, 이것이 교회 사역의 성격을 규정하지도 않았으며, 일반적 으로 기독교인들에 대해 말할 때 그러한 동기가 기독교적 행위로 나아가게 했다고 할 수도 없다. 실제로 이 지역의 기독교인들은 정치와 연관되는 것이 매우 자연스러운 때에도 정치적으로 연루되지 않았다. 황제의 양위 때에도 기독교인들의 확고한 입장 때문 에 소요가 일어나지 않았다." (W. Swallen, "Characteristics of Korean Christians", Assembly Herald, Nov. 1908, pp.510-511.)

평양 감옥의 의병 포로, 1907년
Korean prisoners, P'yŏngyang

선천 감옥의 의병 포로, 1906년
Korean prisoner, Sŏnch'ŏn

Photograph by F. A. McKenzie.

TORTURE IN KOREA DURING THE JAPANESE ADMINISTRATION.
Prisoner in courtyard, Sun-chon, July, 1906.

만주의 안동-봉천 철도, 1907년
Antung-Mukden Railway

1907년부터 많은 한국인들이 만주와 시베리아로 이민을 떠났다. 교회는 이들을 돌보기 위해 전도인과 선교사를 파송하기 시작했다.

Photographs by F. A. McKenzie.

블라디보스토크항에서 일하는 한국인들, 1903년
Front shore of Vladivostok

고포스 선교사, 1887년
Rev. Jonathan Goforth

조나단 고포스(1859-1936)는 해외선교학생자원운동의 열기가 뜨겁던 캐나다 토론토 낙스대학 출신으로, 게일 선교사의 경우 한국
선교에 대한 호소를 읽고 한국행을 결심했다. 1888년 중국에 파송된 고포스 가족은 호남湖南에서 활동하다가 1900년 의화단사건
때 체포되어 심하게 다쳤으나 다행히 목숨은 건질 수 있었다. 그는 웨일스, 인도 등에서 일어나는 부흥 소식을 듣고 책들을 읽으며
중국 부흥을 위해 기도했으며, 1907년 5월 중국을 방문한 캐나다 선교본부 총무 맥케이 박사를 모시고 일본에 가던 길에 한국을 방
문했다. 천진에서 제물포를 거쳐 3주간 한국의 여러 지역을 순회하며 부흥 현장을 목격하고, 한국에서 일어난 부흥 소식을 만주에
전했다. 한국에서 일어난 성령의 역사를 듣는 곳마다 고포스를 다시 초청해 집회를 갖기 원했다. 고포스는 전해야 할 분명한 메시
지가 있었다.

1908년 2월부터 40여 곳에서 집회를 가졌고, 한국 부흥과 같은 회개와 부흥이 만주에서도 일어났다. 첫 집회 때 받은 약속의 말씀
은 "너는 내게 부르짖으라. 내가 네게 응답하겠고 네가 알지 못하는 크고 은밀한 일을 네게 보이리라"(렘 33:3)였다. 1859년 부흥의
표어는 "거듭나야 하겠다"(요 3:7)였고, 1870년 부흥 표어는 "주 예수를 믿으라"(행 16:31)였지만, 1908년의 표어는 "이는 힘으로 되
지 아니하며 능력으로 되지 아니하고 오직 나의 영으로 되느니라"(슥 4:6)였다. 즉 무력이나 혁명이 아닌 하나님의 성령으로 한국과
만주의 총체적 문제를 해결하려는 시도가 두 교회의 부흥운동이었다.

"최근 극동 여행 중에 나는 한국에서 연합 선교가 적절히 유지되고 확대된다면 가까운 장래에 한국이 비기독교 국가에서 기독교 국가가 되는 첫 나라가 될 것이라고 깊이 확신하게 되었다."

헤이스택 기도 백주년 기념비, 1906년
Haystack Centennial Monument, Williams College, MA

"세계가 선교지이다"
1806년 미국 해외 선교가 시작된 곳

새무얼 밀즈
제임스 리차즈
프랜시스 로빈스
하비 루미스
브라이언 그린

"THE FIELD IS THE WORLD"
The Birth Place of American Foreign Mission 1806

Samuel J. Mills
James Richards
Francis L. Robbins
Harvey Loomis
Bryan Green

미국 북장로회 해외 선교사 파송, 1905년
New foreign missionaries of PCUSA, 1905

둘째 줄 오른쪽 끝에 매큔이 서 있다. 대부흥이 일어난 한국은 초대교회를 경험할 수 있는 매력적인 선교지가 되었다. 부흥 이후 한국에는 일본보다 많은 외국 선교사가 활동하게 되었다.

샌프란시스코항을 떠나는 기선과 전송하는 가족들, 1907년
Sending missionaries off at San Francisco dock

내한 10개월 만에 순직한 루비 켄드릭 양, 1908

Miss Ruby Kendrick, Songdo, Korea

MISS RUBY KENDRICK, SONGDO, KOREA
ENTERED WOMAN'S WORK 1907; DIED JUNE 1908

"만약 나에게 1,000개의 생명이 있다면, 그 모두를 한국에 바치겠습니다."

미국 텍사스 엡워스청년회 대표로 남감리회의 파송을 받아 1907년 9월 한국에 왔다. 송도에서 한국어를 배우며 선교를 준비하던 중 1908년 6월 9일에 병이 났다. 서울 세브란스병원으로 급히 옮겼으나, 열흘 뒤인 6월 19일 사망했다. 26세였다. 그는 죽기 전에 엡워스청년회에 보낸 편지에서 다음과 같이 말했다. "만약 나에게 1,000개의 생명이 있다면, 그 모두를 한국에 바치겠습니다."
이 편지를 받은 텍사스 엡워스청년회 회원 20여 명이 해외 선교사로 자원했다. 루비 켄드릭, 그녀의 삶은 짧았으나 하나님 나라와 한국 교회의 역사에서 '루비'처럼 빛난다. 양화진에 있는 그의 묘비와 묘비명은 한국에서 사역한 선교사들의 헌신을 증언한다.

부흥의
초월

백만인구령운동, 1909-1910

1908년에 접어들면서 부흥의 열기가 식었으나, 1909년 송도 남감리회 선교사들을 중심으로
새로운 부흥운동이 일어났다. 이들은 "20만 명을 그리스도에게로"라는 표어를 내걸고
한 해 동안 남감리교회를 부흥시키자고 제안했다. 1909년 10월 복음주의선교회연합공의회는
백만인구령운동을 1910년 전도운동으로 채택했다. 이때 한국에는 약 20만 명의 출석 교인이
있었으므로, 한 사람이 4명에게 전도하면 100만 명 목표는 달성될 수 있다는 계산이었다.
그러나 등록 교인은 8-9만 명 정도였으므로, 실제로 한 사람이 매달 한 명을 개종시켜야 하는
쉽지 않은 목표였다. 선교사들의 철저한 계획과 준비와 다양한 노력에도 불구하고 전도운동은
목표한 숫자에 미치지 못했다. 그러나 1903-1907년의 부흥운동과 1909-1910년 한국 교인들의
날연보와 헌신과 기도로 이루어진 전도운동은 한국 교회가 다가오는 고난의 일제 식민지 시대를
인내할 수 있는 초월적 능력을 비축한 시기였다.

데이비스가 지은 《Korea for Christ》, 1910년

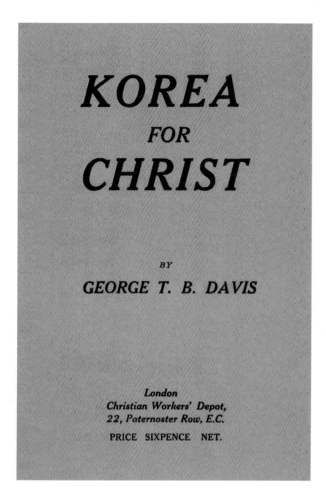

KOREA
FOR
CHRIST

BY
GEORGE T. B. DAVIS

London
Christian Workers' Depot,
22, Paternoster Row, E.C.
PRICE SIXPENCE NET.

백만인구령운동은 '한국의 기독교화' 운동이었다.

"백만 인을 그리스도계로
한국의 인구는 1,300만 명이다. 지난 25년간 선교사들이(현재 약 300명이 있다) 노력한 결과, 약 10만 명의 개종자들이 이교의 흑암에서 벗어났으며, 출석 교인은 20만 명에 이른다. 그러나 한국 교회 발전의 가장 놀라운 특징은 개종자의 급증이 아니라 기독교인들의 탁월한 신앙과 사도적 열정이다. 영혼 구원에 대한 그들의 열정은 전 기독교 세계에 영감을 준다. 하나님에 대한 그들의 신뢰는 산을 옮길 만한 신앙이었다.
한국에 있는 선교사들은 영혼 구원에 대해 이와 동일한 거룩한 열정이 있으며, 그것은 현지 한국인 기독교인의 특징이기도 하다. 그들의 신앙과 열정은 1909년 10월 서울의 한국복음주의선교회연합공의회의 연례회의에서 정점에 이르렀다. 이 회의에서 다가오는 해에 '백만 인을 그리스도에게로' 인도하자는 구호가 제안되었다. 이 제안은 공의회에 벼락처럼 떨어졌다. 사반세기 동안 영웅적인 자기희생에 의해 총 20만 명의 영혼들이 교회에 모였다. 그런데 한 해에 100만 명을 그리스도에게로 인도하자는 목표를 설정해 놓고 사역하기로 도전한 것이다. 하지만 그 제안은 결코 일시적이고 충동적인 제안이 아니었다. 그것은 일련의 섭리적 사건이었고, 성령충만을 경험한 순결한 선교사들이 수개월 동안 진지하게 기도해 온 자연스러운 결과였다." (George T. B. Davis, *Korea for Christ*, 1910, p.6.)

전도에 불을 당긴 송도의 갬블, 리드, 스톡스 선교사, 1909년

F. K. Gamble, W. T. Reid, M. B. Stokes, who initiated the Million Soul Movement

1909년 송도에서 열린 일주일간의 사경회에서 기도와 능력 부족을 느낀 세 선교사는 철야하며 기도하다가 새벽에 성령 임재를 경험했다. 얼마 후 함께 모여 종일 기도할 때 다시 하나님의 임재를 경험했다. 기도의 열정에 사로잡힌 이들은 그 후 여러 명의 한국인과 일주일간의 산상 기도회를 가졌다. 스톡스는 구령의 열정에 불타는 심장을 가지고 순회전도를 떠났다. 자신의 두 구역에서 그는 새해에 각각 5만 명의 영혼 구원을 놓고 노력하고 기도하자고 제안했다. 일주일 후 남감리회 연례회의에서 "20만 명을 그리스도께로"라는 구호가 채택되었다. 1909년 10월 9일 한국복음주의선교회연합공의회 때 리드는 전 선교 단체들이 공동 구호를 채택할 것을 제안했다. 리드는 그 위원회 회장으로 임명받았고, 신중한 논의와 진지한 기도 끝에 이 위원회는 1910년에 "100만 인을 그리스도께로"라는 구호를 만장일치로 채택했다고 보고했다.

송도의 남감리회 선교사들, 1910년
Southern Methodist missionaries in Songdo

전도여행을 떠나는 송도의 여선교사와 전도부인, 1910년
A woman missionary and a Korean Bible woman starting an itinerating trip

반포할 쪽복음과 전도 문서
궤짝이 당나귀에 실려 있다.

사경회 참석을 위해 100마일을 걸어온 신자들, 1909년
They walked 100 miles to attend a Bible Class

평양 부인 사경회, 1909년
A Bible class for women, P'yŏngyang

영변 부인 사경회, 1909년
A Bible class for women at Yŏngbyŏn

1909년 9월, 한국 선교를 위해 미국에서 2년간 자금 모금 활동을 하고 한국으로 돌아온 언더우드는 한국 교회에 일어나고 있는 백만인구령운동에 대해 다음과 같이 그리피스에게 편지했다.

"지난 한 해 동안 송도松都 선교사들 가운데 하나님의 능력이 임재했습니다. 더 자세한 설명은 잡지 〈코리아 미션 필드〉에 있습니다. 많은 기도와 협의를 거친 후 남감리회 선교회는 올해 하나님께 선교회에 20만 명의 교인을 달라고 간구하기로 했습니다. 선교회공의회는 이것을 듣고, 주한 선교회들이 한국을 위해 하나님께 무엇을 간구해야 하는지, 하나님의 뜻을 구하며 기도하는 위원회를 임명했습니다. 10시간 동안 주께 기도한 후 위원회는 올해 그리스도를 위한 100만 명의 영혼을 달라고 주님께 한 해 동안 연합해서 간구하자는 결정안을 상정했습니다. 귀하도 쉽게 이해하듯이 많은 선교사들이 그런 요청에 한동안 망설였으나, 그들은 하나님께서 그 제안을 주셨다고 느꼈고, 우리 기도에 대한 완전한 응답을 받지 못하게 하는 유일한 것은 믿음의 부족임을 느꼈습니다. 이 결정사항을 채택한 직후 채프먼-알렉산더 강습회가 시작되었고 우리는 축복의 시간을 가졌습니다. 그것은 모든 점에서 내가 참석해 본 강습회 가운데 가장 좋은 강습회였습니다. 참석자 수는 모르지만, 한국에 있는 모든 교파의 대다수 선교사들이 참석했습니다. 강습회는 헌신예배로 폐회했습니다.

채프먼의 일행인 하크니스 씨는 백만인구령운동과 관련해서 특별 찬송을 작사·작곡했습니다. 이것은 한글로 번역해서 널리 사용할 것입니다. 아울러 현재 한국에서 한국인에 의해 이루어지고 있는 사역을 발전시키고 행하기 위해 개인 사역자 연맹을 조직하기 위한 조치가 취해졌습니다." (H. G. Underwood to William E. Griffis, October 16, 1909.)

공의회는 다음과 같이 기도를 요청했다.

"성령의 확실한 인도하심을 통해 한국복음주의선교회연합공의회는 올해 한국에서 100만 인의 구령을 위해 기도하면서 추진하기로 했다. 그러므로 현재는 의심할 여지없이 한국을 기독교 국가로 만들 수 있는 하나님의 기회다. 한국은 극동 아시아의 전략적 요충지며, 지금 한국을 구원하는 것은 극동 아시아의 복음화를 위해 헤아릴 수 없이 많이 도와주는 것이므로, 우리는 전국의 그리스도인에게 3월 20일 주일을 과거 '은둔의 나라'였던 이 나라에 백만인구령운동을 위한 '기도의 날'로 지킬 것을 요청한다. 선교사들, 한국인 기독교인들, 그리고 아직 이교의 어둠 속에 있는 자들 위에 성령의 은혜가 부어져 100만 인 구령이 실현될 수 있도록 기도해 주기 바란다. 예배 때와 주일학교에서는 매일 개인적으로 그리고 공동으로 1910년 10월 9일까지 풍성한 추수를 거둘 수 있도록 기도해 주기를 특별히 요청한다." ("A Call to Prayer for Korea", Korea Mission Field, March, 1910, p.54.)

공의회는 1910년 한 해를 한국을 기독교 국가로 만드는 기회의 해로 삼고 100만 명을 그리스도께로 인도하기로 선포했다. 한국이 극동의 요충지요 한국의 구원은 아시아를 복음화하는 지름길이라는 인식도 함께했다. 1910년 3월 20일, 전국 교회가 이날을 백만인구령운동 주일로 지키고 이 일에 매진했다.

황범오와 점자 성경, 1910년

Hwang Pŏm-o, the blind sorcerer, who became a Christian and walked 500 miles to find a blind man's Bible

대구에 살던 맹인 점쟁이 황범오의 이야기는 한국 교회 부흥과 성장 배경이 된 하나님 말씀에 대한 사모와 전도의 열정을 보여 준다. 황범오는 세 살 때 걸린 천연두 때문에 눈이 멀었고, 열 살 때는 콜레라가 돌아 불과 며칠 간격으로 부모를 잃었다. 그때부터 친척 집으로 가서 아저씨에게 호구지책으로 점술을 익혔다.

1905년 브루엔Bruen 선교사의 조사에게 사랑방 전도를 받은 황범오는 예수를 믿기로 결심하고 15리나 떨어진 교회에 출석하며 성경을 공부하기 시작했다. 점치는 일이 수입이 좋아 처음에는 포기하기 어려웠지만, 복음의 교리를 이해하게 되면서 자신의 일에 염증을 느꼈고, 마침내 사람들이 보는 앞에서 점치던 산통을 깨뜨려 버렸다.

그의 마음속에 성경을 직접 읽고 싶은 열망이 일었다. 그러나 맹인에게는 어려운 일이었다. 성경을 읽게 해 달라고 1년 동안 기도하던 어느 날, 갑자기 아이디어가 떠올랐다. 맹인 점쟁이들이 이용하던 산수표로 점자표를 만들면 되겠다는 생각이었다. 그는 스탠더드오일 회사의 깡통 여러 개를 사서 4,000-5,000개의 조각을 만들고 그 가운데 구멍을 내어 줄로 엮은 다음, 한글 자모를 표시하도록 조각 끝마다 표시를 했다. 이어서 2,000개의 나무 조각으로 받침을 만들었다. 친구에게 요한복음을 한 절씩 읽어 달라고 부탁해서 이 조각들로 점자 성경을 만들어 그 구절들을 암송하기 시작했다.

이렇게 요한복음 6장까지 암송을 마쳤을 때, 새롭고 놀라운 방법으로 맹인들에게 읽는 법을 가르쳐 주는 학교가 평양에 있다는 소식을 듣게 되었다. 그는 그 학교에 들어갈 수 있는 길을 열어 달라고 기도했다. 이 소식을 들은 브루엔 선교사는 평양까지 갈 기차표를 살 수 있는 일화 7엔을 주었다. 하지만 황범오는 그 돈으로 자녀들을 위해 양식과 땔감을 사 준 뒤 대구에서 평양까지 천 리 길을 걸어갔다. 성경을 직접 읽기 위해 떠난 순례의 길이었다. 마침내 평양에 도착한 그는 마페트 부인이 운영하는 맹인학교에 입학하여 뉴욕식 점자법으로 성경을 읽고 배울 수 있게 되었다. 그는 이제 자기를 구원해 주신 주님에 대해 다른 맹인들에게 이야기해 주고 싶었다. 황범우가 학교를 떠날 때 마페트 부인은 편히 갈 수 있도록 여비를 마련해 주었다. 그러나 그 돈마저도 부인과 자식들을 위해 보내고, 다시 대구까지 천 리 길을 걸어 무사히 마을로 돌아왔다.

1910년 황범오는 요한복음 10장까지 외웠다. 그리고 평양에서 다시 한 달간 점자 공부를 했다. 그는 대구에 맹인학교를 세워 성경을 가르치는 꿈을 갖게 되었다.

물질세계에 빠져 있는 우리가 보지 못하는 머나먼 세계, 다른 세계를 황범오는 보았다. 눈이 멀었지만 사랑하기 때문에 볼 수 있는 세계, 하나님께서 어둠을 밝혀 주셔서 볼 수 있는 세계를 보았다. 한때 가장 불행했던 자가 예수 그리스도의 십자가의 영웅이 되었다.

강계 선교지부를 방문한 브라운 총무, 1909년
A. J. Brown, secretary of the Board of the Foreign Missions of PCUSA, Kanggye Station

함흥 신창리교회, 1909년
Hamhŭng Presbyterian Church

게일과 알렉산더, 1909년
Rev. J. S. Gale and Mr. C. M. Alexander

공의회가 "백만 인을 그리스도께로"라는 구호를 채택한 1909년 10월, 세계적인 부흥사 채프먼J. Wilbur Chapman 목사와 복음 가수 알렉산더Charles M. Alexander와 데이비스George T. B. Davis가 동양 선교 여행 중에 서울에 도착했다.

"이들 저명한 전도자들은 1909년 봄 미국을 떠났으며, 하와이와 피지 섬에서 전도 집회를 열었고, 호주에서 4개월 동안 선교 사역을 했다. 그 후 그들은 북쪽으로 여행해 필리핀에서 전도 집회를 열고, 중국의 여러 도시에서 전도 집회와 간단한 선교 사역을 수행했다. 한국 전역에 걸쳐 그들을 수행하는 선교 일행은 알렉산더 목사 부인과 그녀의 여동생 캐드베리, 채프먼의 여덟 살 된 아들, 노톤 씨 부부, 그리고 나데이비스와 나의 어머니 데이비스 여사이다.

채프먼과 알렉산더는 5일 동안 선교사들과 한국인을 위한 집회를 인도했으며, 이 집회는 선교사와 한국인 모두에게 말할 수 없는 축복의 원천이었다. 하늘의 신령한 영적 분위기가 그들이 인도한 집회에 임했으며, 한국인들이 자신의 죄를 고백했고, 이 집회를 통해 선교사들은 사역과 새로운 계획에 대한 신선한 영감을 얻었다.

채프먼-알렉산더 전도단 피아노 반주자 겸 작곡가 로버트 하크니스 씨가 백만인구령운동에 대한 선교사들의 열정에 깊이 감동받아 "백만 인을 예수께로"라는 제목의 특별 찬송가를 작사 작곡했다. 곧 그것은 한글로 번역되어 전국 교회와 가정에서 불리기 시작했다.

서울에서 열린 채프먼-알렉산더 집회가 끝날 무렵 나는 성서번역위원회로부터 한국에 남아 앞으로 전개될 백만인구령운동을 지원해 달라는 요청을 받았다. 몇 주 뒤 어머니를 동반하고 일본에서 한국으로 돌아와 많은 선교지부를 방문하면서 3개월 동안 전국을 순회전도하는 특권을 누렸다. 나는 선교사들과 한국 교회가 이전에는 느끼지 못했던 열정을 가지고 100만 명의 불신 영혼들을 그리스도에게로 구원하기 위한 거대한 과업에 온 정열을 기울이는 것을 목도했다." (George T. B. Davis, *Korea for Christ*, pp.7-8.)

채프먼과 알렉산더, 1909년
Rev. J. W. Chapman and Mr. C. M. Alexander

서울 선교사들을 위한 채프먼–알렉산더 집회, 1909년
Missionary Conference at the Seoul YMCA building during the Chapman-Alexander visit

YMCA 강당에서 열린 집회에 들어서는
알렉산더와 언더우드, 1909년
Chapman meeting for Korean men at the YMCA building, Seoul

하크니스가 작사 작곡한 백만인구령운동 노래, 1909년
The Million Soul Movement song made by Robert Harkness

'A Million Souls for Jesus!'

Jesus saith unto him: If thou canst believe, all things are possible to him that believeth. MARK ix. 23.

R. H.   ROBERT HARKNESS.

1. 'A million souls for Je - sus!' Lord, this can sure - ly be; 'A million
2. 'A million souls for Je - sus!' In this dark land of sin; 'A million
3. 'A million souls for Je - sus!' Sound out the watchword true; 'A million

1. souls for Je - sus!' 'Tis not too much for Thee. Is not Thy Word all
2. souls for Je - sus!' Lord, now the work be - gin! Make us Thy ser-vants
3. souls for Je - sus!' The work of God to do. Ko - re - a's cry is

1. pow'r - ful To touch the sin - ful heart? Is not the Spi - rit will - ing The
2. will - ing Thy bless - ed will to do; Give us Thy Ho - ly Spi - rit, Fill
3. migh - ty, But God is migh-tier far; No band of e - vil for - ces His

CHORUS.

1. Word of Life t'im - part?
2. us with power a - new. } 'A mil - lion souls for Je - sus!' Lord, grant our
3. pur - po - ses can mar.

heart's de - sire! 'A mil - lion souls for Je - sus!' Lord, spread the Gos-pel fire.

International Copyright by
CHARLES M. ALEXANDER

1. 백만 인을 예수께로!
   주여, 이것은 정말 가능한 일
   백만 인을 예수께로
   주께는 불가능이 없네
   주의 강력한 말씀이
   죄인의 심령을 움직이고
   성령께서 친히
   생명의 말씀을 전하네

(후렴) 백만 인을 예수께로
   주여, 우리 심령의 소원을
   들어 주소서
   백만 인을 예수께로
   주여, 복음의 불길을
   확산시켜 주소서

2. 백만 인을 예수께로
   죄로 어두워진 이 나라에
   백만 인을 예수께로
   주여, 이제 시작된 사역에
   우리가 선한 종이 되어
   주의 뜻을 행하게 하소서
   우리에게 성령을 주소서
   새 힘으로 채워 주소서

3. 백만 인을 예수께로
   이 표어를 신실하게 외치세
   백만 인을 예수께로
   마땅히 해야 할 주의 사역
   한국이 울부짖는 소리보다
   하나님은 더 강하네
   어떤 악한 세력 무리도
   주의 목적을 방해하지 못하네

(당시의 한글 가사를 구하지 못해 필자
가 번역했다.)

Dr. and Mrs. Underwood bidding good-bye to their guests Mr. and Mrs. Alexander

남대문 앞에 있던 언더우드 사택에서 지내던 알렉산더 부부가 평양으로 가기 위해 집을 나서고 있다.

게일 부부의 아들 조지에게 유아세례를 준 길선주, 1911년

Rev. Kil Sŏn-ju and Gale family after George's infant baptism

대부흥운동을 계기로 게일은
길선주를 존경하게 되었다.

새로 지은 평양 장로회신학교 앞 운동장에서 찬양집회가 열렸다. 신학교 뒤에는 기숙사들이 있고, 학교 주변에 선교사 사택들이 보인다. 알렉산더가 전도부인들과 여학교 학생들과 찬양을 하고 있다.

영국성서공회 평양 서점을 방문한 알렉산더 부부, 1909년

The Bookstore of BFBS in P'yŏngyang

AT THE BRITISH AND FOREIGN BIBLE SOCIETY'S BOOK-STALL ON PYENG YANG STATION, OCTOBER, 1909

일주일간 사경회와 전도에 참석한 숭실학교 학생들, 1909년

Christian students in P'yŏngyang who gave a whole week to Bible study and personal effort in soul winning

목포 의병의 체포, 1909년
Arrested Korean soldiers of the Righteous Army in Mokpo

남산의 총독부, 1910년
The Governor-General Government Building at Namsan, Seoul

목포에 반포될《마가복음》4만 권을 담은 궤짝들, 1910년

Cases containing forty thousand copies of St. Mark's Gospel
used during the "Million" Campaign in Mokpo

목포의 포사이드 의사와 한국인 조사들, 1910년

Dr. Forsythe and two Korean helpers, Mokpo

백만인구령운동을 위해 채택된 세 가지 수단은 기도, 성경, 전도였다.

"이 위대한 과업을 이루기 위해 택한 주된 방법은 기도, 하나님의 말씀, 개인 사역이다. 이 백만인구령운동은 서울에서 전국 여러 선교회로 이어졌고, 한국인들과 선교사들이 성령의 놀라운 부으심을 위해 합심하여 밤낮으로 기도했다. 기도모임은 벌집처럼 사방으로 연결되어 있고, 매일 많은 선교회에서 정오 기도회로 모인다. 한국 기독교인들은 서양의 신자들을 부끄럽게 할 정도로 열정과 믿음으로 기도를 드린다. 그들은 밤낮을 기도로 보내는 것에 개의치 않는다. 때로 산속 얼어붙은 땅바닥에서 성령의 부으심과 잃어버린 영혼의 구원을 놓고 하나님께 애통하며 수시간 무릎 꿇고 기도한다.

영혼 구령을 위한 백만인구령운동의 두 번째 도구는 하나님의 말씀이다. 모든 한국 교회는 어디에나 성경을 가지고 다니며, 매일 그것을 읽고 믿지 않는 영혼들을 그리스도께 인도하기 위해 복음을 전하도록 권유받았다. 불신 영혼들에게 보급하기 위해 마가복음 특별판을 인쇄해 한국 그리스도인들에게 판매하고 있다. 그들은 동양에서 가장 가난한 백성이지만 영혼 구원 사업을 위해 비교적 짧은 기간에 50만 권 이상을 구입했다.

잃어버린 불신자들의 영혼 구원을 위해 각자 날마다 지속적으로 노력을 기울이는 것은 백만인구령운동의 세 번째 위대한 방법이다. 한국 그리스도인들은 서구에서 발견할 수 없는 영혼 구원에 대한 열정이 있다. 적어도 한두 명을 그리스도께로 인도할 때까지는 세례교인으로 받아 주지 않는 것을 많은 한국 교회가 불문율로 지키고 있다. 개인 사역에서 가장 놀라운 방법은 며칠 혹은 몇 주일을 별도로 떼어 내어 오직 불신 영혼을 구원하는 일에 온전히 힘쓰는 습관이다.

한국에 온 후 내가 방문한 첫 마을인 이천에서 남감리회 계삭회季朔會가 열렸는데, 선교회 소속 한국인 조사들이 참석했다. 3개월 동안 날연보를 작정하도록 요청받자 놀라운 장면이 이어졌다. 예배당 곳곳에서 남녀가 일어나 날연보를 작정했다. 한 상인은 이렇게 말했다. '저는 이 사역을 계속 하려고 합니다. 저는 매달 한 주를 이 일에 온전히 드리겠습니다.' 한 사공은 앞으로 3개월 동안 주님께 60일을 드리겠다고 했다. 또 다른 사람은 교회에 출석하는 주일을 제외하고 매일을 드리겠다고 선언했다! [중략] 이때 작정된 날연보는 총 2,721일로, 한 사람이 거의 6년 반 동안 계속해서 그리스도를 전하는 분량에 해당한다.

1년에 100만 명을 그리스도께로 인도하려는 노력의 결과로 이미 한국 교회가 놀랍게 움직이고 있으며, 대규모 집회가 열리고, 전례 없이 성경이 보급되고, 잃어버린 영혼의 구원을 향한 대규모의 기도 함성이 울려 퍼지고 있다. 이 글을 읽는 독자들도 이 민족 위에 그러한 성령의 부으심이 임하여 그 백성 가운데 100만 명이 1년 안에 그리스도인이 되도록 선교사들이나 한국인과 연합하여 기도하지 않겠는가? [후략]" (George T. B. Davis, *Korea for Christ*, 1910, pp. 8–11.)

성경 암송 소녀들, 1910년
Girls who memorize large portions of Scriptures

앞의 두 소녀는 신약성경 전체를 암송했다.

10일간의 전도로 180명을 개종시킨 목포 학생들, 1910년
Mokpo students who led 180 people to Christ during their ten days' vacation

1910년 10월 한 달간 서울에서 대규모 전도대회가 열렸다. 언더우드가 쓴 편지에 나오는 계획은 철저하고 방대했다.

> "채프먼-알렉산더 집회를 마친 후 즉시 서울 전도운동을 준비했지만, 대부분의 선교사들은 도시가 전혀 준비되지 않았다고 생각했습니다. 올해 늦봄에 다시 여름 전도운동이 제안되었지만, 이것은 가능성이 희박했습니다. 이제 서울의 모든 선교사들은 연합하여 10월 1일부터 한 달간 본격적인 전도운동을 전개하기로 했습니다.
> 이에 대한 준비로 이번 여름에 권서들, 서적 판매인들, 많은 자원봉사자들이 성서공회의 지도하에 이 도시의 모든 가정을 방문하여, 될 수 있는 대로 단권 성경을 한 권씩 주려고 합니다. 다른 위원회는 도시를 여러 지구로 분할하여, 때가 되면 사역자들에게 할당하려고 합니다.
> 전국의 선교사들이 회의를 위해 서울에 모일 것이며, 9월 넷째 주 대신 셋째 주부터 기도와 회의를 하면서 하나님께 엎드려 하나님의 축복과 인도를 구하려고 합니다.
> 전도운동의 계획은 방대하며, 서울의 모든 한국인은 물론 중국인과 일본인의 모든 교회, 극장, 홀에서 동시에 모임을 가지려고 합니다. 우리는 이 주제로 이미 유력한 일본인 목사들을 만났으며, 중국에서 한두 명의 지도적인 선교사와 소수의 중국인 전도대를 구하려고 합니다.
> 우리는 서울의 모든 극장과 오락장을 한 달간 전세 내기 위해 교섭 중입니다. 그러면 한 달 동안 이 도시의 매일 저녁 공연은 전도 집회만 있게 됩니다.
> 또 될 수 있는 대로 4,000명씩을 수용할 수 있는 대형 천막 두 개를 구해 도시의 두 구역에 세우고, 다른 장소에 갈 수 없는 군중들에게 전도하려고 합니다. 최소한 한 달간은 생존할 원수사탄를 확실하고 단호하게 공격하는 것이 우리의 계획입니다.
> 우리는 이 모임들을 포스터와 전단으로 광고할 것이며, 한 달간 6개 일간신문에 매일 칼럼을 한 편씩 싣고, 또 그리스도와 복음의 주장을 분명하게 진술한 기사들로 채웠으면 합니다." (H. G. Underwood to J. R. Stevenson, July 13, 1910.)

서울 시내의 모든 집을 세 차례 방문하여 전도지와 마가복음을 나눠 주고, 모든 극장과 오락장을 한 달간 전세 내어 전도처로 사용했으며, 대형 천막 집회를 열고, 6개 일간신문에 매일 칼럼을 싣고 복음을 전했다. 국권을 상실한 직후의 총동원 전도였다. 다른 도시에서도 서울의 방법을 모방해 11월 한 달간 시행했다. 대구에서는 길선주 목사 초청 부흥회가 열렸다.

그러나 결과는 목표에 미치지 못했다. 대구의 경우 10일간의 사경회 기간 중에 500명이 개종을 결심했으나, 집회 후 50명 정도만 접촉할 수 있었고 그중 10명 정도만 교회에 나왔다. 북장로회 선교회의 경우 1909년 9월부터 이듬해 8월까지 1년간 세례교인은 25,053명에서 32,509명으로 약 30퍼센트 늘었으나, 1911년 8월에는 36,074명을 기록하여 전년에 비해 11퍼센트 성장했다. 교회는 성장 가운데 있었으나 한일합병으로 급성장 추세는 꺾였고, 이후에는 일제의 기독교 박해 정책 때문에 저성장기에 접어들었다. 나라가 망하면 교회라는 배가 뜰 물이 사라진다. 사회가 흔들리면 그 파도에 교회는 심하게 요동한다.

김창식 목사

Rev. Kim Ch'ang-sik, "Paul of Korea"

김창식(金昌植, 1857-1927)은 평생 개척 전도인과 구역 순행circuit rider 목사로 살았다. 황해도 순안군 출신으로, 전국을 여행하며 견문을 넓힌 후 서울에서 올링거 목사의 문지기와 요리사로 고용되어 올링거 부부의 가르침을 받고 기독교에 입교했다. 1891년 홀 의사의 조사로서 평양 개척 전도인으로 파송되었다가 1894년 평양의 기독교인 박해사건 때 감옥에 갇혀 사형 언도를 받았다. 감옥에 있는 동안 배교의 위협 앞에서도 하나님을 욕할 수 없다고 담대히 말하여 심한 매를 맞고 돌에 맞아 이후 '한국의 바울'로 불렸다. 1901년 5월 14일 김기범과 함께 한국의 첫 감리교 집사목사로 안수받았다. 1924년 은퇴할 때까지 이사를 10번, 교회 개척을 48처나 했으며, 다른 교회 설교 125회, 장로교회 설교 45회로 한국의 거의 모든 감리교회와 많은 장로교회에서 설교했다. 목회 30년간 "교회에 몸 바쳐 일하는 가운데 하루라도 병 나 본 적이 없고 한 주일도 빠지지 않고 예배에 참석하게 된 것은 참으로 하나님께 감사드릴 일이다"라고 고백했다. 부흥운동 기간인 1904년부터 1910년까지는 영변 지방 감리사로 시무했다.

전삼덕 전도부인
Bible woman Chŏn Sam-dŏk

전삼덕(全三德, 1843-1932)은 평남 강서 벽의도 양반가 출신으로, 17세 때 강서의 김선주와 혼인했다. 김선주는 고종의 총애로 고위 직인 승지까지 벼슬을 하게 되었고, 이어 충청남도 보령 군수로 봉직했다가 강서로 돌아왔다. 전삼덕은 시집살이에 이어 남편의 첩 질로 쓸쓸한 생활을 하던 중에 평양에 예수교가 들어왔다는 소식을 들었다. 그녀는 기독교에 대해 잘 몰랐지만 예수를 믿기로 결심 하고 평양에 가서 홀 의사를 만나 전도책자와 쪽복음을 얻어 오석형에게 기독교를 배워 교인이 되었다. 1895년 평양을 방문한 스 크랜튼 목사에게 세례를 받아 북한 지역 첫 감리교 여자 세례교인이 되었다. 남녀 차별 풍속 때문에 방 중앙에 휘장을 친 뒤 머리를 내밀 만한 구멍을 내고 작은딸과 세례를 받았다.

세례를 받은 후부터 그는 80리 떨어진 평양 남산현교회까지 가마를 타고 가서 한 주일도 빠지지 않고 예배를 드렸다. 이후 강서읍 교회 창립 교인이 되었고, 1897년 평양에서 노블 부인이 개최한 첫 여자 사경회에 참석했다. 이후 25년 넘게 매년 봄·가을 사경회 에 참석했으며, 함종·학동 등지에 교회를 세우기도 했다. 남산현교회 부설 여자고등성경학교 졸업 후에는 함종여학교를 설립하여 교장으로 봉직했으며 숭덕학교를 세웠다. 일평생 전도하는 그녀를 보고 사람들은 "잘사는 년이 무엇에 미쳐 저 꼴을 하고 다니느 냐"며 비웃었다. 그러나 1925년까지 30년간 전도하여 "신자가 된 사람의 수를 합하면 600여 명에 달하니 이 얼마나 감사하고 기쁜 일이랴"라고 고백했다.

창천감리교회, 1909년
Ch'angch'ŏn Methodist Church, near Seoul

부흥 이후 교인이 늘어난 정동 감리교회가 신촌에 개척한 교회이다.

광주 오웬기념관, 1909년
Owen Memorial Hall, Kwangju

The Owen Memorial building, Kwangju. Cost $4,000. Furnished by friends of Dr. C. C. Owen, who died in Korea, 1909.

남자 사경회, 1909년
Men's Bible class for two weeks

부인 사경회, 1910년
Women's Bible class

대구 약령시장, 1905년
Taegu market place

장날은 전도하기에
좋은 때와 장소를
제공했다.

1909년 경북 의성군 북면 비대동에 사는 손영규는 자비로 전도지를 인쇄하여 전도했다. 점쟁이였던 그는 종종 "당신 운수가 다하여 이 달이 가기 전에 죽을 것이오. 하지만 복채를 주면 기도해서 액운을 당신 집에서 제거해 주겠소"라며 이웃을 속여 왔다. 이렇게 해서 모은 엽전 꾸러미는 상자에 담아 절구통 뒤에 묻어 둘 정도가 되었다. 그러나 어느 날 예수교 전도인에게 복음을 듣고 양심에 찔림을 받아 그동안 이웃을 속여 온 죄를 깨달았다. 욕심에 물든 옛사람과 3주일간 씨름한 후, 마침내 예수교를 믿기로 하고 점치던 모든 도구들을 불태웠다.

그는 300리나 떨어진 대구까지 걸어가 사경회에 참석했고, 성경과 교리를 배워 마을에 전도하기 시작했다. 동네 사람들은 점쟁이가 예수쟁이가 되었다고 비웃었다. 그는 손자와 예배당을 짓고 문에 '야소회당耶蘇會堂'이란 판액을 달고 두 사람만으로 예배를 드렸다. 이후 하나둘 교인이 늘어나기 시작했다.

그는 틈만 나면 나가서 전도했다. 그러나 점치는 것을 그만두어 수입이 줄었기 때문에 전도에 쓸 소책자와 전도지를 살 수 없었다. 궁리를 거듭한 끝에 직접 전도지를 만들기로 결심하고, 12인치×7인치 크기의 나무판에 글자를 새겨 인쇄용 목판을 만들었다. 그런 다음 잉크를 사서 한 장씩 전도지를 눌러 찍었다. 손수 인쇄한 전도지로 전도하고 자신이 지은 예배당에서 예배를 인도한 그는 영수로 임명받아 동네 사람들의 존경까지 받게 되었다. 다음은 그 전도지의 내용이다.

> 예수교를 전도함
> 이 세상의 아무것도 할 일이 없소.
> 예수를 진심으로 믿으면 태산 같은 죄를 다 사하시고
> 큰 은혜를 많이 주셔서 그 영혼도 곧 구원하시고
> 이 세상에서도 육신까지 구원하시니
> 마음을 다하고 뜻을 다하여 예수 씨를 신실로 믿으소서.
> 이 뒤의 무궁한 말씀 있으니 회당을 찾으소서.
> 이 글은 신학문이오.
> 주강생 일천구백구년
> 의성 북면 비대동에서
> 손영규는 건서建書하노라.
> 하나님을 공경함 예수를 믿음
>
> (Walter C. Erdman, "Korean Evangelism", *Assembly Herald*, Nov., 1909, pp.521-522.)

오직 예수를 믿어 영육이 구원받고 신학문을 통해 자주 독립과 문명 개화를 이루자는 전도지이다. 대한민국이 살 길은 경천신주敬天信主!

예수교서회 매서인, 1910년
A book seller of the Religious Tract Society, Seoul

예수교서회는 1910년 가을에 진행된 백만인구령운동을 위해 21종의 낱장 전도지 2,787,000매, 3종의 접는 전도지 83,000매, 결신 카드 340,000매 등 총 3,210,000매의 전도지를 발행했다. (*Annual Report and Catalogue of Korean Religious Tract Society*, 1911, p.8.)

구세군 한국 총회, 1910년
Salvation Army

함흥 신창리교회 성탄절, 1910년경
Christmas at Hamhŭng Presbyterian Church

에든버러 세계선교대회, 1910년
World Missionary Conference, Edinburgh

THE WORLD'S MISSIONARY CONFERENCE IN SESSION

마페트와 윤치호가 이 대회에 참석해 한국 교회의 부흥과 성장을 보고했다.

에든버러 세계선교대회는 "이 세대에 세계를 복음화하자"는 해외선교학생자원운동의 표어가 품고 있는 기독교 선교에 대한 낙관적 승리주의가 잘 드러난 대회였다. 또 타 종교의 긍정적인 면을 접촉점으로 인정하고 수용하는 진보적인 '성취론fulfillment theory'이 공식적인 선교신학으로 채택되었다. 대회는 한국 교회의 경이로운 급성장을 소개하고 특히 "지난 몇 년간 한국 선교 역사의 가장 현저한 특징은 한국의 대부흥Korean Revival이었다. 그것은 진정한 오순절이었다. 5만 명의 한국 기독교인은 정화시키는 부흥의 불을 통과했고, 그 경험을 통해 오늘 한국 교회는 죄의 무시무시한 성격, 구원하시는 그리스도의 능력, 기도의 효능, 하나님의 내재를 알게 되었다"(*World Missionary Conference, 1910, Report of Commission I, Carrying the Gospel to All the Non-Christian World*, 1910, p.77.)고 보고했다. 또한 떠오르는 새 한국과 새 한국 교회를 위해 300명의 선교사를 480명으로 늘릴 것을 요청했다.

귀신 들린 여인을 기도로 치료한 평양 전도부인들, 1910년

Bible women in P'yŏngyang

부흥운동 전후 많은 전도부인들이 귀
신 들린 여자들을 기도로 치유했다.

WOMEN OF FOURTH CHURCH, PYENG YANG

On the left: Nisi, first Christian woman in the city, now president of the missionary society and Bible woman. *On the right,* a Bible woman. *The middle one* was cured of demon possession through the prayers of a company of women of Fourth Church.

재령 영수 사경회, 1910년

Christian Leaders in Chaeryŏng

CHRISTIAN LEADERS IN ONE DISTRICT, ONLY, OF CHAI RYUNG FIELD
In back row, on the left, Wm. B. Hunt; fourth man on his left, Bernheisel; on our extreme right, Mr. Koons.

하교하는 부산 일신여학교 학생들, 1909년
Girls' School in Pusan

KOREAN GIRLS AT FUSAN, HOMEWARD BOUND AFTER SCHOOL.
From a superior photograph, loaned by kindness of Mr. L. H. Severance.

호주장로회선교부가 운영하던 일신여학교는 부산·경남 지역 최초의 신여성 교육기관으로, 이 지역에서 처음으로 3·1 운동의 깃발을 올린 곳으로 유명하다. 독특한 너울을 쓴 학생들이 하교하고, 교사들이 언덕에서 학생들을 전송하고 있다. 학생들이 손에 든 것은 성경과 찬송인 듯하다. 세브란스 병원에 희사한 루이스 세브란스가 소유한 사진이다.

부산 초등여학교의 체조 시간, 1910년
Gymnastics of the Girls' School in Pusan

GYMNASTICS AT FUSAN GIRLS' SCHOOL, KOREA
Mrs. C. H. Irvin in Charge. From photograph loaned by L. H. Severance.

"또 어떤 이들은 조롱과 채찍질뿐 아니라 결박과 옥에 갇히는 시련도 받았으며, 돌로 치는 것과 톱으로 켜는 것과 시험과 칼로 죽임을 당하고 양과 염소의 가죽을 입고 유리流離하여 궁핍과 환난과 학대를 받았으니(이런 사람은 세상이 감당하지 못하느니라) 그들이 광야와 산과 동굴과 토굴에 유리하였느니라. 이 사람들은 다 믿음으로 말미암아 증거를 받았으나 약속된 것을 받지 못하였으니, 이는 하나님이 우리를 위하여 더 좋은 것을 예비하셨은즉 우리가 아니면 그들로 온전함을 이루지 못하게 하려 하심이라."(히 11:36-40)

히브리서 11장은 세상이 감당하지 못한 구약의 믿음의 영웅들을 소개한 후, 그들은 약속된 것을 받지 못했으며(39절) 더 좋은 것을 누리는 신약 시대를 사는 우리를 통해 온전하게 된다(40절)고 선언한다. 놀랍지 않은가?

그러므로 한국 교회 믿음의 조상들이 온전케 되는 특권과 책임은 오늘을 사는 우리에게 있다. 주께서 예비해 놓으신 더 좋은 부흥을 우리가 믿음으로 이루어 낼 때 100년 전의 첫 부흥이 더 온전하게 완성된다. 그렇다. 역사는 주께서 준비해 놓으신 것을 믿음으로 성취해 가는 과정이다.

"이러므로 우리에게 구름같이 둘러싼 허다한 증인들이 있으니, 모든 무거운 것과 얽매이기 쉬운 죄를 벗어 버리고 인내로써 우리 앞에 당한 경주를 하며, 믿음의 주요 또 온전하게 하시는 이인 예수를 바라보자. 그는 그 앞에 있는 기쁨을 위하여 십자가를 참으사 부끄러움을 개의치 아니하시더니, 하나님 보좌 우편에 앉으셨느니라. 너희가 피곤하여 낙심하지 않기 위하여 죄인들이 이같이 자기에게 거역한 일을 참으신 이를 생각하라."(히 12:1-3)

부흥의 최대치는 예수 그리스도이다.

그는 죽었다. 그리고 다시 사셨다. 그는 다시 오실 것이다.

한반도에 평화와 정의가 강물처럼 흐르고 부흥의 불길이 봉화불처럼 타오르는 날을 소망하면서, "주의 뜻이 이루어지이다"라고 기도하며 골고다로 가신 주님을 바라보며 우리에게 주어신 순례의 길을 끝까지 인내로 경주하자.

부록

통계와 지도

1 한국과 주변국의 교통로, 1900년

2 장로회와 감리회 선교회들 간의 교계 예양, 1909년

3 미국 남감리회 한국 선교회의 선교 지역, 1909년

4 개신교 선교회별 통계, 1896년

5 한국 개신교의 성장, 1897-1907년

6 개신교회가 운영한 학교의 증가, 1897-1907년

7 개신교 선교회 통계, 1907-1908년

8 도별 인구와 개신교 선교사 통계, 1907년

9 도별 장로교회 설립 통계, 1887-1907년

10 북감리회 평양 북지방회 예배당 통계, 1902년

11 미국 북장로회 한국 교회 통계, 1908년

12 미국 북장로회 한국 선교회 통계, 1884-1909년

13 한국에 파송된 미국과 캐나다 선교사 통계, 1885-1910년

14 한국 교인 통계, 1898-1910년

15 미국 북장로회 해외선교부 부분 예산, 1896-1909년

16 번하이슬, "한국 선교 25주년", 1909년

17 해외선교학생자원운동 출신 내한 선교사, 1906-1911년

18 의주 주변 교회 현황, 1906년

19 선천 지부 교회 현황, 1911년

20 황해도 북감리교회의 변화, 1903-1909년

1. 한국과 주변국의 교통로, 1900년

A Map of East Asia, 1900

경의선은 계획 중이었고, 만주 철도는 여순-우장-심양까지만 완성되어 있었다. 대마도와 독도가 한국 영토 색깔로 표시되어 있다. 블라디보스토크와 만주의 우장 주변은 겨울에 항구가 얼기 때문에 얼음으로 표시되어 있다. 항구 간의 거리는 다음과 같다.

지푸-제물포 270마일　나가사키-제물포 446마일
부산-원산 304마일　　시모노세키-부산 120마일
부산-제물포 400마일　원산-블라디보스토크 330마일

2. 장로회와 감리회 선교회들 간의 교계 예양, 1909년

The Comity between Presbyterian and Methodist Missions in Korea

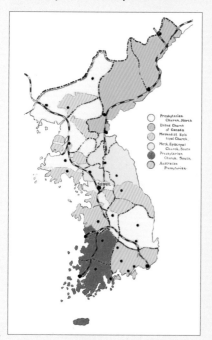

1909년 일차로 완성된 선교회들 간의 영토 분할 협정(comity, 교계 예양) 지도이다. 크게 보면 중부 지역은 감리회가, 남북 지역(평안, 함경, 전라, 경상, 제주)은 장로회가 맡았다. 침례교 등의 소수 교파 선교회는 이 협정에 참여하지 못했다.

○ 미국 북장로회
◑ 캐나다 장로회
◍ 북감리회
◌ 남감리회
● 미국 남장로회
◒ 호주 장로회

3. 미국 남감리회 한국 선교회의 선교 지역, 1909년

The Territory of Methodist Episcopal Mission, South

부흥이 처음 일어난 곳은 상대적으로 선교가 늦게 시작되고 재정이나 인원이 부족한 지역으로, 미국 남감리회 선교회가 담당했다. 주요 도시는 서울, 원산, 철원, 송도, 춘천 등이다.

4. 개신교 선교회별 통계, 1896년

APPENDIX A.—MISSION STATISTICS FOR KOREA, 1896.

NAME OF MISSION.	Date Begun.	Stations.	No. of Missionaries.	Helpers and Bible Women.	Out Stations where no Missionaries Reside.	Communicants.	Members Received (1 year).	Catechumens or Probationers.	No. of Organized Churches.	No. of Sabbath Schools.	No. of Pupils in Sabbath Schools.	Day Schools.	Pupils in Day Schools.	Boarding Schools for Boys.	Boarding Schools for Girls.	Pupils in Boys' Boarding Schools.	Pupils in Girls' B'd'g Schools.	Hospitals.	No. of In-patients Treated.	Dispensaries.	No. of Patients Treated.	Native Contributions. (Partial Report.)	Position.
American Presbyterian Mission (North)	1884	4	29	17	25							7	139	1	1	50	35	3	339	7	20,295	*Yen.* $796.44	Seoul, Gensan, Fusan, Pyeng-yang, (Taigu-prosp'tive).
American Presbyterian Mission (South).	1892	3	12	3	..	510	210	635	13	10	783						4			1	2,000	..	Seoul, Kunsan, Chunju.
Australian Presbyterian Mission	1889	1	5	2	...									1		9						..	Fusan.
Y. M. C. A. Mission of Canada...........	1890	1	2	..	..																	..	Gensan.
Korean Itinerant Mission	1889	1	1	..	..	..	..	..	..	..	..	..	..	..	..	..	..	..	..	..	..	...	Gensan.
American Methodist Mission (North)......	1885	4	30	15	4	266	57	588	7	7	512		121	1	1	110	50	2	116	4	7,778	$647.37	Seoul, Chemulpo, Gensan, Pyeng-yang.
American Methodist Mission (South).	1896	1	2	..	..		..	..	..		..												Seoul, (Songdo prospective).
Ella Thing Memorial Mission (Baptist)	1895	1	4	..	..	1	..	3	...	...	..											.60	Seoul, (Kong-ju prospective).
Society for the Propagation of the Gospel.	1890	3	16	..	..		..	..	..		..								...	3	..	..	Seoul, Chemulpo, Kang-wha.
Société des Missions Étrangères, ...	1784	19	34	16	466	28,802	1250	..	18	..	..	21	204	2		271		..	..	..	..	..	

1896년 말 천주교는 선교사 466명, 세례교인 28,802명, 조직 교회 18개였다. 반면 개신교 선교사는 85명, 세례교인 약 800명, 1년간 세례 받은 교인은 약 270명, 조직 교회는 20개였다. 1902년을 전후로 개신교의 교세가 천주교를 앞서게 된다.

5. 한국 개신교의 성장, 1897-1907년

Increase of the Korean Church, 1897-1907

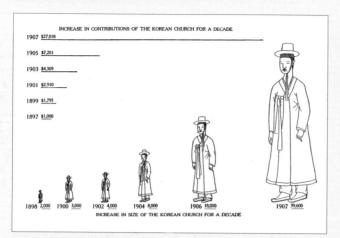

청일전쟁과 러일전쟁, 그리고 부흥운동의 영향으로 한국 개신교회는 10년 동안 20배로 급성장했다.

6. 개신교회가 운영한 학교의 증가, 1897-1907년

Increase of the Protestant Schools in Korea, 1897-1907

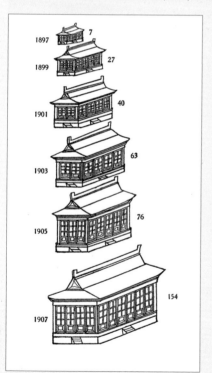

한국 교인들이 자급해서 설립한 학교 건물은 10년간 7개에서 154개로 늘어났다.

7. 개신교 선교회 통계, 1907-1908년

STATISTICS OF PROTESTANT MISSIONS IN KOREA COMPILED BY DIRECT CORRESPONDENCE WITH MISSION BOARDS

| NAME OF SOCIETIES | Year Included in the Report | Year of First Work in This Field | FOREIGN MISSIONARIES, INCLUDING PHYSICIANS | | | | | STATIONS | | NATIVE CONSTITUENCY | | EDUCATIONAL | | | | | | | MEDICAL | | | |
			Ordained Men	Unordained Men	Missionaries' Wives	Other Missionary Women	Native Workers	Where Missionaries Reside	Outstations or Substations	Communicants	Adherents Not Yet Communicants	Sunday Schools	Sunday School Scholars	Day Schools	Pupils in Same	Higher Institutions	Students in Same	Industrial Schools	Students in Same	Foreign Men Physicians	Foreign Women Physicians	Hospitals or Dispensaries	Patients During Year Reported
AMERICAN SOCIETIES																							
American Bible Society	1907	1882	1				16																
Board of Foreign Missions of the Methodist Episcopal Church [1]	1908	1885	21	2	18	21	282	7	19	24,246	19,820	167	14,417	144	4,407	5	545			4	4	4	17,007
Board of Foreign Missions of the Presbyterian Church in U. S. A.	1908	1884	30	1	37	10	537	8	[2]809	19,654	73,544	798	61,454	457	11,480	9	763			8	4	12	47,664
Board of Missions of the Methodist Episcopal Church, South.	1907-8	1895	11	5	12		73	4		3,545	2,536	45	3,049	3	82	1	225	1		5		3	2,000
Executive Committee of Foreign Missions, Presbyterian Church in U. S.	1906-7	1896	9	4	9	4	75	4	140	1,051	8,410	22	1,390	18	381		6			4	2		
Foreign Department, Y. M. C. A. of North America	1909	1901	3																				
Foreign Mission Committee, Presbyterian Church, Canada	1907	1898	6		4	4	42	4	56	814	194	45	3,084	[3]17	305					1	1	1	300
Woman's Board of Foreign Missions, Methodist Episcopal Church, South.	1908-9	1897				11	10	3							4	150			1	20			
Total American Societies, 8.	....	....	81	12	80	50	1,334	30	1,024	49,310	104,804	1,077	83,344	643	16,805	15	1,539	2	20	22	11	22	66,971
BRITISH SOCIETIES																							
British and Foreign Bible Society	1908	1885	2		2		85																
Foreign Mission Committee, Presbyterian Church of Australia	1908	1889	3		3	5	30	2		385	3,219	6	500	8	200					1		1	
Society for the Propagation of the Gospel in Foreign Parts	1907	1896	4	3		3		5	125	394	3,356			3	31	1	32						
Total British Societies, 3.	....	....	9	3	5	8	115	7	125	779	6,575	6	500	11	231	1	32			1		1	
Grand Total, 11 Societies	....	....	90	15	85	58	1,449	37	1,149	50,089	111,379	1,083	83,844	654	17,036	16	1,571	2	20	23	11	23	66,971

[1] Includes statistics of Woman's Foreign Missionary Society.
[2] 797 Churches entirely self-supporting.
[3] Includes higher educational schools.

통계에 의하면, 1908년 현재 선교사 250명, 한국인 목회자 1,450명, 한국 교인은 총 111,400명 정도였다.

8. 도별 인구와 개신교 선교사 통계, 1907년

DIVISION OF TERRITORY, POPULATION, DISTRIBUTION OF MISSIONARIES[1]

PROVINCE	Population	Missionaries	Responsibility for each
Chulla (North)	597,393	20	30,000
Chulla (South)	850,635	12	70,000
Chung chong (East)	491,717	7	70,000
Chung chong (West)	649,756	8	81,000
Hamkyung (North)	390,055	3	133,000
Hamkyung (South)	582,463	23	25,000
Kang wun	627,832	2	313,000
Kyung kui	869,020	82	10,000
Kyung sang (North)	1,062,991	13	81,000
Kyung sang (South)	1,270,214	16	79,000
Pyengan (North)	600,119	16	37,000
Pyengan (South)	689,017	37	18,600
Whanghai	901,099	8	112,000

[1] Issued by the Financial Adviser's Office and published in *The Christian Movement in Japan*, 1907.

이 통계에는 1907년 한국의 인구가 9,582,311명으로 적게 나타나 있다. 당시 일반적으로 '2,000만 동포'라는 말을 많이 사용했는데, 실제 인구는 1,700만 안팎이었을 것이다. 한반도 동부의 함경도, 강원도, 충청도 동부, 경상도의 인구가 4,425,272명(46.2%)이지만 거주 선교사는 64명(25.9%)으로 불균형을 이룬다. 특히 강원도는 선교사가 2명만 파송되어 선교사업이 가장 낙후된 지역이었다. 반면 평안도는 인구 1,289,136명(13.5%)에 선교사 53명(21.5%)이 있었고, 경기도(서울 포함)는 인구 869,020명(9.1%)에 선교사 82명(33.2%)으로 인구 만 명당 1명의 선교사가 거주했다. 경기도(서울)-평안남도(평양)-함경남도(원산)-전라북도(전주) 순서로 개신교 선교사들이 많이 거주했음을 알 수 있다.

9. 도별 장로교회 설립 통계, 1887-1907년

	평북	평남	황해	함북	함남	서울경기	충북	충남	전북	전남	제주	경북	경남	계
1888	1		1											2
1889														0
1890					1									1
1891	1													1
1892														0
1893		4	14		1								1	20
1894		3	4			5								12
1895	1	4	11			1							1	18
1896	1	9	2	2	8	1			2			1	1	27
1897	3	14	9		1	3								33
1898	6	12	5		2					1			1	27
1899	4	13	2							1			1	21
1900	8	21	10		3				2	1		2		47
1901	10	8	5	3	2	4	2			3		10	5	52
1902	4	8	1			2			1	4		4	2	26
1903	2	9	1	1	7	3	1		5	4		3	1	37
1904	7	10	5	1	1	10	3	1	2	5		10	2	57
1905	25	18	3		1	5		3	10	12		20	24	111
1906	18	11	11		1	17	5	1	8	9		21	21	123
1907	19	20	16	4	1	21	5		18	15		18	14	151
1908	22	11	14	13		6	0		12	19	1	26	19	143
1909	19	13	1	17		6	2		9	22	1	29	22	141
1910	17	6	1	18		6	1		4	6	1	16	6	82
1911	22	7	1	13		6	1		1	12	1	16	12	92
계	190	191	117	72	28	97	20	5	74	114	4	176	133	1,231

1907년부터 평북에는 서만주 서간도 지역 교회(1907년 1개, 1908년 1개, 1909년 1개, 1910년 2개, 1911년 4개)가, 함북에는 동만주 북간도 지역(1907년 1개, 1908년 1개, 1909년 4개, 1910년 4개, 1911년 12개)과 시베리아 지역(1909년 1개)이 포함되어 있다.

10. 북감리회 평양 북지방회 예배당 통계, 1902년

교회명	규모(간)	가치(냥)	교회명	규모(간)	가치(냥)
남산현	95	95,000	예성	3	50
복룡동	7	500	경천	3	80
칠산	13	980	비석거리	3	30
강서읍	9	650.29	함종읍	23	380
선돌	5	193	증산	8	250
줄바위	6	320	월명산	3	75
배꽃리	4	250	운산읍	3	170
삼화읍	26	508	회천복골	4	180
남포	21	1,390	신계읍	14	300
덕동	7	350	구성거리	4	180
일출리	10	420	요포	3	80
대령뫼	3	90	귀엄	4	350
돌다리	3	100	접섬	3	70
			안주	12	1,200

북감리회 평양 북지방회의 경우 1902년에 26개의 예배당이 설립되어 있었다. 26개 교회의 총 면적은 261간이었으며, 총 가치는 65,897냥 2푼 9리(당오전으로 229,486냥 4푼 5리)였다. 95간의 평양 남산현교회를 제외하면 읍에는 9-26간, 작은 마을에는 3-7간의 예배당을 지었는데, 이는 자급할 수 있는 규모였다.

TABLE OF STATISTICS for the Year Ending June 30, 1908.

KOREA MISSION OF THE PRESBYTERIAN CHURCH IN U.S.A.

Name of Station.	When Established.	Missionaries.							Church Statistics.										
		Ordained.	Unordained (not Physicians).	Physicians (Men).	Single Women.	Physicians (Women).	Wives.	Total Missionaries.	Out-Stations Places of Regular Meeting.	Organized Churches.	Churches Entirely Self-Supporting.	Communicants.	Communicants Added During Year.	Children Baptized on Roll.	Adherents.	Catechumens.	Average Attendance.	Sunday Schools.	Sunday School Membership.
Seoul	1884	7	0	2	4	2	9	23	117	3	111	1787	508	245	5820	1206	3855	114	4399
Chong Ju	1908	2	0	1	0	0	2	5	54	1	38	176	49	10	1500	247	975	28	441
Taiku	1899	5	0	1	1	0	6	13	105	2	105	807	343	6	7871	3111	8599	106	8389
Chai Ryung	1906	3	0	1	0	0	4	8	140	6	140	2974	612	273	12893	2044	8000	148	10000
Pyeng Yang	1895	7	1	1	3	1	8	20	201	19	201	7642	2206	921	22298	5998	19980	201	20160
Fusan	1891	2	0	1	0	0	3	6	73	1	73	860	317	163	3370	1363	1019	72	2245
Kang Kei		1	0	0	0	0	1	2	20	1	21	437	101	23	2096	425	1518	21	1518
Syen Chun	1901	1	0	1	2	1	4	10	99	9	108	4971	1287	437	17996	4942	14362	108	14362
Totals for 1908		30	1	8	10	4	37	87	869	42	797	19654	5423	2078	73844	19336	58308	798	61454
Totals for 1907		30	0	8	9	4	33	79	767	29	619	15153	3421	1009	54987	16721	46235	596	49545

Name of Station.	Educational Statistics.											Native Contributions. U. S. Gold.					
	Theological Schools.	Students for the Ministry.	Students in Collegiate Training.	Boarding and High Schools.	PUPILS. Boys.	PUPILS. Girls.	Other Schools.	PUPILS. Boys.	PUPILS. Girls.	Total number under Instruction.	Schools Entirely Self-Supporting.	Churches and Chapels.	For Church and Congregational Expenses.	For Education.	For Building and Repairs.	For Home and Foreign Missions.	Total Native Contributions.
Seoul	0	5	0	4	140	65	33	587	205	993	33	76	1651.91	2216.92	3707.26	329.77	7905.86
Chong Ju	0	0	0	0	0	0	6	60	0	60	5	23	110.65	134.28	109.48	80.24	434.65
Taiku	0	2	0	1	52	0	67	698	144	939	65	134	997.50	861.24	1578.78	209.81	3647.33
Chai Ryung	0	10	0	0	0	0	83	1700	323	2023	83	95	2909.82	3706.76	2297.27	243.27	9157.12
Pyeng Yang	1	35	15	3	295	100	110	3921	790	4253	111	168	6042.50	7601.00	3160.00	818.50	17622.00
Fusan	0	1	0	0	16	0	10	167	89	272	10	65	436.54	293.57	840.35	112.16	1682.62
Kang Kei	0	0	0	0	0	0	15	191	71	280	15	10	490.18	491.87	328.93	47.25	1358.23
Syen Chun	0	29	0	0	0	0	133	2891	543	3444	132	94	3654.09	9877.80	6012.84	378.45	19923.18
Totals for 1908	1	82	15	8	503	165	457	9315	2165	12264	454	665	16293.19	25183.44	18034.91	2219.45	61730.99
Totals for 1907	1	58	15	13	603	146	344	5649	1093	7574	334	523	16376.43	13458.71	15421.65	1338.13	40088.48

교회 통계항에서 교회는 미조직 교회와 조직 교회(목사와 장로로 구성된 당회가 있는 교회)로 구분했고, 교인은 세례교인Communicants, 유아세례교인Children Baptized, 학습교인Catechuments, 그리고 이 셋을 합한 전체 교인Adherents 등으로 구분했다. 1년간 새로 세례 받고 등록 교인이 된 어른의 수를 표시하는 '추가 세례교인Added Communicants During Year' 항은 중요한 수치이다. '주일학교 등록자Sunday School Membership'는 어른과 어린이를 모두 포함한 수치이다.

12. 미국 북장로회 한국 선교회 통계, 1884-1909년

연도	예배처소	조직교회	자급교회	세례교인	추가세례교인	유아세례교인	전체교인	학습교인	출석교인 평균	주일학교	주일학교등록자
1884-5											
1885-6	1			9	9						
1886-7	1			25	20						
1887-8		1		65	45						
1888-9		1		104	39						
1889-0	3	1		100	3						
1890-1	5	1		119	21					2	54
1891-2	5	1		127	17					2	40
1892-3	5	1		141	14					2	40
1893-4	7	1		236	76					2	35
1894-5	13	1		286	50					3	115
1895-6	26	10	15	530	210					3	115
1896-7	73	10	40	932	347		6,800	2,344	4,800	9	545
1897-8	205	24	170	2,079	1,153		7,500	2,800	5,200	165	1,139
1898-9	261	261	230	2,804	841		9,634	3,426	6,500	225	4,302
1899-0	287	253	255	3,690	1,086		13,569	4,000	9,114	250	5,000
1900-1	300	268	270	4,793	1,263		13,694	4,480	10,865	250	8,678
1901-2	340	3	295	5,481	970		16,333	5,986	13,836	237	1,816
1902-3	372	3	302	6,491	1,436		22,662	6,197	15,306	290	5,834
1903-4	385	7	353	7,916	1,876	486	23,356	6,295	16,869	316	15,407
1904-5	418	10	329	9,756	2,034	410	30,386	7,320	22,121	361	17,894
1905-6	628	20	480	12,546	2,811	1,059	44,587	11,025	35,262	491	20,689
1906-7	767	29	619	15,153	3,421	1,009	54,987	16,721	46,235	596	36,975
1907-8	809	42	787	19,654	5,423	2,078	73,844	19,336	58,308	793	49,545
1908-9	971	57	965	25,057	6,532	3,168	96,443	23,885	72,676	942	87,177

지금까지 한국 교회사에서 거의 사용되지 않은 통계로, 매우 중요한 사실을 보여 준다. 1898-1901년 3년간 매년 260개 정도의 북장로회 소속 교회가 조직되었으며, 1901-1909년 8년간 새로 조직된 북장로회 교회는 171개에 불과했다. 한편 이 8년간 671개의 예배 처소(미조직 교회)가 개척되었고, 1909년 전체 971개 교회 가운데 99퍼센트가 넘는 965개 교회가 자급 교회였다. 1901-1909년 사이에 늘어난 교인은 82,749명으로 전체 교인의 85.8퍼센트를 차지했다.

13. 한국에 파송된 미국과 캐나다 선교사 통계, 1885–1910년

연도	미국 북감리회	미국 남감리회	미국 북장로회	미국 남장로회	캐나다 장로회	계
1884			2			2
1885	5		3			8
1886	5		5			10
1887	9		6			15
1888	10		5			15
1889	8		7			15
1890	5		10			15
1891	10		9			19
1892	13		14			27
1893	13		23	7		43
1894	15		29	10		54
1895	16		28	11		55
1896	15		31	13		59
1897	29	4	32	14		79
1898	28	5	42	14	4	93
1999	26	9	43	14	4	96
1900	31	8	49	11	10	109
1901	36	10	53	12	8	119
1902	34	13	58	20	6	131
1903	41	13	64	21	10	149
1904	43	12	69	21	11	156
1905	47	15	77	21	9	169
1906	43	15	80	21	10	169
1907	49	23	82	21	11	187
1908	60	11	84	23	14	192
1909	60	30	112	23	10	235
1910	51	32	103	24	17	227

1910년까지 한국에 들어온 개신교 선교사는 575명이다. 국적별로 보면 미국 419명(72.9%), 영국 101명(17.6%), 캐나다 27명(4.7%), 호주 26명(4.5%), 러시아 1명(0.2%) 등으로, 미국과 캐나다 출신이 77.6퍼센트를 차지했다. 영국 선교사들의 체류 기간이 짧았던 점을 감안하면 실제 한국에 머물고 있던 북미 선교사의 비중은 80퍼센트를 넘었을 것이다. 교단별로는 장로교 276명(48.0%), 감리교 175명(30.4%), 성공회 68명(11.8%), 구세군 24명(4.2%), 침례교 9명(1.6%), 안식교 7명(1.2%), 영국성서공회 6명(1.0%), YMCA 5명(0.9%), 기타 4명(0.6%) 등으로 장로교와 감리교가 78.4퍼센트를 차지했다. 성별로는 남자가 251명(43.7%), 여자가 324명(56.3%)으로 여자 선교사가 더 많았다.

14. 한국 교인 통계, 1898-1910년

교단			1898	1901	1906	1909	1910
미국	장로회	북	7,500(60.1)	13,694(51.4)	44,587(54.6)	96,443(53.5)	110,362(51.3)
		남	[100](0.8)	600(2.3)	8,410(10.3)	15,209(8.4)	20,989(9.8)
	감리회	북	[4,000](32.1)	[9,500](35.7)	18,107(22.2)	43,814(24.3)	47,181(22.0)
		남	305(2.4)	899(3.4)	2,921(3.6)	7,687(4.3)	9,809(4.6)
	안식교		—	—	[300](0.4)	[800](0.4)	[1,000](0.5)
영국	성공회		[100](0.8)	[500](1.9)	2,003(2.5)	3,356(1.9)	[4,500](2.1)
	구세군		—	—	—	[200](0.1)	[800](0.4)
캐나다	장로회		60(0.5)	500(1.9)	3,164(3.9)	5,594(3.1)	9,889(4.6)
	침례회		[200](1.6)	[600](2.3)	[1,200](1.5)	[2,200](1.2)	[2,500](1.2)
호주	장로회		—	150(0.6)	792(1.0)	4,498(2.5)	7,030(3.3)
기타			[200](1.6)	[200](0.8)	[200](0.2)	[400](0.2)	[600](0.3)
계			12,465	26,643	81,684	180,201	214,960
천주교				[43,000]		[75,000]	

[   ] 안의 숫자는 추정 수치 / (   ) 안의 단위 %

15. 미국 북장로회 해외선교부 부분 예산, 1896-1909년

연도	한국	일본	중국	인도
1896	32,721.79	75,257.19	172,793.32	151,043.08
1897	39,080.85	59,596.46	174,697.40	167,372.66
1898	41,681.88	69,939.85	190,924.23	151,815.75
1899	41,199.21	68,209.57		
1900	49,295.26	72,653.85		
1901	62,042.03	74,285.33		
1902	65,995.39	73,974.04		
1903	73,199.53	85,540.09		
1904				
1905	90,047.08	83,423.29		190,422.59
1906	88,385.07	89,196.52		189,939.71
1907	107,708.96	83,756.53		194,806.67
1908	140,604.93	106,810.41		187,773.09
1909	165,392.20	110,510.37	381,004.63	192,897.30

단위: 달러

미국 북장로회 해외선교부가 한국에 배정한 예산이다. 1906년도 예산은 삭감되었으나 1907년부터 대폭 늘어나 일본 선교회보다 많은 예산이 배정되기 시작했고, 1909년부터 미국 북장로회가 사역하던 전 세계 14개국 전체 예산의 10퍼센트 이상을 배정받으며 중국과 인도 다음으로 중요한 선교지가 되었다.

따라서 미국 북장로회는 20세기 첫 10년간(1900-1909) 공식적으로 약 842,670달러를 한국 선교비로 지출했다. 여기에 개인적으로 지원한 것을 합하면 당시 100만 달러에 가까운 선교 헌금이 한국의 교회, 교육, 의료 사업을 위해 쓰였다.

개신교 선교회들은 25년 전[1884년] 한국 사역을 시작했다. 미국 북장로회 선교회는 올해 25,057명의 세례교인을 보고했는데, 이는 한 해 평균 1,000명 이상의 세례교인을 얻은 것이다.

등록된 학습교인은 약 24,000명이며, 전체 교인 수는 96,668명이다.

장로교 선교회에는 107명의 선교사가 있다.

지난 해 헌금은 81,075달러였는데, 이는 세례교인 한 명이 평균 3.25달러를 연보한 것이다. 이들의 하루 임금은 20-40센트였다.

57개의 조직 교회가 있고, 900개가 넘는 정기 모임 처소가 있다.

작년에 138명이 신학교에 다녔다. 2년 전 제1회 졸업생 7명이 배출되었고, 그 가운데 한 명은 한국 서남부의 제주도에 선교사로 파송되었으며, 그는 그곳에서 번창하는 사업을 시작하여 신실하게 사역하고 있다. 올해 8명이 졸업하고 목회자로 안수받았으며, 그중 한 명은 시베리아에 있는 한국인들을 위해 선교사로 파송되었다.

평양 숭실중고등학교에는 500명의 학생이 있고 숭실대학에는 45명이 재학 중이다. 선교회가 운영하는 다른 3개의 중고등학교는 서울, 대구, 선천에 각각 한 개씩 있다. 선교회는 3개의 여자 중고등학교도 있는데 230명이 재학 중이다.

기존 8개 선교지부 외에 2개를 추가로 개설할 계획이다.

선교회와 연관된 초등학교가 589개 있으며 재학생은 남학생 10,916명, 여학생 2,511명이다. 등록된 유아세례자는 3,169명이다. 6개의 병원은 작년에 5만 명이 넘는 환자를 치료했다.

평양 지역에서 작년에 176회의 사경회가 개최되어 8,018명의 남자들이 참석했고, 107회의 여자 사경회에는 4,513명이 참석했다. 이 사경회는 5-10일간 계속되었고 참석자들이 경비를 부담했다.

작년에 5개 도에서 온 11명의 학생으로 평양 맹아학교가 개교했다. 올해 최북단에 있는 강계 선교지부가 개설되었고 주택 두 채를 짓고 있다. 그 도시에는 이미 900명의 그리스도인들이 있다. 그들은 자비로 큰 예배당을 건축하고 있다.

한국에 있는 선교회들은 연합 찬송가를 출판했다. 발간한 지 1년 안에 첫 두 판본 12,000부가 매진되었다.

교계 예양이 막 이루어져 한국 전체가 이제 여러 선교회에게 분할되어, 대도시를 제외하면 한 선교지에 두 개의 선교회가 일하는 성우가 없고, 선교 사업 계획에서 무시된 지방은 없다.

성경번역자회는 한글 성경전서를 1909년 말까지 번역하겠다고 약속했다. 신약전서와 일부 구약의 단권 성경은 오래전에 번역되었으나, 나머지 구약을 보려면 한문 역본을 이용해야 한다.

17. 해외선교학생자원운동 출신 내한 선교사, 1906-1911년

v 자원한 곳   * 남자   † 사망   U 대학교   C 대학   T 신학교
M 의대   Trs 선교사훈련학교   N 사범학교   B 성경학교

연도	이름	학교	선교회	봉사를 마친 해
1906	Dye, Eleanor D.	Epworth C, v Scarritt Trs	MES WB	-1911
	Haynes, Emily L.	v Folts Trs	ME WFMS	-1940
	Myers, Mamie D.	v Gordon Trs, Scarritt Trs	MES WB	-1934
	Rankin, Cornelia B.	v Agnes Scott Institute	PCUS	-1911
	Snavely, Gertrude E.	v Juniata C	ME WFMS	-1940
	Williams, Alice L. B.	v U of Denver	ME	-1954
	*Williams, Franklin (Rev.)	v U of Denver	ME	-1954
	*Young, Luther (Rev.)	v Dalhousie U & T	Canadian P.	-1927
1907	Batey, Martha Ivie	Soule Female C, v Scarritt	MES WB	-1912
	*Birdman, Ferdinand (MD)	St. Louis U M	PCUS	-1912
	Butts, Alice Mabel	v Grove City C, Bible Teachers Trs	PCUSA	-1941
	Cordell, Emily	Missouri Valley C, v Scarritt	PCUS	-1930
	Dysart, Julia	v Moody Trs	PCUS	-1941
	*Greenfield, Michael W. (Rev.)	v Syracuse U, Auburn T	PCUSA	-1916
	Greenfield, Maude E. S.	v Syracuse U	PCUSA	-1916
	Hallman, Sarah Berthenia	Nurses' Tr. S, v. Folts Trs	ME WFMS	-1919
	*Hitch, James Wood (Rev.)	v Emory C, Vanderbilt T	MES	-
	*Kagin, Edwin (Rev.)	Center C, v Kentucky Presb. T	PCUSA	-1921
	Kendrick, Ruby R.	v. Scarritt, SW Texas U	MES WB	-1908 †
	*Knox, Robert (Rev.)	Austin C, v Princeton U	PCUS	-1952
	Lilly, Reubie	Grady S, v Scarritt Trs	MES WB	-
	*Loeber, Charles	v Syracuse U	ME	-1910
	McCallie, Henry D. (Rev.)	v U of Virginia, Princeton T	PCUS	-1930
	*Reed, John Wilson (Rev.)	v SW Texas U, Vanderbilt T	MES	-1909
	Reed, Emma Brunn	v Moody Trs, Nurses Tr. S	MES	-1909
	*Reid, Wightman T. (MD)	v Kentucky Wesleyan C Vanderbilt M	MES	-1950
	*Roberts, Stacy L. (Rev.)	v Lafayette C, Princeton T	PCUSA	-1941
	*Ross, Alexander R.	v McGill U, Yale T	Canadian P	-1941
	*Sawtell, Chase C. (Rev.)	v Bellevue C, Omaha T	PCUSA	-1909
	*Taylor, Corwin (Rev.)	v Morningside C	ME	-1922
	Taylor, Nellie A. B.	v Morningside C	ME	-1922
	*Thomson, James Arthur	v U of Illinois	MES	-1914
1908	*Armstrong, Oscar V.(Rev.)	U of W. Va, Wash. & Lee U v Princeton T	PCUS	-
	Buckland, Sadie M.	v Mount Holyoke C	PCUS	-1936
	*Cook, Welling T.	Lafayette C, v Princeton T	PCUSA	-1951
	Cooper, Sallie K.	Wesleyan Fem. C, v Scarritt	MES WB	-1957
	Doriss, Anna S.	Drexel Inst. Columbia U, v Union Trs	PCUSA	-1941
	Essick, Blanche L.	v George Washington U	PCUSA	-1948
	*Gamble, Foster K.	Southern U, v. Vanderbilt T	MES	-1927
	Gamble, Beatrice J.	v Littleton F. C, Scarritt	MES	-1927 †
	Graham, Ellen L.	v Normal & Indus. C	PCUS	-1930 †
	Johnstone, Mary F.	v Wesleyan F. C, Scarritt Trs	MES WB	-1921
	*Kerr, William C.(Rev.)	v U of Cal,, Princeton U, Auburn T	PCUSA	-1941
	*Lampe, Henry W. (Rev.)	Knox C, v Omaha T	PCUSA	-1948
	Martin, Julia A.	v Holton U	PCUS	-1940

*Mayes, W. C. (MD)	v U of Texas M & H	MES	
Mayes, Mary Lumy	v U of Texas	MES	
McCune, Katherine	v Park C	PCUSA	-1941
Mills, Anna R.	v Vassar C, Stanford U, San Jose N.	PCUSA	-1914
*Mills, Ralph G. (MD)	v U of Illinois, NW. U,	PCUSA	-1918
James Millikin	U. St. Luke' s H		
Mills, Ethel B.	v James Millikin U	PCUSA	-1918
Purviance, L. A. B.	Park C, v Bellevue C	PCUSA	-1913
Reiner, Jessie M.	v U of Calif.	PCUSA	-1940
*Reppert, Roy R.	v Baker U	ME	-1914
Ritters, Carrie M.	Highland Park C, v Moody	PCUSA	-1950
Taylor, Helen L.	v U of Michigan, Moody Trs	PCUSA	-1953
*Taylor, Henry C. (Rev.)	v Morningside C.	ME	-1919
Thompson, Anna R.	v U of Illinois	PCUSA	-
*Toms, John U. S. (Rev.)	Wheaton C, v Princeton T	PCUSA	-1924
*Van Buskirk, James D.(MD)	State Normal, v U of M (St. Louis)	ME	-1931
*Wilson, Robert M. (MD)	Ark C, v Nashville U M, Bible Trs	PCUS	-1948
*Winn, George H. (Rev.)	Knox C, v Occidental C,	PCUSA	-1948
	Omaha T		
1909 *Clark, William M.	SW. Presb. U, v Princeton U & T	PCUS	-1940
*Coit, Robert T.	v Davidson C, Presb. T of Kentucky	PCUS	-1925
*Crothers, John Y.	v Colorado C, Presb. T	PCUSA	-1950
Davis, Grace L.	v Fairmount C	PCUSA	-1941
Helstrom, Hilda S.	v Presb. Trs.	PCUSA	-1927
*Kent, Edwin (MD)	v Cazenovia S, Boston U M	ME	-1910
*Lawton, Burke R.	v Lawrence U	ME	-1916
Lawton, Olive H.	NW U, v Garrett B	ME	-1916
Mackenzie, Mary	v Moody Trs, Wheaton C	PCUSA	-1910
*Macleod, John M	Glasgow U, v Knox C	Canadian P	-
McKee, Anna M.	v Occidental C, U of Cal.	PCUSA	-1933
McQueen, Anna	v Southern Presb. C	PCUS	-1951
*Mowry, Eli M.	v U of Wooster	PCUSA	-1949
Mowry, Mary T.	v U of Wooster	PCUSA	-1949
Scranton, Katherine A.	v Woman' s C of Baltimore	----	
Scranton, Marian F.	v Woman' s C of Baltimore	----	
*Thomas, William E.	v Vanderbilt U	MES	
*Venable, William A.	v Austin C	PCUS	-1917
Venable, Virginia T.	v Bible Teachers Trs.	PCUS	-1917
Winn, Catherine L.	v C of Emporia	PCUSA	-1925
*Winn, Rodger E.	v C of Empo., McCormick T	PCUSA	-1922 +
1910 *Anderson, Albin G. (MD)	v Northwestern U M	ME	-1940
Beiler, Mary	v Goucher C, Boston U	ME WS	-1921
Benedict, Ruth E.	v Goucher C	ME WS	-1940
*Brannan, Lyman Coy	v Southern U	MES	-1948
*Deal, Carl H.	Lenoir C. v Southwestern U	MES	-1928
Evans, Harriet	Baker U, v Scarritt Trs	ME	-
Haenig, Huldah A.	U of Michigan	ME WS	-1922
*Higgins, Daniel F.	v U of Chicago, U of Ill.	MES	-
*Lee, Howard M.	v South Lancaster S, Union C	Adventist	
Lewis, Margolie	v U of Minn.	PCUSA	-1942
*Patterson, Jacob B (MD)	v Oregon Agricultural C	PCUS	-1929
	Washington U M		
Pierson, Johnnie E.	Denton N, v Scarritt Trs.	MES WB	

*Renich, Edward A.	v U of Ill, Auburn T	PCUSA	-1913
Shaffer, Olga P.	v. Moody Trs, Folts Trs	ME WS	-
Smith, Bertha A.	v Mo. Valley C, Scarritt Trs	MES WB	-1955
*Talmage, John V.	v Tulane U	PCUS	-1955
1911 Avison, Lera Chalmers	v Wooster U	PCUSA	-1914
*Barker, Archibald Harrison	v U of New Brunswick, Knox T	Canadian P	-1927 †
Barker, Myrtle M.	Ky. Wesleyan C, v Scarritt Trs	MES	-1950
Dillingham, Grace L.	v U of Wisconsin	ME WB	-1933
Fitch, Harriet D.	v. Western C	PCUS	-1937
*Grove, Paul Luther	Northwestern U, v. Garrett B	ME	-1920
Grove, Frances P (Mrs. Grove)	v Chicago Trs	ME	-1920
Jackson, Carrie Una	v Memphis S, Scarritt Trs	MES	-1950
*Lomprey, Ivan L.	v Albion C	BFBS	-1914
*Ludlow, Alfred I. (MD)	Adelbert C, Western Reserve M	PCUSA	-1938
*Newland, L. Tate	Davidson C, v Kentucky T	PCUS	-1942
Reed, Lillie M.	N. Texas State U, v Meth. Trs (Nash.)	MES	-1916
Stevens, Blanche Iona	v Tabor C	PCUSA	-1949
Tinsley, Hortense	Andrew C, v Scarritt Trs	MES	-1935
*Wachs, Victor Hugh	v Oberlin C, Boston T	ME	-1926
Wachs, Sylvia C. A. (Mrs. Wachs)	v Oberlin C	ME	-1926
*Weller, Orville A.	v Ohio State U	ME	-1917

연도	남	여	계
1906	2	6	8
1907	14	10	24
1908	13	17	30
1909	10	11	21
1910	8	8	16
1911	6	11	17
	53	63	116명

1906~1911년 한국에 파송된 116명의 해외선교학생자원운동 출신 선교사들은 국적별로는 미국인 106명, 캐나다인 5명이었고, 교단별로는 장로회 59명(미국 남장로회 19, 미국 북장로회 36, 캐나다 장로회 4), 감리회 54명(미국 북감리회 18, 미국 북감리회 여자선교부 8, 미국 남감리회 17, 미국 남감리회 여자선교부 9), 무소속 2명 등이었다.

18. 의주 주변 교회 현황, 1906년

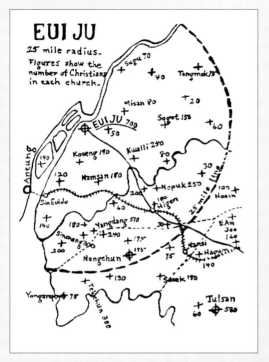

1905년 의주 주변에 50여 개의 교회가 있었는데, 이는 러일전쟁 후 5년간 예배당이 두 배로 급증했음을 보여 준다. 특히 용천 지역의 교회가 급성장한 것은 날연보 등의 자원 전도를 실천한 결과였다. 1909년 선천읍 인구는 5,000명이었는데 절반이 장로교인이었고, 선천군 인구 5만 명 중 10퍼센트가 장로교인이었다.

19. 선천 지부 교회 현황, 1911년

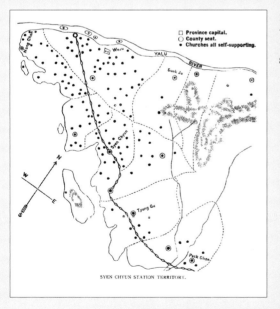

1911년 봄, 선천 지부에는 12개 군 인구 600만 명을 대상으로 선교사 15명, 한국인 목사 7명, 144개 교회, 한국인 교회가 지원하는 60명의 전도인, 안수장로 16명이 있었고, 1910–1911년까지 1년간 성인 수세자 1,736명, 전체 수세자 8,880명, 전체 교인 27,016명이 있었다.

20. 황해도 북감리교회의 변화, 1903-1909년

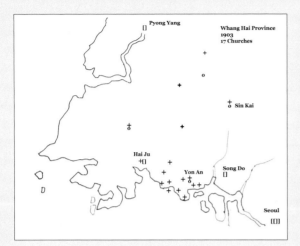

1903년 황해도 북감리교회

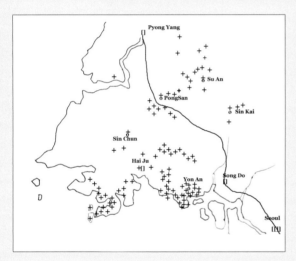

1909년 황해도 북감리교회

사진 출처

1. 부흥의 배경: 국가 위기와 세계 부흥, 1900-1910

18쪽 의화단의 천주교인 살해, 1900: *Le Petit Journal*(Aug. 5, 1900).

19쪽 의화단의 봉기, 1900: Preston, *The Boxer Rebellion*, 1999, p.106.

20쪽 영일동맹에 대한 일본 신문의 만화, 1902: Watson, *Japan*, 1904, 속표지.

21쪽 서울의 외국인 군대, 1903: *Le Petit Parisien*(Feb. 7, 1904).
　　러일전쟁에서 일본을 지원하는 영국과 미국, 1904: 엽서.

22쪽 톨스토이: "Pinacotheca Philosophica Philosophy and Philosophers in Art", http://nibiryukov.narod.ru.

23쪽 양계초: "Liang Qichao", http://en.wikipedia.org/wiki/Liang_Qichao.

24쪽 나무에서 내려와! 1904: Everett, *Exciting Experiences in the Japanese-Russian War*, 1904, p.388.

26쪽 광무 황제 고종, 1898: 출처 미확인.

27쪽 서울 주재 각국 외교관들, 1903: Allen, *Things Korea*, 1908, p.222.
　　특파원들의 고종 황제 알현, 1904: *Illustrated London News*(Aug. 27, 1904), p.293.

28쪽 소래교회를 방문한 언더우드 부부: L. H. Underwood, *Fifteen Years among the Top-Knots*, 1904, p.124; L. H. Underwood, *Underwood of Korea*, 1918, p.160.

30쪽 서경조 가족: L. H. Underwood, *Fifteen Years among the Top-Knots*, 1904, p.234; H. G. Underwood, "How the Gospel Came to Pang Yang", *Missionary Review of the World*(July 1904), p.521.

32쪽 장로회공의회, 1901: Rhodes, *History of the Korea Mission, PCUSA*, 1934, p.450; 송상석 편, 《歷史畵報: 朝鮮예수교長老會 五十週年》, 1935, p.82.

34쪽 서울의 한 양반 가정, 1899: Holmes, *Burton Holmes Travelogues*, 1901, 속표지.
　　초헌을 탄 장군, 1899: *World's Work*(Jan. 1907), p.8423; Loke, *The World As It Was*, 1980, p.162; Caldwell, *Burton Holmes Travelogues*, 2006, p.221.

35쪽 아펜젤러 가족, 1900: 《태평양을 가로지른 무지개》 제3권, 2006, p.33.
　　프랑스 공사관, 1904: Hulbert, *Passing of Korea*, 1906, p.204.

36쪽 대안문 앞 프랑스 호텔, 1901: Holmes, *Burton Holmes Travelogues*, Vol. 10, 1901, p.106.
　　명동성당이 바라보이는 남대문로, 1902: 《사진으로 본 백 년 전의 한국》, 1986, p.88.

38쪽 서대문 앞 전차와 여자들, 1899: Holmes, *Burton Holmes Travelogues*, 1901, p.23.
　　브라운 총무 부부를 떠나보내는 한국 교인들, 1901: Brown, "A Reading Journey Through Korea", *Chautauquan*(Aug. 1905), p.576.

39쪽 흥인지문(동대문) 가는 길, 1904: Longford, *The Story of Korea*, 1911, p.306.

40쪽 한성감옥, 1903: 유영익, 《젊은 날의 이승만》, 2002, 속표지.

41쪽 숭례문(남대문) 앞 언더우드 사택, 1904: 《호주 사진가의 눈을 통해 본 한국 1904》, 2004, p.51.

42쪽 윤치호 외무협판, 1905: Chang and Patterson, *The Koreans in Hawaii*, 2003, p.49; 《태평양을 가로지른 무지개》, 2006, p.55.
　　호놀룰루감리교회를 방문한 존스, 1906: Chang and Patterson, *The Koreans in Hawaii*, 2003, p.3; *The Christ United Methodist Church, 1903-2003*, 2003, p.64.

44쪽 제물포에 상륙하는 일본군, 1904: *Harper's Weekly*(May 21, 1904), p.788.
　　제물포 하역 작업에 동원된 한국인, 1904: *Illustrated London News*(April 9, 1904), p.531; Davis, *The Russo-Japanese War*, 1904, p.40.

45쪽 경인선 열차로 남대문역에 도착한 일본군, 1904: *Illustrated London News*(April 23, 1904), p.613.
　　남대문로를 지나가는 일본군, 1904: *Illustrated London News*(April 23, 1904), p.610.

46쪽 대동강을 건너려고 준비하는 일본군, 1904: *Illustrated London News*(May 13, 1904), p.735; Davis, *The Russo-Japanese War*, 1904, p.52.

47쪽 일본군 공병대의 군용 철도 부설, 1904: *Harper's Weekly*(June 4, 1904), p.860.
　　일본군의 군수품을 지고 가는 한국인들, 1904: *Harper's Weekly*(June 11, 1904), p.902.

48쪽 한국인을 처형하는 일본 헌병들, 1904: Hulbert, *Passing of Korea*, 1906, p.210.

49쪽 승동교회 담임목사 무어 가족, 1902: 《승동교회 110년사》, 2004, 속표지.

50쪽 압록강전투, 1904: Davis, *The Russo-Japanese War*, 1904, p.97.
　　일본군 부상병을 나르는 한국인: Hamilton, *Staff's Scrap-book during the Russo-Japanese War*, 1904, p.138.

51쪽 평양으로 피신한 장로교 선교사들, 1904: Davis, *The Russo-Japanese War*, 1904, p.41.

52쪽 시베리아 횡단 철도 교회, 1904: *Harper's Weekly*(April 9, 1904), p.549.
　　러시아 황제와 기도하는 병사들, 1904: Weale, *Manchu and Muscovite*, 1904, p.340.

53쪽 신도 의식: *Cassell's History of the Russo-Japanese War*, Vol.3, 1905, p.25.

신도 제사장: McKenzie, *The Unveiled East*, 1907, p.308.

54쪽 사위호국: Hamilton, *Staff's Scrapbook*, 1905, p.226.

55쪽 관우를 모신 서울 관묘의 수문장: Hulbert, *Passing of Korea*, 1906, p.302.

56쪽 이승만과 한성감옥의 신자들, 1904: 유영익, 《이승만의 삶과 꿈》, 1996, p.31.

58쪽 제물포 일본군 적십자병원, 1904: Davis, *The Russo-Japanese War*, 1904, p.46.

에스더 쉴즈 간호사: "Moffett Korea Collection: Historic Photographs of Korea", Princeton Theological Seminary Library, http://scdc.library.ptsem.edu/mets/mets.aspx?src=Moffett&div=6

59쪽 부산 전킨병원, 1904: Dennis, *Christian Missions and Social Progress*, 1906, p.343.

평양의 웰즈 의사와 콜레라 방역단, 1905: *World's Work*(Dec. 1907), p.9639.

60쪽 세브란스병원 직원, 1905: Dennis, *Christian Missions and Social Progress*, 1906, p.209.

세브란스병원과 에비슨 사택, 1905: Dennis, *Christian Missions and Social Progress*, 1906, p.209.

61쪽 세브란스병원 수술실, 1905: Dennis, *Christian Missions and Social Progress*, 1906, p.213.

62쪽 멕시코 에네켄 농장의 한국인 노동자, 1905: 〈국민일보〉 2005년 1월 9일.

안창호와 공립협회, 1905: 《도산 안창호 전집》 제14권, 2000, p.48.

64쪽 루즈벨트 양의 한국 방문, 1905: Graves, *Willard Straight in the Orient*, 1922, p.31.

미국 공사관 직원들, 1905: Graves, *Willard Straight in the Orient*, 1922, p.30.

65쪽 이토 히로부미의 한국 통감 정치의 실상, 1905: 大江志乃夫 編, "植民地內と外", 〈週刊朝日百科 日本の歷史〉 108, 1988, p.261.

66쪽 〈대한매일신보〉 편집인들, 1905: McKenzie, *The Tragedy of Korea*, 1908, p.220.

68쪽 경계 확장, 1905: *Brooklyn Eagle*, 1905.

70쪽 전덕기: 《민족운동의 선구자 전덕기 목사》, 1979, 안표지.

이 준: 개인 소장.

경희궁에서 활을 쏘는 양반들, 1905: Thomson, *Lands and Peoples*, 1929, p.383.

72쪽 민영환, 1904: *Graphic*(Jan. 23, 1904), p.107; 《사진으로 본 백 년 전의 한국》, 1986, p.45.

74쪽 에반 로버츠: *Missionary Review of the World*(March 1905), p.165.

75쪽 웨일스 부흥이 시작된 모리아교회: *Independent*(Aug. 24, 1905), p.438.

침례를 주는 로버츠: *Independent*(Aug. 24, 1905), p.441.

76쪽 에반 로버츠와 여자 부흥사들, 1905: *Independent*(Aug. 24, 1905), p.437.

77쪽 판디타 라마바이: Dyer, *Pandita Ramabai*, 1906, 속표지.

78쪽 헐버트: *Harper's Weekly*(Aug. 10, 1907), p.1158.

스티븐스: *Harper's Weekly*(Aug. 10, 1907), p.1159.

79쪽 네덜란드 반군국주의자들의 광고판: *Harper's Weekly*(July 20, 1907), p.1060.

고종 황제의 위임장: *Independence*(Aug. 22, 1907), p.425.

80쪽 순종 황제 즉위식, 1907: 이규헌, 《사진으로 보는 독립운동 上》, 1987, p.66.

81쪽 순종 황제, 1908: 출처 미확인.

82쪽 항일 의병 소대, 1907: McKenzie, *The Tragedy of Korea*, 1908, p.172.

항일 의병, 1907: McKenzie, *The Tragedy of Korea*, 1908, p.206.

84쪽 의병 진압에 출동하는 일본군, 1907: McKenzie, *The Tragedy of Korea*, 1908, p.104.

순종 즉위식에 가는 이토 통감, 1907: *Illustrated London News*(March 9, 1907), p.377.

85쪽 의병을 처형하는 일본군, 1907: Wheale, *Coming Struggle in East Asia*, 1909, p.518.

86쪽 서상륜: L. H. Underwood, *Underwood of Korea*, 1918, p.54.

최병헌: *Korea Mission Field*(Nov. 1910), 표지.

구연영: 개인 소장.

양주삼: *Missionary Voice*(April 1913), p.236.

88쪽 최병헌, 《성산명경》, 1909, 표지.

90쪽 한일합병 풍자 삽화, 1910: *Newark News*, 1910.

2. 부흥의 시작: 하디 부흥(1903-1904)

92쪽 혼인한 하디 부부, 1886: Yoo, *Earlier Canadian Missionaries in Korea*, 1987, p.48.

하디 목사, 1909: Davis, *Korea for Christ*, 1910, p.60.

94쪽 덕원 감리 윤치호, 1902: Helen MacRae, *A Tiger on Dragon Mountain*, 1993, p.150.

윤치호와 그의 가족, 1902: Ryang, "History in Pictures", *Southern Methodism in Korea*, 1929, p.XXXIII.

96쪽 소래교회와 십자기, 1897: "Sorai Church w. Flag", Moffett Korea Collection: Historic Photographs of Korea, http://scdc.library.ptsem.edu/mets/mets.aspx?src=Moffett&div=2&img=4.

98쪽 프란손 목사 : http://missionxp.webblogg.se/m_072005.html.

100쪽 맥컬리 부인과 함흥 신창리교회 사경회 지도자들, 1905: Helen MacRae, *A Tiger on Dragon Mountain*, 1993, p.150.

102쪽 정동감리교회 길을 함께 고르는 신자들, 1897: Brown, "A Reading Journey Through Korea"(Aug. 1905), p.574.

정동감리교회 예배 광경, 1898: 《하늘 사명의 전당, 벧엘예배당》, 2002, p.38.

104쪽 서울 남자들, 1901: Caldwell, *Burton Holmes Travelogues*, 2006, p.225.

105쪽 원산항도, 1895: Gardner, *Corea*, 1895, Plate LVII.

원산항, 1905: 출처 미확인.

106쪽 원산의 일본인 거주지, 1905: 출처 미확인.

원산의 일본인 거주지, 1907: Angier, *The Far East Revisited*, 1908, p.308.

107쪽 원산의 우체국, 1903: Hawes, *In the Uttermost East*, 1903, p.11.

108쪽 남산의 일본 공사관, 1903: *Graphic*(Feb. 6, 1904), p.172.

경부선 공사에 동원된 한국인, 1903: *Graphic*(Jan. 9, 1904), p.36.

109쪽 기마 대장의 종로 행차, 1903: *Graphic*(Feb. 20, 1904), p.232; *Harper's Weekly*(Jan. 30, 1904), p.167.

근대 도시로 변모해 가는 서울, 1903: *Graphic*(Feb. 27, 1904), p.276.

110쪽 서대문 앞을 순찰하는 한국군 소대, 1903: *Harper's Weekly*(March. 12, 1904), p.387.

111쪽 항구를 내려다보는 한국인, 1904: *Harper's Weekly*(Jan. 30, 1904), p.169.

112쪽 제물포에서 침몰한 러시아 군함들, 1904: Davis, *The Russo-Japanese War*, 1904, p.45.

일본 군함 아사이호, 1904: Marshall, *Exciting Experiences in the Japanese-Russian War*, 1904, p.249.

114쪽 제물포항, 1904: *Harper's Weekly*(March 5, 1904), p.353.

115쪽 윤치호, 부친 윤웅렬과 두 아이, 1904: *Harper's Weekly*(March 19, 1904), p.425.

116쪽 존스와 감리회 신학반, 1900: *Gospel in All Lands*(Dec. 1900), p.529.

본처 전도사들과 선교사, 1905: *The Christ United Methodist Church, 1903-2003*, 2003, p.62.

118쪽 원산의 무당굿, 1896: Hamilton, *Korea*, 1904, p.251.

120쪽 송도 남부감리교회, 1904: *Illustrated London News*(Nov. 7, 1904), Supplement.

122쪽 송도로 진군하는 일본군, 1904: 출처 미확인.

일본군 부교 장비, 1904: Davis, *The Russo-Japanese War*, 1904, p.59.

125쪽 송도를 지나가는 일본군과 물자를 나르는 한국인 인부들, 1904: Davis, *The Russo-Japanese War*, 1904, p.54.

126쪽 송도 북부감리교회, 1913: Ryang, *Southern Methodism in Korea*, 1934, p.XXIX.

128쪽 캠벨 부인: 출처 미확인.

도라 유: Wu, *Dora Yu and Christian Revivalism in 20th Century China*, 2002, 표지.

130쪽 미국 남감리교 여자선교회 파송 선교사들: *Woman's Missionary Advocate*(Sept. 1899), p.82.

캠벨 부인의 집, 1900: Ryang, *Southern Methodism in Korea*, 1934, p.LVII.

132쪽 러시아의 공격으로 침몰된 원산항의 작은 기선, 1904: Helen MacRae, *A Tiger on Dragon Mountain*, 1993, p.98.

피난 가는 원산 일본인 거주민들, 1904: MacRae, *A Tiger on Dragon Mountain*, 1993, p.98.

133쪽 맥래 선교사와 일본인 기독교인 병사, 1904: MacRae, *A Tiger on Dragon Mountain*, 1993, p.150.

134쪽 겨울철 한강변에서 빨래하는 여인들, 1904: 출처 미확인.

136쪽 서울 정동감리교회, 1903: Underwood, *First Encounters*, 1982, p.51.

138쪽 노블과 평양 남산현교회 초기 지도자들: Jones and Noble, *The Korean Revival*, 1910, p.34.

140쪽 제물포 내리교회, 1904: *The Christ United Methodist Church, 1903-2003*, 2003, p.54.

142쪽 원산 남산동감리교회, 1907: *Missionary Review of the World*(March 1908), p.201.

144쪽 남감리회 한국 선교회 연례회의, 1898: Sauer ed., *Within the Gate*, 1934, p.128.

145쪽 하디 목사 가족, 1908: Ryang, *Southern Methodist in Korea*, 1934, p.XI.

146쪽 하디 선교사의 어린 딸 매리와 마가레트의 묘비: 출처 미확인.

3. 부흥의 확산: 감리교회의 부흥(1904-1905)

150쪽 일본 제일은행 서울 지점: Millard, *America and the Far Eastern Question*, 1909, p.139.

151쪽 서울 일본인 거주지, 1905: Millard, *America and the Far Eastern Question*, 1909, p.139.

명동, 1905: Longford, *The Story of Korea*, 1911, p.334.

152쪽 해주 남문, 1904: *Chautauquan*(Aug. 1905), p.530.

영국 공사관 수비대, 1905: Lay, *Four Generation in China, Japan, and Korea*, 1952, 속표지.

154쪽 인천항, 1904: *George Ross's Stereoscopic View*, 1904, p.6051.

155쪽 경부선 철도, 1905: Wheale, *Re-shaping of the Far East*, 1905, p.518.
대안문 앞, 1905: Wheale, *Re-shaping of the Far East*, 1905, p.518.
156쪽 《찬미가》 22장, 1905.
158쪽 강화읍 성공회 성당, 1905: 박영숙, 《서양인이 본 꼬레아》, 1998, p.310.
송도 한영서원: *Missionary Review of the World* (March 1908), p.202.
159쪽 영국교회 선교회 한국 주교 코르프: Trollope, *Church in Corea*, 1915, p.26.
160쪽 《찬미가》 68장, 1905.
162쪽 개종한 여인: Courtesy of University of Southern California, on behalf of the Reverend Corwin & Nellie Taylor Collection of the USC Korean Heritage Library.
164쪽 이화학당 새 건물, 1902: 엽서.
서울의 어느 거리, 1905: 엽서.
165쪽 평양 여자들의 겨울 복장, 1905: 최석로 편, 《민족의 사진첩 III》, 1994, p.77.
서울 여자 교인들과 아이들, 1907: *Missionary Review of the World*(Feb. 1908), p.94.
166쪽 선교사들의 전도여행 수단, 1907: Gale, *Korea in Transition*, 1909, p.131.
대구 선교사 애덤즈의 전도, 1899: Gale, *Vanguard*, 1904, p.121; *Missionary Review of the World*(May 1904), p.339.
167쪽 전도여행 중인 선교사들과 조사들, 1907: Gale, *Korea in Transition*, 1909, p.131.
순회전도에 나선 테이트 양과 전도부인들: Photo, RG 2121, Presbyterian Historical Society, "Presbyterian Heritage Sunday, May 19, 2002: Witness the Good News: Our Mission Heritage in Korea", http://www.history.pcusa.org/cong/heritage/2002/part2.html.
168쪽 북감리회 한국 선교회 남자 선교사들, 1903: Sauer ed., *Within the Gate*, 1934, p.128.
포츠머스 평화회의, 1905: Trani, *The Treaty of Portsmouth*, 1969, p.68.
170쪽 황성기독교청년회 회원들, 1905: *Record of Christian Work*(Feb. 1905), 표지.
영국성서공회 밀러 총무와 한국인 직원들, 1906: *Bible in the World*(Aug. 1907), p.227.
172쪽 서울의 놋그릇 장인, 1905: Thomson, *Lands and Peoples*, 1929, p.379.
갓쟁이, 1905: Hulbert, *Passing of Korea*, 1906, p.264.
173쪽 황제 탄신일을 기념하는 교인들, 1905: *Missionary*(Nov. 1908), p.549.
174쪽 을사조약의 밤, 1905: 출처 미확인.
175쪽 용산 일본군 주차 사령부, 1905: 출처 미확인.
친구들과 함께한 이재명, 1904: 출처 미확인.

4. 부흥의 계절: 사경회와 부흥, 1905-1906

178쪽 제웅을 들고 있는 선교사: Underwood, *First Encounters, Korea*, 1982, p.35.
180쪽 마페트와 초기 평양 신자들: Underwood, *First Encounters, Korea*, 1982, p.53.
마페트 부인의 진료소와 마페트 목사의 서고: *Missionary Review of the World*(Nov. 1906), p.604.
182쪽 《신약젼셔》 요한복음 1장, 1900.
183쪽 《신약젼셔》 요한복음 1장, 1904.
184쪽 신약 번역자회, 1902: *World-wide Missions*(May 1903), p.5; L. H. Underwood, *Underwood of Korea*, 1918, p.202.
185쪽 신약 번역자회, 1904: *Missionary Review of the World*(Feb. 1908), p.97; *Missionary Review of the World*(May 1904), p.344.
186쪽 양반의 유교 경전 공부, 1900: Holmes, *Burton Holmes Travelogues*, 1903, p.95.
189쪽 평양 남자 사경회, 1907: *Missionary Review of the World*(Feb. 1908), p.95.
평양 기독교인, 1903: *Assembly Herald*(Jan. 1904), p.11; Brown, "A Reading Journey Through Korea"(Aug. 1905), p.570.
190쪽 장대현교회 사경회, 1904: *Missionary Review of the World*(Sept. 1906), p.663.
192쪽 진남포에 상륙하는 일본군, 1904: Hamilton, *Staff's Scrap-book during the Russo-Japanese War*, 1904, p.52.
황해도 해주 광진학교와 김구, 1906: 《백범일지》, 이만열 옮김, 1997, 속표지.
194쪽 선천의 양전백 장로 가족, 1904: *Assembly Herald*(Nov. 1904), p.598; *Woman's Work for Women*(Nov. 1904), p.250.
196쪽 평양 장로회신학교 학생과 교수, 1905: 《歷史畵報: 朝鮮예수교長老會 五十週年》, 1935, p.96.
198쪽 장대현교회 제직회, 1903: *Missionary Review of the World*(May 1904), p.337.
200쪽 황성 기독교청년회 축구부, 1906: *World's Work*(July 1908), p.10480.
황성 기독교청년회, 1905: *Assembly Herald*(Nov. 1905), p.549.

201쪽 통감부 가든파티, 1906: Wheale, *Coming Struggle in East Asia*, 1909, p.504.

202쪽 성경을 반포하기 위해 떠나는 권서, 1905: *Bible in the World*(May 1907), p.137.

204쪽 순회전도 중에 식사하는 무어 선교사, 1904: Moore, *How Kuibum, Youngpokie, and the Tiger Helped to Evangelize the Village*, 1910, p.4.

　　　무스가 만난 시골 양반들, 1910: Moose, *Village Life in Korea*, 1911, 속표지.

206쪽 군사 훈련 중인 영화매일학교 학생들, 1906: *World-wide Missions*(Dec. 1906), p.12; Jones and Noble, *The Korean Revival*, 1910, p.28.

　　　군사 훈련 중인 영화매일학교 학생들, 1906: 이규헌, 《사진으로 보는 독립운동 上》, 1987, p.83.

208쪽 지방 관청의 재판 장면, 1905: Longford, *The Story of Korea*, 1911, p.282.

210쪽 미국 남감리회 한국 선교회, 1907: Sauer ed., *Within the Gate*, 1934, p.128.

212쪽 축음기를 듣고 있는 남자: 출처 미확인.

214쪽 길선주, 1907: Gale, "Elder Keel", *Missionary Review of the World*(July 1907), p.493.

216쪽 《신약전서》 요한일서 1장, 1904.

218쪽 평양 장로회신학교 학생들, 1906: Gale, *Korea in Transition*, 1909, p.193.

219쪽 존스톤 목사: 출처 미확인.

220쪽 전주 서문교회, 1905: 《사진으로 본 전주서문교회 100년》, 1994, p.20.

　　　전주 선교사들, 1908: *Missionary*(June 1909), p.303.

221쪽 광주교회, 1906: *Missionary*(Oct. 1906), p.430.

　　　전주 신흥남학교, 1908: *Missionary*(May 1909), p.205.

222쪽 목포장로교회, 1907: *Missionary*(June 1909), p.303.

　　　목포남학교, 1908: *Missionary*(Oct. 1908), p.471.

5. 부흥의 절정: 평양 부흥과 그 확산, 1907

226쪽 평양 대동문, 1905: Duncan, *Signs and Portents in the Far East*, 1907, p.203.

227쪽 평양 시장, 1904: George Ross's Stereoscopic View, 1904, p.6033.

228쪽 공사 중인 평양 장대현교회, 1900: Gale, *Vanguard*, 1904, p.303; *Missionary Review of the World*(May 1904), p.339.

229쪽 평양 장대현교회, 1901: Gale, *Korea in Transition*, 1909, p.209.

230쪽 길선주, 김종섭, 정익로, 1907: Rhodes, *History of the Korea Mission, PCUSA*, 1934, p.306.

234쪽 리 목사 가족: 출처 미확인.

235쪽 선교사 집을 짓고 있는 한국인 노동자들: 박영숙, 《서양인이 본 꼬레아》, 1998, p.247.

　　　평양의 선교사 집 물지게꾼, 1907: *Missionary Survey*(Nov. 1913), p.1029.

238쪽 평양 장대현교회 남자 교인, 1909: Davis, *Korea for Christ*, 1909, p.33.

240쪽 숭의여학교, 1901: Rhodes, *History of the Korea Mission, PCUSA*, 1934, p.166; 《歷史畵報: 朝鮮예수교長老會 五十週年》, p.171.

　　　숭의여자초등학교, 1906: *Woman's Work*(Nov. 1906), p.249.

242쪽 숭덕남학교 운동회, 1906: *Woman's Work*(Nov. 1906), p.250.

　　　숭덕남학교 학생들의 체조, 1907: *Leslie's Illustrated Weekly*(Aug. 22, 1907).

244쪽 니스벳 부부의 식탁, 1907: *Missionary*(April 1908), p.176.

　　　목포 진료소, 1907: *Missionary*(Oct. 1908), p.490.

246쪽 평양의 장날, 1907: *Missionary Review of the World*(April 1911), p.274.

　　　평양 인력 궤도차, 1907: *Assembly Herald*(Nov. 1907), p.489.

240쪽 평양 장대현교회 담임원, 1909: Davis, *Korea for Christ*, 1909, p.20.

250쪽 평양 숭의여학교, 1907: *The Annual Report of the Board of Foreign Missions of the PCUSA for 1908*, p.288.

251쪽 평양 숭의여학교 학생, 1907: Annie Baird, *Daybreak in Korea*, 1909, 속표지.

252쪽 평양의 여자 교인들, 1906: *Woman's Work*(Nov. 1906), p.255.

252쪽 장대현교회 여자석, 1909: Davis, *Korea for Christ*(1910), p.53.

254쪽 길선주, 1907: *Missionary Review of the World*(July 1907), 표지.

259쪽 평양 대동강의 모란대와 부벽루: 출처 미확인.

260쪽 평양과 서북 지역의 감리교 목회자들, 1907: *World-wide Missions*(Sept. 1907), p.143; Gale, *Korea in Transition*, 1909, p.212.

262쪽 평양 남산현교회, 1907: 《사진으로 읽는 한국 감리교회 역사》, 1995, p.36.

　　　평양 남산현교회 남자 도사경회, 1907: Gale, *Korea in Transition*, 1909, p.212.

264쪽 박원백 목사 부부, 1907: Noble and Jones, *Religious Awakening of Korea*, 1908, p.1.

266쪽 평양 남산현교회 남자 도사경회, 1907: *World-wide Missions*(April 1909), p.51; Gale, *Korea in Transition*, 1909, p.209.

268쪽 램버스 감독과 북한 지역 감리교 지도자들, 1907: Gale, *Korea in Transition*, 1909, p.199.
    준공된 숭실학교, 1903: *Assembly Herald*(Nov. 1903), p.518.

270쪽 숭실학교 졸업식, 1907: *Assembly Herald*(Nov. 1907), p.484; Gale, *Korea in Transition*, 1909, p.212.

272쪽 숭실대학 졸업생과 교사들, 1907: *Assembly Herald*(Nov. 1907), p.483.

274쪽 안창호와 손정도, 1910: 《도산안창호전집》 14권, 2000, p.131.

278쪽 한국인 조사들, 1907: *Assembly Herald*(Nov. 1907), p.496.

280쪽 서울 장로교회 연합 남자 부흥회, 1907: 출처 미확인.

282쪽 승동교회 클라크 목사 가정, 1907: 《승동교회 110년사》, 2004, p.134.

283쪽 장로교 선교사들의 건물들, 1905: Underwood, *First Encounters, Korea*, 1982, p.47.
    연동교회 임시목사 레널즈: 출처 미확인.

284쪽 승동교회, 1904: *Missionary Review of the World*(Sept. 1911), p.271.

285쪽 연동교회, 1907: *The Annual Report of the Board of Foreign Missions of the PCUSA for 1908*, p.272.

286쪽 길선주 가족, 1909: Davis, *Korea for Christ*, 1910, 속표지.

288쪽 서울 양반, 1905: Graves, *Willard Straight in the Orient*, 1922, p.207.

289쪽 서울 상인, 1905: Graves, *Willard Straight in the Orient*, 1922, p.206.

290쪽 노블 가족, 1907: 《태평양을 가로지른 무지개》 제3권, 2006, p.33.
    노블 목사의 집에서 바라본 평양, 1907: Austin, *A Scamper through the Far East*, 1909, p.180.

292쪽 평양 대동문, 1907: Ladd, *In Korea with Marquis Ito*, 1908, p.100.
    평양 대동문 입구, 1909: Davis, *Korea for Christ*, 1910, p.29.

293쪽 평양 칠성문, 1907: Longford, *The Story of Korea*, 1911, p.18.
    영변의 사당, 1906: *World-wide Missions*(Jan. 1907), p.12.

294쪽 영변의 사당 내부, 1906: Jones, *The Korea Mission of the MEC*, 1909, p.15.

295쪽 북한의 한 성황당, 1907: 출처 미확인.

296쪽 진남포 학생들의 선교사 환영, 1907: *World-wide Missions*(Nov. 1908), p.137; Jones and Noble, *The Korean Revival*, 1910, 속표지.

297쪽 숭실학교 학생들, 1907: Gale, *Korea in Transition*, 1909, p.193.

298쪽 선천 제중원 의학생들과 샤록스 의사, 1907: *Missionary Review of the World*(Feb. 1908), p.109.

299쪽 선천남학교, 1907: *Missionary Review of the World*(Feb. 1908), p.104.
    선천여학교, 1907: *Missionary Review of the World*(Feb. 1908), p.105.

300쪽 운산광산 노동자, 1907: *Around the World with a Camera*, 1910.
    북한의 한 서구 광산: Underwood, *First Encounters, Korea*, 1982, p.50.

302쪽 제물포항, 1904: 출처 미확인.

304쪽 정동감리교회, 1899: Hulbert, *Passing of Korea*, 1906, p.454.
    서울 자골감리교회, 1906: Gale, *Korea in Transition*, 1909, p.233.

306쪽 공주 선교지부, 1907: Griffis, *A Modern Pioneer in Korea*, 1912, p.169.

308쪽 대구 남문, 1903: Wheale, *Re-Shaping of the Far East*, 1905, p.511.
    대구 계성학교, 1907: Rhodes, *History of the Korea Mission, PCUSA*, 1934, p.190; 《歷史畫報: 朝鮮예수교長老會 五十週年》, 1935, p.170.

309쪽 북감리회 평양 지방 전도부인, 1907: 《사진으로 읽는 한국 감리교회 역사》, 1995, p.38.

310쪽 평양 장대현교회 장로들, 1904: Brown, "A Reading Journey Through Korea", *Chautauquan*(Aug. 1905), p.545.

311쪽 평양 장로회신학교 학생들과 평양 장대현교회 소풍, 1907: *Assembly Herald*(Nov. 1907), p.485.

312쪽 주리를 트는 장면, 1904: Gale, *Vanguard*, 1904, p.36; *Minutes of the Eighth Annual Meeting of the Korean Mission of the MEC, South for 1904*, p.30.

313쪽 장대현교회 주일학교 여자 교사들, 1907: *Assembly Herald*(Nov. 1907), p.494.

314쪽 평양 장로교회 전도부인 심씨, 1908: Annie Baird, *Daybreak in Korea*, 1909, p.101.

6. 부흥의 결과: 토착적인 한국 교회의 형성, 1907-1908

318쪽 평양 장로회신학교 제1회 졸업생, 1907: *Missionary Review of the World*(Feb. 1908), p.100; *The Annual Report of the Board of Foreign Missions of the PCUSA*, 1908, p.304.

319쪽 한석진의 평양 장로회신학교 졸업장, 1907: 이덕주, 《나라의 독립 교회의 독립》, 1988, 속표지.

322쪽 제15회 장로회공의회, 1907: *Missionary Review of the World*(Feb. 1908), p.99.

323쪽 장로회 첫 7인 목사 안수식, 1907: *Korea Mission Field*(Nov. 1907), 표지.

324쪽 대한예수교장로회 독노회 조직, 1907: *Missionary*(May 1908), p.200.

325쪽 제주도에 파송된 이기풍 목사와 부인 윤함애, 1908: *Assembly Herald*(Nov. 1908), p.511.

328쪽 서울 새문안교회 교우문답책, 1907: 《새문안교회 문헌사료집》, 1987, p.54.

330쪽 최초의 유아세례자들, 1907: 《歷史畵報: 朝鮮예수교長老會 五十週年》, 1934, p.24.

331쪽 소래교회, 1907: Gale, *Korea in Transition*, 1909, p.195.
    소래교회 서경조 장로, 1901: Brown, "A Reading Journey Through Korea," *Chautauquan*(Aug. 1905), p.535.

332쪽 서상륜, 1906: *Missionary*(July 1906), p.320.

333쪽 북감리회 한국 선교회 연회, 1903: 《사진으로 읽는 한국 감리교회 역사》, 1995, p.53.
    북감리회 한국 선교회 연회, 1906: *World-wide Missions*(March 1907), p.46; Sauer ed., *Within the Gate*, 1934, p.32.

334쪽 깃대가 있는 시골 교회, 1907: Willing and Jones, *The Lure of Korea*, 1913, p.33.
    깃대가 있는 시골 교회, 1907: *Missionary Review of the World*(Feb. 1908), p.101.

335쪽 경기도 양근교회의 붉은 십자기, 1907: McKenzie, *The Tragedy of Korea*, 1908, p.114.

336쪽 서울 종교감리교회, 1910: Ryang, *Southern Methodism in Korea*, 1934, p.XXVII.
    광주장로교회, 1910: *Missionary*(Aug. 1912), p.789.

337쪽 인천 영화남학교, 1908: 《사진으로 읽는 한국 감리교회 역사》, 1995, p.29.
    강서중학교, 1908: *World-wide Missions*(Jan. 1909), p.5.

338쪽 서울 기독교청년회 지도자들, 1907: 전택부, 《토박이 신앙산맥 2》, 1982, 속표지.
    서울 기독교청년회 회관, 1908: Gale, *Korea in Transition*, 1909, p.199.

339쪽 동경 세계기독교학생연맹대회 한국 대표들, 1907: Gale, *Korea in Transition*, 1909, p.247.
    서울 기독교청년회 하령회, 1910: *Missionary*(Nov. 1910), p.559.

340쪽 세브란스의학교 제1회 졸업생, 1908: 박형우, 《세브란스와 한국의료의 여명》, 2006, p.171.

341쪽 세브란스병원과 졸업식장을 떠나는 이토 통감, 1908: *Assembly Herald*(Nov. 1908), p.507; *Woman's Work for Women*(Nov. 1908), p.248.

342쪽 세브란스병원 간호원 양성소 학생들, 1908: *Woman's Work for Women*(Nov. 1909), p.249.
    평양 맹아학교 여학생들, 1909: Guthapfel, *The Happiest Girl in Korea*, 1911, p.34.

343쪽 함흥 영생여학교의 시작, 1906: Gale, *Korea in Transition*, 1909, p.143.
    정신여학교 졸업생, 1908: *Woman's Work for Women*(Nov. 1908), p.255.

344쪽 이화학당의 자수반, 1909: Underwood, *First Encounters, Korea*, 1982, p.35.
    이화학당의 수학반, 1909: 출처 미확인.

345쪽 어빈 부인과 한국인 여교사들, 부산, 1908: *Assembly Herald*(Nov. 1908), p.516.
    배화학당 고등과 첫 졸업생, 1910: 이덕주 편, 《한국기독교역사박물관》, 2005, p.122.

346쪽 평양 여자성경학교, 1908: Gale, *Korea in Transition*, 1909, p.233.
    제물포 여자성경학교, 1910: 출처 미확인.

347쪽 박에스더 의사: *Korea Mission Field*, 1912, 표지; Willing and Jones, *The Lure of Korea*, 1913, p.69.
    평양 맹아학교, 1910: 출처 미확인.

348쪽 펜윅과 한국인 전도자들, 1907: Fenwick, *The Church of Christ in Corea*, 1911, p.124.
    한복을 입은 펜윅 선교사: 최봉기 편, 《말콤 C. 펜윅》, 1996, 속표지.

349쪽 한복을 입은 펜윅 선교사: Underwood, *First Encounters, Korea*, 1982, p.46.

350쪽 영국 성공회가 운영한 서울 고아원, 1908: 박영숙, 《서양인이 본 꼬레아》, 1998, p.291.

351쪽 일본에 의해 강제 양위된 후의 고종, 1907: McKenzie, *The Tragedy of Korea*, 1908, p.156; *Harper's Weekly*(Oct. 12, 1907), p.1472.

352쪽 평양 감옥의 의병 포로, 1907: McKenzie, *The Tragedy of Korea*, 1908, p.118.
    선천 감옥의 의병 포로, 1906: McKenzie, *The Tragedy of Korea*, 1908, p.120.

353쪽 만주의 안동─봉천 철도, 1907: McKenzie, *Unveiled East*, 1906, p.78.
    블라디보스토크항에서 일하는 한국인들, 1903: *East of Asia Magazine*, 1903, p.103.

354쪽 고포스 선교사, 1887: Rosalind Goforth, *Goforth of China*, 1937, 속표지.

355쪽 존 모트, 1905: *Record of Christian Work*(Feb. 1905), p.67.
    헤이스택 기도 백주년 기념비, 1906: Bridgman, "The Haystack Centennial", *Missionary Review of the World*(Dec. 1906), p.891.

356쪽 미국 북장로회 해외 선교사 파송, 1905: 출처 미확인.
    샌프란시스코항을 떠나는 기선, 1907: *World's Work*(Jan. 1907), p.8389.

357쪽 순직한 루비 켄드릭 양, 1908: *Woman's Missionary Advocate*(July 1908), 표지.

360쪽 데이비스가 지은 《Korea for Christ》, 1910.
361쪽 송도의 갬블, 리드, 스톡스 선교사, 1909: Davis, *Korea for Christ*, 1910, p.17.
362쪽 송도의 남감리회 선교사들, 1910: Davis, *Korea for Christ*, 1910, p.17.
　　　 송도의 여선교사와 전도부인, 1910: Davis, *Korea for Christ*, 1910, p.19.
363쪽 평양의 리 선교사의 겨울 썰매, 1910: Davis, *Korea for Christ*, 1910, p.34.
　　　 사경회 참석을 위해 100마일을 걸어온 신자들, 1909: Davis, *Korea for Christ*, 1910, p.34.
364쪽 평양 부인 사경회, 1909: *Woman's Work*(Nov. 1911), p.248.
　　　 영변 부인 사경회, 1909: "Courtesy of University of Southern California, on behalf of the Reverend Corwin & Nellie Taylor Collection of the USC Korean Heritage Library."
366쪽 황범오와 점자 성경, 1910: Davis, *Korea for Christ*, 1910, p.61.
368쪽 강계 선교지부를 방문한 브라운 총무, 1909: Rhodes, *History of the Korea Mission, PCUSA*, 1934, p.224.
　　　 함흥 신창리교회, 1909: *Korea Mission Field*(Oct. 1909), p.166.
369쪽 게일과 알렉산더, 1909: Alexander, *Charles M. Alexander*, 1995, p.168.
370쪽 채프먼과 알렉산더, 1909: Davis, *Korea for Christ*, 1910, p.16.
371쪽 채프먼-알렉산더 집회, 1909: Davis, *Korea for Christ*, 1910, p.16.
　　　 알렉산더와 언더우드, 1909: Davis, *Korea for Christ*, 1910, p.48.
372쪽 하크니스가 작사 작곡한 백만명구령운동 노래, 1909: Davis, *Korea for Christ*, 1910, p.9.
373쪽 언더우드 부부와 알렉산더 부부, 1909: Davis, *Korea for Christ*, 1910, p.19.
374쪽 게일 부부의 아들 조지에게 유아세례를 준 길선주, 1911: *Woman's Work for Women*(Nov. 1911), p.243.
375쪽 알렉산더의 평양 여자 찬양집회, 1909: Davis, *Korea for Christ*, 1910, p.27.
376쪽 영국성서공회 평양 서점을 방문한 알렉산더 부부, 1909: Alexander, *Charles M. Alexander*, 1995, p.168.
　　　 숭실학교 학생들, 1909: Davis, *Korea for Christ*, 1910, p.49.
377쪽 목포 의병의 체포, 1909: 출처 미확인.
　　　 남산의 총독부, 1910: 출처 미확인.
378쪽 목포에 반포될 《마가복음》 4만 권을 담은 궤짝들, 1910: Davis, *Korea for Christ*, 1910, p.53.
　　　 포사이드 의사와 한국인 조사들, 1910: Davis, *Korea for Christ*, 1910, p.60.
380쪽 성경 암송 소녀들, 1910: Davis, *Korea for Christ*, 1910, p.53.
　　　 목포 학생들, 1910: Davis, *Korea for Christ*, 1910, p.60.
382쪽 김창식 목사: "Courtesy of University of Southern California, on behalf of the Reverend Corwin & Nellie Taylor Collection of the USC Korean Heritage Library."
383쪽 전삼덕 전도부인: "Courtesy of University of Southern California, on behalf of the Reverend Corwin & Nellie Taylor Collection of the USC Korean Heritage Library."
384쪽 창천감리교회, 1909: 《창천교회 100년사》, 2006, 속표지.
　　　 광주 오웬기념관, 1909: *Missionary Survey*(Oct. 1915), p.728.
385쪽 남자 사경회, 1909: Gale, *Korea in Transition*, 1909.
　　　 부인 사경회, 1910: 출처 미확인.
386쪽 대구 약령시장, 1905: *Missionary Review of the World*(March 1911), p.187.
388쪽 예수교서회 매서인, 1910: *The Korean Religious Book and Tract Society, Quarter Centenary 1916*, p.4.
389쪽 구세군 한국 총회, 1910: "한국기독교사 사진자료 소개 24", 〈한국기독교역사연구〉 26호(1989. 6. 5), 속표지.
　　　 함흥 신창리교회 성탄절, 1910년경: "한국기독교사 사진자료 소개 25", 〈한국기독교역사연구〉 27, 28호(1989. 11. 5), 속표지.
390쪽 에든버러 세계선교대회, 1910: *World-wide Missions*(Aug. 1908), p.115.
391쪽 귀신 들린 여인을 치료한 평양 전도부인들, 1910: *Woman's Work*(Nov. 1910), p.250.
　　　 재령 영수 사경회, 1910: *Woman's Work*(Nov. 1910), p.245.
392쪽 하교하는 부산 일신여학교 학생들, 1909: *Woman's Work*(Jan. 1910), p.9.
　　　 부산 초등여학교의 체조 시간, 1910: *Woman's Work*(Nov. 1910), p.253.
393쪽 사경회 참석을 위해 100마일을 걸어온 여자들, 1910: *Missionary Review of the World*(April 1910), p.273.

부록: 통계와 지도

398쪽 한국과 주변국의 교통로, 1900: Walton, *China and the Present Crisis*, 1900, appendix.
　　　 장로회와 감리회 선교회들 간의 교계 예양, 1909: Rhodes, *History of the Korea Mission, PC*, 1934, 속표지.
399쪽 미국 남감리회 한국 선교회의 선교 지역, 1909: Methodist Episcopal Church, South, *Missionary Centenary*

1819–1919: World Survey, 1924, p.46.

개신교 선교회별 통계, 1896: Gifford, Everyday Life in Korea, 1898, appendix.

400쪽 한국 개신교의 성장, 1897–1907: Jones and Noble, The Religious Awakening of Korea, 1908, p.5.

개신교회가 운영한 학교의 증가, 1897–1907: Jones and Noble, The Religious Awakening of Korea, 1908, p.7.

401쪽 개신교 선교회 통계, 1907–1908: Gale, Korea in Transition, 1909, appendix.

도별 인구와 개신교 선교사 통계, 1907: Gale, Korea in Transition, 1909, appendix.

402쪽 도별 장로교회 설립 통계, 1887–1907: 차재명 편, 《朝鮮예수敎長老會史記 上》, 1928, pp.20–310; 옥성득, "초기 한국 개신교 예배당의 발전 과정과 특성", 〈동방학지〉 141호, 2008년 4월, p.277.

북감리회 평양 북지방회 예배당 통계, 1902: 김선규, "북방지방 탁사별위원 김선규 보단", 〈신학월보〉, 1903년 8월, pp.343–345.

403쪽 미국 북장로회 한국 교회 통계, 1908: Gale, Korea in Transition, 1909, appendix.

404쪽 미국 북장로회 한국 선교회 통계, 1884–1909: Arthur J. Brown, "Evangelism in Korea", Assembly Herald(Nov. 1910), p.519.

405쪽 한국에 파송된 미국과 캐나다 선교사 통계, 1885–1910: Oak, Sources of Korean Christianity, 2004, appendix.

406쪽 한국 교인 통계, 1898–1910: Oak, Sources of Korean Christianity, 2004, appendix.

미국 북장로회 해외선교부 부분 예산, 1896–1909: The Annual Report of the Board of Foreign Missions of the PCUSA, 1887–1910.

407쪽 번하이슬, "한국 선교 25주년", 1909: Charles F. Bernheisel, "Some Gleanings from the Harvest in Korea", Korea Mission Field(Nov. 1909), pp.182–183.

408쪽 해외선교학생자원운동 출신 내한 선교사, 1906–1911: Student Volunteer Movement, "Appendix A. List of Sailed Volunteers(1906–1909)", Students and the Present Missionary Crisis, 1910, pp.513–532; Student Volunteer Movement, The American and Canadian Students in Relation to the World–Wide Expansion of Christianity, 1914, pp.31–36.

411쪽 의주 주변 교회 현황, 1906: C. E. Kearns, "Eui Ju Challenge", Korea Mission Field(Aug. 1906), p.191; "How Wonderfully God Hath Wrought", Assembly Herald(Nov. 1909), p.513.

선천 지부 교회 현황, 1911: Korea Mission Field(Sept. 1911), 표지; "The Map on the Front Cover"(Sept. 1911), pp.238–239.

412쪽 황해도 북감리교회의 변화, 1903–1909: Carl Critchett to Dr. Leonard Sept. 3, 1909.

참고 문헌

1. 고문서실 자료

Arthur Judson Brown Papers. Day Missions Collection, Yale Divinity School Library, New Haven, Connecticut.

George Heber Jones Papers. Missionary Research Library Collection, Union Theological Seminary Library, New York.

James Scarth Gale Collections. University of Toronto Library, Toronto, Canada.

John R. Mott Papers. Missionary Research Library Collection, Union Theological Seminary Library, New York.

Mission Files: Correspondence of the Board of Foreign Missions of the Methodist Episcopal Church, The Korea Mission. Letter Books 209–213. United Methodist Historical Center, Madison, New Jersey.

Reverend Corwin & Nellie Taylor Collection. Korean Heritage Library, University of Southern California, Los Angeles, California.

Robert Elliot Speer Collection. Rare Books and Manuscripts, Princeton Theological Seminary Library, Princeton, New Jersey.

Samuel Hugh Moffett Korea Collection: Historic Photographs of Korea. Princeton Theological Seminary Library, Princeton New Jersey. http://scdc.library.ptsem.edu

2. 잡지

Assembly Herald. 1899–1911.

Bible Society Record. 1900–1911.

Century. 1900–1911.

Chinese Recorder and Missionary Journal. 1900–1911.

Christian Work and the Evangelist. 1900–1911.

Church at Home and Abroad. 1900–1911.

Church Missionary Intelligence and Record. 1900–1911.

Gospel in All Lands. 1900–1902.

Graphics. 1900–1911.

Illustrated London News. 1900–1911.

Independent. 1900–1911. New York.

Korea Field. 1902–1905.

Korea Methodist. 1900–1904.

Korea Mission Field. 1906–1911.

Korea Review. 1901–1906.

Le Petit Journal. 1900.

Le Petit Parisien. 1901–1905.

Missionary. 1900–1911.

Missionary Record of the United Presbyterian Church of Scotland. 1900–1911.

Missionary Review of the World. 1900–1911.

Missionary Survey. 1911–1914.

Outlook. 1900–1911.

Scribner's. 1900–1911.

World Wide Missions. 1889–1912.

World's Work. 1901–1911.

Woman's Missionary Advocate. 1900–1911.

Woman's Missionary Friend. 1900–1911.

Woman's Work for Woman. 1900–1911.

3. 단행본, 회의록, 보고서, 논문 등

Allen, Horace Newton. A Chronological Index of Foreign Relations of Korea from the Beginning of Christian Era to the 20th Century. Seoul: Methodist Publishing House, 1901.

_____. Korea: Fact and Fancy. Seoul: Methodist Publishing House, 1904.

_____. Things Korea: A Collection of Sketches and Anecdotes, Missionary and Diplomatic. New York: Fleming

H. Revell, 1908.

Alexander, Helen C. and McClean, J. Kennedy. *Charles M. Alexander: A Romance of Song & Soul Winning*. Murfreesboro, TN: Sword of the Lord Publishers, 1995.

Austin, Herbert Henry. *A Scamper through the Far East*. London: E. Arnold, 1909.

Australasian Association for the Advancement of Science, *Corea*. Brisbane: N. p., 1895.

Baird, Annie L. A. *Daybreak in Korea: A Tale of Transformation in the Far East*. New York: Fleming H. Revell, 1909.

_____. *Inside View of Mission Life*. Philadelphia: Westminster Press, 1913.

Blair, William N. *The Korea Pentecost: And Other Experience on the Mission Field*. New York: Board of Foreign Missions of the PCUSA, 1910.

Blakeslee, George H. *China and the Far East*. New York: Thomas Y. Crowell & Co., 1910.

Brat, Charles E., William R. King, and Herbert W. Reherd, *Around the World Studies and Stories of Presbyterian Foreign Missions*, Wichita, KS: Missionary Press Co, 1912.

Bridgman, Howard A. "The Haystack Centennial—A Memorial and A Prophecy", *Missionary Review of the World*(December 1906), pp.891ff.

Brown, Arthur J. *Report of a Visitation of the Korea Mission of the Presbyterian Board of Foreign Missions*. New York: Board of Foreign Missions of PCUSA, 1902.

_____. "A Reading Journey Through Korea", *Chautauquan* XLI−6(Aug. 1905), pp.490−579.

_____. *Report on a Second Visit to China, Japan, and Korea*. New York: Board of the Foreign Missions of PCUSA, 1909.

_____ and Samuel M. Zwemer. *The Nearer and Farther East: Outline Studies of Moslem Lands and of Siam, Burma and Korea*. New York: Macmillan, 1908.

Brown, G. Thompson. *Not By Might: A Century of Presbyterians in Korea*. Atlanta: Presbyterian Church in the U. S. A., Atlanta, GA: General Assembly Mission Board, PCUSA, 1984.

Caldwell, Genoa. ed. *Burton Holmes Travelogues*. Hong Kong: Taschen, 2006.

Cassell's History of the Russo-Japanese War. London; New York: Casell, 1905.

Chang, Roberta and Patterson, Wayne. *The Koreans in Hawaii: A Pictorial History*. Honolulu: University of Hawaii Press, 2003.

Christ United Methodist Church, *Christ United Methodist Church, 1903−2003: A Pictorial History*, Seoul: Qumran Publishing Co., 2003.

Davis, George T. B. *Korea For Christ*. New York: Fleming H. Revell, 1910.

Davis, Richard H. et. als. *The Russo-Japanese War: A Photographic and Descriptive Review of the Great Conflict in the Fat East*. New York: P. F. Collier & Son. 1904.

Dennis, James A. *Christian Missions and Social Progress*. Vol. 3. New York: Revell, 1906.

Dyer, Helen S. *Pandita Ramabai: Her Vision, Her Mission and Triumph of Faith; A Great Life in Indian Missions*. London: Pickering & Inglis, 1906.

Duncan, Cheney. *Corea and the Powers: A Review of the Far Eastern Question*. Shanghai: Shanghai Mercury Office, 1889.

Duncan, Sara J. *Signs and Portents in the Far East*. London: Methuen & Co. 1907.

Ellis, Wiliam T. "A Yankee Tilt for an Empire", *Harper's Weekly*(Aug. 10, 1907), pp.1158−1159.

Esherick, Joseph. *The Origin of the Boxer Uprising*. Berkeley, CA: University of California Press, 1987.

Everett, Marshall. *Exciting Experiences in the Japanese-Russian War*. New York: Henry Neil, 1904.

Fenwick, Malcolm C. *The Church of Christ in Corea*. New York: Hodder & Stoughton-Doran, 1911.

Gardner, C. T. ed. *Corea*. Brisbane: Australasian Association for the Advancement of Science. Brisbane: N. p., 1895.

Gale, James. S. *Korean Sketches*. New York: Fleming H. Revell, 1898.

_____. *The Vanguard: A Tale of Korea*. New York: Fleming H. Revell, 1904.

_____. *Korea in Transition*. New York: Young People's Missionary Movement of the US and Canada, 1909.

Gifford, Daniel L. *Everyday Life in Korea*. New York: Fleming H. Revell, 1898.

Graves, Louis. *Willard Straight in the Orient*. New York: Asia Publishing Co., 1922.

Griffis, William Elliot. *A Modern Pioneer in Korea: Henry G. Appenzeller*. New York: Fleming H. Revell Co. 1912.

Guthapfel, Minerva L. *The Happiest Girl in Korea*. New York: Fleming H. Revell Co., 1911.

Hamilton, Angus. *Korea*. London: William Heineman, 1904.

Hamilton, Ian. *Staff's Scrap-book during the Russo-Japanese War*. vol. 1. London: E. Arnold, 1905.

Hardie, R. A. "Religion in Korea", *Missionary Review of the World*(Dec. 1897), pp.927−928.

Hare, James H. *A Photographic Record of the Russo-Japanese War*. New York: P. F. Collier & Son, 1905.

Hawes, Charles H. *In the Uttermost East*. London & New York: Harper & Brothers, 1903.

Holmes, Burton. *Burton Holmes Travelogues*: vol.10. New York: McClure Co., 1903.

Hulbert, Homer B. *The Passing of Korea*. London: W. Heinemann; New York: Doubleday, 1906.

Jones, George Heber. *Korea: The Land, People, and the Customs*. Cincinnati: Jennings & Graham, 1907.

_____. *The Religious Awakening of Korea*. New York: Board of Foreign Missions of the Methodist Episcopal Church, 1908.

_____. *The Korea Mission of the Methodist Episcopal Church*. New York: Board of the Foreign Missions of the Methodist Episcopal Church, 1910.

_____. and W. Arthur Noble. *The Korean Revival: An Account of the Revival in the Korean Church in 1907*. New York: Board of the Foreign Missions of the Methodist Episcopal Church, 1910.

Judge, Leslie. *Around the World with a Camera*, New York, Leslie Judge company, 1910.

Kemp, Emily G. *The Face of Manchuria, Korea & Russian Turestan*. New York: Duffield, 1911.

Korean Religious Book and Tract Society, *Quarter Centenary, 1916*, Seoul: 1916.

Ladd, George T. *In Korea with Marquis Ito*. New York: Charles Scribner's Sons, 1908.

Lawton, Lancelot. *Empires of the Far East*. London: G. Richards Ltd., 1912.

Lay, Arthur Croall Hyde. *Four Generation in China, Japan, and Korea*, Edinburgh: Oliver & Boyd, 1952.

Loke, Margarett. *The World As It Was*. New York: Summit Books, 1980.

Longford, Joseph Henry. *The Story of Korea*. London: T. Fisher Unwin, 1911.

MacRae, Helen F. *A Tiger on Dragon Mountain: The Life of Rev. Duncan M. MacRae, D. D.* Charlottetown, *Prince Edward Island*, Canada: A James Haslam, Q. C., 1993.

Madrolle, Claudius. *Northern China, the Valley of the Blue River, Korea*. Paris, London: Hachette & Co., 1912.

McCully, Elizabeth A. *A Corn of Wheat or The Life of Rev. W. J. McKenzie of Korea*. Toronto: Westminster, 1904.

McKenzie, Frederick Arthur. *The Unveiled East*. London: Hutchinson & Co., 1907.

_____. *The Tragedy of Korea*. London: H. & Soughton, 1908.

Methodist Episcopal Church, *The Annual Report of the Board of Foreign Missions of the MEC*. New York: 1900−1911.

Methodist Episcopal Church, South. *The Annual Report of the Board of Foreign Missions of the MEC*, South. Nashville, TN: 1900−1911.

Methodist Episcopal Church, South, *Missionary Centenary 1819−1919: World Survey*. Nashville, TN: Missionary Centenary Commission, 1924.

Millard, Thomas F. *The New Far East*. New York : C. Scribner's Sons, 1906.

_____. *America and the Far Eastern Question*. New York: Moffat, Yard & Co., 1909.

Minutes and Reports of the Korea Mission of the PUCUSA, 1900−1910.

Minutes of the Annual Meeting of the Korea Mission of the Methodist Episcopal Church, South. Seoul: Methodist Publishing House, 1900−1910.

Minutes of the Annual Meeting of the Korea Mission of the Presbyterian Church in the USA. 1900−1910.

Minutes of the Annual Meeting of the Korea Mission of the Methodist Episcopal Church, Seoul: Methodist Publishing House, 1900−1910.

Minutes of the Council of the Presbyterian Missions in Korea, 1900−1910.

Moore, John Z. *How Kuibum, Youngpokie, and the Tiger Helped to Evangelize the Village*. New York: Board of Foreign Missions of the MEC, 1910.

Moose, J. Robert. *Village Life in Korea*. Nashville: Publishing House of the Methodist Episcopal Church, South, 1911.

Noble, William A. *Ewa: A Tale of Korea*. New York: Eaton & Mains, 1906.

Norman, Henry. *The Peoples and Politics of the Far East*. New York: Charles Scriberner's Sons, 1904.

Oak, Sung-Deuk, *Sources of Korean Christianity*. Seoul: Institute for Korean Church History, 2004.

Ogg, Frederic A. "The Guns Behind the Olive Branch", *Harper's Weekly*(July 20, 1907), pp.1060−1061.

Presbyterian Church in the US, *The Annual Report of the Board of Foreign Missions of the PCUSA*. Richmond, VA: 1900−1911.

Presbyterian Church in the USA, *The Annual Report of the Board of Foreign Missions of the PCUSA*. New York: 1900−1911.

Preston, Diana. *The Boxer Rebellion*. New York: Walker & Co., 1999.

Residency-General. *Recent Progressin Korea*. London: Bradbury, Agnew, & Co., 1910.

Rhodes, Harry A. *History of the Korean Mission, Presbyterian Church, USA, 1884−1934*. Seoul: The Presbyterian Church of Korea, Department of Education, 1934.

Ridger, Arthur Loton. *A Wanderer's Trail: Being a Faithful Record of Travel in Many Lands*. New York: H. Holt,

1914.

Student Volunteer Movement for Foreign Missions, *Students and the Present Missionary Crisis*, New York: SVM, 1910.

Student Volunteer Movement for Foreign Missions, *The American and Canadian Students in Relation to the World-Wide Expansion of Christianity*, New York: SVM, 1914.

Thomson, Holland. ed. *Lands and Peoples*. vol. Ⅳ. New York: Grolier Society, 1929.

Trani, Eugene P. *The Treaty of Portsmouth*. Lexington, KY: University of Kentucky Press, 1969.

Trollope, Mark Napier. *Church in Corea*. London: A. R. Mowbray, 1915.

Underwood, Horace Grant. The Call of Korea. New York: Fleming H. Revell, 1908.

_____. *The Religion of the Eastern Asia*. New York: Macmillan, 1910.

Underwood, Lillias Horton. *Fifteen Years among the Top-Knots, or Life in Korea*. New York: American Tract Society, 1904.

_____. *With Tommy Tompkins in Korea*. New York: Fleming H. Revell, 1905.

Underwood, Peter. A., Samuel H. Moffett, Norman R. Sibley eds., *First Encounters, Korea 1880-1910*. Seoul: Dragon's Eye Graphics, 1982.

Wagner, Ellasue Canter. *Kim Su Bang and Other Stories of Korea*. Nashville: Publishing House of the Methodist Episcopal Church, South, 1909.

_____. Pokjumie: *A Story from the Land of Morning Calm*. Nashville: Publishing House of the Methodist Episcopal Church, South, 1911.

Walton, Joseph. *China and the Present Crisis with Notes on a Visit to Japan and Korea*. London: Sampson Low, Marston & Co., 1900.

Watson, W. Petrie. *Japan: Aspects and Destinies*. London: G. Richards, 1904.

Wheale, B. L. Butnam. *Re-ShapingoftheFarEast*. New York, London: Macmillan Co., 1905.

_____. *Coming Struggle in East Asia*. London: Macmillan, 1909.

Whigham, H. J. *Manchuria and Korea*. New York: Charles Scribner's Sons, 1904.

Wu, Silas H. *Dora Yu and Christian Revivalism in 20th Century China*. Boston: Pishon River Publications, 2002.

기독교대한감리회 본부 역사자료부. 《사진으로 읽는 한국 감리교회 역사》. 기독교대한감리회 유지재단, 1995.

기독교대한감리회 상동교회 역사편찬위원회. 《민족운동의 선구자 전덕기 목사》. 상동교회, 1979.

김구. 《백범일지》. 이만열 옮김. 역민사, 1997.

김원모 정성길 편. 《사진으로 본 백 년 전의 한국》. 가톨릭출판사, 1986.

도산안창호선생기념사업회. 《도산 안창호 전집》(전14권), 2000.

박영숙. 《서양인이 본 꼬레아》. 도서출판 남보사연, 1998.

박응규. 《한부선 평전》. 그리심, 2004.

박형우. 《세브란스와 한국의료의 여명》. 청년의사, 2006.

북미주한인100주년 기념화보 편찬위원회. 《태평양을 가로지른 무지개》(3권). Los Angeles, Christian Herald USA, 2006.

송상석 편. 《歷史畵報: 朝鮮예수교長老會 五十週年》. 대한예수교장로회 총회, 1935.

새문안교회. 《새문안교회 문헌사료집》. 새문안교회, 1987.

승동교회. 《승동교회 110년사》. 대한예수교장로회 승동교회, 2004.

유영익. 《이승만의 삶과 꿈》. 중앙일보사, 1996.

_____. 《젊은 날의 이승만》. 연세대학교출판부, 2002.

이규헌 편. 《사진으로 보는 독립운동》. 서문당, 1987.

이덕주. 《나라의 독립 교회의 독립: 한국 기독교 선구자 한석진 목사의 생애와 사상》. 기독교문사, 1988.

_____. 《한국 토착교회 형성사 연구》. 한국기독교역사연구소, 2000.

_____. 《한국기독교역사박물관》. 연방인쇄, 2005.

이만열. 《아펜젤러: 한국에 온 첫 선교사》. 연세대학교출판부, 1985.

전주서문교회 100주년 기념사업기념회. 《사진으로 본 전주서문교회 100년, 1893-1993》. 전주서문교회, 1994.

전택부. 《토박이 신앙산맥 2》. 대한기독교출판사, 1982.

조선예수교장로회. 《歷史畵報: 朝鮮예수교長老會 五十週年》. 조선예수교장로회, 1934.

조선일보사. 《격동의 구한말 역사의 현장》. 조선일보사, 1986.

조선일보사. 〈週刊 朝日百科 日本の歷史〉(10). 東京, 朝日新聞社, 1988.

창천교회역사편찬위원회. 《창천교회 100년사》. 대한기독교감리회 창천교회, 2006.

최봉기. 《말콤 C. 펜윅》. 요단출판사, 1996.

최석로 편. 《민족의 사진첩》. 서문당, 1994.

한국기독교 사진총람 편찬위원회. 《한국기독교 사진총람》. 기독교문사, 1973.

호한재단. 《호주 사진가의 눈을 통해 본 한국 1904》. 교보문고, 2004.

찾아보기

ㄱ

가쓰라-태프트 밀약 25
감리회 신학반 116, 276
감상백 307
감창보 324
강계 51, 203, 368, 407
강서읍교회 383
강서중학교 337
강신화 307
강원달 40
강유훈 324
강진교회 191
강화도 159, 163
강화읍 성공회 성당 158
개신교 항일 민족운동 71
개혁당 사건 57
갬블 341, 361
게일 15, 30, 32, 56, 92, 169, 180, 184–185, 209, 254, 256, 280, 283, 285, 321–322, 327, 341, 354, 369, 374
경고아이천만동포지문 71
경복궁 285
경부선 48, 108, 150, 153, 155
경의선 25, 48, 153, 398
경희궁 70
계명륙 71
고대인 329
고정철 307
고종 26–27, 40, 45, 78–79, 81, 86, 96, 109, 128, 150, 173–174, 317, 351, 383
고찬익 324
고퇴 322
고포스 354
곤당골교회 49, 284
〈공립신보〉 87
공립협회 62, 87
공옥학교 131
공인본 〈신약전서〉 183, 185, 216
공주 교회 306
관묘 55
관우 55
관제 55
광산 69, 74–75, 300–301
광주 오웬기념관 384
광주장로교회 336
광진학교 192
교폐 29, 37, 96, 335
구세군 389, 405
구역 〈성경전서〉 185
구연영 86
구정 사경회 113, 161, 205, 207, 210
국민회 63

굴원 135
권서 97, 113, 117, 120–121, 137, 144–145, 181, 194, 202, 291, 320–321, 325
권중현 174
귀신 118, 157, 203, 256, 258, 261, 271, 294, 314–315, 391
궤연 203
그레이슨 319
〈그리스도신문〉 29, 31, 33, 37, 198, 203, 207, 209, 213, 215
그리스도의 신성 57
그리피스 365
금식기도 230
기독교 가정 131, 165
기독교 민족주의 15, 274
기독교 입국론 67
기독교청년회 170, 200, 287, 338–339
기마 대장 109
기번 153
기산도 71
기전여학교 221
길갈 205
길선주 15, 190, 195, 196–198, 207, 213–215, 219, 231, 239, 243, 248, 253–258, 281–282, 286–287, 305, 310, 318, 320–324, 326, 374, 381
김건두 324
김계명 129
김관근 194
김광현 329
김구 71, 190–193
김규식 287, 330
김기범 116, 140, 382
김기홍 71
김린 56
김명준 184–185
김배세 342
김병갑 194
김봉한 324
김석필 325
김선주 383
김성삼 48
김성택 248
김순일 121, 123–124, 127
김영선 40
김영식 43
김영옥 285
김영준 128
김원근 209
김윤식 341
김윤오 330
김응주 324
김응진 324
김이재 43
김인 40
김인즙 71
김일 330
김일성 275
김정삼 185

김정식 40, 56–57, 287
김종섭 198, 230, 256–257, 310, 321
김찬성 243, 324
김창보 100
김창식 260, 266, 268, 382
김창호 131
김태연 71
김필순 340
김하원 71
김학순 131
김홍련 325
김화 92, 97, 117, 119
김흥식 71
김희영 340
깃대 28, 96–97, 334
꽃뫼감리교회 295

ㄴ

낙스대학 354
남대문 41, 45, 60
남대문교회 103
남대문로 36, 45
남문밖교회 195, 209
남산현(감리)교회 138–139, 209, 260–263, 265–267, 269, 274–276, 307, 383, 402
내리(감리)교회 43, 140–141, 206, 302–303
널다리교회 180, 286
네비어스 방법 180
네비어스 정책 318
네비어스 95
노블 15, 51, 138, 209, 217, 265, 267, 290
노블 부인 383
놀스 93, 101, 113, 161, 210
니스벳 220–221, 244
니스벳 부인 220–221, 244

ㄷ

담총 군사 훈련 206
당나귀 125, 202, 362
대구 계성학교 308
대구교회 308
대구 약령시장 386
대동강 46, 226, 259
대동문 46, 226, 292
대동아공영권 25
대안문 36, 71, 155
〈대한매일신보〉 66–67, 69
대한예수교회 13, 33, 153, 169
대한제국 25, 61, 63, 73, 83, 95
〈대한제국멸망사 The Passing of Korea〉 48
대흉년 25, 43, 96
데라우치 총독 암살 음모 사건 275

데살로니가전서 203, 319
데쉴러 43
데이비스 360, 369
도교 118, 208, 243, 254, 256, 258, 286
도라 유 128, 144
덕수궁 36, 109
독노회 14, 33, 318, 322, 324-325
독도 68, 398
독립문 122
독립협회 57, 96-97
동대문 39
동대문(감리)교회 275
동도서기 89
동서개발회사 43
동아기독교회 348-349
동아주의 25, 94
동학 12, 28, 150
동학혁명 96, 193

ㄹ

라마바이 77
랜킨 220
램버스 143, 210, 268
러시아 공사관 41, 136
러시아 정교 37, 54
러시아 황제 52
러일전쟁 21-22, 24-25, 44, 51-52, 54-55, 57-59, 68, 78, 96, 111,
113, 121-122, 125, 168, 184, 190, 193, 195, 209, 285, 288, 400, 411
레널즈 184-185, 220, 283, 285
레크 237
《로마 흥망사》 153
로버츠 74-76, 219
로스(조엘) 32, 93, 99, 142, 210
로스(존) 180, 229
로스 방법 180
로스 역본 185
롭 32, 93, 322
루즈벨트 150
루즈벨트 양 64
류태연 324
리 51, 191, 195, 231-234, 236-237, 239, 243, 247-248, 279,
286-287, 320, 325, 363
리 부인 196
리드 117, 120, 144, 361

ㅁ

마가복음 185, 203, 378-379, 381
마르키스 228, 291
마리 100
마페트 32, 51, 180, 190, 194, 196-199, 209, 240, 248, 253,
319-320, 322-325, 327, 390
마페트 부인 180, 367

마포 48-49
만국기 285
만국장로교회 연합공의회 326
만주 장로교회 19
매큔 236-237, 255, 356
맥길 142
맥래 32, 100, 133
맥컬리 부인 93, 100
맥켄지 28, 30, 96, 321
맥코믹신학교 180, 234
머레이 313
메네 메네 데겔 우바르신 93
메어리 35
메이즈 145, 147
멕시코 이민 25, 63, 150
명동성당 36, 151, 175
모르간 150
모리스 139, 322
모리아교회 75
모세 215
모트 355
모화관 329
목수 107, 285
목포 136, 223, 244, 324-325, 357, 377-378, 380
목포남학교 222
목포(장로)교회 222-223
무당 118, 127, 215, 291, 294, 314-315
무당굿 118
무디 56, 98-99, 207
무디 부흥회 139
무라타 341
무스 138-139, 169, 204-205, 207
무어(S. F.) 33, 49, 284-285
무어(J. Z.) 116, 204, 274
무저항주의 22
묵티 선교회 77
문경호 184
《문명논지개략文明論之槪略》 23
물지게꾼 235, 244
미국 개신교 54
민영기 174
민영환 71-73, 150
민찬호 42-43, 131
밀러 32-33, 170, 322

ㅂ

바레트 32
바울 118, 143, 215, 257-258, 326
박능일 163
박덕일 324
박삼홍 206
박서양 340
박성춘 284, 340
박에스더(김점동) 342, 347

박영순 63
박원백 260, 264, 268
박장현 63
박정찬 324
박제순 174
박치록 248
발전소 39
방기창 198, 286, 318, 320-324, 327
방림 226-227
방승건 324
방언 77, 88, 103, 326
방원명 324
배재학당 40, 56, 129, 131, 136-137, 140
배화학당 128-130, 210, 345
백만인구령운동 253, 359-360, 365, 369, 372, 379, 388
105인사건 171, 175, 237
백인 우월의식 95
백정 49, 284, 340
밴드빌트대학교 131
버드맨 220
버크랜드 220
버크월 99
번하이슬 32, 209, 236, 319, 322, 407
번하이슬 부인 243, 250
법국여관 36
벙커 33, 56, 169
베드로 92, 95, 215
베스트 250, 291
베어드 32, 190, 196, 270, 272, 319, 323, 327, 341
변증론 89
보부상 96-97
보산교회 127
보성여학교 194
복음연맹선교회 98
복음주의 13, 33, 230, 327
복음주의선교회연합공의회 33, 169, 171, 359-361, 365
본처 전도사 116-117, 137
봉양학교 193
부인 사경회 309, 364, 385
《부활》 22
북감리회 한국 선교회 연회 333
북진감리교회 301
불교 12, 57, 87, 151, 193, 208, 307, 310
브라운 38, 232, 236, 286, 368
브로크만 57
브루엔 32, 308, 367
블라디보스토크 94, 353, 398
블레어 32, 209, 231, 236, 239, 255, 298, 319
비교종교론 89
비치 322
빈튼 32

ㅅ

사경회 8, 13-14, 77, 97, 100, 113, 117, 119, 121, 136, 139, 142, 157,

161, 163, 169, 171, 177, 179, 181–183, 185–191, 193–195, 199, 201, 203, 205, 207, 209–210, 216, 219, 223, 225, 231–233, 236, 241, 243, 245, 247, 252, 255, 262, 266, 279, 281–282, 287, 298, 302, 307–309, 313, 321, 361, 363–364, 376, 381, 383, 385, 387, 391, 393, 407

사이드보텀 32

사회진화론 23, 25–26, 71

산정현교회 209

3·1운동 26, 142, 243

삼화 209, 275

상동(감리)교회 71, 103, 153, 192, 275, 289

상동(교회) 청년회 63, 71, 131

상소론 71

상소문 71

상소운동 71, 192

상투 104, 143, 198, 238, 274, 318

상해임시정부 275

새문안교회 63, 284, 321, 328–329

새뮤얼즈 298

새벽기도회 14, 190–191, 193, 248

새술막 97, 117, 119, 210

새술막교회 97

샤록스 51, 298, 340

샤프 32, 307, 321

서경조 28, 30, 32, 133, 194, 196, 318, 321–324, 330–331

서대문 38, 110

서문밖교회 209

서병호 330

서상륜 28, 30, 86, 194, 284, 321, 332

서상팔 71

석성문 100

석탄 39

선교지부 49, 137, 169, 180–181, 197, 223, 232, 293–294, 306, 313, 320, 368–369, 407,

선도 230, 243, 254, 258, 286

《서유견문西遊見聞》 23

선유사 86

선유위원 87

선천 14, 51, 175, 181, 194–195, 203, 225, 237, 298, 320, 323–324, 340, 352, 407, 411

선천남학교 299

선천여학교 299

선천(읍)교회 194

성 조지 십자기 96

성경 문체 182

성경 암송 380

성령 세례 74, 119, 217, 223, 281

성령강림론 29

성령의 감화 13, 29, 129, 217

성령의 권능 31, 141

성령의 임재 119, 161, 232, 271, 303, 305, 307

성령의 조명 186, 269

성미 13, 139, 198

성베드로병원 350

성사총론 142

《성산명경》 88–89

성신충만 13, 121, 123–124, 129

성조기 270

성찬식 28, 245, 298, 322

성취론 89, 390

성탄절 198, 236, 389

성황당 295

세계기독교학생연맹 339

세례 문답 329

세브란스 60, 322

세브란스병원 58, 60–61, 341, 357

세브란스병원 간호원 양성소 342

세브란스의학교 340

소래교회 28, 30, 96, 321, 331

속회 97, 113, 120

손병희 150

손영규 387

손정도 274–275

송도 남부감리교회 120–121, 126

송도 부흥회 121, 123–126

송도 북부감리교회 126

송석준 194

송순명 324, 329

송인서 196, 318, 320–321, 323, 324

순안 47, 209, 324, 382

순명문 152

순종 26, 80–81

숭덕남학교 231, 241–243

숭례문 41

숭실대학 272, 322, 407

숭실학교 261, 268, 270–275, 297, 311, 376

숭실학당 193, 260

숭의여자초등학교 240

숭의여학교 231, 240–241, 250–251, 325

쉴즈 58, 342

스누크 240–241

스왈른 32, 236, 249, 313, 319–320, 325

스웨러 196

스칸디나비아연맹선교회 98

스크랜튼 25, 33, 71, 139, 153, 164, 341, 383

스톡스 361

스티븐스 78

스퍼전 214, 258, 321

승동교회 49, 282, 284, 289, 332

시베리아 24, 52, 243, 353, 402, 407

시베리아 횡단 철도 52

신경 33, 322, 327

신도 52–55

신도시 105, 107

신민회 175, 275

신반석 43

신상민 71

신성중학교 194, 237

신시교회 194

신약 번역자회 184–185

신약젼셔 182–183

신창희 340

신채호 23

신학반 116, 197, 276–277

신화순 324

실력 양성론 71

심양교회 229

심취명 324

심프슨 98

십승지지 96, 335

12신경 327

12신조 327

십일조 139, 258

십자기 96–97, 143, 158, 173, 280, 335

십자기 깃대 28, 97

ㅇ

아브라함 147

아시아주의 25

아펜젤러 35, 56, 136, 185

아편연 279

안국동교회 30, 321

안국선 58

안동—봉천 철도 353

안명선 40

안봉주 203, 248

안순서 48

안승원 203

안정수 43

안주읍교회 243

안창호 62, 274–275, 307

알렉산더 365, 369–371, 373, 375–376, 381

알렌 27, 51, 128, 150, 340

압록강전투 50, 138

애국계몽운동 13, 66, 86, 143, 153, 175, 201, 270, 287

애덤스 32

애덤슨 32

애덤즈 166

앨리스 35

앵무새 212–213

야구 200

양계초 23

양근교회 335

양대인 96–97

양반 34, 56, 70, 72, 94, 99, 110–111, 128, 153, 186, 194, 203–204, 282, 284–285, 287–289, 383

양심전 117

양전백 194, 196, 318, 320–321, 323–324, 327

양주삼 86–87

양한묵 150

양화진외국인선교사묘원 146

어빈 부인 345

언더우드 28–30, 33, 41, 56, 63, 72, 128, 184–185, 321, 329–330, 340, 365, 371, 373, 381

언더우드 부인 28, 72–73, 373

언더우드 사택 41

에네켄 농장 62

에든버러 세계선교대회 390
에모리헨리대학 131
에비슨 60–61, 128, 284, 340–341
에즈베리대학 210
엘라 35
엘리야 215
엡워스청년회 71, 192, 357
엥겔 32, 190, 196
여병현 287
여자 부흥사 76
연동(장로)교회 56, 71, 153, 280, 282–283, 285, 287
연못골교회 153, 285, 287
연합 찬송가 407
연합장로교선교공의회 33
염정동교회 30
영국 공사관 114, 136, 152
영국교회 158, 350
영국성서공회 99, 136, 170, 405
영국성서공회 평양 서점 376
영변 225, 266, 293–294, 301, 364, 382
영생학교 100
영수 181, 189, 193, 255, 278, 284, 286, 321, 387, 391
영유교회 279
영일동맹 20, 25
영화남학교 337
영화여학교 140
예수교서회 388
예수교학당 49
《예수성교전서》 185
예수쟁이 172, 289, 387
예언자 69, 71
오르간 162
오순절 12, 77, 195, 207, 211, 215, 263, 390
오순형 193
오인형 193
오한나 100
옥경숙 248
옥관빈 71
옥중 개종 56
《옥중잡기》 40
올링거 140, 382
와그너 153
YMCA 56–57, 89, 92, 131, 170, 200, 287, 338–339, 371, 405
요한복음 28, 57, 93, 182, 185, 319, 367
요한일서 216, 217, 229
우종서 193–194, 324
운산광산 300
워너메이커 338
워싱턴 57
원산 91–95, 97–100, 103, 105–107, 113, 116–119, 121, 123, 129, 132, 137, 142–143, 145–147, 149, 157, 161, 180, 210–211, 217, 225, 320, 324–325, 349, 398–399, 401
원산 남산동감리교회 142–143
원산감리교회 13, 101, 113
원산창전교회 99
원산항 97, 105, 132

원입인 329
원한경 28, 330
웨스트민스터 사원 48
웨스트민스터 신앙고백 327
웨슬리주의 327
웨어 341
웨일스 부흥 74–77, 219
웰번 32, 329
웰즈 59
위국 기도문 69, 71
위생 134–135, 147, 200
위임장 79
위참석 248
윌리엄즈 307
윌슨 144, 210
유경상 129, 131
유교 12, 57, 66–67, 87, 89, 143, 186, 208, 211, 256, 289
유길준 23
유동근 40
유두환 71
유성준 40, 56–57, 287
유아세례자 330, 407
유일한 63
육정수 287
윤병구 150
윤성근 97, 116–117
윤승근 97
윤웅렬 115
윤천각 324
윤치호 42–43, 94–95, 107, 115, 120, 128, 158, 210, 287, 339, 345, 390
윤함애 325
은둔자 276
을사보호조약 150, 153
을사오적 71, 174, 201
을사조약 71–72, 78, 83, 174–175, 192, 201
《음빙실문집飲氷室文集》 23
의병 69, 82–87, 171, 175, 201, 332, 352, 377
의병론 71
의사면허 340
의주 50, 53, 180, 194, 225, 293, 320, 332, 411
의화단 18–19, 87
의화단사건 19, 93, 100, 128, 354
이강호 94
이건혁 120
이경직 43
이관선 325
이교승 287
이근택 174
이기범 71
이기풍 318, 320–321, 323–325
이낙선 329
이능화 56
이동녕 71
이범수 63
이상설 78–79

이상재 40, 56–57, 287
이성삼 324
이수정 185
이승길 71
이승만 40, 48, 56–57, 131, 150
이승인 40, 56
이여한 284, 329
이완용 174–175
이용익 128
이원긍 56–57, 287
이은승 260–261, 263
이재곤 341
이재명 175
이정광 228
이준 70–71, 78–79, 150, 287
이지용 174
이창직 185
이춘근 48
이토 히로부미 22, 65, 84, 150, 174, 201, 341
이하영 174
이한응 150
이항직 71
이화춘 145
이화학당 33, 136–137, 163–164, 344
이효정 150
이휘종 78–79
이희간 71
인도 부흥 77
인도 오순절 운동 77
인디언 95
인종주의 19, 95, 245
일본 공사관 108
일신여학교 345, 392
일진회 150
임선준 341
임성옥 324
임정수 43
임진왜란 55

ㅈ

자골(자교)교회 128–131, 304
자주독립 43, 69, 113, 143, 387
장관선 324
장대현교회 13, 46, 181, 190–191, 195, 198, 209, 219, 225, 230, 232, 236, 238, 243, 248, 252–253, 255, 286–287, 291, 310–311, 313, 315, 321–324
장로회 독노회 14, 33, 318, 322, 324–325
장로회공의회 32, 318, 322–324, 326
장석희 131
장지연 23, 150
재령 236, 308, 320, 324, 391
재판 208
저다인 93, 95, 113, 121, 142, 147, 161, 210, 223
저드슨 95

적십자병원 58
적자생존 23, 25
전국신학교연맹 234
전군보 325
전덕기 63, 70-71, 287
전도목사 30, 321, 323
전도부인 28, 100, 113, 128, 161, 167, 284, 309, 313-315, 362, 375, 383, 391
전도지 381, 387, 388
전병헌 71
전삼덕 309, 383
전주 신흥남학교 221
전차 36, 38-39, 110
전킨 32, 319
전킨병원 59
점자 성경 366-367
정감록 335
정교분리 25, 37, 96-97, 171, 317, 335
정기정 324
정동(감리)교회 102, 136-137, 153, 194, 275, 284, 304, 333, 384
정동명 184
정명리 324
정미7조약 175, 317
정순만 71
정신수 43
정오 기도회 161, 219, 231, 236, 245, 379
정익로 230, 248, 255, 321
정춘수 113, 142
제너럴셔먼호 226
제물포 43-44, 58, 91, 111, 113, 116, 137, 140-141, 151, 163, 206, 225, 302-303, 306, 341, 354, 398
제물포 여자성경학교 346
제물포 해전 112
제물포항 111, 114
제웅 178-179
제일은행 150
제주교안 37
제주도 323, 325, 407
제주도 교난 325
제중원 32, 92, 103, 284, 298, 341
제중원교회 30
조병직 324
조사 30, 33, 63, 99, 121, 144, 167, 169, 181, 184, 188-189, 191, 193-194, 197, 199, 203, 219, 237, 278-279, 284-285, 311,, 318, 320-321, 325, 329, 340, 367, 378-379, 382
조성환 71, 275
존스 42-43, 88, 116, 140, 184, 217, 305
존스톤 219, 341
종교 개혁 67
종교(감리)교회 128, 130, 336, 345
주공삼 231, 247, 249, 321
주한명 145
주현칙 340
증산읍 감리교회 296
지경터 97, 119
지경터교회 92, 97

지수돌 129, 131
진관사 339
진남포 71, 192, 275, 296
진천수 99
질레트 131

ㅊ

차병수 71
차학연 203
찬양집회 375
창천감리교회 384
채프먼 365, 369-371
채프먼-알렉산더 집회 365, 369, 381
천광실 284, 324
천도교 55, 150
《천로역정》 88
천막 집회 280, 381
천주교 18-19, 37, 54, 325, 399
철도 25, 47-49, 52, 150, 153, 155, 353, 398
철도 파괴 48
철원 97, 399
청일전쟁 17, 23-24, 55, 96, 209, 288, 325, 400
초교파 정신 33
초산읍교회 203
초헌 34
총독부 83, 377
최관흘 324
최광옥 193
최대건 121
최덕엽 324
최덕준 329
최마리아 100
최명오 194, 321
최병헌 86, 88-89, 135-136, 287, 305
최성두 324
최재학 71, 287
최중진 324
최진태 43
최흥서 324
축음기 212
치리권 324
치외법권 96-97
칠성문 293
침례 75

ㅋ

카시아 부흥 24, 77, 219
칼빈주의 74, 327
캐롤 양 93, 113, 121, 130
캠벨 128, 130-131, 210, 345
컨즈 298
케이블 116, 140-141

케직 사경회 77
켄드릭 357
켄뮤어 56, 136
코넬대학교 140
코르델 220
코르프 159
콘버스 153
콜레라 방역단 59
콜리어 120, 127, 144
콥 210
크랜스톤 25
크램 121, 126, 129, 147, 157, 210
크리체트 140
클라크 282, 284

ㅌ

태극기 96, 143, 158, 173, 196, 221, 270, 280, 335
터너 159
테이트 32, 167, 220
토레이 313
토론토대학 YMCA 선교회 92
토론토대학교 92
톨스토이 22-23
통감부 25-26, 150, 201, 211, 341
통성기도 13-14, 77, 229-231, 249, 308-309, 312
트롤로프 341

ㅍ

파크대학 236
펜윅 30, 41, 321, 348-349
평양 기독교인 박해사건 382
평양 여자성경학교 346
평양 장로회신학교 180, 194, 196-197, 218, 243, 311, 318-319, 321, 323, 375
평양 맹아학교 342, 347, 407
포사이드 378
포츠머스조약 150
표영각 71
푸트 32
프란손 98-99, 101, 103
프랑스 20-21, 24, 27, 36-37
프랑스 공사관 35, 37
프랑스 천주교 54
플랑시 35
피시 180
피어맨 145

ㅎ

하노버대학 180
하디 13, 91-93, 95, 97-99, 101, 113, 117-119, 121, 123-124, 126,

129, 131, 136–139, 141–147, 153, 210–211, 217

하디 부인 92–93, 146

하르빈 275

하리동교회 307

하보 126

하세가와 174, 201

하야시 곤스케 174

하와이 25, 42–43, 95, 116, 140, 175, 369

하와이 감리회선교회 연회 43

하와이 붐 25, 43, 140

하운셀 93, 121, 131, 210

하크니스 365, 369, 372

한강 49, 55

한국복음주의선교회연합공의회 169, 171, 360–361, 365

한규설 174

한득룡 203

한반도 16, 20–21, 24–25, 37, 45, 113, 119, 139, 147, 319, 395, 401

한석진 190, 194, 196, 318–321, 323–324, 326–327

한성감옥 40, 56–57, 287

한성전기회사 39

한영서원 158

한일의정서 45

한치순 324

할례 205

함흥 95, 100, 133, 180, 324

함흥 신창리교회 100, 368, 389

함흥 영생여학교 343

항일 의병 82, 85

해리슨 32, 71

해서교안 30, 37

해외선교학생자원운동 131, 234, 354, 390, 408, 410

해주 71, 83, 128, 140, 152, 192–194, 225, 266, 295

해주 남문 152

허드슨 테일러 98, 349

허스트 61, 340–341

헌정연구회 150

헌트 28, 32, 191, 199, 231, 236, 279, 308, 319

헐버트 48, 78, 150

헤이그 밀사 78–79, 175

헤이그 평화회담 78–79

헤이스택기도 백주년 기념비 355

헨리 35

현순 42–43, 275

현흥택 338

협성신학교 274, 275

호놀룰루감리교회 42–43

홍문수골교회 284

홍석후 340–341

홍승하 116

홍재기 40, 56–57

홍정후 194

홍종은 340

홍치범 43

홍해교회 163

화이트 양 13, 93, 100

화이팅 257, 321

활빈당 43, 95

황국협회 96–97

황범오 366–367

〈황성신문皇城新聞〉 23, 89, 150

황소 39, 125, 277

황정모 296

황제 탄신일 173

후지타 341

후쿠자와 유키치福澤諭吉 23

휘장 102, 285, 383

휘트모어 32, 191, 194, 320

휘트필드 258, 281

흥인지문 39

희생양 179

히치 145

힐만 163